Recht –
schnell erfaßt

Springer-Verlag Berlin Heidelberg GmbH

Hendrik Kornbichler · Julian Polster
Wolfgang Tiede · Armin Urabl

Verfassungsrecht

Schnell erfaßt

Zweite Auflage

Springer

Reihenherausgeber
Roland Leuschel

Autoren
Rechtsanwalt Dr. Hendrik Kornbichler
Hubertusstraße 16
D-82131 Gauting

Rechtsanwalt Julian Polster
Rheinstraße 34
D-53179 Bonn

Rechtsanwalt Wolfgang Tiede
Aubachstraße 21
D-82229 Seefeld

Armin Urabl
Hauptstraße 38
D-82234 Weßling

Email-Adresse für Anregungen, Kritik und Fragen:
Verfassungsrecht@gmx.de

Graphiken
Stefan Dinter

ISSN 1431-7559
ISBN 978-3-540-41309-7

Die Deutsche Bibliothek – CIP-Einheitsaufnahme
Verfassungsrecht – schnell erfaßt / Hendrik Kornbichler ... – 2. Aufl. – Berlin; Heidelberg; New York; Barcelona; Hongkong; London; Mailand; Paris; Tokio: Springer, 2001
  Früher u.d.T.: Kornbichler, Hendrik: Verfassungsrecht
  ISBN 978-3-540-41309-7   ISBN 978-3-642-56591-5 (eBook)
  DOI 10.1007/978-3-642-56591-5

Dieses Werk ist urheberrechtlich geschützt. Die dadurch begründeten Rechte, insbesondere die der Übersetzung, des Nachdrucks, des Vortrags, der Entnahme von Abbildungen und Tabellen, der Funksendung, der Mikroverfilmung oder der Vervielfältigung auf anderen Wegen und der Speicherung in Datenverarbeitungsanlagen, bleiben, auch bei nur auszugsweiser Verwertung, vorbehalten. Eine Vervielfältigung dieses Werkes oder von Teilen dieses Werkes ist auch im Einzelfall nur in den Grenzen der gesetzlichen Bestimmungen des Urheberrechtsgesetzes der Bundesrepublik Deutschland vom 9. September 1965 in der jeweils geltenden Fassung zulässig. Sie ist grundsätzlich vergütungspflichtig. Zuwiderhandlungen unterliegen den Strafbestimmungen des Urheberrechtsgesetzes.

http://www.springer.de

© Springer-Verlag Berlin Heidelberg 1995, 2001
Ursprünglich erschienen bei Springer-Verlag Berlin Heidelberg New York 1995, 2001

Die Wiedergabe von Gebrauchsnamen, Handelsnamen, Warenbezeichnungen usw. in diesem Werk berechtigt auch ohne besondere Kennzeichnung nicht zu der Annahme, dass solche Namen im Sinne der Warenzeichen- und Markenschutz-Gesetzgebung als frei zu betrachten wären und daher von jedermann benutzt werden dürften.

Umschlaggestaltung: design & production GmbH, Heidelberg

SPIN 10555667   64/2202-5 4 3 2 1 0 – Gedruckt auf säurefreiem Papier

Vorwort

Einen klaren und anschaulichen Überblick über das Verfassungsrecht zu schaffen, war die Zielsetzung dieses Buches. Daher richtet sich die vorliegende Darstellung an Jurastudenten der Anfangssemester, die sich schnell in dieses Rechtsgebiet einarbeiten wollen, aber auch an fortgeschrittene Semester, die ihr Wissen noch einmal auffrischen wollen.

Die folgenden Seiten sollen Grundkenntnisse vermitteln, Strukturen aufzeigen und Hilfestellungen zur Lösung von Klausuren und Hausarbeiten bieten.

In die nun vorliegende 2. Auflage des Buches (Stand 01.04.2001) wurden neue, aktuelle Entscheidungen zum Thema eingearbeitet. Überdies wurde versucht, die Strukturen des Verfassungsrechts gegenüber der 1. Auflage noch deutlicher und verständlicher darzustellen.

Wir bitten, uns Kritik, Hinweise und Anregungen per E-Mail unter folgender Adresse zukommen zu lassen: Verfassungsrecht@gmx.de

München, April 2001
Hendrik Kornbichler, Julian Polster, Wolfgang Tiede, Armin Urabl

Inhaltsübersicht

Einführung 1
▪ Systematik des Grundgesetzes ▪ Grundbegriffe ▪ Standort des Verfassungsrechts ▪ Verfassungsinterpretation ▪ Lösung verfassungsrechtlicher Fälle ▪

Allgemeine Grundrechtsdogmatik 23
▪ Begriff und systematische Einteilung ▪ Grundrechtsfunktionen ▪ Grundrechtsberechtigung ▪ Geltungsbereich der Grundrechte ▪ Schutzbereich der Grundrechte ▪ Grundrechtseingriffe ▪ Verfassungsrechtliche Rechtfertigung von Grundrechtseingriffen ▪

Die Grundrechte im einzelnen 85
▪ Menschenwürde ▪ Freie Entfaltung der Persönlichkeit ▪ Recht auf Leben und körperliche Unversehrtheit ▪ Freiheit der Person ▪ Gleichheitsrechte ▪ Glaubens- und Gewissensfreiheit ▪ Meinungs-, Medien-, Kunst- und Wissenschaftsfreiheit ▪ Versammlungsfreiheit ▪ Vereinigungs- und Koalitionsfreiheit ▪ Brief-, Post-, Fernmeldegeheimnis ▪ Berufsfreiheit ▪ Unverletzlichkeit der Wohnung ▪ Eigentumsgarantie ▪ Rechtsweggarantie ▪ Rechte des Angeklagten ▪

Staatsorganisationsrecht 169
▪ Staatsfundamentalprinzipien ▪ Staatsorgane ▪ Kompetenzen der Staatsgewalt ▪

Verfassungsprozeßrecht 241
▪ Überblick ▪ Verfassungsbeschwerden ▪ Organstreitverfahren ▪ Normenkontrollverfahren ▪ Föderative Streitigkeiten ▪ Anklageverfahren ▪ Normenqualifizierungsverfahren ▪ Sonstige Verfahren ▪

Klausurfall 287
▪ Tips für Klausuren und Hausarbeiten ▪ Fall: »Karton oder Flasche« ▪

Register 311

| **Zivilrecht** | **Öffentliches Recht** | **Internationales Recht** |

Verfassungsrecht
Die Verfassung legt die Grundordnung des Staates und die Grundsätze des gesellschaftlichen Zusammenlebens fest

Europarecht
In West- und Zentraleuropa geltendes inter- und supranationales Recht mit teilweise erheblichen innerstaatlichen Wirkungen

Bürgerliches Recht
Das Recht des täglichen Lebens. Es regelt die privaten Lebensverhältnisse aller Personen untereinander

Verwaltungsrecht
Es bestimmt die Beziehungen zwischen staatlichen Organen (Behörden) sowie zwischen Staat und Bürgern

Strafrecht
Es regelt Umfang und Inhalt der Strafbefugnisse des Staates gegenüber den seiner Hoheitsgewalt unterstellten Personen

Handelsrecht
Das Sonderrecht der Kaufleute und der Handelsgesellschaften. Es regelt die »großen« Geschäfte des Wirtschaftslebens

Steuerrecht
Es regelt die staatlichen Befugnisse (Finanzamt) der Steuererhebung gegenüber allen steuerpflichtigen Personen

Arbeitsrecht
Das Sonderrecht der Arbeitnehmer. Es regelt die Beziehungen Arbeitnehmer - Arbeitgeber

Vom Überblick zum Durchblick!
Das Geheimnis des Lernens ist nicht, wie häufig praktiziert, möglichst viel Wissen in sich hineinzuschaufeln, sondern Zusammenhänge zu verstehen.
Alle Bücher dieser Reihe liefern einen schnellen Einstieg in die Methodik und die Anwendung des juristischen »Handwerkszeuges« eines jeden

Einführung

1.	Systematik des Grundgesetzes	2
2.	Grundbegriffe	5
3.	Standort des Verfassungsrechts	6
3.1.	Systematische Stellung	6
3.2.	Hierarchische Stellung	6
3.3.	Grundgesetz und Landesverfassungen	10
3.4.	Grundgesetz und Völkerrecht	11
3.5.	Grundgesetz und Europarecht	12
4.	Verfassungsinterpretation	15
5.	Lösung verfassungsrechtlicher Fälle	16
6.	Wiederholungsfragen	22

1. Systematik des Grundgesetzes

Man könnte das Grundgesetz auch als das »Gesetz der Gesetze« bezeichnen, da es rechtliche Maßstäbe für die gesamte Rechtsordnung setzt und auf die verschiedenen Rechtsgebiete sowie auf das Staatshandeln Einfluß nimmt.

Um dem Leser den Einstieg in die Materie des Verfassungsrechts zu erleichtern, beginnt die Einführung mit einem groben Überblick über die Systematik und die wesentlichen Aussagen des Grundgesetzes.

»DAS GRUNDGESETZ«

Der Begriff »Grundgesetz«, heute gleichbedeutend mit Verfassung, ist historisch bedingt. Das »Grundgesetz« sollte als vorläufiges, provisorisches Organisationsstatut die Funktionsfähigkeit des Staatsapparates der westlichen Besatzungszonen herstellen. Zu diesem Zweck wurde das Grundgesetz am 8.5.1949 nach den inhaltlichen Vorgaben der westlichen Besatzungsmächte (Frankfurter Dokument I) und den Vorarbeiten des Herrenchiemseer Verfassungskonvents durch den Parlamentarischen Rat beschlossen. Die Besatzungsmächte genehmigten diesen Beschluß unter Vorbehalten (z.B. die vollständige Integration von West-Berlin in den Bund). Danach erfolgte die Annahme durch die Länder, mit Ausnahme von Bayern. Am 23.5.1949 wurde das Grundgesetz verkündet und die Bundesrepublik Deutschland mit vorläufiger Hauptstadt in Bonn errichtet. Das Grundgesetz trat am 24.5.1949 in Kraft. Obgleich der provisorische Charakter mit der Wiedervereinigung am 3.10.1990 entfallen ist, wurde der Begriff »Grundgesetz« beibehalten.

Präambel

Im Bewußtsein seiner Verantwortung vor Gott und den Menschen, von dem Willen beseelt, als gleichberechtigtes Glied in einem vereinten Europa dem Frieden der Welt zu dienen, hat sich das Deutsche Volk kraft seiner verfassungsgebenden Gewalt dieses Grundgesetz gegeben.
Die Deutschen in den Ländern Baden-Württemberg, Bayern, Berlin, Brandenburg, Bremen, Hamburg, Hessen, Mecklenburg-Vorpommern, Niedersachsen, Nordrhein-Westfalen, Rheinland-Pfalz, Saarland, Sachsen, Sachsen-Anhalt, Schleswig-Holstein und Thüringen haben in freier Selbstbestimmung die Einheit und Freiheit Deutschlands vollendet. Damit gilt dieses Grundgesetz für das gesamte Deutsche Volk.

Die Präambel ist das »Eingangstor« des GG

Das Grundgesetz beginnt mit der Präambel, einem »Vorspruch« zum Verfassungstext, der die Motive, die historische Situation, die Zielsetzung und die Erwartungen des Verfassungsschöpfers widerspiegelt.
Ursprünglich wurde der Präambel in der staatsrechtlichen Literatur nur deklamatorische (narrative, enuntiative) und somit lediglich politische Bedeutung zugemessen. Die Anerkennung auch einer rechtlichen Bedeutung brachte die KPD-Entscheidung des Bundesverfassungsgerichts im Jahre 1956 hinsichtlich des Wiedervereinigungsgebotes (BVerfGE 5, 85/127; Präambel a.F.).
Allerdings ist durch die Erfüllung des Wiedervereinigungsgebots und der damit verbundenen Neufassung der Präambel die prägende Rechtsprechung entfallen, so daß die Frage, ob einzelne Bestimmungen der Präambel nur politischen oder auch rechtlichen Charakter besitzen, nur durch eine differenzierende Betrachtung der einzelnen Regelungen erfolgen kann. Hierbei ist zu beachten, daß die rechtliche Bedeutung einzelner Bestimmungen der Präambel nicht schon deshalb ausgeschlossen werden kann, weil die Präambel gesetzestechnisch nicht als Norm ausgestaltet wurde, vielmehr ist auch sie Bestandteil des Verfassungstextes und ihr fehlender Rechtsbehelfscharakter ist auch anderen Verfassungsnormen immanent.

Gliederung in einen Grundrechts- und einen staatsorganisationsrechtlichen Teil

Das Grundgesetz ist in zwei Teile untergliedert:
- Grundrechte, Art. 1 - 19 GG
- Staatsorganisationsrecht, Art. 20 - 146 GG

Der höchste Rechtswert des Grundgesetzes ist die Menschenwürde, geregelt in Art. 1 I GG

Der Grundrechtsteil regelt das Verhältnis der Bürger zum Staat. In ihm manifestiert sich die freiheitssichernde und machtbegrenzende Funktion der rechtsstaatlichen Verfassung. Dem Grundrechtsteil wird in Art. 1 I GG der oberste Wert des Grundgesetzes vorangestellt, die Garantie der Menschenwürde. In den Grundrechten, insbesondere in Art. 1 I GG, kommt die deutliche »Menschenorientierung« des Grundgesetzes zum Ausdruck, d.h. der Mensch steht in der grundgesetzlichen Wertordnung über dem Staat.

Gliederung des Staatsorganisationsrechts:
- Art. 20 GG Staatsfundamentalprinzipien
- Art. 21-37 GG Funktionen von Bund und Ländern
- Art. 38-69 GG Oberste Bundesorgane
- Art. 70-115 GG Verteilung der Staatsgewalt
- Art. 115a-115l GG Notstandsverfassung
- Art. 116-146 GG Übergangs- und Schlußbestimmungen

Das Staatsorganisationsrecht wird in Abschnitt II durch die Bestimmung des Art. 20 GG eingeleitet, der die fundamentalen Strukturprinzipien des Staates festlegt. In den Abschnitten III-VI sind institutionelle Regelungen über die obersten Bundesorgane enthalten. Die Abschnitte VII-X nehmen die Verteilung der Staatsgewalt auf Gesetzgebung, Verwaltung und Rechtsprechung vor (Verwirklichung des Gewaltenteilungsprinzips) und legen die Kompetenzen von Bund und Ländern fest. Im übrigen regeln diese Abschnitte die Kompetenzverteilung auf die verschiedenen Bundesorgane, das Gesetzgebungsverfahren (Art. 76 ff. GG) und das gerichtliche Verfahren zur Bewältigung verfassungsrechtlicher Konflikte (Art. 93 I GG).

Dem Staatsorganisationsrecht kommt insgesamt die Aufgabe zu, eine stabile Organisation des Staates herzustellen (Organisationsfunktion), die einen möglichst breiten Grundkonsens der Bevölkerung wiederspiegelt und auf Dauer politische Einheit stiftet (Integrationsfunktion).

Die Verfassung ist die rechtliche Grundordnung eines Staates

Da die Verfassung zudem rechtliche Maßstäbe für die gesamte Rechtsordnung setzt, kann man sie als die rechtliche Grundordnung eines Gemeinwesens bezeichnen.

Art. 1 und 20 sind durch Art. 79 III GG dem Zugriff der verfassungsändernden Mehrheit entzogen

Eine besondere Bedeutung kommt den Art. 1 und 20 GG zu, da sie grundlegende Entscheidungen für die Gestaltung Deutschlands nach dem Grundgesetz enthalten. Dieser unverzichtbare Kernbestand der verfassungsmäßigen Ordnung kann aufgrund der Regelung des Art. 79 III GG nicht abgeändert werden.

Grundgesetzänderungen   **Art. 79 III GG**

> (3) Eine Änderung dieses Grundgesetzes, durch welche die Gliederung des Bundes in Länder, die grundsätzliche Mitwirkung der Länder bei der Gesetzgebung oder die in den Artikeln 1 und 20 niedergelegten Grundsätze berührt werden, ist unzulässig.

Da jedes gegen Art. 79 III GG verstoßende verfassungsändernde Gesetz nichtig ist, wird den Grundsätzen der Art. 1 und 20 GG durch Art. 79 III GG ein gegenüber den sonstigen Verfassungsnormen höherer Rang eingeräumt.

»Ewigkeitsgarantie«

2. Grundbegriffe

Als Verfassungsrecht bezeichnet man den Teil der Rechtsordnung, der die Rechtsmaterien des Grundgesetzes als Bundesverfassung und der Landesverfassungen umfaßt. Die Verfassung wurde bereits als rechtliche Grundordnung eines Staates charakterisiert, in der die Grundprinzipien der Herrschaft über das Gemeinwesen verkörpert und Aussagen über die Werteordnung im Staat enthalten sind. Der Verfassungsbegriff wird von der h.M. formell und materiell definiert.

Der formelle Verfassungsbegriff bezeichnet die Gesamtheit der in einer Verfassungsurkunde enthaltenen Normen. Formelles Verfassungsrecht unterliegt der erschwerten Abänderbarkeit des Art. 79 GG.

Zum (formellen) Verfassungsrecht zählen nur die in einer Verfassungsurkunde selbst enthaltenen Normen

Demgegenüber ist der materielle Verfassungsbegriff identisch mit dem Begriff des Staatsrechts. Er umfaßt sowohl das formelle Verfassungsrecht als auch Rechtsmaterien, die nicht in der Verfassung selbst geregelt sind, die aber gleichwohl die Organisation und Tätigkeit des Staates oder die Rechtsstellung des Bürgers im Staat betreffen (z.B. Geschäftsordnungen von Bundestag/-rat, das Bundeswahlgesetz, das Parteiengesetz, das BVerfGG). Da sich das Verfassungsrecht zum großen Teil mit der Betätigung und der Organisation des Staates befaßt, bedarf der Begriff des Staates noch einer näheren Umschreibung. Der Staatsbegriff ist gesetzlich nicht definiert, sondern kann nur historisch interpretiert werden. Somit ist er zum Gegenstand einer wissenschaftlichen Diskussion geworden, deren praktische Bedeutung jedoch gering ist.

Das Staatsrecht (materielles Verfassungsrecht) umfaßt alle für den Staat bedeutsamen Rechtsnormen

Einführung

Drei-Elementen-Lehre:
- Staatsgebiet
- Staatsvolk
- Staatsgewalt

Nach der klassischen Drei-Elementen-Lehre wird die Staatsqualität durch drei Elemente begründet.
Diese sind: Staatsgebiet, Staatsvolk und Staatsgewalt.
Die Staatsgewalt wird als ursprüngliche, gegenständlich unbeschränkte, im Verfassungsstaat aber rechtlich gebundene Herrschaftsmacht des Staates definiert.

3. Standort des Verfassungsrechts

Die Einordnung des Verfassungsrechts in das Gefüge der Rechtsordnung erfolgt nach systematischen und hierarchischen Gesichtspunkten.

3.1. Systematische Stellung

Verfassungsrecht als Bestandteil des öffentlichen Rechts

Systematisch ist das Verfassungsrecht dem öffentlichen Recht zuzuordnen. Das öffentliche Recht regelt das Verhältnis des einzelnen zum Staat und den übrigen Trägern öffentlicher Gewalt sowie das Verhältnis der Verwaltungsträger zueinander. Es unterscheidet sich nach der h.M. vom Privatrecht dadurch, daß es nicht jedermann berechtigt oder verpflichtet, sondern notwendigerweise den Staat oder einen sonstigen Träger öffentlicher Gewalt (einschließlich ihrer Organe). Das öffentliche Recht ist somit das »Sonderrecht« der Träger öffentlicher Gewalt, während das Privatrecht für jedermann gilt (Zuordnungs- oder Sonderrechtstheorie).

3.2. Hierarchische Stellung

Die Verfassung steht an der Spitze der (innerstaatlichen) Normenhierarchie

In hierarchischer Hinsicht ist das formelle Verfassungsrecht die höchstrangige Rechtsquelle der innerstaatlichen Rechtsordnung (Grundsatz vom Vorrang der Verfassung). Die Verfassung bildet somit den Maßstab, an dem sich das gesamte nachrangige Recht orientieren muß. Das nachrangige öffentliche Recht besteht aus einer Vielzahl unterschiedlicher Rechtsquellen, die ebenfalls in einer hierarchischen Rangordnung stehen. Die Vielzahl von unterschiedlichen Rechtsquellen kann dazu führen, daß beispielsweise ein formelles Gesetz dem Normadressaten etwas anderes

Einführung 7

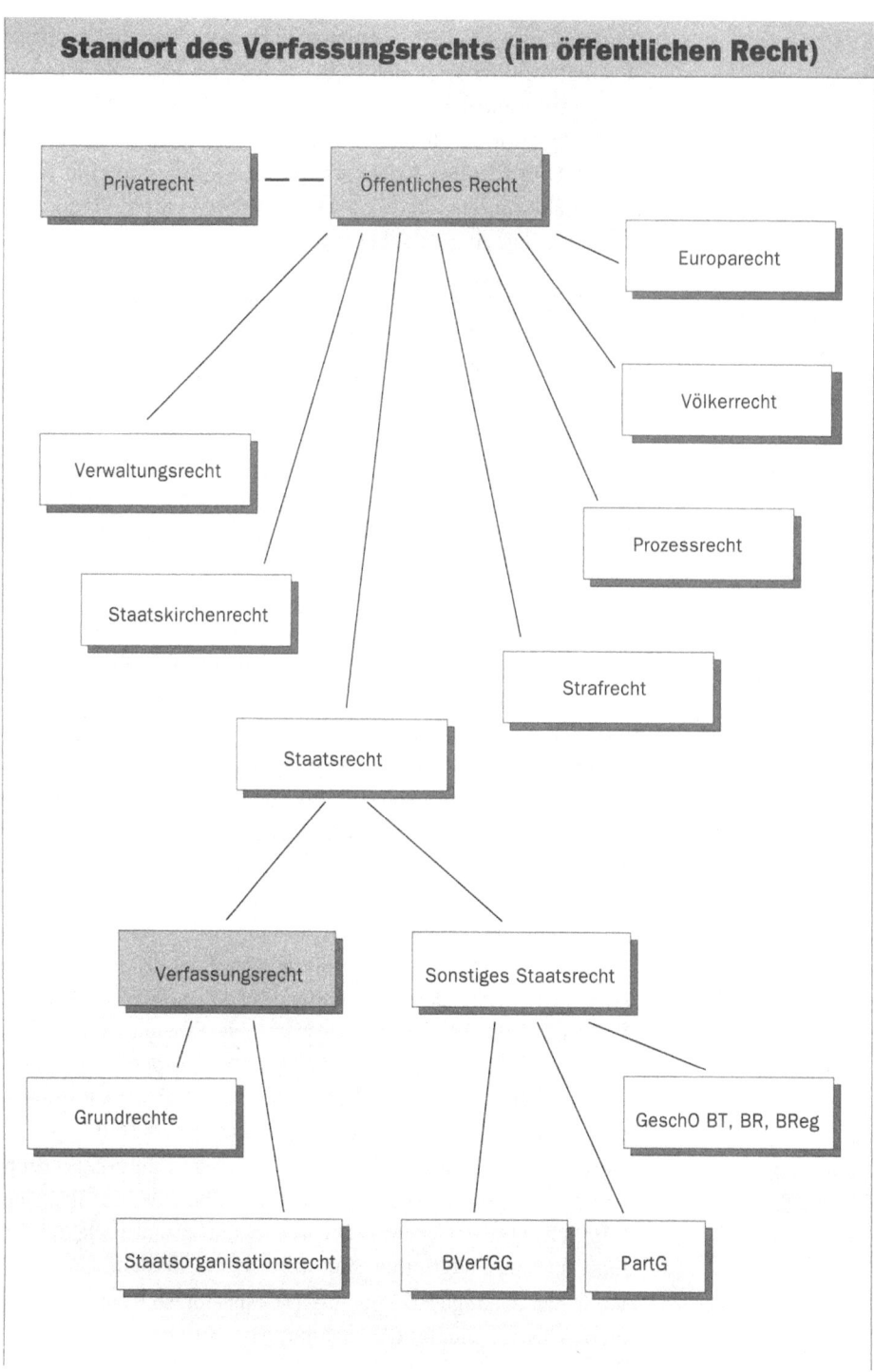

vorschreibt als eine Rechtsverordnung oder Satzung. In diesen Kollisionsfällen setzt sich (z.b. im Rahmen einer Normenkontrolle) aufgrund der hierarchischen Rangordnung die höherrangige Rechtsnorm durch, mit der Folge, daß die rangniedrigere Norm außer Kraft tritt und rechtsunwirksam wird (Geltungsvorrang). Als Rechtsquellen, die der Verfassung hierarchisch untergeordnet sind, sind zu unterscheiden:

<small>Formelle Gesetze sind Parlamentsgesetze (Normgeber)</small>

1. Formelle Gesetze: Darunter versteht man Rechtsnormen, die von einem demokratisch legitimierten Gesetzgeber (z.B. Bundestag) in dem verfassungsrechtlich vorgeschriebenen förmlichen Gesetzgebungsverfahren (z.B. Art. 76, 77, 78, 82 GG) ergehen (sog. Parlamentsgesetze). Der Vorrang der Verfassung gegenüber den formellen Gesetzen ergibt sich explizit aus Art. 1 III und aus Art. 20 III 1. Hs GG, wonach der förmliche Gesetzgeber an den gesamten Normbestand des Grundgesetzes, insbesondere an die Grundrechte gebunden ist.

<small>Der Vorrang der Verfassung ergibt sich explizit aus Art. 1 III und 20 III 1. Hs GG</small>

<small>Gesetz im materiellen Sinn ist jede allgemeinverbindliche Rechtsnorm mit Außenwirkung (Inhalt)</small>

2. Materielle Gesetze: Ein Gesetz im materiellen Sinn ist jede allgemeinverbindliche, abstrakt-generelle Regelung, die gegenüber dem Bürger Außenwirkung entfaltet. Hier kann man den dualistischen Gesetzesbegriff erkennen. Während formelle Gesetze durch die Art und Weise des Zustandekommens (Normgeber und Verfahren) klassifiziert werden, wird bei den materiellen Gesetzen auf den Inhalt der Regelung abgestellt.

Formelle Gesetze sind in aller Regel zugleich Gesetze im materiellen Sinn. Eine Ausnahme bilden die sog. Gesetze im »nur formellen Sinn«, denen keine Außenwirkung, sondern nur staatsinterne Wirkung zukommt. Dazu zählen z.B. das Haushaltsgesetz (Art. 110 II GG), das Zustimmungsgesetz zu völkerrechtlichen Verträgen (Art. 59 II GG) sowie zahlreiche Organisationsgesetze zur Einrichtung staatlicher Behörden oder Körperschaften (Art. 84, 85, 87 III GG). Für das Rangverhältnis spielt die Einordnung eines Gesetzes als »nur formelles Gesetz« keine Rolle.

<small>Gesetz im »nur formellen Sinn«</small>

<small>Gesetz im »nur materiellen Sinn«</small>

Gesetze im materiellen Sinn sind aber auch untergesetzliche Rechtsvorschriften (Rechtsverordnungen, Satzungen), die keines förmlichen Gesetzgebungsverfahrens bedürfen und deshalb als Gesetze im »nur materiellen Sinn« bezeichnet werden.

Wenn das Grundgesetz von »Gesetz« spricht, so ist stets das formelle Gesetz gemeint (Ausnahme: Art. 5 II GG).

a. Rechtsverordnungen: Unter Rechtsverordnungen sind solche Rechtsnormen zu verstehen, die von Exekutivorganen erlassen werden (Rechtsetzung der Exekutive). Der Verordnungserlaß erfolgt aufgrund einer Delegation von Rechtsetzungsbefugnissen und ist damit sowohl Gesetzgebung als auch Gesetzesvollzug. Diese Besonderheit stellt jedoch keine echte Durchbrechung des Gewaltenteilungsprinzips dar, weil Rechtsverordnungen nur auf der Grundlage einer formell-gesetzlichen Ermächtigung ergehen, wobei sich das gesetzgeberische »Programm« schon aus dem ermächtigenden formellen Gesetz ergeben muß. Die Exekutive ist somit beschränkt auf die Regelung von Detailfragen.

Rechtsverordnungen sind Normen, die von Exekutivorganen erlassen werden

Als Gründe für eine Delegation von Rechtsetzungsbefugnissen vom Parlament auf die Exekutivorgane sind anzuführen:
- Entlastung des Parlaments
- schnelle Anpassung an veränderte Umstände
- Berücksichtigung regionaler Unterschiede

Das Erfordernis einer formell-gesetzlichen Ermächtigung folgt für Rechtsverordnungen entweder aus Art. 80 I GG oder aus der entsprechenden Regelung in den Landesverfassungen. Sollte in einzelnen Landesverfassungen überhaupt keine Regelung bzw. das Prinzip der Spezialermächtigung (Inhalt, Zweck und Ausmaß, vgl. Art. 80 I 2 GG) nicht enthalten sein, so gilt Art. 80 I GG über Art. 28 I 1GG (Homogenitätsprinzip). Die Zuordnung einer Verordnung zum Bundes- oder Landesrecht erfolgt nicht in Hinblick auf die Ermächtigungsgrundlage, sondern danach, welches Exekutivorgan (des Bundes oder des Landes) die jeweilige Rechtsverordnung erlassen hat. Rechtsverordnungen unterscheiden sich von formellen Gesetzen durch den Normgeber.

b. Satzungen: Demgegenüber sind Satzungen Rechtsnormen, die von einer juristischen Person des öffentlichen Rechts (z.B. Gemeinde, Landkreis, AOK usw.) aufgrund der ihr verliehenen Autonomie zur Regelung eigener Angelegenheiten erlassen werden (z.B. Art. 28 II GG).

Satzungsgebung ist autonome Rechtsetzung durch selbständige juristische Personen des öffentlichen Rechts

Damit unterscheiden sich Satzungen vom formellen Gesetz wiederum durch den Normgeber. Der Normgeber ist jedoch kein taugliches Kriterium bei der Abgrenzung von Rechtsverordnung und Satzung. Auch Selbstverwaltungskörperschaften (z.B. Gemeinden, Landkreise) können Rechtsverordnungen erlassen. Hier wird die Unterscheidung nach der Funktion getroffen, also danach, in welchem Bereich die Selbstverwaltungskörperschaft tätig wird.

Rechtsverordnungen und Satzungen unterscheiden sich nach ihrer Funktion

Einführung

Liegt die Tätigkeit im Bereich des eigenen Wirkungskreises, dann handelt es sich um eine Satzung. Im Bereich des übertragenen Wirkungskreise liegt eine Rechtsverordnung vor.

<small>Der Vorrang des formellen Gesetzes gegenüber dem nur materiellen Gesetz ergibt sich aus Art. 80 I GG</small>

Der Vorrang des formellen Gesetzes gegenüber dem nur materiellen Gesetz ergibt sich für Rechtsverordnungen, die aufgrund bundesgesetzlicher Ermächtigungsgrundlagen ergehen, aus Art. 80 I GG, im übrigen aus dem Rechtsstaats- und dem Demokratieprinzip (vgl. Art. 20 III 2. Hs GG). Ferner ist anerkannt, daß staatliches Recht (formelle Gesetze und Rechtsverordnungen des Bundes und der Länder) Vorrang genießt gegenüber dem autonomen Recht (Satzungen und Rechtsverordnungen der Körperschaften und Anstalten des öffentlichen Rechts). Dies ergibt sich exemplarisch aus Art. 28 II GG (»... im Rahmen der Gesetze ...«).

Im Falle einer Kollision von Bundesrecht mit Landesrecht gilt Art. 31 GG (»Bundesrecht bricht Landesrecht«). Damit geht Bundesrecht jeder Rangstufe dem Landesrecht vor (so geht z.B. eine Bundesverordnung sogar einer kollidierenden Vorschrift in einer Landesverfassung vor).

3.3. Grundgesetz und Landesverfassungen

Neben den Grundrechten des Grundgesetzes gelten innerhalb der Länder der Bundesrepublik Deutschland die in den Landesverfassungen enthaltenen Landesgrundrechte. Letztere weichen nicht selten inhaltlich von den Grundrechten des Grundgesetzes ab.

Das Verhältnis der Grundrechte des Grundgesetzes zu denen der Landesverfassungen bestimmt sich nach Art. 142 und 31 GG:

Art. 142 GG

> Ungeachtet der Vorschrift des Art. 31 bleiben Bestimmungen der Landesverfassungen auch insoweit in Kraft, als sie in Übereinstimmung mit den Artikeln 1 bis 18 dieses Grundgesetzes Grundrechte gewährleisten.

<small>»Trennung der Verfassungsräume«</small>

Art. 142 GG trägt der Verfassungsautonomie der Länder Rechnung und geht von einer grundsätzlichen Geltung inhaltsgleicher und nach der h.M. auch in ihrem Schutzumfang über die Grundrechte des Grundgesetzes hinausgehender oder zusätzlicher Grundrechte aus.

Die Formulierung »auch« in Art. 142 GG legt nahe, daß der Grundrechtskatalog des Grundgesetzes nicht abschließend ist, sondern lediglich einen grundrechtlichen Mindeststandard sichern soll. Sollten Grundrechte in Landesverfassungen jedoch den Grundrechtsschutz des Grundgesetzes verkürzen, ist Art. 31 GG zu beachten:

> Bundesrecht bricht Landesrecht

Art. 31 GG

Gemäß Art. 31 GG gilt der Vorrang der Grundrechte des Grundgesetzes. Demzufolge tritt ein Landesgrundrecht außer Kraft, wenn es in einem offenen Widerspruch zu einem Grundrecht des Grundgesetzes steht, insbesondere wenn es zusätzliche, im Grundgesetz nicht vorgesehene Grundrechtsschranken statuiert. Nach h.M. gilt das auch, wenn das Landesgrundrecht lediglich ein »weniger« an Grundrechtsschutz gewährleistet als das entsprechende Bundesgrundrecht.

Landesgrundrechte können den Grundrechtsschutz nicht verkürzen, sondern nur erweitern

3.4. Grundgesetz und Völkerrecht

Völkerrecht als Bestandteil des Bundesrechtes

Art. 25 GG

> Die allgemeinen Regeln des Völkerrechtes sind Bestandteil des Bundesrechtes. Sie gehen den Gesetzen vor und erzeugen Rechte und Pflichten unmittelbar für die Bewohner des Bundesgebietes.

Unter Völkerrecht sind im wesentlichen die Rechtsverhältnisse zwischen verschiedenen Staaten zu verstehen, während innerstaatliches Recht die Rechtsverhältnisse innerhalb eines Staates regelt. Nach der herrschenden dualistischen Theorie besteht das Völkerrecht grundsätzlich unabhängig und gleichrangig neben dem innerstaatlichen Recht. Diese zwei unterschiedlichen Ebenen sind bei Kollisionen zwischen innerstaatlichem Recht und Völkerrecht gesondert zu betrachten. Zur Veranschaulichung sei das Beispiel von einem internationalen Auslieferungsabkommen erwähnt. Wäre die Bundesrepublik aufgrund eines solchen Abkommens verpflichtet, einen deutschen Staatsangehörigen im Falle einer im Ausland begangenen Straftat auszuliefern, würde die ausliefernde Behörde gegen das Grundgesetz (Art. 16 II 1 GG; bei einer Auslieferung an einen anderen Mitgliedstaat der EU oder an den Internationalen Gerichtshof in Den Haag ist Art. 16 II 2 GG zu beachten) verstoßen. Die Wirksamkeit des völkerrechtlichen Abkommens bliebe davon jedoch unberührt.

Einführung

Dies hätte zur Folge, daß die Bundesrepublik Deutschland mit Sanktionen oder Schadensersatzansprüchen rechnen müßte, würde sie grundrechtskonform den Straftäter nicht ausliefern. Um dies zu vermeiden ist es nötig, verfassungsmäßige, innerstaatliche Rechtsätze zu schaffen, die mit den völkerrechtlichen inhaltsgleich sind. Dies geschieht durch eine »Transformation« bzw. »Vollziehbarkeitserklärung« der völkerrechtlichen Regelungen. Für die »allgemeinen Regeln des Völkerrechts« enthält Art. 25 GG selbst die Übernahmeanordnung. Diese Regeln stehen gemäß Art. 25 S. 2 GG im Rang zwischen dem Grundgesetz und den formellen Bundesgesetzen.

<small>Die Grundrechte der EMRK gelten auch in Deutschland und nehmen den Rang eines einfachen Bundesgesetzes ein</small>

Keine »allgemeinen Regeln des Völkerrechts« stellen die Grundrechte der EMRK (Europäische Menschenrechtskonvention vom 20.3.1952) dar, welche die Bundesrepublik ratifiziert (Art. 32, 59 GG) und in innerstaatliches Recht transformiert hat. Der Rang dieser Grundrechte entspricht dem Rang des Transformationsgesetzes, also einfachem Bundesrecht, das dem Grundgesetz untergeordnet ist.

3.5. Grundgesetz und Europarecht

<small>Die Gründungsverträge enthalten das »primäre Gemeinschaftsrecht«; das von den Organen der Europäischen Gemeinschaften erlassene Recht nennt man »sekundäres Gemeinschaftsrecht«</small>

Das europäische Gemeinschaftsrecht stellt eine von der EG (Europäische Gemeinschaft) als supranationale Organisation geschaffene, autonome Rechtsordnung dar. Es umfaßt das Recht der Gründungsverträge (primäres Gemeinschaftsrecht) und die von den Organen der EG erlassenen Rechtsvorschriften (sekundäres Gemeinschaftsrecht). Insbesondere bei der Anwendung von »organgeschaffenem EG-Recht« (z.B. EG-Verordnungen, die in den Mitgliedstaaten unmittelbar gelten) kann es zu Kollisionen mit nationalen Rechtsvorschriften kommen (z.B. eine EG-Verordnung steht im Widerspruch zu einem Gesetz).

<small>Im Kollisionsfall gilt der Vorrang des Gemeinschaftsrechts</small>

Nach der Ansicht des EuGH kommt im Kollisionsfall dem EG-Recht Vorrang gegenüber dem innerstaatlichen Recht - auch gegenüber dem innerstaatlichen Verfassungsrecht - zu. Der EuGH hat dies in seiner grundlegenden Entscheidung (EuGH, Rs. 6/64 »Costa/ENEL«) mit der Eigenständigkeit der Gemeinschaftsrechtsordnung sowie mit der Notwendigkeit der einheitlichen Anwendung begründet. Dieser Vorrang ist jedoch nicht im Sinne eines, das nationale Recht außerkraftsetzenden Geltungsvorrangs, sondern im Sinne eines Anwendungsvorranges zu verstehen.

<small>Anwendungsvorrang, kein Geltungsvorrang</small>

Einführung 13

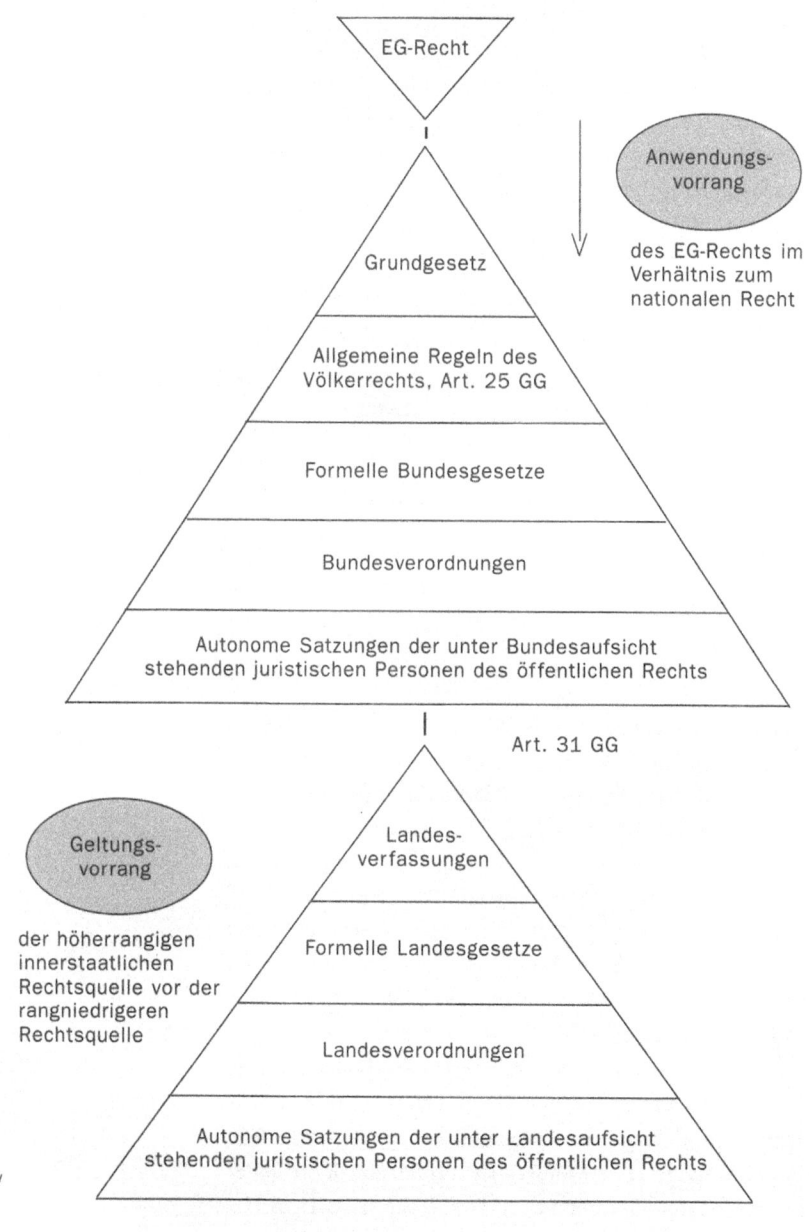

lediglich einen grundrechtlichen Mindeststandard sichern soll. Sollten Grundrechte in Landesverfassungen jedoch den Grundrechtsschutz des Grundgesetzes verkürzen, ist Art. 31 GG zu beachten:

> Bundesrecht bricht Landesrecht

Art. 31 GG

Gemäß Art. 31 GG gilt der Vorrang der Grundrechte des Grundgesetzes. Demzufolge tritt ein Landesgrundrecht außer Kraft, wenn es in einem offenen Widerspruch zu einem Grundrecht des Grundgesetzes steht, insbesondere wenn es zusätzliche, im Grundgesetz nicht vorgesehene Grundrechtsschranken statuiert. Nach h.M. gilt das auch, wenn das Landesgrundrecht lediglich ein »weniger« an Grundrechtsschutz gewährleistet als das entsprechende Bundesgrundrecht.

Landesgrundrechte können den Grundrechtsschutz nicht verkürzen, sondern nur erweitern

3.4. Grundgesetz und Völkerrecht

Völkerrecht als Bestandteil des Bundesrechtes

Art. 25 GG

> Die allgemeinen Regeln des Völkerrechtes sind Bestandteil des Bundesrechtes. Sie gehen den Gesetzen vor und erzeugen Rechte und Pflichten unmittelbar für die Bewohner des Bundesgebietes.

Unter Völkerrecht sind im wesentlichen die Rechtsverhältnisse zwischen verschiedenen Staaten zu verstehen, während innerstaatliches Recht die Rechtsverhältnisse innerhalb eines Staates regelt. Nach der herrschenden dualistischen Theorie besteht das Völkerrecht grundsätzlich unabhängig und gleichrangig neben dem innerstaatlichen Recht. Diese zwei unterschiedlichen Ebenen sind bei Kollisionen zwischen innerstaatlichem Recht und Völkerrecht gesondert zu betrachten. Zur Veranschaulichung sei das Beispiel von einem internationalen Auslieferungsabkommen erwähnt. Wäre die Bundesrepublik aufgrund eines solchen Abkommens verpflichtet, einen deutschen Staatsangehörigen im Falle einer im Ausland begangenen Straftat auszuliefern, würde die ausliefernde Behörde gegen das Grundgesetz (Art. 16 II 1 GG; bei einer Auslieferung an einen anderen Mitgliedstaat der EU oder an den Internationalen Gerichtshof in Den Haag ist Art. 16 II 2 GG zu beachten) verstoßen. Die Wirksamkeit des völkerrechtlichen Abkommens bliebe davon jedoch unberührt.

4. Verfassungsinterpretation

Die meisten Normen des Grundgesetzes und der Landesverfassungen weisen einen hohen Grad an »Unbestimmtheit« auf. Dies ist durch die Eigenart der Verfassung bedingt, die eine dauerhafte und stabile Grundordnung des Staates sicherstellen soll. Die Verfassung muß sich darüber hinaus einem ständig ändernden politischen und gesellschaftlichen Lebensprozeß anpassen, neuen technischen und wirtschaftlichen Entwicklungen Rechnung tragen sowie Krisenzeiten überdauern. Sie ist dabei stets auf die Akzeptanz der Bevölkerung angewiesen. Das Grundgesetz gibt daher nicht selten nur einen verbindlichen Rahmen vor, den der Gesetzgeber (z.B. Art. 14 I 2, 38 II GG) oder das Bundesverfassungsgericht im Wege der Verfassungsinterpretation zeitgerecht ausfüllen muß.

Ziel der Auslegung ist die Ermittlung des maßgeblichen Bedeutungsgehalts einer Rechtsnorm. Im Unterschied dazu dient die Analogie der Ausfüllung von planwidrigen Gesetzeslücken. Im Wege der Analogie werden Rechtssätze durch einen Ähnlichkeitsvergleich auf einen gesetzlich nicht geregelten Fall übertragen.

<small>Auslegung und Analogie</small>

Folgende Auslegungsmethoden sind in der Rechtswissenschaft allgemein anerkannt und somit auch der Verfassungsinterpretation zugrunde zu legen: Der Wortlaut des Gesetzes (grammatische Auslegung), die Entstehungsgeschichte des Gesetzes (historische Auslegung), der systematische Zusammenhang im Kontext des Gesetzesganzen (systematische Auslegung) und schließlich der objektive Sinn und Zweck des Gesetzes (teleologische Auslegung). Das BVerfG hat für die Verfassungsinterpretation die Maßgeblichkeit des in der Verfassungsvorschrift zum Ausdruck kommenden objektivierten Willens des Gesetzgebers besonders betont. Damit ist die teleologische Auslegung vorrangig und die übrigen Auslegungsmethoden sind ergänzend heranzuziehen.

<small>Auslegungsmethoden:
- grammatisch
- historisch
- systematisch
- teleologisch</small>

Speziell im Bereich des Verfassungsrechts ist die »Einheit der Verfassung« als Auslegungsprinzip besonders hervorzuheben. Danach ist eine Verfassungsbestimmung nicht isoliert, sondern als Teil der Gesamtkonzeption des Grundgesetzes so auszulegen, daß Widersprüche mit anderen Verfassungsbestimmungen - insbesondere mit Art. 1 und Art. 20 GG - vermieden und Spannungslagen ausgeglichen werden.

<small>Die Interpretationsprinzipien der »Einheit der Verfassung« sowie der »praktischen Konkordanz« dienen der Harmonisierung verfassungrechtlicher Konflikte</small>

Der Ausgleich verfassungsrechtlicher Spannungslagen ist anhand des Prinzips der »praktischen Konkordanz« vorzunehmen. Danach sind widerstreitende Verfassungsgüter oder Verfassungsprinzipien einander so zuzuordnen, daß jedes von ihnen möglichst optimale Wirksamkeit entfalten kann. Dies gilt insbesondere für Grundrechtskollisionen.

Verfassungskonforme Auslegung des einfachen Rechts

Da die gesamte Rechtsordnung dem Verfassungsrecht untergeordnet ist, ergibt sich bei der Auslegung des »einfachen«, d.h. im Rang unter dem Verfassungsrecht stehenden Gesetzesrechts die Notwendigkeit, verfassungsrechtliche »Vorgaben« zu berücksichtigen. Da ein Gesetz nichtig ist, wenn es gegen die Verfassung verstößt, ist zu prüfen, ob das Gesetz eine verfassungskonforme Auslegung zuläßt. Ergeben sich aus dem Wortlaut, dem Sinn und Zweck oder dem Systemzusammenhang des Gesetzes mehrere Interpretationsmöglichkeiten, von denen mindestens eine zu einem verfassungskonformen Ergebnis führt, so ist letztere dem Gesetz zugrundezulegen. Die verfassungskonforme Auslegung darf sich jedoch nicht über den eindeutigen Sinn oder Wortlaut eines Gesetzes hinwegsetzen.

Läßt das Gesetz eine verfassungskonforme Interpretation zu, so ist diese selbstverständlich auch für die das Gesetz anwendende Verwaltung verbindlich, andernfalls handelt sie rechtswidrig.

5. Lösung verfassungsrechtlicher Fälle

Die Unsicherheit vieler Studenten bei der Bearbeitung verfassungsrechtlicher Fälle hat verschiedene Ursachen. Im wesentlichen sind es drei Probleme, mit denen sich Anfänger, aber auch fortgeschrittene Studenten und sogar Examenskandidaten konfrontiert sehen:

- die Vielfalt der möglichen Fallkonstellationen und Fragestellungen
- die verschiedenen Erscheinungsformen des Staates
- das Ineinandergreifen verschiedener Rechtsquellen
- die »Unbestimmtheit« und Kürze vieler verfassungsrechtlicher Normen,

Bevor das systematische Vorgehen am Fall dargestellt wird, erscheint ein Eingehen auf diese Probleme unerläßlich.

Fallkonstellationen

Die Fallkonstellationen im öffentlichen Recht sind so vielgestaltig, daß man sie unmöglich alle in Schemata fassen kann. Gleichwohl ist die Beherrschung einiger Basisschemata für eine klare Gedankenführung in der Klausur unerläßlich. Vor einer sturen »Abspulung« der einzelnen Schemapunkte ist aber nachdrücklich zu warnen. Dies verleitet oft dazu, Unproblematisches breit auszuführen und versperrt nicht selten den Blick für die eigentlichen Probleme des Falles. Eine unbekannte Fallkonstellation kann man nur dann in den Griff bekommen, wenn man souverän »über den Schemata steht«, d.h. diese flexibel und mit den nötigen Modifikationen anwendet. Außerdem muß man selbstverständlich die einzelnen Schemapunkte verstanden haben und die hinter diesen liegenden Probleme kennen. Anzusprechen sind stets nur die im konkreten Fall relevanten Punkte. Unproblematische Schemapunkte sollten nur mit einem Satz oder überhaupt nicht angesprochen werden.

Aus der Fragestellung oder ggf. aus dem Begehren des Rechtsschutzsuchenden ergibt sich die wichtigste Weichenstellung in der Klausur: Die richtige Wahl des Aufbautyps.

Drei elementare Aufbautypen sind zu unterscheiden:
- der Klageaufbau
- der Rechtmäßigkeitsaufbau
- der Anspruchsaufbau

Am häufigsten sind die beiden ersten Aufbauvarianten.
Der Klageaufbau ist dann heranzuziehen, wenn nach den Erfolgsaussichten einer verfassungsgerichtlichen oder verwaltungsgerichtlichen Klage gefragt wird. Die Klausur umfaßt in diesem Fall eine Prüfung der Zulässigkeit und Begründetheit einer Klage. Die Zulässigkeitsvoraussetzungen variieren nach der Art der in Betracht kommenden Klage- bzw. Verfahrensart. Befindet sich die Klausur im Stadium einer bereits erhobenen Klage, so ist zwingend mit der Zulässigkeit der Klage zu beginnen. Der Grund dafür ist: Die Zulässigkeitsvoraussetzungen sind »Sachurteilsvoraussetzungen«, d.h. Voraussetzungen, die gegeben sein müssen, damit ein Urteil in der Sache ergehen kann.

Befindet sich die Klausur dagegen im vorprozessualen Stadium (wird z.B. erst erwogen, ob eine Klage zu erheben ist), so hat der Klausurbearbeiter die Wahl, ob er zuerst die prozessuale oder die materielle Rechtslage erörtern will.

Bei der Frage der Begründetheit der Klage ist dann die Rechtmäßigkeit der staatlichen Maßnahme zu prüfen. Man unterscheidet herkömmlicherweise zwischen formeller und materieller Rechtmäßigkeit, wobei Differenzierungen je nach Art der zu beurteilenden Maßnahme gemacht werden. Der Rechtmäßigkeitsaufbau wird an zahlreichen Stellen dieses Buches noch präzisiert.

Teilweise wird in Klausuren nur nach der Rechtmäßigkeit bzw. Verfassungsmäßigkeit einer staatlichen Maßnahme gefragt. Bei solchen Arbeiten beschränkt sich die Prüfung auf die Begründetheit. Die Frage der Zulässigkeit ist dann nicht zu erörtern.

Der Anspruchsaufbau kommt im Verfassungsrecht wesentlich seltener vor als im Verwaltungsrecht. Er ist im Verfassungsrecht nur denkbar, wenn es um die Frage geht, ob sich aus den Grundrechten positive Ansprüche gegen den Staat auf Schutz, Teilhabe oder Leistungen herleiten lassen.

Erscheinungsformen des Staates

Relevant für den Prüfungsaufbau und die richtige Klage- bzw. Verfahrensart ist die Frage, von welcher Gewalt die staatliche Maßnahme ausgegangen ist. Man unterscheidet drei Staatsgewalten:

- Legislative
- Judikative
- Exekutive

Unter der Legislative versteht man die Gesetzgebung, die Judikative ist die richterliche Gewalt und die vollziehende Gewalt wird Exekutive genannt (vgl. Art. 1 III und Art. 20 II 2 GG). In der Klausur ist die Unterscheidung u.a. im Lichte des Art. 20 III GG von Belang, wonach die Gesetzgebung an die verfassungsgemäße Ordnung, die beiden anderen Gewalten an Recht und Gesetz gebunden sind. Hieran kann man erkennen, daß bei einem Handeln der Exekutive bzw. der Judikative eine weitergehende Prüfung erforderlich wird.

Rechtsquellen

Zum »kleinen 1 x 1« des Verfassungsrechts gehört auch das Verständnis der verschiedenen Rechtquellen, ihres Zustandekommens und ihres Verhältnisses zueinander.

»Reine Verfassungsrechtsklausuren«

In den reinen Verfassungsklausuren geht es oft um die Übereinstimmung eines formellen Gesetzes mit der Verfassung. Hier stellt sich lediglich die Frage der Verfassungsmäßigkeit des Gesetzes, also eines Aktes der Legislative.

Beispiel: Der Porschefahrer P fühlt sich durch ein Bundesgesetz, das die zulässige Höchstgeschwindigkeit auf Autobahnen auf 120 km/h beschränkt, in seiner allgemeinen Handlungsfreiheit, Art. 2 I GG, verletzt.

In diesem Fall ist - ausgehend von der Frage, ob P selbst in seinem Recht aus Art. 2 I GG verletzt ist - mit der bekannten dreistufigen Grundrechtsprüfung zu beginnen und zu untersuchen, ob (I) der Schutzbereich des Art. 2 I GG tangiert ist, (II) das Gesetz einen Eingriff in den Schutzbereich darstellt und (III) ggf. der Eingriff verfassungsrechtlich gerechtfertigt ist. Bei der Frage der verfassungsrechtlichen Rechtfertigung ist die Schranke der »verfassungsmäßigen Ordnung« in Art. 2 I GG zu interpretieren und sodann die formelle und materielle Verfassungsmäßigkeit des Gesetzes inzident zu prüfen.

Noch häufiger ist der gemischte verwaltungsrechtlich/verfassungsrechtliche Klausurtyp anzutreffen. Dieser hat eine verwaltungsrechtliche Falleinkleidung und zumindest einen verfassungsrechtlichen Prüfungsschwerpunkt.

»Verdeckte Verfassungsrechtsklausuren« mit verwaltungsrechtlichem Einstieg

Primärer Prüfungsgegenstand dieser Klausuren ist eine Maßnahme der Verwaltung (Exekutive), etwa eine Verordnung oder ein Verwaltungsakt i.S.v. § 35 VwVfG, die auf der Grundlage eines formellen Gesetzes ergangen ist. Folgender Prüfungsaufbau ist zu empfehlen:

Die Verwaltung bedarf jedenfalls für Eingriffsakte einer gesetzlichen Ermächtigung

I. Vorliegen einer verfassungsgemäßen Ermächtigungsgrundlage. An dieser Stelle erfolgt - soweit problematisch - inzident die Überprüfung der formellen gesetzlichen Ermächtigungsgrundlage am Maßstab der Verfassung (formelle und materielle Verfassungsmäßigkeit).

II. Übereinstimmung der Maßnahme mit der Ermächtigungsgrundlage. Hier ist zu prüfen, ob die Maßnahme in formeller und materieller Hinsicht von der Ermächtigungsgrundlage gedeckt ist.

Einführung

III. Verfassungmäßigkeit der Maßnahme selbst.

Nun kann man sich fragen, warum eine Maßnahme der Exekutive, die doch nur die formellen Gesetze konkretisiert, noch zusätzlich auf ihre Verfassungmäßigkeit überprüft werden muß, wenn schon die Verfassungsmäßigkeit des zugrundeliegenden Gesetzes bejaht wurde. Der Grund liegt in den - teilweise erheblichen - Spielräumen, die der Exekutive bei der Konkretisierung und dem Vollzug der Gesetze eingeräumt werden. Diese Spielräume (bei Verwaltungsakten Ermessen) müssen im Einklang mit der Verfassung ausgefüllt werden.

> Ermessensspielräume der Verwaltung beim Vollzug der Gesetze müssen der Verfassung gemäß ausgefüllt werden

Noch komplizierter wird es, wenn ein Verwaltungsakt zu beurteilen ist, der auf eine Rechtsverordnung (oder Satzung) gestützt ist, die wiederum auf einer formell-gesetzlichen Ermächtigungsgrundlage ergangen ist. Hier sind - entsprechend der Normhierarchie - mehrere Prüfungsebenen zu unterscheiden.

Wegen des Geltungsvorrangs des innerstaatlichen, höherrangigen Rechts ist die Maßnahme der Exekutive sowohl auf ihre Übereinstimmung mit der ranghöheren Ermächtigungsgrundlage als auch auf ihre Übereinstimmung mit der Verfassung selbst zu überprüfen.

Verfassungsrechtliche Normen

Die Verfassung zeichnet nur die groben Linien der Rechtsordnung vor, um dem gesellschaftlichen Wandel gerecht zu werden. Daher ist der Verfassungstext, insbesondere der Grundrechtsteil, abstrakt, ja geradezu generalklauselartig formuliert. Infolgedessen sind Verfassungsnormen ganz besonders der Auslegung bedürftig. Sie setzen einiges an Verständnis und Grundwissen des Klausurbearbeiters voraus und erschweren so für den Anfänger die Subsumtion des Sachverhalts unter den Verfassungstext.

Machen Sie sich daher frühzeitig mit den Grundstrukturen des Verfassungsrechts, insbesondere der Grundrechtslehre, vertraut. Dazu gehört, neben der Beherrschung einiger typischer Aufbauschemata, die Kenntnis der vom BVerfG zu den Grundrechten und den Vorschriften über die Staatsorganisation entwickelten Rechtsprechung, die den Verfassungsnormen ihr spezifisches Gepräge verliehen hat.

Die Vermittlung dieses Grundwissens und Verständnisses unter Beschränkung auf das Wesentliche und Fallrelevante ist Ziel der nachfolgenden Kapitel.

Lösung eines Problems aus dem Verfassungsrecht

Methodik der Fallbearbeitung

1. Schritt	Erfassen des Sachverhaltes	Sachverhalt mehrmals durchlesen und Fragestellung genau herausarbeiten
2. Schritt	Vorüberlegungen	- Handelndes Rechtssubjekt? - Rechtsnatur der Maßnahme? - Klage-, Rechtmäßigkeits- oder Anspruchsaufbau
3. Schritt	Auffinden der Rechtsnormen	Alle einschlägigen Rechtsnormen ermitteln und im Wege der gedanklichen Kurzsubsumtion Problemschwerpunkte setzen
4. Schritt	Subsumtion	Prüfung, ob die Merkmale des gesetzlichen Tatbestandes im konkreten Sachverhalt vorliegen. Tatbestand zerlegen, unbestimmte Rechtsbegriffe auslegen
5. Schritt	Rechtsfolge	Welche Rechtsfolge ist bei Erfüllung der Tatbestandsvoraussetzungen vorgesehen? An die verfassungskonforme Auslegung denken!

6. Wiederholungsfragen

○ 1. Welche Bedeutung kommt der Präambel zu? Lösung S. 3

○ 2. Wie ist das Grundgesetz untergliedert? Lösung S. 4

○ 3. Wo sind die obersten Rechtswerte und Strukturprinzipien des Grundgesetzes geregelt? Lösung S. 3, 4

○ 4. Wie unterscheiden sich die Begriffe »Verfassungsrecht« und »Staatsrecht«? Lösung S. 5

○ 5. Aus welchen Elementen setzt sich der Staatsbegriff zusammen? Lösung S. 5, 6

○ 6. Aus welchen Grundgesetznormen leiten sich Vorrangstellungen her? Lösung S. 6 ff.

○ 7. Beschreiben Sie die Gemeinsamkeiten und Unterschiede von Rechtsverordnungen und Satzungen! Lösung S. 9

○ 8. Erläutern Sie das Verhältnis des Grundgesetzes zum EG-Recht! Lösung S. 12 ff.

○ 9. Kommt dem EG-Recht uneingeschränkt Vorrang gegenüber dem Grundgesetz zu? Lösung S. 12, 14

○ 10. Wie ist die Gesamtrechtsordnung aufgebaut? Welche Rechtsquellen sind zu unterscheiden? In welchem Rangverhältnis stehen sie zueinander? Lösung S. 13

○ 11. Was ist der Unterschied zwischen Auslegung und Analogie? Lösung S. 15

○ 12. Welche juristischen Auslegungsmethoden sind gebietsübergreifend anerkannt? Lösung S. 15

○ 13. Welche Prinzipien sind speziell bei der Auslegung verfassungsrechtlicher Normen zu beachten? Lösung S. 15, 16

○ 14. Was versteht man unter verfassungskonformer Auslegung? Wann kommt sie zur Anwendung? Lösung S. 16

○ 15. Wie gehen Sie systematisch bei der Bearbeitung verfassungsrechtlicher Fälle vor? Lösung S. 21

Allgemeine Grundrechtsdogmatik

1.	Begriff und systematische Einteilung	24
1.1.	Grundrechte und grundrechtsgleiche Rechte	24
1.2.	Einteilung der Grundrechte	25
2.	**Grundrechtsfunktionen**	**29**
2.1.	Subjektiv-rechtliche Seite der Grundrechte	29
2.1.1.	Die abwehrrechtliche Funktion	29
2.1.2.	Die leistungsrechtliche Funktion	30
2.1.3.	Die Schutzfunktion	34
2.2.	Objektiv-rechtliche Seite der Grundrechte	36
2.2.1.	Grundrechte als objektive Wertordnung	36
2.2.2.	Einrichtungsgarantien	39
2.2.3.	Grundrechte als Organisations- und Verfahrensgarantie	40
3.	**Grundrechtsberechtigung**	**42**
3.1.	Natürliche Personen	42
3.1.1.	Grundrechtsmündigkeit	43
3.1.2.	Pränataler und postmortaler Grundrechtsschutz	44
3.2.	Juristische Personen	45
4.	**Geltungsbereich der Grundrechte**	**50**
4.1.	Grundrechtsbindung der öffentlichen Gewalt	50
4.2.	Drittwirkung der Grundrechte im Privatrecht	52
5.	**Schutzbereich der Grundrechte**	**55**
5.1.	Persönlicher Schutzbereich	55
5.2.	Sachlicher Schutzbereich	56
5.3.	Grundrechtskonkurrenzen	58
6.	**Grundrechtseingriffe**	**61**
6.1.	Klassische Eingriffe	61
6.2.	Sonstige Eingriffe	61
6.3.	Abgrenzung zur Ausgestaltung	63
6.4.	Grundrechtsverzicht	64
7.	**Verfassungsrechtliche Rechtfertigung von Grundrechtseingriffen**	**66**
7.1.	Arten der Grundrechtsschranken	66
7.2.	Schranken-Schranken	72
8.	**Prüfungsschema: Verletzung eines Freiheitsgrundrechts**	**82**
9.	**Wiederholungsfragen**	**84**

1. Begriff und systematische Einteilung

Der Begriff der Grundrechte erschließt sich am besten aus dem Sinn und der Bedeutung, die den Grundrechten in der Verfassungsstruktur des demokratischen und sozialen Rechtsstaates zukommt.

Freiheitssichernde und machtlimitierende Funktion

Die Grundrechte wirken in zwei verschiedene Richtungen: Sie dienen zum einen der Limitierung staatlicher Macht im Verhältnis zum Bürger (machtbegrenzende Funktion) und zum anderen der Gewährleistung und Sicherung individueller Freiheit des einzelnen (freiheitssichernde Funktion). Danach sind Grundrechte durch die Verfassung gewährleistete, die Staatsmacht begrenzende, individuelle (subjektive) Rechte des einzelnen.

1.1. Grundrechte, grundrechtsgleiche Rechte und grundrechtsähnliche Rechte

Grundrechte und grundrechtsgleiche Rechte

Gesetzessystematisch sind die Grundrechte im 1. Abschnitt des Grundgesetzes, also in den Art. 1 - 19 GG verankert (Grundrechtskatalog). Darüber hinaus verbürgt das Grundgesetz auch außerhalb dieses Grundrechtskatalogs individuelle Rechte, die gemäß Art. 93 I Nr. 4 a GG im Wege der Verfassungsbeschwerde durchgesetzt werden können. Diese in Art. 93 I Nr. 4a GG angeführten Rechte, Art. 20 IV, 33, 38, 101, 103 und 104 GG, werden als »grundrechtsgleiche Rechte« bezeichnet, da sie die gleiche Schutzwirkung wie die Grundrechte des 1. Abschnitts entfalten.

Zu beachten ist aber, daß nicht alle in den Art. 1-19 GG bzw. in Art. 93 I Nr. 4 a GG genannten Rechte dem einzelnen ein subjektives Recht verleihen.

So dienen die Art. 1 III; 7 I; 7 III 1; 15; 19 I, II, III GG lediglich der Ergänzung oder Einschränkung der Grundrechte oder beinhalten allgemeine Bestimmungen über diese. Sie selbst stellen somit keine Grundrechte dar. Ebenso handelt es sich bei den Art. 33 IV und 38 I 2 GG - trotz Nennung in Art. 93 I Nr. 4 a GG - um keine »grundrechtsgleichen Rechte«, weil sie keine subjektiven Rechte begründen (BVerfGE 6, 375/385; 6, 445/447 f.).

Über den »numerus clausus« der geschriebenen Grundrechte hinaus sind noch weitere ungeschriebene Grundrechte anerkannt.

Diese wurden vom Bundesverfassungsgericht im Wege der Rechtsfortbildung entwickelt, um einen umfassenden Grundrechtschutz zu gewährleisten. Exemplarisch sei hier das APKR (allgemeines Persönlichkeitsrecht, Art. 2 I i.V.m. 1 I GG) genannt.

Unter sog. »grundrechtsähnlichen Rechten« versteht man solche, die weder in den Art 1-19 GG noch in der Aufzählung des Art. 93 I Nr. 4 a GG genannt sind, jedoch dem Bürger ebenfalls eine subjektive Rechtsposition einräumen. Zu diesen »grundrechtsähnlichen Rechten« gehören u. a. die Art. 21, 28 I 2, 42 II, 48, 102 und 140 GG. Eine Verletzung der grundrechtsähnlichen Rechte kann im Gegensatz zu den Grundrechten und grundrechtsgleichen Rechten nicht mittels der Verfassungsbeschwerde gerügt werden. Allerdings können diese Rechte bei einer Verletzung durch die öffentliche Gewalt als eigene Rechte gerichtlich geltend gemacht werden (vgl. Art. 19 IV 1 GG »...seinen Rechten...«).

Grundrechtsähnliche Rechte

Hinsichtlich der Verbrechen in der Zeit des Nationalsozialismus und in jüngster Zeit bezüglich des Schießbefehls an der Grenze der DDR (»Mauerschützen«, BVerfGE 95, 96/112) ist von der Existenz weiterer »Grundrechte«, die unabhängig von einer Positivierung (Umsetzung) durch eine Rechtsordnung gelten und über der Verfassung stehen, ausgegangen worden (überpositive Menschenrechte).

Überpositive Menschenrechte

Allerdings stellt sich die Frage nach der Existenz von »überpositiven Menschenrechten« bei funktionierenden Rechtsordnungen nur, wenn durch die Rechtsordnung gegen elementare Gebote der Gerechtigkeit und Menschlichkeit verstoßen wird.

Liegt dann im Einzelfall eine Verletzung der »letzten Grenzen der Gerechtigkeit« durch positives Recht vor, dann muß das Gesetz der Gerechtigkeit als unrichtig weichen (Radbruch´sche Formel).

Radbruch´sche Formel

1.2. Einteilung der Grundrechte

Die Rechtswissenschaft bemüht sich seit jeher um eine systematische Einteilung der Grundrechte, die über die wissenschaftliche Bedeutung hinaus auch für die Klausur relevant wird. Hieraus ergibt sich nämlich, welchen Umfang die einzelnen Grundrechte haben, ob sie zueinander in einem Spezialitäts- bzw. Subsidiaritätsverhältnis stehen oder was der Prüfungsmaßstab in den verschiedenen Verfahrensarten ist.

Allgemeine Grundrechtsdogmatik

Einteilung nach Rechtsquellen

Die Einteilung kann nach Rechtsquellen erfolgen, also danach, ob es sich um Grundrechte des Grundgesetzes, der Landesverfassungen, des Europarechts oder um Menschenrechte aus völkerrechtlichen Dokumenten handelt.

Landesverfassungsrechtlicher Prüfungsmaßstab bei der:

Von besonderer Klausurrelevanz in diesem Zusammenhang ist die Frage, was der zulässige Prüfungsmaßstab der Landesverfassungsgerichte bei der Überprüfung der Anwendung von Bundesrecht durch eine Behörde oder ein Gericht eines Landes ist.

- Normerzeugung

Grundsätzlich gilt, daß kein Landesverfassungsgericht eine bundesrechtliche Rechtsnorm wegen Unvereinbarkeit mit der Landesverfassung für nichtig erklären kann.

Verstößt nämlich eine bundesrechtliche Norm gegen Bundesrecht und ist deswegen nichtig, so darf das Landesverfassungsgericht diese Norm nicht verwerfen, da es ansonsten Bundesrecht als Prüfungsmaßstab verwenden würde.

Sollte hingegen eine bundesrechtliche Regelung mit dem Bundesrecht in Einklang stehen, so ergibt sich schon aus Art. 31 GG, wonach Bundesrecht jeglicher Rangstufe das Landesrecht bricht, daß das Landesgrundrecht wegen eines Verstoßes gegen Bundesrecht nichtig ist.

- Normanwendung

Stark umstritten hingegen ist die oben aufgeworfene Frage. Hierbei geht es um die Normanwendung, also darum, ob und in welchem Umfang ein Landesverfassungsgericht überprüfen darf, ob eine Behörde oder ein Gericht des Landes wirksames Bundesrecht in Übereinstimmung mit den Landesgrundrechten angewendet und ausgelegt hat.

BerlVerfGH

Ein sehr weites Verständnis hinsichtlich der Problematik der Normanwendung hat der BerlVerfGH (Berliner Verfassungsgerichtshof) in der »Honeckerentscheidung« gezeigt (NJW 93, 513): Der BerlVerfGH überprüft die Anwendung und Auslegung von Bundesrecht vollumfänglich an der Landesverfassung mit dem Argument, daß sich die Grenzen der Entscheidungsbefugnis nicht aus Art. 142, 31 GG ergeben, da diese ausschließlich für die Normerzeugung gelten. Nach dem BerlVerfGH ergibt sich die Prüfungskompetenz des Landesverfassungsgerichts aus dem Verhältnis der Gerichtsbarkeiten untereinander sowie aus der Vergleichbarkeit mit der vollumfänglichen Überprüfung von untergesetzlichen Vorschriften des Landes, die aufgrund einer bundesgesetzlichen Ermächtigungsgrundlage ergangen sind (Pestalozza in NVwZ 93, 340/344 f.).

Restriktiver handhabt dies der BayVerfGH (Bayerischer Verfassungsgerichtshof). Er differenziert in solchen Fällen nach der Art der Rechtsnorm:

Handelt es sich um die Anwendung oder Auslegung von Bundesverfahrensrechten, so geht der BayVerfGH nur auf die in der Landesverfassung enthaltenen Verfahrensrechte ein, die mit dem Grundgesetz übereinstimmen (Art. 91 I BV, Bayerische Verfassung »Anspruch auf rechtliches Gehör«; Art. 86 I 2 BV »Recht auf den gesetzlichen Richter«; NJW 93, 518; NVwZ 94, 64).

Bei der Anwendung von materiellem Bundesrecht durch die Behörden und Gerichte der Länder geht der BayVerfGH nur auf das landesverfassungsrechtliche Willkürverbot ein, da bei einem Verstoß gegen das Willkürverbot überhaupt kein Recht, also auch kein Bundesrecht, angewendet worden ist (BayVerfGHE 44, 18/20).

BayVerfGH

Jedermann- und Deutschengrundrechte

Eine weitere Einteilungsmöglichkeit stellt die Unterteilung der Grundrechte nach der Grundrechtsberechtigung dar. So unterscheidet man Grundrechte, die nur für Deutsche und solche, die für Jedermann gelten.

Aus den Wortlaut der Art. 8, 9 I, 11, 12 I, 16 I, 16 II GG ersichtlich, gelten diese Grundrechte nur für Deutsche i.S.v. Art. 116 GG. Das bedeutet jedoch nicht, daß einem Nicht-Deutschen z.B. das Recht der Versammlungsfreiheit gemäß Art. 8 GG verwehrt wäre. Es bedeutet nur, daß er sich nicht direkt auf Art. 8 I GG berufen kann, vielmehr besteht ein abgeschwächter Schutz über Art. 2 I GG, der für Jedermann gilt. Zur Vertiefung, vgl. 3.1 »Natürliche Personen«.

Freiheits- und Gleichheitsgrundrechte

Freiheitsgrundrechte dienen primär der Abschirmung einer individuellen Freiheitssphäre gegen staatliche Eingriffe und ermöglichen es dem einzelnen, innerhalb bestimmter Grenzen, von dem durch das Grundrecht geschützte Verhalten Gebrauch zu machen.

Dagegen haben Gleichheitsgrundrechte keinen solchen Schutzbereich, sondern zielen auf Gleichbehandlung von Personen in vergleichbaren Fällen ab. Gleichheitsgrundrechte gebieten die Gleichbehandlung von wesentlich Gleichem sowie die Ungleichbehandlung von wesentlich Ungleichem.

Freiheitsgrundrechte sichern dem einzelnen einen persönlichen Freiraum gegenüber staatlichen Eingriffen

Gleichheitsgrundrechte verbieten sachlich nicht gerechtfertigte Ungleichbehandlungen durch den Staat in vergleichbaren Fällen

Diese Einteilung wird bei der Frage der Grundrechtskonkurrenzen relevant (vgl. 5.2. »Grundrechtskonkurrenzen«).

Abwehr- und Leistungsrechte

Die Unterteilung in Abwehr- und Leistungsrechte geschieht durch Untersuchung der Regelungsgehalte der einzelnen Grundrechte.

Abwehrrechte

Abwehrrechte dienen dem Schutz von Freiheiten und Rechtsgütern und verschaffen dem Grundrechtsberechtigten einen Abwehranspruch.

Leistungsrechte

Ergibt sich aus dem Grundrecht ein unmittelbarer Anspruch auf eine hoheitliche Leistung, so handelt es sich um Leistungsrechte (i.e.S.).

Eine Unterscheidung von Abwehr- und Leistungsrechten kann sich im Einzelfall schwierig gestalten. Neben den Leistungsrechten (i.e.S.), die einen unmittelbaren Anspruch schon aus ihren Tatbestandsmerkmalen heraus gewähren, leitet die Rechtsprechung auch aus den Abwehrrechten Leistungs- und Teilhaberechte ab. Somit können auch Abwehrrechte zugleich eine leistungsrechtliche Funktion besitzen.

2. Grundrechtsfunktionen

Mit dem Begriff der Grundrechtsfunktionen ist das Problemfeld der verschiedenen Wirkungsweisen bzw. Funktionen der Grundrechte im Verhältnis des einzelnen zum Staat angesprochen.

ABWEHRRECHTE DES BÜRGERS GEGEN DEN STAAT

2.1. Subjektiv-rechtliche Seite der Grundrechte

Die subjektiv-rechtliche Seite der Grundrechte stellt auf das klassische Verfassungsverständnis der Grundrechte ab, wonach diese eine subjektive Berechtigung des einzelnen gegenüber dem Staat darstellen.

2.1.1. Die abwehrrechtliche Funktion

Ausgehend von der geschichtlichen Entwicklung der Grundrechte sind diese auch heute noch primär als subjektive Abwehrrechte des Bürgers gegen den Staat anzusehen, die dem Schutz einer Freiheitssphäre des einzelnen vor staatlichen Eingriffen dienen.

> Grundrechte sind in erster Linie Abwehrrechte des Bürgers gegen den Staat

Dem Bürger verleiht die Abwehrfunktion der Grundrechte den Anspruch, verfassungswidrige Eingriffe in den Schutzbereich seiner Grundrechte auszuschließen.

Dies hat folgende Konsequenzen:

- Für bereits geschehene Eingriffe folgt aus der Abwehrfunktion ein Reaktionsanspruch auf Aufhebung der grundrechtswidrigen Einzelmaßnahme (z.B. Verwaltungsakt oder Gerichtsurteil) oder auf Feststellung der Nichtigkeit eines grundrechtswidrigen Gesetzes.

> Die Abwehrfunktion der Grundrechte verleiht dem einzelnen einen Rechtsanspruch gegen die öffentliche Hand, grundrechtswidrige Maßnahmen
> - aufzuheben,
> - deren Folgen zu beseitigen
> - und für die Zukunft zu unterlassen

Dieser Reaktionsanspruch kann im Rechtsweg geltend gemacht werden, z.B. ist gegen grundrechtswidrige Verwaltungsakte die Anfechtungsklage gem. § 42 I 1. Alt. VwGO, gegen Verordnungen die verwaltungsgerichtliche Normenkontrollklage gem. § 47 VwGO, gegen formelle Gesetze die Verfassungsbeschwerde gem. Art. 93 I Nr. 4 a GG, gegen erstinstanzliche Gerichtsurteile die Berufung statthaft.

- Soweit sich der Eingriff erst in der Zukunft realisiert, kann der einzelne Unterlassung des Eingriffs verlangen und diesen Unterlassungsanspruch ggf. im Wege der vorbeugenden Unterlassungsklage vor dem Verwaltungsgericht oder (ausnahmsweise) im Wege der Verfassungsbeschwerde geltend machen.

> Aus der Abwehrfunktion der Grundrechte wird der öffentlich-rechtliche Folgenbeseitigungs- und Unterlassungsanspruch hergeleitet

- Speziell für Grundrechtsbeeinträchtigungen durch öffentlich-rechtliche Realakte ist aus der Abwehrfunktion der Grundrechte der öffentlich-rechtliche Unterlassungs- und Folgenbeseitigungsanspruch entwickelt worden, der den einzelnen berechtigt, für die Zukunft hoheitliche Realakte abzuwehren und im Falle einer bereits aktualisierten Grundrechtsverletzung durch hoheitliche Realakte den ursprünglichen Zustand wiederherstellen zu lassen.

Beispiel: Abwehr von Lärmimissionen durch Tiefflüge der Bundeswehr - soweit diese gesundheitsschädigende Ausmaße haben - gestützt auf Art. 2 II GG; Anspruch auf Widerruf ehrverletzender Äußerungen eines Amtsträgers aus Art. 2 I i.V.m. 1 I GG (allgemeines Persönlichkeitsrecht).

2.1.2. Die leistungsrechtliche Funktion

Begehrt ein Grundrechtsträger vom Staat eine Leistung, die nicht in der Rückgängigmachung einer Grundrechtsverletzung besteht, so stellt sich die Frage, ob sich aus den Grundrechten Individualansprüche auf Leistungen oder Teilhabe daraus ableiten lassen. Unter den Bedingungen des modernen Industriestaates ist der einzelne zunehmend auf staatliche Leistungen angewiesen, um von seinen grundrechtlich geschützten Freiheiten Gebrauch machen zu können.

Grundrechte als positive Ansprüche des einzelnen gegen die öffentliche Hand auf Gewährung von Leistungen

Diese Abhängigkeit des einzelnen vom Staat ist der Ausgangspunkt für die Überlegung, die Grundrechtsdogmatik um eine leistungsrechtliche Dimension zu erweitern.

»Echte Leistungsgrundrechte«

Soweit ein Grundrecht ausdrücklich oder nach seinem Sinn und Zweck einen Anspruch auf eine staatliche Leistung gewährt (sog. Leistungsgrundrechte), braucht nach der leistungsrechtlichen Funktion der Grundrechte nicht gefragt zu werden. Zu dieser Gruppe der »echten« Leistungsgrundrechte zählen die Art. 6 IV GG (Anspruch der Mutter auf Schutz und Fürsorge), Art. 19 IV GG (Anspruch auf effektiven Rechtsschutz), Art. 101 I GG (Anspruch auf den gesetzlichen Richter), Art. 103 I GG (Anspruch auf rechtliches Gehör) sowie einige Grundrechte der Landesverfassungen, wie z.B. Art. 106 I der Bayerischen Verfassung (Anspruch auf angemessene Wohnung). Zu beachten ist allerdings, daß diese Leistungsgrundrechte in der Regel der einfach-gesetzlichen Konkretisierung bedürfen und nur in Ausnahmefällen unmittelbar als Anspruchsgrundlage herangezogen werden können.

Echte Leistungsgrundrechte, Art. 6 IV, 19 IV, 101 I, 103 I GG, verpflichten den Staat primär zu positivem Handeln

Im übrigen ist die Umdeutung der als Abwehrrechte konzipierten Freiheits- und Gleichheitsgrundrechte in Leistungsgrundrechte umstritten. Wichtig für das Verständnis der Problematik ist die Unterscheidung zwischen originären Leistungsgrundrechten und derivativen Teilhaberechten.

Funktionserweiterung der Abwehrrechte

Rechtliche Begründung der Leistungsfunktion

Rechtsdogmatisch sind zwei Möglichkeiten zur Begründung einer Leistungsfunktion der Grundrechte denkbar:
- Die Begründung der Leistungsfunktion durch die objektiv-rechtliche Seite der Grundrechte ist problematisch. Zwar verpflichten die Grundrechte als Bestandteil des objektiven Wertesystems den Staat, grundrechtliche Freiheiten zu verwirklichen und zu fördern. Die Frage ist aber, ob mit der objektiven Verpflichtung des Staates ein einklagbares, subjektives Recht des

einzelnen auf eine bestimmte Leistung einhergeht. Dies wird man nur im Falle der Untätigkeit des Staates trotz eines bindenden Verfassungsauftrages bejahen können.

Sozialstaatliche Interpretationen der Grundrechte können zu einem subjektiven Anspruch auf Bereitstellung staatlicher Leistung führen

• Der bessere Weg zur Begründung grundrechtlicher Ansprüche ist die sozialstaatliche Interpretation der Grundrechte. Die Freiheitsgrundrechte und das Sozialstaatsprinzip des Art. 20 I GG verpflichten die staatlichen Organe, die tatsächlichen Mindestvoraussetzungen für elementare Freiheitsbetätigungen zu schaffen und begründen damit ein korrespondierendes subjektives Recht des einzelnen auf Verwirklichung des Sozialstaatsprinzips. Im Einzelfall ist bei der Bejahung von grundrechtlichen Leistungsansprüchen jedoch äußerste Zurückhaltung geboten.

Originäre Leistungsrechte

Originäre Leistungsrechte sind Ansprüche auf Bereitstellung oder Erweiterung staatlicher Leistungen

Als originäre Leistungsrechte bezeichnet man die Interpretation der Freiheitsgrundrechte als Individualansprüche auf Schaffung neuer oder Erweiterung bereits bestehender Leistungssysteme (z.B. den gegen den Staat gerichteten Anspruch auf Erweiterung der Studienplatzkapazitäten). Für eine solche originäre Leistungsfunktion der Grundrechte spricht, daß die Bereitstellung einer Leistung durch den Staat, unter den veränderten Bedingungen menschlicher Freiheit, oft erst die Voraussetzungen für den Grundrechtsgebrauch schafft.

Staatliche Leistungen als Voraussetzung realer Freiheitsverwirklichung

Keine generelle Deutung der Grundrechte als einklagbare Leistungsrechte

Eine generelle Umdeutung der Grundrechte in einklagbare Leistungsrechte wird aber von der h.M. zu Recht abgelehnt. Einer solchen Umdeutung steht der klare Wortlaut der Grundrechte und die Entscheidung des Verfassungsgebers für die traditionelle Abwehrfunktion entgegen. Maßgeblich dürfte sein, daß unter parlamentarisch-demokratischen Aspekten die Entscheidung über die Einräumung von Leistungsansprüchen gegen den Staat dem Parlament zugewiesen ist. Würde dagegen der Staat durch die Gerichte unmittelbar aus den Grundrechten zu Leistungen verurteilt, so wäre die parlamentarische Willensausübung im Bereich der Leistungsgewährung erheblich beeinträchtigt. Zudem würde durch politisch nicht verantwortliche Richter in die Budgethoheit des Parlaments (wegen der unkalkulierbaren finanziellen Belastungen, die dem Staat daraus erwachsen könnten) eingegriffen, was auch unter dem Gesichtspunkt des Gewaltenteilungsprinzips Bedenken mit sich bringt.

Von diesem grundsätzlichen Umdeutungsverbot der Grundrechte in originäre Leistungsrechte hat die Rechtsprechung nur in ganz eng begrenzten Fällen Ausnahmen zugelassen: z.B. ist ein Anspruch auf Sozialhilfe und Impfung unmittelbar aus Art. 1 I und 2 I, II GG in Verbindung mit dem Sozialstaatsprinzip anzuerkennen. Gleiches gilt bei Existenzgefährdung für den Anspruch auf Subventionierung von anerkannten Privatschulen, Art. 7 IV GG. Weitere Ausnahmen sind im Wege der sozialstaatlichen Interpretation des entsprechenden Grundrechts denkbar, vorausgesetzt der Freiheitsgebrauch ist ohne staatliche Unterstützung nicht möglich.

Ausnahmen:

Anspruch auf Sozialhilfe aus Art. 1 I, 2 I, II GG i.V.m. dem Sozialstaatsprinzip

Anspruch auf Subventionierung von Privatschulen aus Art. 7 IV GG

Das BVerfG hat in seiner »Numerus-Clausus-Entscheidung« die Fragen dahinstehen lassen, ob (1) sich aus den grundrechtlichen Wertentscheidungen ein objektiver, sozialstaatlicher Verfassungsauftrag zur Bereitstellung ausreichender Studienkapazitäten ergibt und (2) dieser Verfassungsauftrag individuell einklagbar ist (BVerfGE 33, 303/333). Zwar erkennt das BVerfG an, daß mit zunehmenden sozialen und kulturellen Leistungen des Staates die Freiheitsverwirklichung des einzelnen immer mehr von der Bereitstellung staatlicher Leistungen abhängig ist. Es hat aber daran festgehalten, »daß auch im modernen Sozialstaat es der nicht einklagbaren Entscheidung des Gesetzgebers überlassen bleibt, ob und inwieweit er im Rahmen der darreichenden Verwaltung Teilhabe gewähren will« (BVerfGE 33, 303/330 ff.).

Der Standpunkt des BVerfG in der »Numerus-Clausus-Entscheidung« ist eher zurückhaltend

Derivative Teilhaberechte

Eine andere Frage ist, ob Grundrechte wenigstens als derivative Teilhaberechte angesehen werden können, d.h. Ansprüche auf gleiche Teilhabe an bereits bestehenden Leistungssystemen gewähren (z.B. Ausbildungsförderung). Diese Frage ist im Hinblick auf den allgemeinen Gleichheitsgrundsatz des Art. 3 I GG (oder spezielle Gleichheitssätze) prinzipiell zu bejahen.

»Derivative Teilhaberechte« sind Ansprüche auf gleiche Zuteilung von bereits bestehenden Leistungen des Staates

Wird dem einzelnen die Gewährung einer Leistung unter Verstoß gegen den Gleichheitsgrundsatz des Art. 3 I GG vorenthalten, so ist zu fragen, ob dem Gleichheitsgrundsatz des Art. 3 I GG ein Anspruch des Benachteiligten auf Gewährung der ungleich vorenthaltenen Begünstigung zu entnehmen ist. Hier ist zwischen Gleichheitsverstößen durch die Gesetzgebung und durch die Verwaltung zu differenzieren.

Anspruch aus Art. 3 I GG auf Gewährung staatlicher Leistungen, die dem einzelnen gleichheitswidrig vorenthalten werden

Gleichheitsverstoß durch die Verwaltung

Wird dem Grundrechtsträger eine Leistung durch die Verwaltung unter Verstoß gegen Art. 3 I GG verwehrt, ohne daß diese Entscheidung durch ein Gesetz bindend vorgeschrieben war, so kann er aus Art. 3 I GG die ihm vorenthaltenen Begünstigungen verlangen.

Solche, allein der Verwaltung zuzurechnende Gleichheitsverstöße sind in den Fällen denkbar, in denen die Verwaltung nicht aufgrund eines Gesetzes tätig wird (sonst liegt der Gleichheitsverstoß schon in dem Gesetz) oder wenn ihr durch ein Gesetz ein Ermessensspielraum eingeräumt wurde.

Kein Anspruch bei Kapazitätserschöpfung

Zu beachten ist noch der Einwand der Kapazitätserschöpfung: Da der Anspruch aus Art. 3 I GG nur ein Anspruch auf gleiche Teilhabe an bestehenden Leistungssystemen ist, kann er auch nur im Rahmen der vorgesehenen Kapazitäten erfüllt werden. Bei Erschöpfung der Kapazitäten erlischt deshalb der Anspruch aus Art. 3 I GG. Ferner ist der Grundsatz »keine Gleichheit im Unrecht« zu beachten.

Gleichheitsverstoß durch die Gesetzgebung

Dagegen ist ein einklagbarer Anspruch aus Art. 3 I GG auf Ausdehnung einer durch Gesetz gleichheitswidrig vorenthaltenen Begünstigung auf eine an sich ausgeschlossene Person nur ausnahmsweise gegeben:

• wenn ein Verfassungsauftrag die Ausdehnung der Begünstigung auf die nicht berücksichtigte Personengruppe gebietet, oder

• wenn der Gesetzgeber an einem Regelungssystem erkennbar festhalten will, das nur dann mit Art. 3 I GG vereinbar ist, wenn die Begünstigung auf die übergangene Personengruppe ausgedehnt wird (vgl. Pieroth/Schlink, Staatsrecht II, 16. Aufl., Rz. 484 ff.).

Diese Einschränkungen sind durch das Gewaltenteilungsprinzip bedingt, das die Funktion der Rechtsprechung auf eine bloße Kontrolle gesetzgeberischer Maßnahmen beschränkt. Bei der Ausdehnung eines Gesetzes auf benachteiligte Personen greift das BVerfG aber gestaltend in den Bereich der Legislative ein.

2.1.3. Die Schutzfunktion

Im Gegensatz zur traditionellen Abwehrfunktion der Grundrechte geht es bei den staatlichen Schutzpflichten nicht um bloße Eingriffsabwehr im Verhältnis des Bürgers zum Staat, sondern um einen vorbeugenden Schutz vor drohenden Grundrechtsverletzungen durch Dritte. Hierzu zählen insbesondere private Machtträger (etwa Großkonzerne oder Banken) und ausländischer Staatsgewalten. Diese Pflicht, Grundrechtsbeeinträchtigungen bereits im Vorfeld durch effektive Maßnahmen entgegenzuwirken, obliegt dem Staat insbesondere dann, wenn besonders gewichtige Rechtsgüter bedroht sind, wenn die Gefahren unbeherrschbar sind und der mögliche Schaden irreparabel ist. In der Praxis am bedeutsamsten ist die Schutzpflicht im Hinblick auf das Recht auf Leben und körperliche Unversehrtheit aus Art. 2 II 1 GG.

Als Beispiel sind zu nennen: Der Schutz des ungeborenen Lebens vor einem Schwangerschaftsabbruch (BVerfGE 39, 1/42; 88, 203/251), der Schutz vor atomaren Gefahren (BVerfGE 49, 89/140 ff.).

Zu beachten sind ferner die grundgesetzlich ausdrücklich normierten Schutzpflichten zugunsten der Menschenwürde, Art. 1 I 2 GG oder zugunsten der Mutter, Art. 6 IV GG.

Schutzpflichten des Staates gegenüber Grundrechtsgefährdungen sind anzunehmen, wenn
• besonders gewichtige Grundrechte bedroht sind,
• die Gefahren unbeherrschbar sind
• und der mögliche Schaden irreparabel ist

Ausdrücklich normierte Schutzpflichten

Der objektive Schutz des Staates

Grundrechtliche Schutzpflichten schreiben den staatlichen Organen lediglich vor, daß sie wirksame Maßnahmen zum vorbeugenden Grundrechtsschutz schon im Stadium der bloßen Grundrechtsgefährdung zu ergreifen haben. Sie sind daher nur hinsichtlich des »ob« des Tätigwerdens verbindlich.

Verpflichtung des Staates nur hinsichtlich des »ob« des Einschreitens

Wie der Staat seiner Schutzpflicht im einzelnen nachzukommen hat, bzw. welche konkreten Maßnahmen er zu treffen hat (das »wie« des Vorgehens), ist ihm durch die Schutzpflicht nicht vorgegeben. Vielmehr wird dem Gesetzgeber oder der handelnden Behörde diesbezüglich ein weites Auswahlermessen zugestanden. In einigen Fällen kann der Staat auch in Erfüllung seiner grundrechtlichen Schutzpflichten in Grundrechte Dritter eingreifen, wenn das zur Abwehr der Grundrechtsgefährdung erforderlich und nicht unverhältnismäßig ist. Der Schutz des einen Grundrechts wird so zur verfassungsimmanenten Schranke für das andere Grundrecht, was eine verhältnismäße Güterabwägung voraussetzt. Diese Abwägung gegenläufiger Grundrechte und Verfassungsgüter ist jedoch wegen des Parlamentsvorbehalts allein Sache des Gesetzgebers.

Keine Verpflichtung des Staates zu bestimmten positiven Maßnahmen

Die grundrechtlichen Schutzpflichten des Staates als Eingriffslegitimation für den Gesetzgeber

Der subjektive Anspruch auf grundrechtliche Sicherheit

Grundsätzlich folgt aus der Schutzfunktion der Grundrechte nur ein subjektiver Anspruch auf staatliches Einschreiten, nicht dagegen auf konkrete Maßnahmen

Ähnlich wie bei der Leistungsfunktion der Grundrechte ergibt sich auch bei der Schutzfunktion des Grundrechts das Problem, ob mit dem objektiven Schutzauftrag des Staates ein einklagbarer subjektiver Schutzanspruch der betroffenen Grundrechtsträger korrespondiert.

Da die Schutzpflicht des Staates nur das »ob« des Tätigwerdens vorschreibt, kann der individuelle Schutzanspruch nicht weiter gehen. Danach kann im Rechtsweg nur die Schutzpflicht an sich durchgesetzt werden, d.h. der Staat kann zu Vorkehrungen verpflichtet werden, die seinem Ermessen anheim gestellt und nicht gänzlich ungeeignet sind. Nur in dem seltenen Fall der Reduktion des Auswahlermessens »auf Null«, wenn im Hinblick auf den Rang des bedrohten Rechtsgutes und das Ausmaß des drohenden Schadens evident nur eine ganz bestimmte Maßnahme in Betracht kommt, kann der Staat zu dieser bestimmten Schutzmaßnahme verpflichtet werden.

2.2. Objektiv-rechtliche Seite der Grundrechte

Das BVerfG und die Literatur sind bei dieser historisch geprägten Deutung der Grundrechte als subjektive Abwehrrechte nicht stehengeblieben, sondern haben deren Bedeutungsgehalt erheblich erweitert.

2.2.1. Grundrechte als objektive Wertordnung

Neben die subjektive Abwehrfunktion tritt der Charakter der Grundrechte als Bestandteil der objektiven Wertordnung zur Verstärkung der Geltungskraft der Grundrechte (Komplementärfunktion)

Nach ständiger Rechtssprechung des BVerfG enthalten die Grundrechte nicht nur subjektive Abwehrrechte des Bürgers gegen den Staat, sondern verkörpern zugleich »eine objektive Wertordnung, die als verfassungsrechtliche Grundentscheidung für alle Bereiche des Rechts gilt und Richtlinien und Impulse für Gesetzgebung, Verwaltung und Rechtssprechung gibt« (BVerfGE 39, 1 im Anschluß an das »Lüth-Urteil«, BVerfGE 7, 198).

Zum besseren Verständnis der objektiven Funktion gilt es folgende Einzelaspekte auseinanderzuhalten:

1. Soweit Grundrechte als Richtlinien und Impulse für Gesetzgebung, Verwaltung und Rechtssprechung bezeichnet werden, ist

damit eine positive Verpflichtung des Staates ausgesprochen, auf eine größtmögliche Verwirklichung der Grundrechte hinzuwirken. Andererseits schränken die Grundrechte in dem Maße, in dem sie dem einzelnen individuelle Freiheit verbürgen, zugleich aus der Perspektive des Staates dessen Handlungs- und Gestaltungsspielraum ein. Sie sind daher auch als negative Kompetenzvorschriften bezeichnet worden.

Beispiel: Bei der Regelung des Gewerberechts muß der Bundesgesetzgeber einerseits die positiven Kompetenzvorschriften der Art. 74 Nr. 11 und 72 II GG beachten, andererseits schränkt das Grundrecht des Art. 12 I GG seinen Gestaltungsspielraum ein.

2. Wenn das BVerfG von den Grundrechten als objektive Wertordnung spricht und deren Geltung für die gesamte Rechtsordnung betont, so ist damit auch die sog. »Ausstrahlungswirkung« der Grundrechte gemeint. Diese Ausstrahlungswirkung begründet einen Maßstab für die Anwendung und Auslegung des einfachen Rechts. Das bedeutet, daß Rechtsvorschriften, die einen gewissen Auslegungsspielraum zulassen, von der Verwaltung und den Gerichten wegen deren Bindung an die Grundrechte (Art. 1 III GG) grundrechtskonform auszulegen sind. Dabei ist von mehreren Auslegungsalternativen diejenige zu wählen, die das Grundrecht (unter Berücksichtigung etwaiger kollidierender Rechte Dritter) zur größtmöglichen Entfaltung bringt.

Auch im Verhältnis privater Rechtssubjekte untereinander, die aus Art. 1 III GG ersichtlich keiner direkten Grundrechtsbindung unterliegen, kommt die »Ausstrahlungswirkung« der Grundrechte zum Tragen. Der Einfluß der Grundrechte auf den privaten Rechtsverkehr ist aber - anders als im Verwaltungsrecht - relativ gering. Nur die Generalklauseln des Privatrechts (vgl. etwa §§ 826, 242, 138 I, 315 BGB) sind im Lichte der objektiven Wertentscheidung einzelner Grundrechte zu interpretieren. Diese Wirkung der Grundrechte nennt man »mittelbare Drittwirkung« (vgl. 4.2. »Geltungsbereich der Grundrechte«).

Beispiele für die grundrechtskonforme Anwendung und Auslegung des einfachen Rechts:
Beispiel 1: Unmittelbar im Anschluß an die Verhaftung einer berühmten Persönlichkeit entsteht eine ungeplante Demonstration, sog. Spontanversammlung. Da die rechtzeitige Anmeldung gem. § 14 VersammlG (48 Stunden vorher!) bei Spontanversammlun-

---

Verpflichtung des Staates, auf eine maximale Grundrechtsverwirklichung hinzuwirken

Grundrechte als »negative Kompetenzvorschriften«

»Ausstrahlungswirkung« der Grundrechte auf das einfache Recht

Mittelbare Drittwirkung der Grundrechte im Privatrechtsverkehr

Die Generalklauseln des Zivilrechts als »Einbruchstellen« der Grundrechte

Anmeldepflicht bei Spontanversammlungen

gen naturgemäß nicht möglich ist, müßten Spontanversammlungen generell unzulässig und auflösbar (§ 15 II VersammlG) sein, was aber verfassungsrechtliche Bedenken im Hinblick auf Art. 8 GG aufwirft. Daher entfällt nach h.M. in grundrechtskonformer Anwendung des § 14 VersammlG die Anmeldepflicht bei Spontanversammlungen gänzlich.

Beispiel 2: Die Straßengesetze der Länder bestimmen, daß der Gemeingebrauch jedermann gestattet ist, die Sondernutzung dagegen einer Erlaubnis bedarf. Der Begriff des Gemeingebrauchs ist ein unbestimmter Rechtsbegriff, der unter Berücksichtigung der Wertentscheidung der Grundrechte ausgefüllt werden muß. Daher ist er nicht auf den bloßen Verkehr beschränkt, sondern beinhaltet wegen der Ausstrahlung des Art. 5 I GG auch den individuellen Informations- und Meinungsaustausch (kommunikativer Verkehr). Das Verteilen politischer Flugblätter ist deswegen als erlaubnisfreier Gemeingebrauch zu beurteilen. Gleiches gilt auch hinsichtlich des Art. 8 GG zum Zwecke der kollektiven Meinungskundgabe. Wegen der Ausstrahlung des Art. 14 I GG beinhaltet der Begriff des Gemeingebrauchs darüber hinaus auch den sog. Anliegergebrauch, der soweit reicht, wie eine angemessene Nutzung der Straße für die Straßenanlieger erforderlich ist.

Die grundrechtskonforme Anwendung des einfachen Rechts ist insbesondere für den Ermessensgebrauch der Verwaltung bedeutsam. Die Ausstrahlungswirkung der Grundrechte sowie die Bindung der Verwaltung an die Grundrechte gem. Art. 1 III GG verpflichtet die Behörden, von ihrem gesetzlich eingeräumten Ermessen fehlerfreien Gebrauch zu machen, namentlich die Grundrechte zu berücksichtigen. Von Ermessen spricht man dann, wenn bei Erfüllung eines gesetzlichen Tatbestandes der Verwaltung ein Wahlrecht hinsichtlich verschiedener Rechtsfolgen eröffnet ist (z.B. § 15 II VersammlG, eine Versammlung »kann« aufgelöst werden). Trägt die Verwaltung den Grundrechten bei der Ermessensausübung nicht hinreichend Rechnung, dann handelt sie ermessensfehlerhaft und damit rechtswidrig. So kann z.B. der Einfluß eines Grundrechts das Ermessen auf »Null« reduzieren.

Beispiel 1: In den Straßengesetzen der Länder führt die Ausstrahlung des Art. 5 III GG aufgrund der Vielgestaltigkeit von künstlerischen Betätigungen nicht zur Erweiterung des Begriffs des Gemeingebrauchs (vgl. oben). Vielmehr wirkt sich Art. 5 III GG

im Ermessen auf der Rechtsfolgenseite aus, so daß sich ein Anspruch auf Erteilung einer Sondernutzungserlaubnis ergeben kann (BVerwG, NJW 90, 2011; Würkner in NJW 87, 1793 ff.).
Beispiel 2: Wegen der Ausstrahlung des Art. 14 GG auf die Ermessensausübung im Rahmen des § 35 II BauGB besteht ein Anspruch auf Zulassung des Vorhabens, soweit öffentliche Belange nicht beeinträchtigt werden. Das Ermessen der Behörde (»können ... zugelassen werden«) ist bei Verwirklichung des Tatbestandes des § 35 II BauGB (fehlende Beeinträchtigung öffentlicher Belange) auf Null reduziert.

2.2.2. Einrichtungsgarantien

Bei den Einrichtungsgarantien geht es um den verfassungsrechtlichen Schutz bestimmter Einrichtungen des staatlichen oder privaten Lebens im Sinne einer objektiven Garantie. Einrichtungsgarantien gelten als Oberbegriff für Institutsgarantien und institutionelle Garantien.

Verfassungsrechtlich gewährleistete Einrichtungsgarantien verpflichten den Staat, die Institutionen zu erhalten

Als Institutionsgarantien bezeichnet man die Gewährleistung von privaten Einrichtungen, z.B. die Ehe und Familie, Art. 6 GG, das Eigentum und Erbrecht, Art. 14 GG, die unabhängige Presse, Art. 5 GG.

Institutsgarantien verbürgen private Einrichtungen

Dagegen spricht man von institutionellen Garantien, wenn das Grundgesetz staatliche Einrichtungen gewährleistet, z.B. Parteien, Art. 21 GG, kommunale Selbstverwaltung, Art. 28 II GG, Berufsbeamtentum, Art. 33 V GG.

Institutionelle Garantien verbürgen öffentlich-rechtliche Einrichtungen

Einrichtungsgarantien räumen dem einzelnen Bürger keine subjektive Rechtsposition ein. Er kann somit die behauptete Verletzung einer Einrichtungsgarantie nicht isoliert im Rechtsweg geltend machen. Eine Ausnahme hierzu bildet Art. 28 II GG, der den Gemeinden ein subjektives Recht auf kommunale Selbstverwaltung gegenüber dem Staat einräumt, das gem. Art. 93 I Nr. 4b GG im Wege der »Kommunalverfassungsbeschwerde« vor dem BVerfG durchgesetzt werden kann. Einrichtungsgarantien sind vielmehr für den Gesetzgeber von Bedeutung. Dieser ist einerseits dazu berufen, das geschützte Institut inhaltlich auszugestalten (vgl. z.B. Art. 14 I 2 GG), zu konkretisieren und ggf. den geänderten Bedingungen anzupassen, andererseits ist er daran gehindert, das Institut als solches abzuschaffen oder es in seinem Typus bestimmenden Kern abzuändern.

Die Ausgestaltung des Instituts ist dem Gesetzgeber vorbehalten

Allgemeine Grundrechtsdogmatik

Einrichtungsgarantien haben eine grundrechtsergänzende Funktion

Teilweise werden Einrichtungsgarantien in Grundrechtsnormen verbürgt, z.B. Art. 14, Art. 6, Art. 7 IV GG und bilden als objektive Gewährleistung eine Komplementärerscheinung zu den subjektiven Rechten.

2.2.3. Grundrechte als Organisations- und Verfahrensgarantie

Grundrechtsverwirklichung durch Organisation und Verfahren

Ein weiterer Teilaspekt der objektiv-rechtlichen Grundrechtsfunktion, der zunehmend an Bedeutung gewinnt, ist die Grundrechtsverwirklichung und Grundrechtssicherung durch Organisation und Verfahren. Die Gewährleistung des Grundrechtsschutzes durch Verfahren ist zunächst Aufgabe der eigentlichen Verfahrensgrundrechte, Art. 19 IV, 101 ff. GG. Aber auch materielle Grundrechte haben einen gewichtigen Einfluß auf das Organisations- und Verfahrensrecht. Die Grundrechte bedingen einerseits eine grundrechtseffektivierende Verfahrensausgestaltung, andererseits sind vorhandene Verfahrensvorschriften grundrechtskonform auszulegen.

Vorverlagerung des Grundrechtsschutzes durch grundrechtseffektivierende Verfahrensgestaltung

Die Grundrechte als Verfahrensgarantien verpflichten also einerseits den Gesetzgeber, das Verfahrensrecht so auszugestalten, daß der Grundrechtsschutz in das Stadium des Verfahrens vorverlagert wird und die Grundrechte bereits im Vorfeld der eigentlichen Entscheidung hinreichend berücksichtigt werden.

Beispiel: Die Genehmigung des Baus eines Atomkraftwerkes kann erhebliche Auswirkungen auf die Grundrechtpositionen der Anwohner haben (Art. 14 GG, Art. 2 II GG). Um deren Grundrechtsposition bereits im Vorfeld der atomrechtlichen Genehmigung zu schützen, sieht das Atomgesetz die Einbeziehung der Bürger in das Entscheidungsverfahren vor (Erörterungstermin).

Grundrechtskonforme Anwendung des bestehenden Verfahrensrechts

Auf der anderen Seite verpflichten die Grundrechte die Verwaltung, bereits bestehende Verfahrensvorschriften grundrechtkonform auszulegen und anzuwenden.

Eine grundrechtseffiziente Verfahrensgestaltung kann die Schwere des Grundrechtseingriffs abmildern und ist daher in der Klausur unter dem Prüfungspunkt »Verhältnismäßigkeit i.e.S.« in die Abwägung mit einzubeziehen.

Dagegen kann eine Verfahrensregelung, die materielle Grundrechtspositionen entwertet, verfassungswidrig sein.

Allgemeine Grundrechtsdogmatik

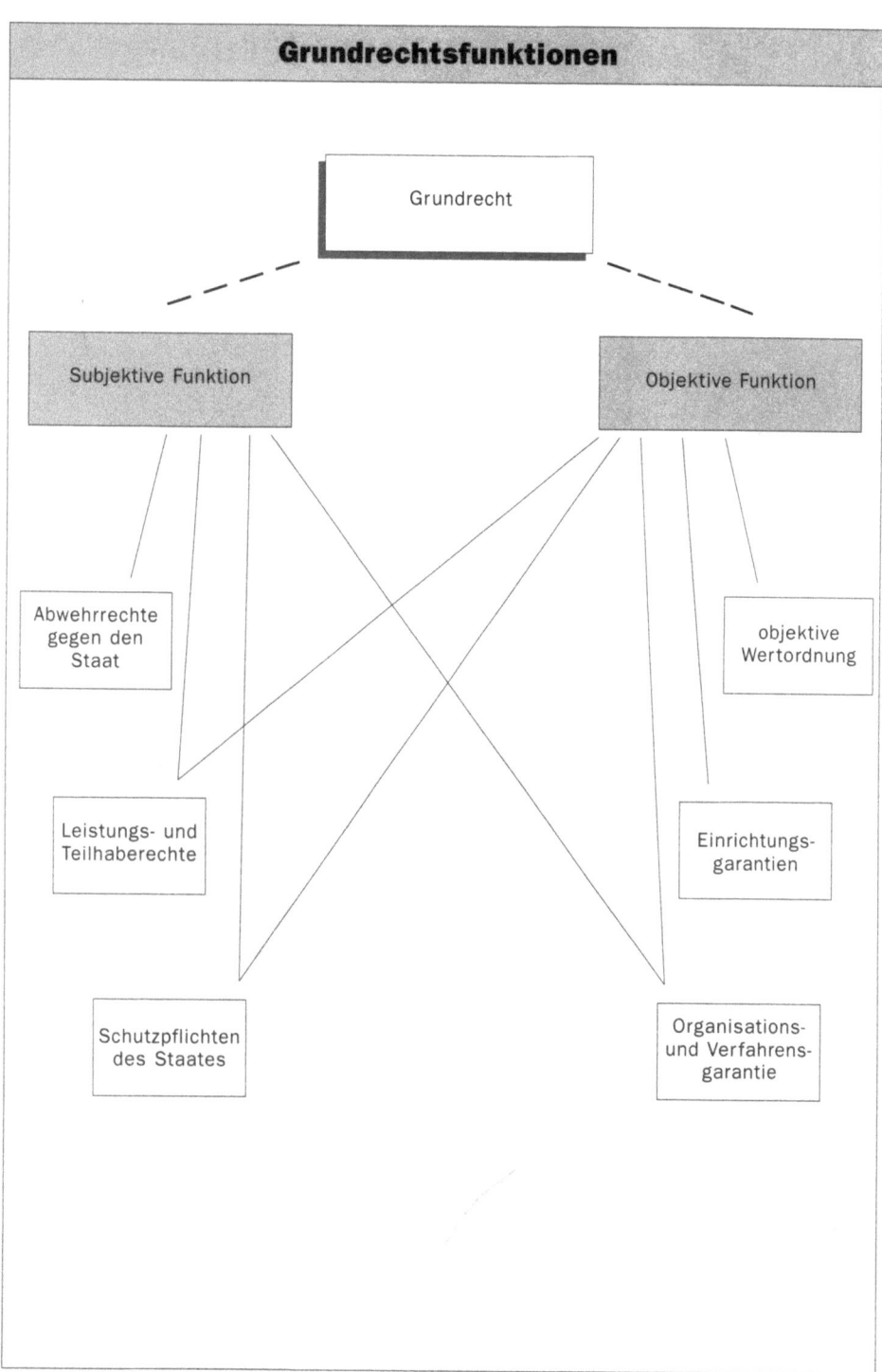

3. Grundrechtsberechtigung

<small>Wer wird durch ein Grundrecht berechtigt? (Persönlicher Schutzbereich)</small>

Die Grundrechtsberechtigung betrifft die Frage, wer als Subjekt des Grundrechtsschutzes in Betracht kommt, bzw. wer Träger von Grundrechten sein kann. Man spricht deshalb auch von Grundrechtsträgerschaft, Grundrechtssubjektivität oder Grundrechtsfähigkeit.

Im Unterschied dazu geht es bei der Grundrechtsmündigkeit um das Problem, ob ein Grundrechtsberechtigter von einem Grundrecht selbständig Gebrauch machen und es prozessual durchsetzen kann.

Die Frage der Grundrechtsfähigkeit muß für jedes Grundrecht gesondert festgestellt werden. Als erstes ist zu fragen, ob sich eine natürliche oder eine juristische Person auf das Grundrecht beruft.

3.1. Natürliche Personen

<small>Unterscheidung zwischen Jedermann- und Deutschengrundrecht</small>

Die Grundrechtsberechtigung natürlicher Personen läßt sich dem Wortlaut des betreffenden Grundrechts entnehmen. Ist im betreffenden Grundrecht »jeder« oder »jedermann« als Grundrechtsträger bezeichnet oder enthält das jeweilige Grundrecht eine entsprechende Formulierung (z.B. »alle Menschen«), handelt es sich um ein sog. Jedermannrecht. Hierzu zählen die Art. 2 I, II 1; Art. 3 I, II 1, III 1 und 2; Art. 4 III 1; Art. 5 I; Art. 9 III 1; Art. 12 II GG und Art. 17 GG. Ist der Grundrechtsschutz hingegen ausdrücklich auf Deutsche beschränkt (vgl. Art. 8, 9, 11, 12 I, 16 I, II, 20 IV GG), dann bezieht sich der Grundrechtsschutz nur auf Deutsche i.S.v. Art. 116 I GG (Deutschengrundrechte). Ebenfalls Jedermannrechte sind solche Grundrechte, die keine Einschränkung in persönlicher Hinsicht erkennen lassen (Art. 4 I, II, 5 III, 6, 10, 13, 14, 16 II, 104 GG).

<small>Ist der personale Schutzbereich eines Grundrechts auf Deutsche beschränkt, so hindert das nicht den Rückgriff auf Art. 2 I GG. Ausländer genießen daher über Art. 2 I GG umfassenden, aber leichter einschränkbaren Grundrechtsschutz</small>

Aus der Unterscheidung zwischen Jedermann- und Deutschengrundrechten ergibt sich, daß Ausländer nur im Hinblick auf erstere grundrechtsberechtigt sind.

Diese zunächst ungerecht erscheinende Differenzierung wird aber dadurch relativiert, daß bei Ausländern über das Auffanggrundrecht des Art. 2 I GG die speziellen Gehalte der Deutschenrechte zu berücksichtigen sind. Aufgrund der extensiven Schrankendeutung des BVerfG zu Art. 2 I GG genießen Ausländer jedoch im Regelungsbereich der Deutschenrechte einen leichter einschränkbaren Grundrechtsschutz.

Beispiel: Beruft sich ein Ausländer auf die Berufsfreiheit, so ist zwar der Regelungsbereich des Art. 12 I GG betroffen, der Schutzbereich aber, wegen der persönlichen Einschränkung auf Deutsche, für Ausländer verschlossen. Nach h.M. hindert das nicht den Rückgriff auf Art. 2 I GG. Die Berufsfreiheit der Ausländer ist jedoch über den einfachen Gesetzesvorbehalt des Art. 2 I GG wesentlich einfacher einschränkbar, als die Berufsfreiheit der Deutschen über die restriktiv interpretierte Schranke des Art. 12 I GG.

EU-Ausländer können sich ebenfalls nur auf die Jedermannrechte berufen. Dies widerspricht nicht dem europarechtlichen Diskriminierungsverbot (vgl. Art. 12 EGV), welches verlangt, daß den EU-Ausländern die gleichen Betätigungsmöglichkeiten eröffnet werden wie den Inländern des jeweiligen Mitgliedstaates, da dies schon durch einfaches innerstaatliches Recht gewährleistet (vgl. § 4 I Nr.1 BRRG) wird. Sollte im Einzelfall dennoch eine unerlaubte Diskriminierung vorliegen, so greifen unmittelbar die europarechtlichen Vorschriften (z.B. Art. 12, 39 EGV), ohne das ein Rückgriff auf die Grundrechte des Grundgesetzes notwendig ist (EuGHE 76, 1185).

Grundrechtsberechtigung von EU-Ausländern

3.1.1. Grundrechtsmündigkeit

Umstritten ist, ob die Grundrechtsberechtigung Minderjähriger infolge mangelnder Grundrechtsmündigkeit eingeschränkt ist. In der Literatur wird zum Teil gefordert, die Grundrechtsmündigkeit Minderjähriger bei bestimmten Grundrechten, deren Ausübung eine gewisse Verstandesreife voraussetzt (Art. 4, 5 I, 6, 8, 9, 12, 14 GG), nach der individuellen Urteils- und Einsichtsfähigkeit des Minderjährigen zu beurteilen oder nach festen Altersgrenzen zu bestimmen.

In der Rechtsprechung des BVerfG haben diese Auffassungen bisher keine Anerkennung gefunden.

Im übrigen birgt die Rechtsfigur der Grundrechtsmündigkeit die Gefahr einer weitgehenden Verkürzung des Grundrechtsschutzes Minderjähriger in sich, für die keine normative Grundlage existiert.

Keine Versagung des Grundrechtsschutzes wegen mangelnder »Grundrechtsmündigkeit«

Eine ganz andere Frage ist, ob der Minderjährige stets in der Lage ist, seine Grundrechte selbstständig prozessual geltend zu machen, also ob der Minderjährige prozeß- bzw. verfahrensfähig im Verfassungsbeschwerdeverfahren ist. Hier wird im Interesse eines geordneten Verfahrensablaufs auf das Kriterium der individuellen Einsichtsfähigkeit des Minderjährigen abgestellt (vgl. unten »Verfassungsbeschwerde«).

3.1.2. Pränataler und postmortaler Grundrechtsschutz

Soweit ein grundrechtlich geschütztes Verhalten nur von lebenden natürlichen Personen ausgeübt werden kann, versteht es sich von selbst, diese Grundrechte nur auf Lebende anzuwenden. Das Leben und damit die Grundrechtsfähigkeit beginnt mit der Geburt (Eröffnungswehen) und endet mit dem Tod (Hirntod).

In Ausnahmefällen hat das BVerfG aber für bestimmte Grundrechte den Grundrechtsschutz auf Ungeborene (Embryonen) und auf Tote ausgedehnt.

Grundrechtsfähigkeit des »nasciturus«

Der Schutz des ungeborenen Lebens aus Art. 2 II 1, 1 I GG ist im Zusammenhang mit der ersten Entscheidung zum Schwangerschaftsabbruch diskutiert worden.

Die Zuerkennung einer Grundrechtsfähigkeit des Embryos wurde in dieser Entscheidung allerdings offengelassen. Vielmehr ging es in diesem Zusammenhang um die aus Art. 2 II 1 GG resultierende objektive Schutzpflicht des Staates, zugunsten des werdenden Lebens Maßnahmen zu ergreifen (BVerfGE 39,1/42). Indes hat das BVerfG in der zweiten Entscheidung zum Schwangerschaftsabbruch die Grundrechtsfähigkeit des »nasciturus« hinsichtlich des Grundrechts auf Leben i.S.v. Art. 2 II 1,1 I GG ab dem Zeitpunkt der »Nidation« bejaht (»eigenes Lebensrecht des Ungeborenen«; BVerfGE 88, 203/252 ff.). »Nidation« ist der Zeitpunkt der Einnistung des befruchteten Eis in die Schleimhaut des Uterus. Über den Daumen: spätestens 14 Tage nach der Zeugung.

Im Schrifttum wird zudem eine Grundrechtsfähigkeit des »nasciturus« bei Art. 2 II 1 (Recht auf körperliche Unversehrtheit) und 14 I GG (Erbrecht) angenommen.

Bedenken bestehen jedoch in Hinblick auf Art. 14 I GG, da Eigentum erst mit der Geburt erworben wird und somit keine Rechtsposition des »nasciturus« betroffen sein kann.

Dem folgt auch das BGB, wonach der »nasciturus« nur dann Erbe sein kann, wenn er lebend geboren wird. Erst danach greift die Fiktion des § 1923 II BGB ein (vgl. Edenhofer, in: Palandt, §1923 Rn. 5).

Der Grundrechtsschutz Toter war Gegenstand der berühmten »Mephisto-Entscheidung« des BVerfG (E 30, 173). In dieser Entscheidung wurde zwar ein postmortales Persönlichkeitsrecht nach Art. 2 I i.V.m. 1 I GG abgelehnt, weil das Grundrecht aus Art. 2 I GG »die Existenz einer wenigstens potentiell oder zukünftig handlungsfähigen Person als unabdingbar voraussetzt« (BVerfGE 30,173/194). Hinsichtlich der Unverletzlichkeit der Menschenwürde wurde ein postmortaler Schutz allerdings bejaht: »Die in Art. 1 I GG aller staatlichen Gewalt auferlegte Verpflichtung, dem Einzelnen Schutz gegen Angriffe auf seine Menschenwürde zu gewähren, [endet] nicht mit dem Tod« (BVerfGE 30,173/194).

Grundrechtsschutz nach dem Tod

3.2. Juristische Personen

Juristische Personen sind gemäß Art. 19 III GG grundrechtsberechtigt, soweit das betreffende Recht auf die juristische Person »ihrem Wesen nach« anwendbar ist. Der Begriff der juristischen Personen i.S.v. Art. 19 III GG ist nach h.M. weiter zu verstehen als im Zivilrecht und umfaßt solche Personenvereinigungen, denen als Organisationsform selbst Rechtsfähigkeit oder zumindest Teilrechtsfähigkeit zukommt, d.h. das Organisationsgebilde muß selbst Zuordnungssubjekt von Rechten und Pflichten sein.

Beispiel: Der rechtsfähige Verein, § 21 BGB; die politischen Parteien, §§ 2, 3, PartG; die GmbH, § 13 I GmbH; die Aktiengesellschaft, § 1 AktG; die OHG, § 124 I HGB; die KG, §§ 161 II, 124 I HGB.

Ebenso können nichtrechtsfähige Personenvereinigungen, sofern sie organisatorisch mit den rechtsfähigen Personenvereinigungen vergleichbar und auf gewisse Dauer angelegt sind, als juristische Personen i.S.v. Art. 19 III GG angesehen werden. Dieses weite Verständnis der juristischen Person in Art. 19 III GG ist durch Art. 1 III GG bedingt, wonach die Entscheidung über die Grundrechtsfähigkeit nicht dem einfachen Gesetzgeber - aufgrund der Festlegung der Rechtsfähigkeit - obliegen darf.

Begriff der juristischen Person i.S.v. Art. 19 III GG

Beispiel: Der nicht eingetragene Verein; die BGB-Gesellschaft, §§ 705 ff. BGB, sofern beide strukturell mit rechtsfähigen Personenvereinigungen vergleichbar sind.

Unterscheidung zwischen juristischen Personen des privaten und des öffentlichen Rechts

Auch das öffentliche Recht kennt Organisationsgebilde mit eigener Rechtspersönlichkeit, nämlich Körperschaften (z.B. Krankenkassen, Gemeindeverbände) oder Anstalten (z.B. Sparkassen) und Stiftungen. Es ist daher zunächst zwischen privatrechtlichen und öffentlich-rechtlichen Vereinigungen zu unterscheiden.

1. Privatrechtliche Personenvereinigungen sind gemäß Art. 19 III GG unter zwei Voraussetzungen grundrechtsberechtigt:

a. Die Personenvereinigung muß inländisch sein.

Nur inländische Personen sind nach Art. 19 III GG geschützt

Dies ist der Fall, wenn sich ihr Sitz, d.h. ihr tatsächlicher Verwaltungsmittelpunkt, im Inland befindet. Darüber hinaus kann über das Europarecht den Personenvereinigungen mit Sitz in der EU ein Gleichstellungsanspruch zustehen.

Andere ausländische privatrechtliche Personenvereinigungen sind nur im Hinblick auf die Prozeßgrundrechte des Art. 101 I 2 und 103 I GG grundrechtsberechtigt, da sich auf diese die Einschränkung des Art. 19 III GG nach h.M. nicht bezieht.

b. Die Grundrechte müssen auf die Personenvereinigung wesensmäßig anwendbar sein.

Erfordernis der wesensmäßigen Anwendbarkeit

Das Kriterium der wesensmäßigen Anwendbarkeit setzt voraus, daß das betreffende Grundrecht überhaupt von einer juristischen Person wahrgenommen werden kann.

Ausnahmen:
1. Höchstpersönliche Grundrechte

Damit scheiden Grundrechte, wie z.B. Art. 1 I, 2 II, 3 II, III, 4 III, 6 I und 16 GG von vornherein aus, da sie an natürliche Eigenschaften der Menschen anknüpfen, die bei der juristischen Person naturgemäß nicht gegeben sind.

2. »Umgehungstatbestand«

Eine weitere Ausnahme von der Grundrechtsberechtigung juristischer Personen des Privatrechts liegt vor, wenn sie vom Staat zur Erfüllung öffentlicher Aufgaben geschaffen worden sind oder ihre Anteile mehrheitlich vom Staat gehalten werden. Der Grund dafür ist, daß sich die öffentliche Gewalt mit der Errichtung zwischengeschalteter juristischer Personen des Zivilrechts ansonsten eine Grundrechtsberechtigung verschaffen könnte (BVerfGE 68, 193/213; 45, 63/78 ff.).

Beispiel: Eine Gemeinde betreibt ihre öffentlichen Verkehrsmittel durch eine GmbH. Diese GmbH kann sich nicht auf Art. 12 I oder 14 I 1 GG berufen.

Allgemeine Grundrechtsdogmatik

Im übrigen ist die Auslegung des Merkmals der wesensmäßigen Anwendbarkeit umstritten.

- Das BVerfG stellt auf den Aspekt des persönlichen Substrats der juristischen Person ab, d.h. auf die hinter dem Organisationsgebilde stehenden natürlichen Personen. Ausgehend von der primären Funktion der Grundrechte als Abwehrrechte des einzelnen gegen den Staat sei eine Einbeziehung juristischer Personen in den Schutzbereich der Grundrechte nur gerechtfertigt, wenn die Bildung und Betätigung der juristischen Person Ausdruck der Grundrechtsentfaltung der natürlichen Personen ist. Dies ist insbesondere dann der Fall, wenn der »Durchgriff« auf die hinter der Organisation stehenden Menschen sinnvoll und erforderlich erscheint (BVerfGE 21, 362).

»Personales Substrat« = die hinter der Organisation stehenden natürlichen Personen

»Durchgriffsargument«

Die juristische Person ist demnach dann grundrechtsberechtigt, wenn sie den Bürgern zur Verwirklichung ihrer Grundrechte verhilft.

2. Es stellt sich die Frage, ob auch juristische Personen des öffentlichen Rechts über Art. 19 III GG den Schutz der Grundrechte beanspruchen können.

Auch hier ist wieder davon auszugehen, daß die Grundrechte in erster Linie die Freiheitssphäre des einzelnen gegen Eingriffe der staatlichen Gewalt abschirmen sollen. Nach der h.M. sind juristische Personen des öffentlichen Rechts aus folgenden Gründen grundsätzlich nicht grundrechtsberechtigt.

Juristische Personen des öffentlichen Rechts sind grundsätzlich nicht grundrechtsberechtigt, da sie nicht in Wahrnehmung menschlicher Freiheit, sondern in Ausübung von gesetzlich zugewiesenen Kompetenzen tätig werden

- Die juristischen Personen des öffentlichen Rechts lassen kein personales Substrat erkennen, weil hinter ihnen der Staat und damit keine natürlichen Personen stehen.
- Die juristischen Personen des öffentlichen Rechts sind aus der Perspektive des einzelnen lediglich besondere Erscheinungsformen des Staates.
- Zudem vollzieht sich die Erfüllung staatlicher Aufgaben durch juristische Personen des öffentlichen Rechts nicht in Wahrnehmung von Freiheit, sondern auf Grund von Kompetenzen.
- Der Staat, der gemäß Art. 1 III GG umfassend an die Grundrechte gebunden ist, kann nicht gleichzeitig Verpflichteter und Berechtigter der Grundrechte sein.

»Konfusionsargument«

Besonders umstritten ist die Frage, ob sich eine Gemeinde hinsichtlich ihrer landwirtschaftlichen Grundstücke auf das Eigentumsgrundrecht des Art. 14 I 1 GG berufen kann. Zwar ist die Gemeinde, wie aus Art. 28 II GG ersichtlich, weitgehend verselb-

Kriterium der grundrechtstypischen Gefährdungslage

ständigt und aus der unmittelbaren Staatsverwaltung ausgegliedert. Sie befindet sich aber nach der h.M. - auch wenn sie nicht hoheitlich tätig wird - nicht in einer grundrechtstypischen Gefährdungslage. Sie kann sich daher nur auf ihre durch Art. 28 II GG geschützte kommunale Selbstverwaltungsgarantie berufen.

Bei Zuordnung einer juristischen Person des öffentlichen Rechts zu einem Grundrecht besteht ausnahmsweise Grundrechtsschutz

Ausnahmsweise sind juristische Personen des öffentlichen Rechts im Hinblick auf ein bestimmtes Grundrecht grundrechtsberechtigt, wenn ihr Aufgabenbereich einem bestimmten grundrechtlich geschützten Lebensbereich unmittelbar zuzuordnen ist. In diesen Fällen dienen die juristischen Personen den Bürgern zur Verwirklichung ihrer Grundrechte und haben damit ein personelles Substrat. Dies gilt für Universitäten im Hinblick auf Art. 5 III 1 GG und für Rundfunkanstalten im Hinblick auf Art. 5 I 2 GG.

»Ausnahmetrias«:
- *Rundfunkanstalten (Art. 5 I 2 GG)*
- *Universitäten (Art. 5 III GG)*
- *Religionsgemeinschaften (Art. 4 GG)*

Kirchen und Religionsgemeinschaften sind generell grundrechtsberechtigt, da sie sich schon dadurch von anderen Körperschaften des öffentlichen Rechts unterscheiden, daß sie weder in den Staat eingegliedert sind (Art. 136 I WRV i.V.m. Art. 140 GG), noch von diesem geschaffen wurden. Somit können sie sich auf die Grundrechte der Art. 4 I, II GG sowie auf Art. 3 und 14 GG berufen.

»echte Interessenvertretung der Mitglieder«

Neben der klassischen Ausnahmetrias hat das BVerfG in der Entscheidung BVerfGE 70, 1 (Orthopädietechniker-Innungen) eine weitere Ausnahmemöglichkeit zugelassen, die sich verallgemeinern läßt:

Bei juristischen Personen des öffentlichen Rechts, die eine Doppelfunktion erfüllen und somit neben ihren öffentlichen Aufgaben eine echte Interessenvertretung der Mitglieder wahrnehmen, kann unter gewissen Voraussetzungen eine Grundrechtsberechtigung angenommen werden. Allerdings wird dies vom BVerfG sehr restriktiv gehandhabt.

Voraussetzung ist, daß die juristische Person des öffentlichen Rechts ausschließlich in ihrer Funktion als private Interessenvertretung ihrer Mitglieder, durch die öffentliche Gewalt beeinträchtigt wird (BVerfG, NVwZ 94, 262; BVerfG, NJW 96, 1588 ff.).

In allen übrigen Fällen ist eine Grundrechtsfähigkeit juristischer Personen des öffentlichen Rechts nur im Hinblick auf die Justizgrundrechte des Art. 101 I 2 und 103 I GG anerkannt, für die Art. 19 III GG nicht gilt.

Grundrechtsberechtigung

Grundrechtsberechtigung

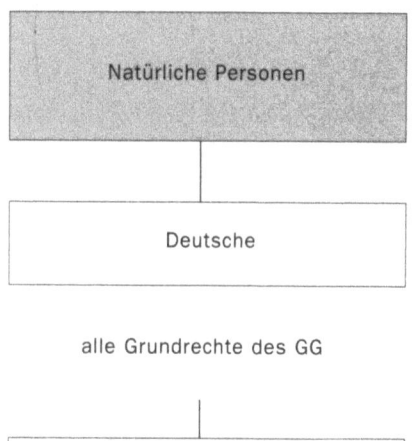

Natürliche Personen

Deutsche

alle Grundrechte des GG

Ausländer

nur soweit keine Einschränkungen des personalen Schutzbereichs auf Deutsche

Jedermannrechte

Deutschengrundrechte im Rahmen des Art. 2 I GG

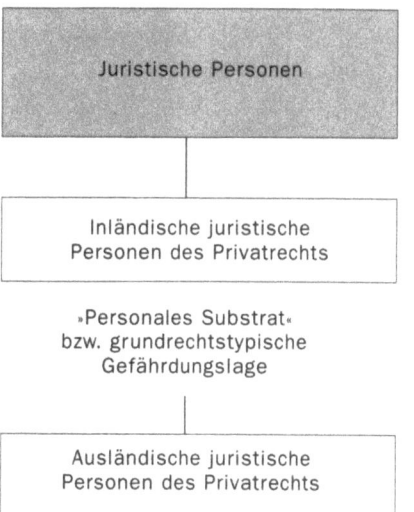

Juristische Personen

Inländische juristische Personen des Privatrechts

»Personales Substrat« bzw. grundrechtstypische Gefährdungslage

Ausländische juristische Personen des Privatrechts

nur justitielle Grundrechte Art. 19 IV, 101 I, 103 I GG

Juristische Personen des öffentlichen Rechts

Grundsatz: keine Berufung auf die Grundrechte außer Art. 101 I, 103 I GG

Ausnahme: bei unmittelbarer Zuordnung zu einem grundrechtlich geschützten Bereich

4. Geltungsbereich der Grundrechte

Der Geltungsbereich der Grundrechte beleuchtet - spiegelbildlich zur Grundrechtsberechtigung - die Frage, wer an die Grundrechte gebunden ist, bzw. durch sie verpflichtet wird.

4.1. Grundrechtsbindung der öffentlichen Gewalt

Art. 1 III GG soll ein »Leerlaufen« der Grundrechte ausschließen

Art. 1 III GG nennt als Grundrechtsverpflichteten die öffentliche Gewalt in ihren Funktionen als Gesetzgebung, vollziehende Gewalt und Rechtsprechung.

Grundrechtsbindung der Legislative

- Für den Gesetzgeber hat Art. 1 III GG die Bedeutung, den Vorrang der Verfassung (vgl. Art. 20 III GG) zu untermauern. Der Gesetzgeber ist daher verpflichtet, die möglichen Auswirkungen einer gesetzlichen Regelung auf die Grundrechte vor Erlaß eines Gesetzes sorgfältig zu prüfen.

Grundrechtsbindung der Judikative

- Die Rechtsprechung ist durch Art. 1 III GG umfassend an die Grundrechte gebunden. Die Grundrechtsbindung der rechtsprechenden Gewalt beschränkt sich bei Anwendung zivilrechtlicher Normen auf die Beachtung der sog. »Ausstrahlungswirkung« der Grundrechte.

Grundrechtsbindung der hoheitlich handelnden Exekutive

Grundrechtsbindung Privater als »Beliehener«

- Die vollziehende Gewalt, die sich aus Verwaltung und Regierung zusammensetzt, unterliegt der uneingeschränkten Grundrechtsbindung, wenn sie in den Handlungsformen des öffentlichen Rechts (Verwaltungsakt, Verordnung, Satzung) agiert. Gleiches gilt für Maßnahmen sog. »Beliehener«, die mit der hoheitlichen Wahrnehmung von Verwaltungsaufgaben betraut worden sind.

Beispiel: Privatschulen üben als »Beliehene« gegenüber ihren Schülern - etwa bei der Zulassung zum Abitur - punktuell öffentliche Gewalt aus und haben insoweit die Grundrechte der Schüler zu beachten.

Grundrechtsbindung der zivilrechtlich handelnden Exekutive

Die Verwaltung ist jedoch nicht nur auf öffentlich-rechtliche Handlungsformen beschränkt, sondern kann für bestimmte Aufgaben auf das gesamte Spektrum der Handlungsformen des Privatrechts zurückgreifen. Problematisch ist, wenn sie in den Handlungsformen des Zivilrechts tätig wird, in welchem Umfang die vollziehende Gewalt der Grundrechtsbindung gemäß Art. 1 III GG unterworfen ist.

Allgemeine Grundrechtsdogmatik

Wenn die öffentliche Verwaltung von Handlungsformen des Privatrechts Gebrauch macht, so gilt es drei Bereiche zu unterscheiden:

- Fiskalische Hilfsgeschäfte der Verwaltung:

Die Verwaltung erledigt mittelbar Verwaltungsaufgaben, indem sie durch privatrechtliche Verträge die für die Verwaltung notwendigen Sachgüter beschafft.
Beispiel: Die Anschaffung von Büromaterial erfolgt durch Kaufverträge gem. §§ 433 ff. BGB, die Errichtung von Verwaltungsgebäuden durch Werkverträge gem. §§ 631 ff. BGB mit Architekten und Bauunternehmern.

Mittelbare Erfüllung von Verwaltungsaufgaben durch Beschaffung der notwendigen Ressourcen

- Erwerbswirtschaftliche Betätigung der Verwaltung:

Die Verwaltung tritt als Unternehmer im Wirtschaftsverkehr in Erscheinung, indem sie entweder selbst ein Unternehmen führt (z.B. Bierbrauerei) oder maßgeblich an einer privaten Handelsgesellschaft (GmbH oder AG) beteiligt ist (Beispiel: Lufthansa). Auch die erwerbswirtschaftliche Tätigkeit der Verwaltung bestimmt sich nach privatem Recht, insbesondere privatem Wirtschaftsrecht.

Teilnahme der öffentlichen Hand am Wirtschaftsleben durch privatrechtlich organisierte Unternehmen

- Verwaltungsprivatrecht:

Die Verwaltung erledigt Verwaltungsaufgaben unmittelbar in den Formen des Privatrechts. Im Bereich der Leistungsverwaltung, insbesondere bei der Erbringung von freiwilligen Leistungen der Daseinsvorsorge und bei der Gewährung von Subventionen, hat die Verwaltung ein zweifaches Wahlrecht. Es bezieht sich einerseits auf die Organisationsform ihrer Einrichtungen. So können zum Beispiel städtische Verkehrsbetriebe als öffentlich-rechtliche Anstalt in eigener Regie oder als GmbH, deren Träger die Stadt ist, organisiert werden. Andererseits steht ihnen (im Falle der öffentlich-rechtlichen Organisation) die Ausgestaltung des Leistungs- bzw. Benutzungsverhältnisses frei (durch Abschluß privatrechtlicher Verträge oder Erlaß von Benutzungssatzungen). Die Grundrechte kommen jedenfalls im Bereich des Verwaltungsprivatrechts nach einhelliger Auffassung unmittelbar zur Anwendung, um eine »Flucht ins Privatrecht« auszuschließen. Die Verwaltung soll, jedenfalls wenn sie materiell öffentliche Aufgaben erfüllt, nicht ihrer Bindung gem. Art. 1 III GG entgehen können, indem sie privatrechtliche Handlungsformen wählt.

Unmittelbare Erledigung von Verwaltungsaufgaben in privaten Handlungsformen

Doppeltes Wahlrecht im Bereich der Leistungsverwaltung:
- Organisationsform
- Ausgestaltung des Leistungsverhältnisses

Uneingeschränkte Grundrechtsgeltung im Verwaltungsprivatrecht
Keine »Flucht ins Privatrecht«

Für die Bereiche der fiskalischen Hilfsgeschäfte und der erwerbswirtschaftlichen Betätigung des Staates stellt sich das Problem der Fiskalgeltung der Grundrechte. Nach der wohl h.M. ist die öffentliche Hand in diesem Bereich nicht unmittelbar an die

»Fiskalgeltung« der Grundrechte

Allgemeine Grundrechtsdogmatik

Grundrechte gebunden, sondern nur - ebenso wie private Rechtssubjekte - über die »mittelbare Drittwirkung« der Grundrechte. Diese Differenzierung zwischen voller Grundrechtsgeltung für das Verwaltungsprivatrecht und nur mittelbarer Grundrechtsgeltung im fiskalischen und erwerbswirtschaftlichen Bereich ist mit dem Wortlaut sowie dem Sinn und Zweck des Art. 1 III GG nicht zu vereinbaren. Auch das Argument der Beweglichkeit und Effizienz der Verwaltung vermag eine Differenzierung nicht zu rechtfertigen.

Keine Schaffung »grundrechtsfreier Räume«, durch die Wahl privatrechtlicher Handlungsformen

Nach dem Wortlaut des Art. 1 III GG ist die öffentliche Gewalt uneingeschränkt an die Grundrechte gebunden. Diesem Zweck des Art. 1 III GG würde es zuwiderlaufen, wenn sich der Staat durch die Wahl zivilrechtlicher Handlungsformen grundrechtsfreie Räume schaffen könnte.

Die öffentliche Verwaltung ist daher auch im Bereich des Privatrechts im vollem Umfang an die Grundrechte gebunden. Dies wirkt sich z.B. bei der Vergabe von Aufträgen aus, bei der die Verwaltung insbesondere Art. 3 I GG zu beachten hat.

4.2. Drittwirkung der Grundrechte

Da die Grundrechte nach heutigem Grundrechtsverständnis nicht nur subjektive Abwehrrechte des Bürgers gegen den Staat, sondern zugleich Elemente einer objektiven Wertordnung sind, die für alle Bereiche des Rechts gelten, könnte man - über den Wortlaut des Art. 1 III GG hinausgehend - eine Geltung der Grundrechte auch in horizontaler Richtung annehmen (im Verhältnis der Bürger untereinander). Angesprochen ist das Problem der sog. »Drittwirkung«.

»Unmittelbare Drittwirkung« der Grundrechte im Privatrechtsverkehr

Einen verfassungsrechtlich geregelten Fall der unmittelbaren Drittwirkung enthält Art. 9 III 2 GG, der die Koalitionsfreiheit auch vor Beeinträchtigung von privater Seite, insbesondere von Koalitionen und Arbeitgeberverbänden, schützt.

Für die übrigen Grundrechte gehen die Ansichten im Schrifttum und in der Rechtsprechung in der Frage auseinander, ob im Verhältnis der privaten Rechtssubjekte untereinander eine unmittelbare oder lediglich eine mittelbare Drittwirkung der Grundrechte anzuerkennen ist.

Standpunkt des Bundesarbeitsgerichts

Das BAG (Bundesarbeitsgericht) hat sich in seiner früheren Rechtsprechung zur Lehre der unmittelbaren Drittwirkung bekannt. Als Hauptargument wird der Bedeutungswandel der Grundrechte

Allgemeine Grundrechtsdogmatik

genannt, den das BAG dahin interpretiert, daß eine Reihe bedeutsamer Grundrechte nicht nur Freiheit gegenüber der öffentlichen Gewalt garantiert, sondern diese Grundrechte als Ordnungsgrundsätze für das soziale Leben auch den privaten Rechtsverkehr der Bürger unmittelbar beeinflussen.

Zu beachten ist ferner, daß es auch im Rahmen von privatrechtlichen Verhältnissen zu Grundrechtsgefährdungen durch private Machtträger, wie z.B. Wirtschaftsunternehmen, Banken oder Arbeitgeber kommen kann und damit ähnliche Über-/Unterordnungsverhältnisse, wie sie für das Verhältnis des Bürgers zum hoheitlich handelnden Staat charakteristisch sind, auftreten können.

Grundrechtsgefährdung durch private Machtträger

Auch dieser Gedanke könnte - gegebenenfalls über eine sozialstaatsadäquate (Art. 20 I GG) Auslegung der Grundrechte - für eine unmittelbare Drittwirkung der Grundrechte im Privatrechtsverkehr sprechen. Schließlich kann man für diese Auffassung den Wortlaut des Art. 1 II GG anführen, der von den Menschenrechten als Grundlage jeder menschlichen Gemeinschaft spricht.

Die herrschende Lehre und das BVerfG erkennen demgegenüber nur eine mittelbare Drittwirkung der Grundrechte im Privatrechtsverkehr an. Der Einfluß der Grundrechte auf private Rechtsverhältnisse beschränkt sich auf die »Ausstrahlungswirkung« der Grundrechte, die ihnen durch das »Medium« der Generalklauseln des Zivilrechts zur Geltung verhilft. Die zivilrechtlichen Generalklauseln sind in der Weise auszulegen, daß das beeinträchtigte Grundrecht, unter Berücksichtigung kollidierender Grundrechtspositionen anderer, zur optimalen Entfaltung kommt. Danach sind Grundrechte jedenfalls nicht als Verbotsgesetze i.S.v. § 134 BGB anzusehen, wirken aber ggf. über die grundrechtskonforme Auslegung der Generalklauseln des Privatrechts, insbesondere über die §§ 138, 242, 315, 826 BGB. Diese Generalklauseln sind daher als »Einbruchstellen« für die Grundrechte bezeichnet worden.

»Mittelbare Drittwirkung« der Grundrechte

Generalklauseln des Privatrechts als »Einbruchstellen« der Grundrechte

Für diese Auffassung läßt sich einmal der Wortlaut des Art. 1 III GG anführen, der nur die öffentliche Gewalt als Grundrechtsadressaten benennt; zum zweiten der Umkehrschluß aus Art. 9 III 2 GG, denn diese Vorschrift ist als Ausnahme von dem Grundsatz der vertikalen Grundrechtsgeltung zu verstehen. Schließlich und entscheidend würde eine unmittelbare Drittwirkung der Grundrechte im Privatrechtsverkehr gleichermaßen grundrechtlich verbürgte Freiheiten - insbesondere die Privatautonomie, Art. 2 I GG - weitgehend einschränken und so den Sinn der Grundrechte partiell in ihr Gegenteil verkehren.

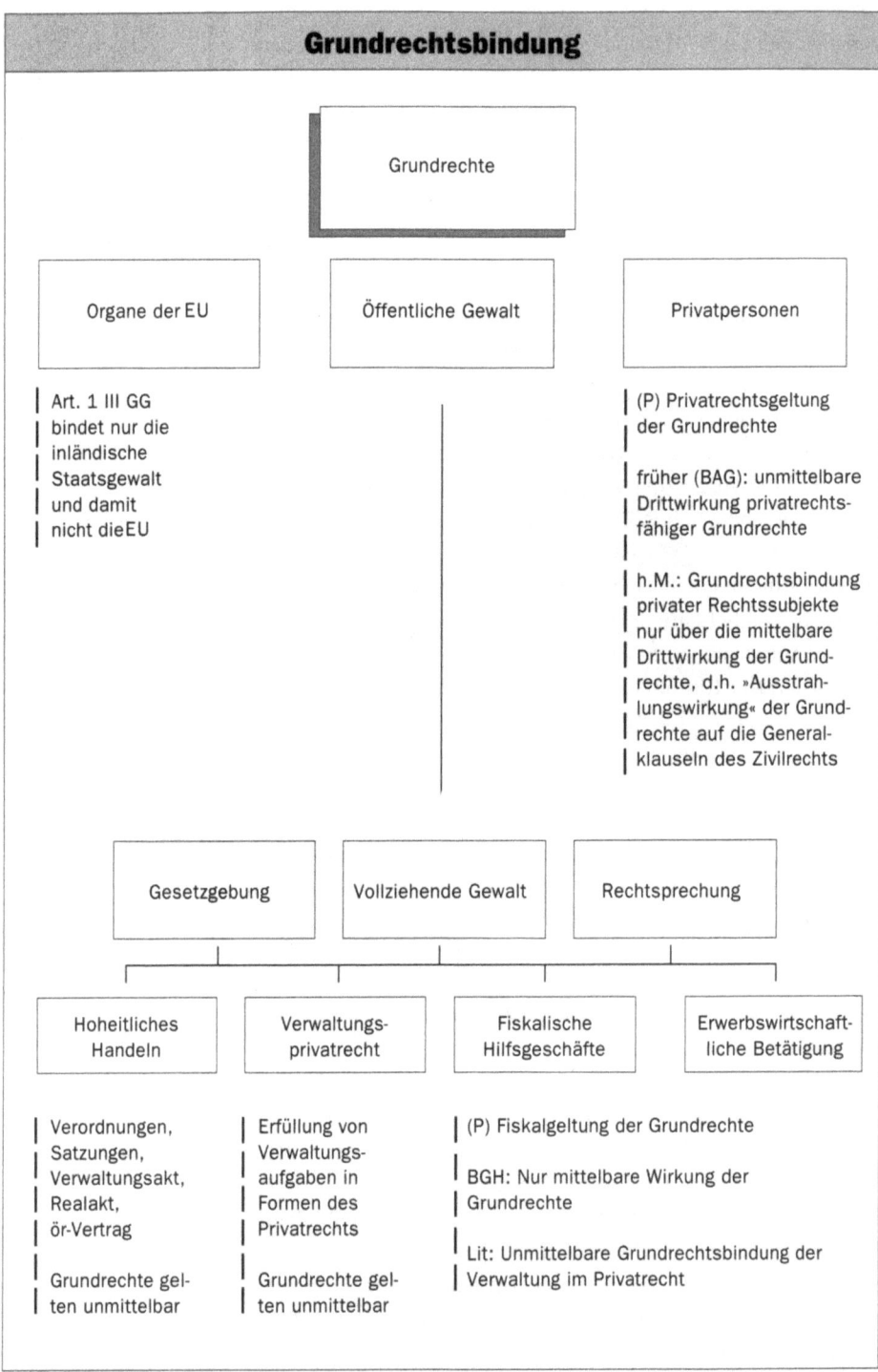

5. Schutzbereich der Grundrechte

Die folgenden drei Kapitel orientieren sich am Prüfungsaufbau, der für die klassische Abwehrfunktion der Freiheitsgrundrechte entwickelt worden ist. Der Übersichtlichkeit halber sind die Stufen der Grundrechtsprüfung kurz vorangestellt.

Das Prüfungsprogramm besteht aus drei Stufen:

- 1. Stufe: Prüfung, ob der Schutzbereich des Grundrechts betroffen, d.h. tatbestandlich einschlägig ist.
- 2. Stufe: Prüfung, ob die staatliche Maßnahme einen Eingriff in den Schutzbereich darstellt.
- 3. Stufe: Prüfung, ob der Eingriff verfassungsrechtlich gerechtfertigt ist. Diese Prüfung unterfällt wiederum in zwei Prüfungsschritte:
- 1. Existiert eine Schranke, die den Eingriff rechtfertigen kann (Schrankenprüfung)?
- 2. Sind die verfassungsrechtlichen Grenzen der Einschränkbarkeit gewahrt worden (Schranken-Schranken-Prüfung)?

Dieses noch sehr grobe Schema ist im folgenden zu verfeinern. Es sei nochmal darauf hingewiesen, daß es nur für die klassische Abwehrfunktion der Grundrechte Anwendung findet.

5.1. Persönlicher Schutzbereich

Der persönliche Schutzbereich betrifft die Frage der Grundrechtsträgerschaft bzw. Grundrechtsberechtigung (vgl. 3. »Grundrechtsberechtigung«). Er bezeichnet also diejenigen Personen, die sich nach dem Wortlaut des Grundrechts auf dessen Schutz berufen können. Soweit das betreffende Grundrecht als Jedermannrecht allen natürlichen Personen zusteht und nicht ausdrücklich auf Deutsche beschränkt ist (z.B. Art. 8, 12 I GG) und soweit sich nicht eine minderjährige oder juristische Person auf das Grundrecht beruft, ist der persönliche Schutzbereich in der Klausur nicht zu problematisieren.

5.2. Sachlicher Schutzbereich

Die Freiheitsgrundrechte sind verschiedenen Lebensbereichen zugeordnet, etwa Art. 5 I GG der Kommunikation und den Medien, Art. 6 GG der Ehe und Familie. Der Grundrechtsschutz des einzelnen Freiheitsgrundrechts bezieht sich entweder auf bestimmte Verhaltensweisen (z.B. Art. 4 II GG, die Ausübung der Religion, Art. 5 I GG, das Äußern und Verbreiten einer Meinung) oder auf bestimmte Rechte und Rechtsgüter (z.B. Art. 14 GG »Eigentum«; Art. 2 II GG »Leben und körperliche Unversehrtheit«).

Demzufolge umfaßt der sachliche Schutzbereich (Grundrechtstatbestand, Normbereich oder Garantiebereich) die Gesamtheit der vom Wortlaut eines Grundrechts geschützten Verhaltensweisen oder Rechtsgüter (Jarass/Pieroth, 5. Aufl., Vorb. vor Art.1, Rz. 20).

Bestimmung der Reichweite des sachlichen Schutzbereichs

Die Reichweite des sachlichen Schutzbereichs ist folgendermaßen zu bestimmen:

• Durch Auslegung der positiven Tatbestandsmerkmale des jeweiligen Grundrechts, die das Schutzobjekt kennzeichnen,

• eventuell auch durch eingrenzende Tatbestandsmerkmale des Grundrechtswortlauts.

Zunächst sind die Begriffe, die das grundrechtlich geschützte Verhalten oder Rechtsgut bezeichnen, zu interpretieren. Es ist z.B. darzulegen, was unter Glauben und Gewissen i.S.v. Art. 4 I GG, unter Meinung i.S.v. Art. 5 I GG, unter Versammlung i.S.v. Art. 8 I GG, unter Beruf i.S.v. Art. 12 I GG, unter Eigentum i.S.v. Art. 14 I GG zu verstehen ist.

Das BVerfG hat im Bereich der Grundrechtsinterpretation stets den objektivierten Willen des Normgebers, wie er sich aus dem Wortlaut und Sinnzusammenhang ergibt, für maßgeblich erklärt.

Nach dem Grundsatz der größtmöglichen Grundrechtseffektivität ist eine weite Schutzbereichsinterpretation der Prüfung zugrunde zu legen

Hervorzuheben ist ferner der Grundsatz der größtmöglichen Grundrechtseffektivität, der in Zweifelsfällen diejenige Auslegung nahelegt, welche die Wirkungskraft des Grundrechts am besten entfaltet. Das BVerfG tendiert demzufolge zu einer sehr extensiven Schutzbereichsinterpretation.

Dem im Verfassungsrecht noch wenig versierten Studenten ist von eigenen Interpretationsversuchen eher abzuraten. Er sollte sich an den feststehenden Schutzbereichsdefinitionen des BVerfG orientieren und diese - möglichst perfekt - beherrschen.

Beispiel: Im Rahmen der Prüfung des Schutzbereichs des Art. 12 I GG ist auf den Begriff des Berufes einzugehen. Dieser kann folgendermaßen definiert werden: »Als Beruf ist jede erlaubte Tätigkeit anzusehen, die auf Dauer angelegt ist und der Schaffung oder Erhaltung einer Lebensgrundlage dient« (BVerfGE 7, 377/397). Ferner ist darzulegen, daß Art. 12 I GG als einheitlicher Schutzbereich alle Aspekte beruflicher Tätigkeit umfassend schützt.

Bei einigen Grundrechten ist die Reichweite des sachlichen Schutzbereichs nicht ein für allemal von dem Grundrecht vorgegeben, sondern bedarf der inhaltlichen Ausgestaltung und Konkretisierung durch den Gesetzgeber. Diese Grundrechte haben einen sogenannten rechts- oder normgeprägten Schutzbereich (Pieroth/Schlink, Staatsrecht II, 16.Aufl., Rz. 221 ff.).

Grundrechte mit »normgeprägtem Schutzbereich« bedürfen der gesetzgeberischen Ausgestaltung und Konkretisierung

Beispielsweise ist der einzelne, wenn er von dem Grundrecht der Vereinigungsfreiheit i.S.v. Art. 9 I GG Gebrauch machen will, auf das Vorhandensein geeigneter Gesellschaftstypen angewiesen, die das Vereins- und Gesellschaftsrecht bereitstellt (vgl. §§ 54 ff., 705 ff. BGB; §§ 105 ff. HGB; §§ 1 ff. GmbHG). Bei derartigen Grundrechten mit normgeprägten Schutzbereichen bestimmt also der Gesetzgeber die inhaltliche Reichweite des Schutzbereichs. Es kann daher zur Bestimmung des sachlichen Schutzbereichs der Blick auf das einfache Recht erforderlich sein.

Beispiel: Schutzfähige Eigentumspositionen i.S.v. Art. 14 GG sind alle einfachgesetzlich gewährten, vermögenswerten (jedenfalls privaten) Rechte in ihrem konkreten Bestand. Dies ergibt sich aus Art. 14 I 2 GG, der dem Gesetzgeber die inhaltliche Ausgestaltung des Schutzbereichs überträgt. Der Gesetzgeber hat zum Beispiel Forderungen (§§ 398 ff. BGB), Eigentum (§§ 903 ff. BGB) oder beschränkt dingliche Rechte (§§ 1012 ff. BGB) dem privaten Rechtsträger zugeordnet. Diese Rechte nehmen damit am Eigentumsschutz des Art. 14 GG teil.

Der Schutzbereich eines Grundrechts kann auch unmittelbar durch seinen Wortlaut inhaltlich begrenzt sein, wenn dieser eingrenzende Tatbestandsmerkmale enthält.

Eingrenzende Tatbestandsmerkmale des Grundrechtswortlauts

Beispiel: Art. 8 I GG knüpft den Schutz der Versammlungsfreiheit an die Voraussetzung, daß es sich um eine friedliche Versammlung ohne Waffen handelt.

Unfriedliche und bewaffnete Versammlungen werden durch diese eingrenzenden Tatbestandsmerkmale von vornherein aus dem

Schutzbereich herausgenommen. Die Auflösung einer unfriedlichen Demonstration ist somit nicht rechtfertigungsbedürftig. Der vom BVerfG hierfür geprägte Begriff der »verfassungsunmittelbaren Schranke« ist mißverständlich, da es sich nicht um eine Grundrechtseinschränkung, sondern um eine Beschreibung des Schutzbereichs »von innen« handelt.

Keine Schutzbereichsbegrenzungen von innen stellen dagegen nach richtiger Ansicht sog. »verfassungsimmanente Schranken« bzw. »kollidierende Verfassungsgüter« dar. Sie sind erst auf der Rechtfertigungsebene zu prüfen.

Subsumtion

Sind Inhalt und Umfang des sachlichen Schutzbereichs durch Auslegung der positiven - und etwaigen eingrenzenden - Tatbestandsmerkmale ermittelt, so ist zu prüfen, ob der konkret zu beurteilende Sachverhalt unter den so ausgelegten Schutzbereich subsumiert werden kann.

5.3. Grundrechtskonkurrenzen

Eine Grundrechtskonkurrenz liegt vor, wenn ein und dieselbe staatliche Maßnahme ein Verhalten oder ein Rechtsgut einschränkt, das vom Schutzbereich verschiedener Grundrechte umfaßt wird

Wenn der Schutzbereich eines Grundrechts im konkreten Fall tangiert ist, kann es gleichwohl unanwendbar sein, wenn das Grundrecht von einem speziellen Grundrecht verdrängt wird.

Überlegungen zu Grundrechtskonkurrenzen sollte der Klausurbearbeiter schon vor der Niederschrift der Lösung anstellen.

Folgende Prüfungsreihenfolge ist zu beachten:

1. Prüfung von Freiheitsgrundrechten
- Spezielle Freiheitsgrundrechte
  (z.B. Art. 4, 5, 8, 9, 10, 11, 12, 13, 14 GG)
- Allgemeine Handlungsfreiheit, Art. 2 I GG
2. Prüfung von Gleichheitsgrundrechten
- Spezielle Gleichheitsgrundrechte
  (z.B. Art. 33 I, II, III, 38 I 1, 6 V, 3 II, III GG)
- Allgemeines Gleichheitsgrundrecht, Art. 3 I GG

Die Konkurrenzproblematik ist bei den »Auffanggrundrechten« Art. 2 I und 3 I GG zu erörtern. Das Problem der Grundrechtskonkurrenzen ist eine der umstrittensten Fragen der Grundrechtsdogmatik. Für den Studenten ist es wichtig, folgende Grundregeln zu beherrschen:

- Ganz allgemein gilt es zu beachten, daß Spezialität und Subsidiarität nur angenommen werden kann, wenn zwei Normen den gleichen Sachverhalt regeln, wenn sich also die Schutzbereiche zweier Grundrechte überschneiden.
- Freiheits- und Gleichheitsgrundrechte sind grundsätzlich nebeneinander anwendbar.
- Art. 2 I GG ist verdrängt, wenn der Schutzbereich eines speziellen Freiheitsgrundrechts einschlägig ist.

Nach der weiten Schutzbereichsinterpretation des BVerfG zu Art. 2 I GG schützt dieses Grundrecht als Gewährleistung der allgemeinen Handlungsfreiheit jegliches menschliche Verhalten und nicht nur einen bestimmten Lebensbereich. Daraus ergibt sich, daß Art. 2 I GG als Auffanggrundrecht im Wege der Subsidiarität gegenüber speziellen Freiheitsgrundrechten zurücktritt, soweit deren Schutzbereich betroffen ist. Erst wenn kein spezielles Freiheitsgrundrecht vom Schutzbereich her einschlägig ist, darf auf Art. 2 I GG als Prüfungsmaßstab für eine staatliche Maßnahme zurückgegriffen werden.

Beispiele:
Art. 12 I GG konkretisiert die Freiheitsentfaltung im beruflichen Bereich. Art. 14 GG regelt die Freiheit im vermögensrechtlichen Bereich. Art. 2 I GG wird von beiden Grundrechten verdrängt (Subsidiarität).

Art. 8 GG schützt Versammlungen als Ausdruck gemeinschaftlicher auf Kommunikation angelegter Entfaltung, enthält aber eingrenzende Tatbestandsmerkmale in sachlicher und persönlicher Hinsicht. Unfriedliche Versammlungen oder Versammlungen von Ausländern sind nicht vom Schutzbereich des Art. 8 I GG, nach zutreffender herrschender Auffassung aber von der allgemeinen Handlungsfreiheit des Art. 2 I GG erfaßt.

- Nach den gleichen Grundsätzen dürfte das allgemeine Persönlichkeitsrecht, das aus Art. 2 I i.V.m. 1 I GG entwickelt wurde, als subsidiär zurücktreten, wenn der Schutzbereich der Art. 10 I oder 13 I GG betroffen ist. Zwar kommt dem allgemeinen Persönlichkeitsrecht keine mit Art. 2 I GG vergleichbare »Auffangfunktion« zu, da es als spezielle Grundrechtskonkretisierung nur die engere persönliche Lebenssphäre schützt. Gleichwohl überschneidet sich der Schutzbereich des allgemeinen Persönlichkeitsrechts mit den Schutzbereichen der Art. 10 I und 13 I GG, da diese als spezielle Einzelverbürgungen des Persönlichkeitsschutzes an-

Art. 10 I GG und Art. 13 I GG verdrängen als Einzelverbürgungen der engeren persönlichen Lebenssphäre das allgemeine Persönlichkeitsrecht aus Art. 1 I i.V.m. 2 I GG

zusehen sind, die einen Rückgriff auf Art. 2 I i.V.m. 1 I GG ausschließen.

Beispiel: Der »große Lauschangriff« (technische Überwachungsmaßnahme) ist innerhalb von Wohnungen ausschließlich an Art. 13 GG zu messen, außerhalb von Wohnungen wäre dagegen Art. 2 I i.V.m. 1 I GG einschlägig.

Der allgemeine Gleichheitsgrundsatz gem. Art. 3 I GG tritt gegenüber den speziellen Gleichheitssätzen zurück

- Spezielle Gleichheitssätze (z.B. Art. 3 II, III GG) stehen nach der h.M. in einem Spezialitätsverhältnis zu dem allgemeinen Gleichheitsrecht des Art. 3 I GG. Es kommt daher nur zur Geltung, wenn keine besonderen Gleichheitssätze eingreifen. Daher kann man Art. 3 I GG ebenfalls als »Auffanggrundrecht« bezeichnen.

Kriterium des »stärkeren sachlichen Bezugs«

- Wird das Verhalten vom Schutzbereich mehrerer spezieller Freiheitsgrundrechte umfaßt, so ist für die Frage der Grundrechtskonkurrenz darauf abzustellen, welches Grundrecht »nach seinem Sinngehalt die stärkere sachliche Beziehung zu dem zu prüfenden Sachverhalt« hat (BVerfGE 64, 229/238 f.).

Beispiel: Die Untersagung eines Gewerbes gem. § 35 GewO greift sowohl in den Schutzbereich des Art. 12 I GG als auch in den Schutzbereich des Art. 14 I 1 GG (Recht am eingerichteten und ausgeübten Gewerbebetrieb) ein. Gleichwohl dürfte hier Art. 14 GG hinter Art. 12 GG zurücktreten, da in diesem Fall die Berufsausübung eindeutig im Vordergrund steht.

Dabei ist zu beachten, daß das BVerfG, das an sich verdrängte Grundrecht im Rahmen der Prüfung des speziellen Grundrechts »inzident« mitberücksichtigt.

Echte Grundrechtskonkurrenz

- Läßt sich ein Spezialitätsverhältnis im konkreten Fall nicht feststellen, weil die beiden speziellen Freiheitsrechte annähernd einen gleich starken sachlichen Bezug zu dem zu prüfenden Sachverhalt aufweisen, so liegt Idealkonkurrenz vor, d.h. beide Grundrechte kommen nebeneinander zur Geltung (»echte Grundrechtskonkurrenz«). Danach ist die zu prüfende staatliche Maßnahme verfassungswidrig, wenn sie gegen eines der beiden Grundrechte verstößt.

In der Klausur ist bei der Annahme von Spezialität Vorsicht geboten. Im Zweifelsfall ist von Idealkonkurrenz auszugehen.

6. Grundrechtseingriffe

Als Grundrechtseingriff oder -beeinträchtigung ist jede staatliche Maßnahme anzusehen, die ein Verhalten des Grundrechtsberechtigten im Schutzbereich des Grundrechts nicht unwesentlich erschwert oder unmöglich macht. Folgende Eingriffsarten sind zu unterscheiden:

Definition des Eingriffs

6.1. Klassische Eingriffe

Ein Grundrechtseingriff ist problemlos zu bejahen, wenn die folgenden Voraussetzungen des klassischen Eingriffs vorliegen.

Voraussetzungen des klassischen Eingriffs

Der Eingriff muß demnach erfolgen, mittels eines

- Rechtsakts (Gesetz, VA)   Gegensatz: Realakt
- gezielt   Gegensatz: Nebenfolge
- unmittelbar   Gegensatz: mittelbar
- imperativ   Gegensatz: ohne Zwang

Zwar spielen diese klassischen Eingriffe auch heute noch eine wesentliche Rolle, indessen ist man sich aber darüber einig, daß keines der vier Begriffsmerkmale zur Bejahung eines Eingriffs gegeben sein muß. Vielmehr sind nach heutigem Grundrechtsverständnis auch Realakte sowie ungezielte oder mittelbare Auswirkungen in den Eingriffsbegriff miteinzubeziehen, sofern sie aufgrund eines Kausalzusammenhangs auf staatliche Maßnahmen zurückzuführen sind.

6.2. Sonstige Eingriffe

- Als Realakte (auch Tathandlungen oder schlicht-hoheitliches Handeln) sind solche Maßnahmen anzusehen, die nicht auf einen rechtlichen, sondern auf einen rein tatsächlichen Erfolg gerichtet sind.

Beispiel: Immissionen von hoheitlich betriebenen Anlagen (Autobahnen, Tiefffliegern der Bundeswehr), behördliche Warnungen der Bevölkerung vor gefahrbringenden Produkten oder vor Jugendsekten (BVerfG, NJW 89, 3269).

Allgemeine Grundrechtsdogmatik

Ungezielte Eingriffe

- Ungezielte Eingriffe sind meistens solche Tathandlungen (Realakte), die an sich auf ganz andere Ziele gerichtet sind und nur beiläufig in das Grundrecht eingreifen.

Beispiel: Bei einer Wehrübung trifft das Geschoß eines Panzers zufällig eine Scheune und steckt diese in Brand.

Mittelbare Eingriffe

- Mittelbare Eingriffe kommen in solchen Fallkonstellationen vor, in denen eine staatliche Maßnahme eine Grundrechtsbeeinträchtigung durch einen Dritten verursacht.

Neben den behördlichen Warnungen sind als weitere Beispiele zu nennen:

Beispiel 1: Die Bundesregierung fördert einen privaten Verein (Adressat), der im Rahmen seiner Aktivitäten die religiösen und ideologischen Mißbräuche radikaler Sekten anprangert. Eine betroffene Sekte macht Art. 4 GG geltend.

Beispiel 2: Das Landratsamt erteilt dem Grundstückseigentümer A (Adressat) eine Baugenehmigung. Der Nachbar B, der um seinen schönen Ausblick bangt, fühlt sich in Art. 14 GG beeinträchtigt.

Der Unterschied beider Fälle liegt darin, daß im ersten Beispiel die Grundrechtsbeeinträchtigung des Dritten beabsichtigt (gezielter, mittelbarer Eingriff), im zweiten dagegen nur eine unbeabsichtigte Nebenfolge (ungezielter, mittelbarer Eingriff) war.

Die Erweiterung des Eingriffsbegriffs um faktische, ungezielte und mittelbare Eingriffe hätte zur Konsequenz, daß praktisch jedes Staatshandeln, das auf noch so entfernten Wegen und in noch so peripherer Weise zu Grundrechtskonflikten führt, zu einem rechtfertigungsbedürftigen Eingriff würde. Es ist daher in den Fällen »sonstiger Eingriffe« eine Abgrenzung zu bloßen Belästigungen nötig, denen aufgrund ihrer Geringfügigkeit keine Eingriffsqualität zukommt.

Beispiel: Der Platzverweis eines Polizisten gegenüber einem Straßenmusikanten greift in dessen Grundrecht aus Art. 5 III GG ein, jedoch stellt diese Maßnahme keinen Eingriff in die allgemeine Handlungsfreiheit der Passanten (Art. 2 I GG) dar, die sich um ihren Musikgenuß gebracht sehen.

Eingriffscharakter bei umittelbaren Auswirkungen

- In den Fällen faktischer oder ungezielter hoheitlicher Maßnahmen läßt sich der Eingriffscharakter meistens bejahen, wenn sie den Grundrechtsträger (als Adressaten) unmittelbar betreffen und nicht völlig unerheblich sind.

- Schwieriger (und in der Klausur stets zu problematisieren) ist dagegen die Feststellung des Eingriffscharakters bei bloß mittelbaren Auswirkungen hoheitlichen Handelns. Die Rechtsprechung hält folgende Kriterien für ausschlaggebend:

Eingriffscharakter bei mittelbaren Auswirkungen

- Kriterium des Schutzwecks des einschlägigen Grundrechts
- Kriterium der Intensität der Einwirkung
- Kriterium der Zielrichtung (Finalität) der Maßnahme

Es ist zunächst zu fragen, ob es Zweck des einschlägigen Grundrechts ist, den Grundrechtsinhaber vor der konkreten Maßnahme zu schützen.

Schutzzweckkriterium

Wichtigstes Kriterium für die Qualifizierung einer mittelbaren (indirekten) Auswirkung staatlichen Handelns als Eingriff in Grundrechte Dritter, ist der Grad der Beeinträchtigung. So stellt z.B. die Erteilung der Baugenehmigung im oben genannten Fall nur dann einen Eingriff in das Eigentumsgrundrecht des Nachbarn dar, wenn dessen Grundstückssituation nachhaltig betroffen ist und der Eingriff »schwer und unerträglich« ist. Ebenso stellt die staatliche Subventionierung eines Unternehmers nur dann einen Eingriff in den Schutzbereich des Art. 12 GG des Konkurrenten dar, wenn die Möglichkeit zu einem ruinösen Wettbewerb geschaffen wird.

Kriterium der Intensität der Beeinträchtigung

Nach neuerer Rechtsprechung des BVerwG erübrigt sich das Abstellen auf die Beeinträchtigungsintensität, wenn die mittelbare Auswirkung zumindest von der Behörde beabsichtigt war. So lag es in dem o.g. Sektenfall (BVerwGE 90, 112/119 ff.). Hier entsprach die mittelbare Einwirkung auf die Grundrechte der Sekte aus Art. 4 GG von vornherein der mit der Subventionierung verfolgten Zielsetzung der Bundesregierung.

Kriterium der Zielrichtung

6.3. Abgrenzung zur Ausgestaltung

Von eminenter Wichtigkeit für das Grundrechtsverständnis ist die grundsätzliche Unterscheidung des »von außen« kommenden Grundrechtseingriffs von der bloßen inhaltlichen Ausgestaltung und Begrenzung des Schutzbereichs »von innen her«.

Unterscheidung von Eingriff und Ausgestaltung

Einige Grundrechte sind auf eine gesetzgeberische Ausgestaltung geradezu angewiesen, um überhaupt Schutzwirkung entfalten zu können (sog. rechts- oder normgeprägte Schutzbereiche). So verleiht z.B. bei Art. 6 I, 7 IV, 9 I und 14 I GG erst der Gesetzgeber

Ausgestaltungsbefugnis des Gesetzgebers

Allgemeine Grundrechtsdogmatik

den Grundrechten ihr spezifisches Gepräge. Ferner bedürfen auch Leistungsgrundrechte, wie Art. 19 IV, 101 und 103 I GG sowie die leistungsrechtliche Dimension der Freiheitsgrundrechte der gesetzgeberischen Ausgestaltung und Konkretisierung.

»Bei der Ausgestaltung wird der Gesetzgeber eher als Freund denn als Feind der Grundrechte tätig« (K. Hesse)

Die Ausgestaltung will also nicht den Grundrechtsgebrauch beeinträchtigen, sondern in gewissem Umfang erst ermöglichen.

Ist der Gesetzgeber zur Definition des Schutzbereichs berufen, so muß es ihm auch möglich sein, ihn von innen her zu begrenzen, d.h. bereits im Wege der Ausgestaltung sind gewährte Verhaltensweisen wieder aus dem Schutzbereich herauszunehmen. Problematisch ist, wann eine solche Schutzbereichsbegrenzung in einen Eingriff umschlägt.

Beispiel: Gemäß Art. 14 I 2 GG kann der Gesetzgeber den Inhalt, d.h. die sachliche Weite des Schutzbereichs, bestimmen. Macht er von dieser Ermächtigung Gebrauch und verkürzt nach bisherigem Recht gewährte Eigentümerbefugnisse, so stellt sich dieses Vorgehen für die Zukunft als Zurücknahme bzw. Begrenzung des Schutzbereiches dar. Gleichzeitig greift er dadurch in bereits bestehende Besitzstände ein. Daher ist ein und dieselbe gesetzgeberische Maßnahme sowohl als Schutzbereichsdefinition wie auch als Eingriff zu werten.

Im Zweifel ist eine Maßnahme des Gesetzgebers eher als Eingriff denn als Schutzbereichsdefinition zu qualifizieren, um nicht eine Umgehung der Rechtfertigungsvoraussetzungen für Grundrechtseingriffe zu ermöglichen. Denn eine Schutzbereichsdefinition ist nicht am Verhältnismäßigkeitsgrundsatz und an Art. 19 I, II GG zu messen (vgl. 5.1. »Sachlicher Schutzbereich«).

6.4. Grundrechtsverzicht

Grundrechtsverzicht setzt die Verzichtbarkeit der Grundrechtsposition voraus

Keinen Grundrechtseingriff stellt eine staatliche Maßnahme dar, wenn der Grundrechtsberechtigte in zulässiger Weise auf seine Grundrechtsposition verzichtet hat. Ein zulässiger Grundrechtsverzicht setzt aber voraus, daß das entsprechende Grundrecht zur Disposition des Berechtigten steht.

Das Grundgesetz nimmt zur Frage des Grundrechtsverzichts nicht einheitlich Stellung, sondern spricht sich vielmehr teils für, teils

Allgemeine Grundrechtsdogmatik 65

gegen die Zulässigkeit eines Verzichts aus.
- Die Art. 6 III GG und 16 I GG gehen von der Zulässigkeit eines Grundrechtsverzichts aus, indem eine bestimmte grundrechtliche Schutzposition nur dann gegen den Willen des Grundrechtsberechtigten entzogen werden darf, wenn besonders strenge Rechtfertigungsvoraussetzungen vorliegen. Daraus kann man im Gegenschluß folgern, daß ein Einverständnis mit den grundrechtsbelastenden Maßnahmen zulässig ist.
- Andererseits erklärt Art. 9 III 2 GG grundrechtseinschränkende Abreden im Rahmen der Koalitionsfreiheit für unzulässig. Daher können Arbeitnehmer oder Gewerkschaften auch nicht auf ihre Grundrechtspositionen verzichten.

In den übrigen Fällen ist mit der Rechtsprechung des BVerfG zu unterscheiden:
- Ein genereller Verzicht auf ein oder mehrere Grundrechte ist sicher unzulässig. Dies würde dem Charakter des Grundrechts als Bestandteil der objektive Wertordnung widersprechen.

Genereller Verzicht ist unzulässig

- Dagegen ist ein partieller Verzicht auf einzelne, durch ein Grundrecht geschützte Verhaltensweisen als grundsätzlich zulässig zu erachten, wenn er freiwillig (d.h. ohne Zwang) und widerruflich erfolgt und nicht mit der Menschenwürdegarantie kollidiert.

Einzelne grundrechtlich geschützte Verhaltensweisen sind grundsätzlich verzichtbar

Beispiel: Zulässig ist der Verzicht im Rahmen eines öffentlich-rechtlichen Vertrages (§§ 54 ff. VwVfG) auf bestimmte wirtschaftliche Betätigungen (Art. 12 I, 2 I GG) oder bestimmte Formen der Eigentumsnutzung (Art. 14 I 1 GG).

7. Verfassungsrechtliche Rechtfertigung von Grundrechtseingriffen

»Obersatz«

»Ein Grundrechtseingriff ist verfassungsrechtlich gerechtfertigt, wenn er sich im Rahmen der Schranken des betreffenden Grundrechts hält«. Aus der Erkenntnis, daß der unbegrenzte Freiheitsgebrauch zu Konflikten mit den Interessen anderer oder des Staates führt, läßt das Grundgesetz Beschränkungen (Eingriffe) der Grundrechte unter bestimmten Voraussetzungen zu. Ein Grundrechtseingriff ist somit keinesfalls gleichbedeutend mit einer Grundrechtsverletzung, sondern vielmehr nur Ausgangspunkt für die Prüfung der verfassungsrechtlichen Rechtfertigung. Erst der verfassungsrechtlich nicht gerechtfertigte Eingriff stellt eine Grundrechtsverletzung dar.

7.1. Arten der Grundrechtsschranken

In Übungsarbeiten empfiehlt es sich, die Prüfung der verfassungsrechtlichen Rechtfertigung mit dem o.g. Obersatz einzuleiten und sodann in einem ersten Schritt die Schranke(n) des betreffenden Grundrechts herauszuarbeiten.

Beispiel: »Die Meinungsfreiheit unterliegt der Schranke der allgemeinen Gesetze, Art. 5 II GG«.

Grundrechtseingriffe können gerechtfertigt sein:
● durch oder aufgrund eines Gesetzesvorbehalt
● durch kollidierendes Verfassungsrecht

Von grundlegender Bedeutung ist die Unterscheidung zwischen Grundrechtseingriffen durch oder aufgrund eines Gesetzesvorbehalts und Eingriffen durch kollidierendes Verfassungsrecht. Beide Schranken sind geeignet, einen Grundrechtseingriff unter bestimmten Voraussetzungen zu rechtfertigen.

Der Gesetzesvorbehalt (benannte Schranke)

Die meisten Grundrechte des GG enthalten ausdrückliche Schranken, die grundrechtseingreifendes staatliches Verhalten legitimieren und terminologisch unterschiedlich gefaßt sind.

Beispiel: Art. 2 II 3 GG: »In diese Rechte darf nur auf Grund eines Gesetzes eingegriffen werden«. Art. 5 II GG: »Diese Rechte finden ihre Schranken in...«. Art. 8 II GG: »...durch oder auf Grund eines Gesetzes beschränkt...«. Art. 12 I 2 GG: »... durch oder auf Grund eines Gesetzes geregelt werden.«

Allgemeine Grundrechtsdogmatik 67

Diese Eingriffsvorbehalte, Schrankenvorbehalte und Regelungsvorbehalte können unter dem gemeinsamen Oberbegriff des Gesetzesvorbehalts zusammengefaßt werden, da sie grundsätzlich die gleichen Anforderungen an grundrechtseingreifende Maßnahmen stellen. Lediglich bei Art. 19 I GG ist eine Differenzierung zwischen Eingriffsvorbehalten einerseits und Schranken- sowie Regelungsvorbehalten andererseits notwendig.

Keinen Gesetzesvorbehalt und damit auch keine Legitimation für Grundrechtseingriffe stellen sog.»Regelungsaufträge« dar (nicht zu verwechseln mit dem Regelungsvorbehalt des Art. 12 I 2 GG), die den Gesetzgeber lediglich ermächtigen, die Ausgestaltung zu regeln (vgl. Art. 4 III 2, 12 a II 3, 38 III, 104 II 4 GG). Solche Regelungsaufträge (auch »Ausgestaltungsvorbehalte« genannt) verpflichten den Gesetzgeber vielmehr dazu, den Schutzbereich des betroffenen Grundrechts von innen heraus durch Gesetze auszugestalten. Gleiches gilt für die »ungeschriebenen Ausgestaltungsvorbehalte«, die bei den Grundrechten mit normgeprägten Schutzbereichen anerkannt sind (z.B. Art. 9 I, III, 19 IV, 101 GG).

Eine »Zwitterstellung« nimmt die Schranke des Art. 14 I 2 GG ein, die als Inhaltsbestimmung der Ausgestaltung des Schutzbereichs der Eigentumsgarantie zuzuordnen ist und als Schrankenbestimmung einen Gesetzesvorbehalt für bereits bestehende Eigentumspositionen darstellt.

Je nachdem, ob das grundrechtseingreifende Gesetz eine bestimmte Qualität aufweisen muß oder nicht, spricht man von einem qualifizierten oder einem einfachen Gesetzesvorbehalt.

Ein einfacher Gesetzesvorbehalt schreibt lediglich ein formelles Gesetz als Grundlage für den Gesetzeseingriff vor. Damit wird der rechtsstaatliche Grundsatz vom Vorbehalt des Gesetzes für das betreffende Grundrecht konkretisiert. Typische Beispiele sind: Art. 2 II 2, 8 II, 10 II GG. Auch die allgemeine Handlungsfreiheit, Art. 2 I GG, unterliegt nach h.M. einem einfachen Gesetzesvorbehalt, da die Schranke der »verfassungsmäßigen Ordnung« alle Rechtsnormen umfaßt, die formell und materiell verfassungsgemäß sind.

Der qualifizierte Gesetzesvorbehalt ermöglicht dem Gesetzgeber Grundrechtseingriffe nur unter den in der Schranke vorgeschriebenen Voraussetzungen. Das grundrechtseingreifende Gesetz muß etwa ein bestimmtes Ziel verfolgen (Art. 13 III, 11 II 2. Alt., 5 II GG) oder bestimmte Mittel vorschreiben (Art. 13 II GG).

Der Begriff des Gesetzesvorbehalts umfaßt:
• Eingriffsvorbehalte
• Schrankenvorbehalte
• Regelungsvorbehalte

Der Regelungsauftrag stellt keine zusätzliche Eingriffslegitimation dar

Einfacher und qualifizierter Gesetzesvorbehalt

Der qualifizierte Gesetzesvorbehalt stellt besondere Anforderungen an das grundrechtseingreifende Gesetz

Die Schranke des Art. 5 II GG ist, obgleich der Wortlaut »allgemeine Gesetze« auf einen einfachen Gesetzesvorbehalt hinzudeuten scheint, als qualifizierter Gesetzesvorbehalt anzusehen. Denn »allgemein« ist das grundrechtseinschränkende Gesetz nach der Rechtsprechung des BVerfG nur, wenn es sich nicht gegen die Äußerung einer Meinung als solche richtet, sondern dem Schutz eines schlechthin schützenswerten Rechtsguts dient.

Kollidierendes Verfassungsrecht als verfassungsimmanente Schranke

Grundrecht ohne Gesetzesvorbehalt

Neben den Grundrechten mit einfachen oder qualifizierten Gesetzesvorbehalten enthält das Grundgesetz einige Grundrechte, die keinen ausdrücklichen Schranken unterliegen, sondern scheinbar vorbehaltslos garantiert sind. Dies trifft etwa auf Art. 4 I, II und 5 III GG zu.

Auch bei Grundrechten ohne Gesetzesvorbehalt ist zu bedenken, daß ein rechtlich nicht einschränkbarer Freiheitsgebrauch zwangsläufig zu Interessenskonflikten führen muß.

Beispiel: Wenn ein Graffitikünstler unerlaubt Häuserwände bemalt, tritt offensichtlich ein Konflikt zwischen der Kunstfreiheit, Art. 5 III GG, und dem Eigentumsgrundrecht, Art. 14 I 1 GG, des Hauseigentümers zu Tage.

Für die Lösung derartiger Konfliktsituationen gibt es verschiedene rechtsdogmatische Ansätze:

Eine analoge Anwendung der Schranken des Art. 5 II GG oder des Art. 2 I GG auf vorbehaltlos gewährleistete Grundrechte ist abzulehnen

- Denkbar wäre, auf das schrankenlose Grundrecht die für andere Grundrechte geltenden Schranken zu übertragen oder die Anwendung der Schrankentrias des allgemeinen Auffanggrundrechts des Art. 2 I GG generell für alle speziellen Freiheitsgrundrechte zu bejahen. Danach wäre z.B. die Kunstfreiheit (Art. 5 III GG) entgegen ihrer systematischen Stellung durch die »allgemeinen Gesetze« des Art. 5 II GG oder die »verfassungsmäßige Ordnung« des Art. 2 I GG beschränkt.

Dieses Ergebnis kann nicht befriedigen, da die Schranken des Art. 5 II GG offensichtlich nur auf die Grundrechte des Art. 5 I GG bezogen sind. Der Anwendung der Schranken des Art. 2 I GG steht zudem entgegen, daß sie als einfache Gesetzesvorbehalte der besonderen Bedeutung schrankenloser Grundrechte nicht gerecht werden.

- Da schrankenlos gewährleistete Grundrechte nach ihrem Wortlaut nicht einschränkbar sind, müssen nach h.M. in Literatur und Rechtsprechung ihre Grenzen durch die Verfassung selbst bestimmt werden. Danach können mit Rücksicht auf die Einheit der Verfassung nur kollidierende Grundrechte Dritter oder sonstige mit Verfassungsrang ausgestattete Rechtsgüter geeignet sein, vorbehaltlose Grundrechte zu beschränken. Im o.g. »Graffitifall« liegt eine klassische Grundrechtskollision vor. Hier wird das Eigentumsgrundrecht (Art. 14 GG) des Hauseigentümers zur Schranke der Kunstfreiheit (Art. 5 III GG) des Graffitikünstlers. Soweit Verfassungsnormen als Grundrechtsschranken interpretiert werden, spricht man von »verfassungsimmanenten Schranken«.

Es kann als gesicherte Rechtserkenntnis angesehen werden, daß sich Grundrechte nach dem Prinzip der Einheit der Verfassung gegenseitig beschränken. Weitgehend ungeklärt ist dagegen die Frage, inwieweit sonstige Verfassungsgüter imstande sind, dem Grundrechtsgebrauch Schranken zu ziehen. Dies ist auf jeden Fall bei den unabänderbaren Prinzipien der Art. 1 I und 20 GG zu bejahen, insbesonders der Menschenwürdegarantie, dem Rechtsstaatsprinzip und dem Sozialstaatsprinzip. Aber auch Einrichtungsgarantien wie z.B. das Berufsbeamtentum, Art. 33 V GG, können als verfassungsimmanente Schranken herangezogen werden. Problematisch ist hingegen, bloße Kompetenz- und Organisationsvorschriften in den Rang einer verfassungsimmanenten Schranke zu heben, da dies zu einer allzu leichten Eingriffsrechtfertigung führen könnte.

Gleichwohl scheint die Tendenz der Rechtsprechung des BVerfG in diese Richtung zu gehen (vgl. BVerfGE 41, 205/227; 53, 30/56). Danach kann z.B. die Funktionsfähigkeit der Strafrechtspflege (Art. 74 Nr. 1 GG), der Bundeswehr (Art. 73 Nr. 1, 87 a I GG) oder der Sozialversicherung (Art. 74 Nr. 12 GG) sowie die grundsätzliche verfassungsrechtliche Anerkennung der Kernenergie (Art. 87 c GG) oder der Finanzmonopole (Art. 105 I GG) einen Grundrechtseingriff rechtfertigen. Um den Grundrechtsschutz durch bloße Kompetenz- und Organisationsvorschriften nicht auszuhöhlen, sollte man zumindest einschränkend fordern, daß der Bestand und die Funktionsfähigkeit der in den Kompetenzvorschriften genannten Einrichtungen, durch eine uneingeschränkte Grundrechtsausübung nachhaltig beeinträchtigt wird. Grundrechtliche Schutzpflichten können ebenfalls nur in Ausnahmefällen als Eingriffsrechtfertigung fungieren (BVerfG, NJW 89, 2272 ff.).

Schrankenlos gewährleistete Grundrechte unterliegen ungeschriebenen, sog. »verfassungsimmanenten« Schranken

Kollidierende Grundrechte Dritter

Sonstige kollidierende Verfassungsgüter:

● *Prinzipien der Art. 1 I und 20 GG*

● *Einrichtungsgarantien, z.B. Art. 33 V GG*

● *Organisations- und Kompetenzvorschriften, z.B Art. 70 ff. und 83 ff. GG*

Grundrechtliche Schutzpflichten des Staates als Eingriffslegitimation

Auch Grundrechte mit Gesetzesvorbehalt sind durch »verfassungsimmanente« Schranken einschränkbar	Die Möglichkeit, Grundrechte durch verfassungsimmanente Schranken einzuschränken, ist nach der h.M. nicht auf vorbehaltlose Grundrechte wie z.B. Art. 4 I, II; 5 III GG beschränkt, sondern muß auch bei Grundrechten mit Gesetzesvorbehalt gegeben sein. Denn auch bei Grundrechten, die einen Gesetzesvorbehalt aufweisen, muß es möglich sein, auftretende Konflikte mit anderen Verfassungsgütern nach dem Prinzip der praktischen Konkordanz in Einklang zu bringen.
Genauere Prüfung, ob der Gesetzgeber aufgrund des Gesetzesvorbehalts oder zum Schutz kollidierender Verfassungsgüter eingreifen will	In methodischer Hinsicht ist aber zu beachten: Das grundrechtseinschränkende Gesetz muß immer zunächst danach untersucht werden, ob es nach der Intention des Gesetzgebers den Gesetzesvorbehalt ausfüllen will oder ob es zum Schutz anderer Grundrechte oder Verfassungsgüter eingreift. Die verfassungsimmanente Schranke ist also, um die Funktion des Gesetzesvorbehalts nicht zu unterlaufen, gegenüber der im Grundrecht benannten Schranke subsidiär.
	Auch für Grundrechtseingriffe des Staates aufgrund kollidierenden Verfassungsrechts gilt der Grundsatz vom Vorbehalt des Gesetzes. Nur der Gesetzgeber ist unter parlamentarisch-demokratischen und rechtsstaatlichen Aspekten befugt, den Grundrechtsgebrauch zugunsten kollidierender Grundrechte oder Verfassungsgüter einzuschränken.
Kollidierendes Verfassungsrecht als Eingriffsrechtfertigung	Nach den bisherigen Ausführungen sind wir von der Prämisse ausgegangen, daß kollidierende Grundrechte und Verfassungsgüter rechtsdogmatisch als verfassungsimmanente Schranken anzusehen sind, die dem Gesetzgeber, neben den Gesetzesvorbehalten, eine zusätzliche Möglichkeit der Rechtfertigung von Grundrechtseingriffen eröffnen (kollidierendes Verfassungsrecht als Eingriffsrechtfertigung). Diese Ansicht ist zwar keinesfalls unbestritten, dürfte aber der herrschenden Meinung entsprechen und sollte auch vom Klausurbearbeiter zugrundegelegt werden.
Kollidierendes Verfassungsrecht als Schutzbereichsbegrenzung	Die Gegenansicht sieht durch kollidierendes Verfassungsrecht bereits den Schutzbereich des betreffenden Grundrechts eingegrenzt. Danach wären vom Schutzbereich eines Grundrechts von vornherein nur solche Verhaltensweisen erfaßt, die noch mit kollidierendem Verfassungsrecht in Einklang gebracht werden können.
	Gegen die letztgenannte Auffassung spricht, daß sie die Grenzen des Schutzbereichs verwischt und vom konkret zu beurteilenden Fall abhängig macht. Zudem werden die Anforderungen an grundrechtseinschränkende Gesetze, die sich aus den Gesetzesvorbe-

halten und dem Verhältnismäßigkeitsgrundsatz ergeben, umgangen, wenn der Gesetzgeber bereits die Reichweite des Schutzbereichs aufgrund kollidierenden Verfassungsrechts bestimmen kann.

Bei der Fallbearbeitung sind folgende Punkte zu beachten:
- Verfassungsimmanente Schranken sind richtigerweise auf der Stufe der verfassungsrechtlichen Rechtfertigung zu prüfen.
- Sie kommen nur dann in Betracht, wenn festgestellt worden ist, daß ein Gesetzesvorbehalt entweder nicht vorhanden ist oder den Grundrechtseingriff nicht deckt.
- Als verfassungsimmanente Schranken kommen nur kollidierende Grundrechte Dritter und sonstige mit Verfassungsrang ausgestattete Rechtswerte in Frage.

Einschränkungen von Grundrechten im »besonderen Gewaltverhältnis«

Andere als die genannten Möglichkeiten der Grundrechtseinschränkung sind nicht anerkannt. Das gilt insbesondere für die Rechtsfigur des »besonderen Gewaltverhältnisses«, bzw. »Sonderstatusverhältnisses«.

Unter diesem Begriff versteht man eine besonders enge Rechtsbeziehung des Bürgers zum Staat, die durch eine gesteigerte Abhängigkeit vom Staat und besondere Pflichten, die über die allgemeinen staatsbürgerlichen Pflichten hinausgehen, gekennzeichnet ist.

Beispiele: Beamtenverhältnis, Wehrdienstverhältnis, Strafvollzugsverhältnis, Schulverhältnis, nicht dagegen das bloße Arbeitsverhältnis (h.M.).

Es kann - entgegen der früher herrschenden Meinung - inzwischen als gesicherte Rechtserkenntnis bezeichnet werden, daß
- die Grundrechte auch im besonderen Gewaltverhältnis grundsätzlich Geltung beanspruchen, da Art. 1 III GG die staatliche Gewalt umfassend bindet und somit keinen grundrechtsfreien Raum zuläßt,
- die Eingehung eines besonderen Gewaltverhältnisses nicht als Grundrechtsverzicht des Gewaltunterworfenen angesehen werden kann,

<small>Begriff des »besonderen Gewaltverhältnisses«</small>

<small>Uneingeschränkte Grundrechtsgeltung im besonderen Gewaltverhältnis wegen Art. 1 III GG</small>

<small>Kein Grundrechtsverzicht im besonderen Gewaltverhältnis</small>

Allgemeine Grundrechtsdogmatik

Geltung des Gesetzesvorbehalts im besonderen Gewaltverhältnis

• Grundrechtseingriffe im besonderen Gewaltverhältnis nur auf der Grundlage eines formellen Gesetzes vorgenommen werden dürfen. Bloße verwaltungsinterne Organisationsvorschriften vermögen somit auch im Sonderstatusverhältnis einen Grundrechtseingriff nicht zu rechtfertigen (BVerfGE 33, 1/11 »Strafgefangenenentscheidung«).

Weitgehend ungeklärt ist dagegen, inwieweit Grundrechte im Sonderstatusverhältnis stärker als im allgemeinen Staat-Bürgerverhältnis eingeschränkt werden können. Für den Bereich des Wehr- oder Ersatzdienstes ist die Vorschrift des Art. 17 a GG zu beachten, die zusätzliche Einschränkungsvorbehalte für einige Grundrechte enthält.

Im übrigen sind einige besondere Gewaltverhältnisse im Grundgesetz »institutionalisiert« und als Verfassungsgüter geschützt, wie z.B. das Beamtenverhältnis in Art. 33 V GG, das Schulverhältnis in Art. 7 I GG, das Wehrdienstverhältnis in Art. 12 a, 73 Nr.1, 87a GG und das Strafgefangenenverhältnis in Art. 74 Nr.1 GG. Der Gesetzgeber ist daher ermächtigt, dem Grundrechtsgebrauch zum Schutz der Funktionsfähigkeit dieser Sonderstatusverhältnisse die nötigen Schranken zu ziehen. Dabei fordert der Menschenwürdegehalt der Grundrechte (Art. 1 I GG) unbedingte Beachtung.

7.2. Schranken-Schranken

Verfassungsrechtliche Grenzen der Einschränkbarkeit (Schranken-Schranken)

Obwohl die Gesetzesvorbehalte oder kollidierende Grundrechte Dritter (bzw. sonstige Verfassungsgüter) den Gesetzgeber ermächtigen, den Grundrechtsgebrauch durch Eingriffe einzuschränken, kann die Einschränkungsbefugnis nicht so weit gehen, daß der Gesetzgeber beliebig über die Grundrechte disponieren darf. In diesem Fall würde die Bindung des Gesetzgebers an die Grundrechte gemäß Art. 1 III GG leerlaufen. Um zu verhindern, daß der Gesetzgeber auf der Stufe der einfachen Gesetze die Geltungskraft der Grundrechte unterläuft, stellt die Verfassung an grundrechtseinschränkende Gesetze bestimmte Anforderungen.

Diese Beschränkungen, die der Gesetzgeber beachten muß, wenn er in Grundrechte eingreift, nennt man Schranken-Schranken.

Solche Schranken-Schranken sind im Grundgesetz ausdrücklich normiert, wie z.B. die Anforderungen des Art. 19 I, II GG, oder

Allgemeine Grundrechtsdogmatik

werden aus dem Rechtsstaatsprinzip, Art. 20, 28 I GG, hergeleitet, wie etwa der Verhältnismäßigkeitsgrundsatz oder das Bestimmtheitsgebot.

Im weiteren Sinne kann man als Schranken-Schranken - neben den gerade genannten - all diejenigen Vorschriften des Grundgesetzes ansehen, zu deren Einhaltung der Gesetzgeber verpflichtet ist. Das ist wegen des Grundsatzes vom Vorrang der Verfassung an sich jede Norm des Grundgesetzes.

Schranken-Schranken i.w.S. sind wegen des Vorrangs der Verfassung an sich alle Normen des GG

Die Rechtsprechung des BVerfG zu Art. 2 I GG, wonach die grundrechtseinschränkende Rechtsvorschrift nicht gegen eine andere Norm des Grundgesetztes verstoßen darf (BVerfGE 6, 32 ff.), kann insoweit auf alle Grundrechte übertragen werden. Denn das, was zum Schutz des »Auffanggrundrechts« des Art. 2 I GG anerkannt ist, muß erst recht für die noch stärker geschützten Einzelgrundrechte gelten.

Danach kann der einzelne Grundrechtsträger die Einhaltung auch objektiv-rechtlicher Verfassungsvorschriften, wie etwa der Kompetenz- und Verfahrensvorschriften (Art. 70 ff. GG) verlangen und dagegen verstoßende Gesetze - sofern sie gleichzeitig in sein Grundrecht eingreifen - abwehren.

Über die Grundrechte kann der Grundrechtsträger auch die Einhaltung an sich objektiv-rechtlicher Verfassungsnormen verlangen

Im folgenden wird die Prüfungsreihenfolge der Rechtfertigung von Eingriffen aufgrund eines Gesetzesvorbehalts und durch kollidierendes Verfassungsrecht dargestellt.

Rechtfertigung von Eingriffen aufgrund eines Gesetzesvorbehalts

Erfolgt der Grundrechtseingriff aufgrund eines Gesetzesvorbehalts, der eine Einschränkung durch oder aufgrund eines Gesetzes vorsieht, so ist mit dem »Gesetz« nur das Gesetz im formellen Sinn (Parlamentsgesetz) gemeint.

Gesetz im Sinne des grundrechtlichen Gesetzesvorbehalts ist nur das formelle Gesetz

- Durch Gesetz bedeutet, daß das Gesetz schon selbst den Grundrechtseingriff vornimmt, in dem es z.B. unmittelbare Pflichten statuiert.

- Aufgrund eines Gesetzes bedeutet, daß ein Gesetz die Verwaltung lediglich dazu ermächtigt, den Grundrechtseingriff durch eigene Maßnahmen (z.B. Verordnungen oder Satzungen) vorzunehmen. Ein Grundrechtseingriff liegt erst dann vor, wenn die Verwaltung von ihrer Ermächtigung Gebrauch macht und so den Grundrechtseingriff aktualisiert.

Wenn ein Grundrechtseingriff auf der Grundlage eines Gesetzesvorbehalts vorgenommen wird, so muß das Gesetz seinerseits formell und materiell verfassungsgemäß sein.

Formelle Verfassungsmäßigkeit

Prüfungspunkte der formellen Verfassungsmäßigkeit sind:
- Gesetzgebungskompetenz (Art. 70 ff. GG).
- ordnungsgemäße Durchführung des Gesetzgebungsverfahrens (Art. 76 ff. GG).
- Formvorschriften (Art. 82 I GG)

Materielle Verfassungsmäßigkeit

Die Prüfung der materiellen Verfassungsmäßigkeit umfaßt vorrangig den Grundsatz der Verhältnismäßigkeit.

Verhältnismäßigkeitsgrundsatz

Der Verhältnismäßigkeitgrundsatz bringt besonders deutlich die inhaltliche Bindung des Gesetzgebers an die Grundrechte nach Art. 1 III GG zum Ausdruck und hat seine rechtsdogmatische Grundlage im Rechtsstaatsprinzip (Art. 20, 28 I GG) und in dem Wesen der Grundrechte selbst, die von der öffentlichen Gewalt nur soweit eingeschränkt werden dürfen, als es zum Schutz der öffentlichen Interessen unerläßlich ist (BVerfGE 65, 1/44).

Er stellt den Bezug zwischen Zielsetzung und Auswirkung einer staatlichen Maßnahme her und verlangt, daß das vom Staat eingesetzte Mittel zur Erreichung eines verfassungslegitimen Ziels geeignet, erforderlich und angemessen (Verhältnismäßigkeit im engen Sinne) ist.

Der Verhältnismäßigkeitsgrundsatz besteht aus mehreren Teilelementen, die im folgenden noch genauer zu beleuchten sind:

Verfassungslegitimes Ziel

- Das Gesetz muß ein verfassungslegitimes Ziel verfolgen.
- Bei Grundrechten mit qualifiziertem Gesetzesvorbehalt ergeben sich die Anforderungen an das gesetzgeberische Ziel oft schon aus dem Qualifikationsmerkmal.

Beispiel: Art. 6 III GG ermächtigt den Gesetzgeber, eine Regelung zur Trennung der Kinder von ihren Erziehungsberechtigten zu schaffen, allein zu dem Zweck, die Verwahrlosung der Kinder zu verhüten (verfassungslegitimes Ziel).

Stellt der qualifizierte Gesetzesvorbehalt noch zusätzliche Anforderungen an das grundrechtseingreifende Gesetz, so müssen auch diese erfüllt sein.

Beispiel: Art. 11 II GG setzt voraus, »... daß eine ausreichende Lebensgrundlage nicht vorhanden ist und der Allgemeinheit daraus besondere Lasten entstehen würden«.

– Bei Grundrechten mit einfachem Gesetzesvorbehalt genügt als verfassungslegitimes Ziel jedes dem Wohl der Allgemeinheit dienende gesetzgeberische Ziel, das nicht gegen die Verfassung verstößt.

• Das Erfordernis der Geeignetheit verlangt für Maßnahmen der Gesetzgebung oder der Verwaltung, daß ein taugliches Mittel zur Erreichung des angestrebten Zwecks verwendet werden muß.

Die Geeignetheit verlangt den Einsatz eines zweckförderlichen Mittels

Die Geeignetheit von Maßnahmen der Gesetzgebung und der Verwaltung ist nach unterschiedlichen Maßstäben zu beurteilen. Während dem Gesetzgeber hinsichtlich der Tauglichkeit der Maßnahme für den angestrebten Zweck ein weiter Beurteilungs- und Prognosespielraum (Einschätzungsprärogative) zugebilligt wird, ist die Verwaltung hinsichtlich der Auswahl ihrer Mittel durch das ermächtigende Gesetz weitgehend beschränkt.

Die gesetzgeberische Einschätzungsprärogative geht so weit, daß das ausgewählte Mittel nur dann unter dem Gesichtspunkt der Geeignetheit verfassungswidrig ist, wenn es offensichtlich untauglich ist. Die gerichtliche Überprüfung des gesetzgeberischen Prognosespielraums hinsichtlich künftiger Entwicklungen (insbesondere im Bereich wirtschaftslenkender Gesetze) ist aber auf eine Evidenzkontrolle beschränkt. Selbst wenn sich also das Gesetz im Nachhinein als ungeeignet erweist, kann es vom BVerfG nur dann als verfassungswidrig erklärt werden, wenn die Auswahl der Mittel auf einer offensichtlichen Fehlprognose beruht.

Nur eine offensichtlich fehlerhafte Prognose kann zur Verfassungswidrigkeit des Gesetzes führen

Dagegen kann die Prognose der Verwaltung grundsätzlich in vollem Umfang gerichtlich nachvollzogen werden.

• Das Gebot der Erforderlichkeit verlangt, daß unter mehreren zur Erreichung des Ziels gleichermaßen tauglichen Maßnahmen diejenige auszuwählen ist, die den einzelnen Grundrechtsträger am geringsten belastet (Prinzip des mildesten Mittels). Sind also mehrere Mittel zur Erreichung des gesetzgeberischen Ziels denkbar, so ist dem mildesten der Vorrang einzuräumen, es sei denn, es taugt nicht in gleicher Weise zur Realisierung des gesetzgeberischen Anliegens.

Die Erforderlichkeit verlangt den Einsatz des mildesten Mittels

Für die Beurteilung der Frage, ob die alternativ zur Verfügung stehenden Mittel tatsächlich gleichermaßen zur Zweckerreichung geeignet sind, ist aber die oben erwähnte Einschätzungsprärogative des Gesetzgebers zu beachten, die sich somit auch auf die Beurteilung der Erforderlichkeit auswirkt.

Allgemeine Grundrechtsdogmatik

Die Verhältnismäßigkeit im engeren Sinne verlangt, daß die Schwere des Eingriffs (Auswirkung) noch in einem angemessenen Verhältnis zur Bedeutung des verfolgten Zwecks (Zielsetzung) steht

• Das Kriterium der Verhältnismäßigkeit i.e.S. (auch als Angemessenheit, Zumutbarkeit oder Proportionalität bezeichnet) fordert schließlich, daß die Intensität des Eingriffs noch in einem angemessenen Verhältnis zur Bedeutung und Dringlichkeit des gesetzgeberischen Ziels steht und die Grenze der Zumutbarkeit gewahrt bleibt. Für das Grundrecht der Berufsfreiheit (Art. 12 I GG) hat das BVerfG im Rahmen seiner Stufentheorie drei Stufen unterschiedlicher Eingriffsintensitäten abstrakt typisiert.

Je intensiver das Gesetz in das Grundrecht eingreift, um so höhere Anforderungen sind an die Dringlichkeit des gesetzgeberischen Ziels und die Gewichtigkeit der Rechtsgüter, um deren Schutz oder Verwirklichung willen das Gesetz eingreift, zu stellen.

»Praktische Konkordanz«

Es ist also eine Güterabwägung vorzunehmen, in der die wertsetzende Bedeutung des beeinträchtigten Grundrechts einerseits und die Dringlichkeit und Bedeutung des mit dem Gesetz verfolgten Gemeinschaftsinteresses andererseits in einen angemessenen Ausgleich zu bringen sind. Dabei sind die gegenläufigen Positionen (Grundrecht und grundrechtseinschränkendes Gesetz) einander so zuzuordnen, daß keinem einseitig der Vorrang eingeräumt wird, sondern beide zu möglichst optimaler Entfaltung kommen. Bei Grundrechtsbeschränkungen durch kollidierendes Verfassungsrecht wird dieses Vorgehen als »praktische Konkordanz« bezeichnet.

Um die prinzipiell gleiche Rechtsgüterzuordnung geht es auch bei der vom BVerfG zu Art. 5 I GG entwickelten »Wechselwirkungslehre«.

»Wechselwirkungslehre«

Hat der Gesetzgeber durch offensichtlich fehlerhafte Zuordnung der Rechtsgüter die Grenze der Zumutbarkeit überschritten, so ist das einschränkende Gesetz wegen Verstoßes gegen das Verhältnismäßigkeitsprinzip verfassungswidrig, wenn eine verfassungskonforme Auslegung das Gesetz nicht zu »retten« vermag.

Im Rahmen der Güterabwägung ist auch zu prüfen, ob der Gesetzgeber der Bedeutung des eingeschränkten Grundrechts dadurch hinreichend Rechnung getragen hat, daß er finanziellen Ausgleich gewährt (insbesondere im Zusammenhang mit Art. 14 I 2 GG bedeutsam) oder durch grundrechtssichernde Verfahrensgestaltung die Intensität der Eingriffe abmildert (Stichwort: Grundrechtsschutz durch Verfahren).

• Weitere Schranken-Schranken sind in Art. 19 I und II GG vorgesehen.

Art. 19 I GG enthält in seinem Satz 1 das Gebot der Allgemeingültigkeit bzw. das Einzelfallverbot für grundrechtseinschränkende Gesetze. Damit weist Art. 19 I 1 GG eine thematische Nähe zum Gewaltenteilungsprinzip auf, indem es den Gesetzgeber daran hindert, in den Funktionsbereich der Verwaltung überzugreifen. Der in Art. 19 I 1 GG vorausgesetzte Fall, daß das Gesetz einen konkreten Fall regelt oder an eine bestimmte Person gerichtet ist, dürfte in der Praxis so gut wie nie vorkommen.

Dagegen sind Gesetze, die aus einem konkreten Anlaß heraus erlassen werden (Maßnahmegesetze) ebenso mit Art. 19 I 1 GG vereinbar, wie Gesetze, die trotz ihrer abstrakten Fassung gegenwärtig nur einen Anwendungsfall haben. Zudem läßt das BVerfG auch eine Ausnahme von Art. 19 I 1 GG zu, »wenn der Sachverhalt so beschaffen ist, daß es nur einen Fall dieser Art gibt« (BVerfGE 85, 360/374).

Das Zitiergebot des Art. 19 I 2 GG statuiert eine Pflicht des Gesetzgebers, das einzuschränkende Grundrecht unter Angabe des Artikels zu zitieren. Seine Bedeutung liegt darin, dem Gesetzgeber die Auswirkung seiner Regelung auf die Grundrechte vor Augen zu führen (Besinnungs- und Warnfunktion).

Der Anwendungsbereich des Art. 19 I 2 GG umfaßt nicht alle Gesetzesvorbehalte, sondern reduziert sich - wie auch Art. 19 I 1 GG - auf Einschränkungsvorbehalte (also nicht Schrankenvorbehalte oder Regelungsvorbehalte). Art. 19 I 2 GG kommt also entsprechend dem Wortlaut des Art. 19 I 1 GG nur dann zur Anwendung, wenn das entsprechende Grundrecht eine Einschränkung durch oder auf Grund eines Gesetzes vorsieht.

Danach gilt das Zitiergebot nicht
- für vorbehaltlose Grundrechte (Art. 4 I, II, 5 III GG),
- für den Regelungsvorbehalt des Art. 12 I 2 GG, obwohl er sich wie ein Gesetzesvorbehalt auswirkt,
- für den Ausgestaltungs- und Schrankenvorbehalt des Art. 14 I 2 GG und für enteignende Gesetze nach Art. 14 III 2 GG, da die Junktimklausel schon die gleiche Warnfunktion erfüllt,
- für die Schranken der allgemeinen Handlungsfreiheit, Art. 2 I GG,
- für die allgemeinen Gesetze i.S.v. Art. 5 II GG, da sonst jedes Gesetz die Grundrechte des Art. 5 I GG zitieren müßte.

Die Anforderungen des Art. 19 I, II GG

Verbot des grundrechtseinschränkenden Einzelfallgesetzes, Art. 19 I 1 GG

Maßnahmegesetz

Zitiergebot, Art. 19 I 2 GG

Art. 19 I 1 und 2 GG gelten nur für Einschränkungsvorbehalte, d.h. für Grundrechtsbeschränkungen »durch oder aufgrund eines Gesetzes«

Diese enge Auslegung des Zitiergebots rechtfertigt sich nach Auffassung des BVerfG aus dem Gedanken, das Zitiergebot nicht zu einer leeren Förmlichkeit verkommen zu lassen und den Gesetzgeber, wenn er die verfassungsmäßige Ordnung konkretisiert, nicht unnötig zu behindern (BVerfGE 35, 185/188).

Die Wesensgehaltsgarantie des Art. 19 II GG

Die Wesensgehaltsgarantie des Art. 19 II GG soll die Grundrechte vor innerer Aushöhlung schützen. Art. 19 II GG ist - anders als Art. 19 I GG - nach der h.M. auf jeden Grundrechtseingriff durch den Gesetzgeber anzuwenden.

Der Wesensgehalt ist für jedes Grundrecht gesondert zu bestimmen. Die Bestimmung des Wesensgehalts ist aber umstritten:

Theorie vom relativen Wesensgehalt

Nach der Theorie vom relativen Wesensgehalt ist der Wesensgehalt eines Grundrechtes keine absolute, sondern nur eine relative, vom Einzelfall abhängige Größe. Er ist durch eine Abwägung des betroffenen Grundrechts mit gegenläufigen öffentlichen Rechtspositionen und Interessen für jeden Fall gesondert zu ermitteln und wird nur dann angetastet, wenn dem Grundrecht in dem konkret zu beurteilenden Fall das größere Gewicht zukommt.

Danach reduziert sich die Aussage des Art. 19 II GG auf eine Hervorhebung des Verhältnismäßigkeitsgrundsatzes (bzw. des Teilaspekts der Verhältnismäßigkeit).

Theorie vom absoluten Wesensgehalt

Die in der Literatur vorherrschende Theorie vom absoluten Wesensgehalt versteht dagegen den Wesensgehalt als absolut, d.h. vom Einzelfall unabhängigen Kernbereich des Grundrechts, der für den Gesetzgeber, selbst wenn er zum Schutz überragend wichtiger Gemeinschaftsgüter eingreift, tabu ist. Der Wesensgehalt eines Grundrechts kann danach auch nicht durch eine Abwägung mit kollidierenden Rechtsgütern überwunden werden.

Nur wenn man dieser Theorie folgt, hat Art. 19 II GG neben dem Verhältnismäßigkeitsgrundsatz noch eigenständige Bedeutung. Im Bereich des allgemeinen Persönlichkeitsrechts nach Art. 2 I i.V.m. 1 I GG entspricht die Intimsphäre dem Wesensgehalt i.S.v. Art. 19 II GG.

• Die grundrechtlichen Gesetzesvorbehalte verlangen für Grundrechtseingriffe der Exekutive eine formell-gesetzliche Grundlage und konkretisieren damit den rechtstaatlichen Grundsatz vom Vorbehalt des Gesetzes.

»Wesentlichkeitstheorie«

Besondere Anforderungen an das zu Grundrechtseingriffen ermächtigende Gesetz hat das BVerfG im Rahmen seiner »Wesentlichkeitstheorie« entwickelt, deren Grundlage sowohl im Prinzip

Allgemeine Grundrechtsdogmatik

der parlamentarischen Demokratie als auch in den rechtsstaatlichen Grundsätzen der Gewaltenteilung und der Rechtssicherheit zu sehen ist.

Die Wesentlichkeitstheorie erweitert den Gesetzesvorbehalt tendenziell zum Parlamentsvorbehalt, in dem sie verlangt, daß wesentliche Entscheidungen im grundrechtsrelevanten Bereich der Absicherung durch ein Parlamentsgesetz bedürfen.

Damit soll verhindert werden, daß der Gesetzgeber, dem unter parlamentarisch-demokratischen und rechtsstaatlichen Gesichtspunkten der Entscheidungsvorrang über die grundsätzlichen Fragen der Grundrechtseinschränkung zukommt, sich seiner Verantwortung entledigt und durch generalklauselartige Vorgaben die eigentliche Entscheidung über Voraussetzungen, Umfang und Tendenz der Grundrechtseinschränkung der ermächtigten Verwaltung überläßt.

Die »Wesentlichkeitstheorie« des BVerfG stellt besondere Anforderungen an das zu Grundrechtseingriffen ermächtigende Gesetz und verlangt, daß der Gesetzgeber die wesentlichen Entscheidungen über Grundrechtseingriffe selbst treffen muß

Die Wesentlichkeit eines Eingriffs hängt insbesondere von dessen Intensität, Dauer und Umfang, aber auch vom Stellenwert der betroffenen Grundrechte ab. Je intensiver das Gesetz ein Grundrecht beeinträchtigt, desto genauer muß der Gesetzgeber die Tatbestände der Grundrechtseinschränkung selbst regeln und desto weniger Spielraum darf er der Verwaltung belassen. Aber auch in kontrovers diskutierten Fragen ist wegen der Repräsentationsfunktion des Parlaments dessen Entscheidungsvorrang zu beachten.

Wird den Anforderungen des Parlamentsvorbehalts nicht genügt, weil der Gesetzgeber wesentliche Fragen im Bereich der Grundrechtsausübung nicht selbst geregelt, sondern der Entscheidung der Verwaltung überantwortet hat, so ist das Gesetz wegen Verstoßes gegen das Rechtsstaats- und das Demokratieprinzip, Art. 20, 28 I GG, nichtig.

• Der Bestimmtheitsgrundsatz ist eine weitere rechtsstaatliche Einzelausprägung (Art. 20, 28 I GG) und stellt eine zusätzliche Schranken-Schranke für den Gesetzgeber dar. Für Ermächtigungsnormen (d.h. die Verwaltung wird vom Gesetzgeber zu eigenen grundrechtseingreifenden Maßnahmen ermächtigt) stellt der Parlamentsvorbehalt besondere Anforderungen an die Bestimmtheit von Normen.

Der Bestimmtheitsgrundsatz

Parlamentsvorbehalt für Ermächtigungsgrundlagen

Der allgemeine Bestimmtheitsgrundsatz, der seine Bedeutung für alle übrigen staatlichen Maßnahmen, insbesondere Gesetze, behält, stellt auf die Perspektive des einzelnen ab und verlangt, daß eine Norm »in ihren Voraussetzungen und in ihrem Inhalt so formuliert sein muß, daß die von ihr Betroffenen die Rechtslage erkennen und ihr Verhalten danach einrichten können« (BVerfGE 21, 79).

Wie genau die Norm zu fassen ist, hängt von der Eigenart und Regelungsfähigkeit der Lebenssachverhalte und von der Intensität und Tragweite des Grundrechtseingriffs ab.

Unbestimmte Rechtsbegriffe und Generalklauseln

Unbestimmte Rechtseingriffe und Generalklauseln sind mit Rücksicht auf die Vielschichtigkeit der Regelungsmaterie zulässig, wenn sich ihr Bedeutungsgehalt durch eine gesicherte Rechtsprechung oder die herkömmlichen Auslegungsmethoden erschließen läßt.

Beispiele: Die Begriffe der »Gefahr und öffentlichen Sicherheit und Ordnung« aus den Polizeigesetzen der Länder sind durch eine gefestigte Rechtsprechung hinreichend konkretisiert und entsprechen damit den Anforderungen des Bestimmtheitsgrundsatzes.

Im Bereich der Strafgesetze wird der allgemeine Bestimmtheitsgrundsatz durch die noch strengere Sonderregelung des Art. 103 II GG verdrängt. Für bundesgesetzliche Ermächtigungen zum Erlaß von Rechtsverordnungen ist Art. 80 I 2 GG gegenüber dem allgemeinen Bestimmtheitsgrundsatz speziell.

Verfassungsmäßigkeit des grundrechtseingreifenden Gesetzes im übrigen

Das grundrechtseinschränkende Gesetz muß im übrigen auch verfassungsmäßig sein, d.h. es darf nicht gegen sonstige Verfassungsnormen verstoßen.

Die wichtigsten Anforderungen an grundrechtseinschränkende Gesetze sind bereits genannt worden, so daß diesem Prüfungspunkt kein besonderes Gewicht mehr zukommt. Zu denken ist etwa an einen Verstoß gegen Grundrechte Dritter, d.h. ein Grundrechtseingriff kann schon deshalb nicht verfassungsrechtlich gerechtfertigt werden, wenn das Gesetz gegen Grundrechte verstößt, auf die sich der Betroffene gar nicht berufen kann.

Rückwirkungsverbot

Bei rückwirkenden Gesetzen ist stets ein Verstoß gegen das rechtsstaatliche Vertrauensschutzprinzip bzw. das Rückwirkungsverbot zu prüfen.

Rechtfertigung eines Eingriffs aufgrund kollidierenden Verfassungsrechts

Nur geringfügige Abweichungen ergeben sich, wenn man die verfassungsrechtliche Rechtfertigung von Maßnahmen überprüft, die auf der Grundlage verfassungsimmanenter Schranken in das Grundrecht eingreifen.

In methodischer Hinsicht sei noch einmal darauf hingewiesen, daß verfassungsimmanente Schranken erst dann zu prüfen sind, wenn die Eingriffe nicht schon von benannten Schranken gedeckt sind.

Die Prüfung des Art. 19 I GG entfällt, da nicht aufgrund eines ausdrücklichen Einschränkungsvorbehalts eingegriffen wird. Die Wesensgehaltsgarantie des Art. 19 II GG ist dagegen an sich anwendbar, wird aber im Rahmen des verhältnismäßigen Rechtsgüterausgleichs faktisch mitberücksichtigt.

Folgende Punkte sind bei der Prüfung besonders zu beachten:

- Auch wenn der Eingriff aufgrund kollidierenden Verfassungsrechts vorgenommen wird, ist an das Erfordernis einer gesetzlichen Ermächtigung zu denken, selbst wenn eine solche Ermächtigung bei vorbehaltlosen Grundrechten nicht vorausgesetzt wird. Dies liegt daran, daß das Problem der verhältnismäßigen Zuordnung kollidierender Verfassungsgüter wegen des Parlamentsvorbehalts nur der Gesetzgeber lösen kann. Auf keinen Fall kann eine eingreifende Maßnahme der Verwaltung ohne gesetzliche Grundlage allein aufgrund kollidierender Verfassungsgüter gerechtfertigt sein.

Erfordernis einer gesetzlichen Ermächtigung

- Als verfassungslegitimes Ziel kommt der Schutz anderer Grundrechte oder sonstiger mit Verfassungsrang ausgestatteter Rechtswerte in Betracht.

Verfassungslegitimes Ziel

- Den Schwerpunkt der Prüfung wird i.d.R. der Verhältnismäßigkeitsgrundsatz bilden. Der Unterpunkt »Verhältnismäßigkeit i.e.S.« ermöglicht dann den Einstieg in die eigentliche Güterabwägung nach Maßgabe der praktischen Konkordanz.

Verhältnismäßigkeit

8. Prüfungsschema

Verletzung eines Freiheitsgrundrechts durch ein Gesetz

I. Schutzbereich betroffen

1. Persönlicher Schutzbereich: Prüfung, ob sich die Person auf den Grundrechtsschutz berufen kann
2. Sachlicher Schutzbereich: Prüfung, ob die geltend gemachten Verhaltensweisen oder Rechtsgüter vom Schutzbereich des Grundrechts erfaßt werden. Ermittlung des Schutzobjekts und des Schutzumfangs durch Auslegung.
3. Grundrechtskonkurrenzen

II. Eingriff in den Schutzbereich

- Bei klassischen Eingriffen unproblematisch
- Bei faktischen und mittelbaren Eingriffen ist die Eingriffsqualität problematisch (Abgrenzung zur Belästigung)
- Kein Eingriff bei grundrechtsinterner Ausgestaltung des Schutzbereichs
- Grundrechtsverzicht?

III. Verfassungsrechtliche Rechtfertigung

1. Beschränkungsmöglichkeit (Schranke)
- Einfacher oder qualifizierter Gesetzesvorbehalt (Benannte Schranke)
- Kollidierendes Verfassungsrecht (Verfassungsimmanente Schranken)
2. Verfassungsrechtliche Grenzen der Einschränkbarkeit (Schranken-Schranken)
a. Bei Grundrechtseinschränkungen aufgrund eines Gesetzesvorbehalts
aa. Formelle Verfassungsmäßigkeit: Gesetzgebungskompetenz, Verfahren, Form
bb. Materielle Verfassungsmäßigkeit:
- Anforderungen des Art. 19 I, II GG
  - Kein Einzelfallgesetz, Art. 19 I 1 GG
  - Zitiergebot, Art. 19 I 2 GG
  - Wesensgehaltsgarantie, Art. 19 II GG
- Verhältnismäßigkeit
  - Verfassungslegitimes Ziel
    - Bei qualifiziertem Gesetzesvorbehalt ist zu prüfen, ob das Gesetz die Voraussetzungen der Qualifikationsmerkmale erfüllt
    - Bei einfachem Gesetzesvorbehalt genügt jedes dem Wohl der Allgemeinheit dienende gesetzgeberische Ziel, das nicht gegen die Verfassung verstößt.
  - Geeignetheit
  - Erforderlichkeit
  - Verhältnismäßigkeit i.e.S. (»praktischen Konkordanz« bzw. »Wechselwirkungslehre«)
- Bestimmtheitsgrundsatz

Prüfungsschema

- Verstoß gegen sonstiges Verfassungsrecht
- Vertrauensschutzprinzip (Rückwirkungsverbot bei rückwirkenden Gesetzen)
- Art. 80 GG oder Parlamentsvorbehalt, wenn die Verwaltung zu Grundrechtseingriffen ermächtigt wird
- z.B. Grundrechte Dritter

b. Bei Grundrechtseinschränkungen durch kollidierendes Verfassungsrecht (Verfassungsimmanente Schranken)

aa. Formelle Verfassungsmäßigkeit des Gesetzes
bb. Materielle Verfassungsmäßigkeit des Gesetzes

- Verhältnismäßigkeit
- Verfassungslegitimes Ziel
    - Kollidierende Grundrechte Dritter
    - Sonstige mit Verfassungsrang ausgestattete Rechtswerte
- Geeignetheit
- Erforderlichkeit
- Verhältnismäßigkeit i.e.S. (Abwägung zwischen den kollidierenden Verfassungsgütern im Wege der »praktischen Konkordanz«)
- Verstoß gegen sonstiges Verfassungsrecht

Verletzung eines Freiheitsgrundrechts durch Maßnahmen der Verwaltung oder der Gerichte

I. Schutzbereich betroffen

II. Eingriff in den Schutzbereich

III. Verfassungsrechtliche Rechtfertigung

1. Vorliegen einer verfassungsmäßigen Ermächtigungsgrundlage: Prüfung, ob die Ermächtigung schon selbst einen Verfassungsverstoß beinhaltet
a. Formelle Verfassungsmäßigkeit der Ermächtigungsgrundlage
b. Materielle Verfassungsmäßigkeit der Ermächtigungsgrundlage
- Verstoß gegen Grundrechte
- Verstoß gegen Art. 80 GG oder Prinzipien der Art. 20, 28 I GG
2. Verfassungskonforme Auslegung und Anwendung der Ermächtigungsgrundlage im Einzelfall
a. Tatbestandsvoraussetzungen der Ermächtigungsgrundlage erfüllt
b. Grundrechtskonforme Auslegung unbestimmter Rechtsbegriffe
c. Bei Maßnahmen der Verwaltung: Grundrechtskonforme Ausfüllung von Ermessensspielräumen

9. Wiederholungsfragen

- 1. Erläutern Sie das Verhältnis der Grundrechte des Grundgesetzes zu den Grundrechten der Landesverfassung? Lösung S. 26
- 2. Wie unterscheiden sich Freiheits- von Gleichheitsgrundrechten? Lösung S. 27
- 3. Welches ist die primäre Funktion der Grundrechte? Lösung S. 29
- 4. Können aus den Grundrechten positive Ansprüche auf Schutz, Leistung und Teilhabe abgeleitet werden? Lösung S. 30 ff.
- 5. Welche Folgerungen werden aus der objektiv-rechtlichen Funktion der Grundrechte abgeleitet? In welcher Weise manifestiert sich die »Ausstrahlungswirkung« der Grundrechte? Lösung S. 36 ff.
- 6. Wie wirken sich die Grundrechte auf das Verfahren aus? Lösung S. 40
- 7. Inwieweit können sich juristische Personen auf den Schutz des Grundrechts berufen? Lösung S. 45 ff.
- 8. Legen Sie die Aussage des Art. 1 III GG dar! Lösung S. 50
- 9. Was versteht man unter dem Begriffen »Fiskalgeltung« und »Privatrechtsgeltung« der Grundrechte? Lösung S. 51
- 10. Welche Elemente des Schutzbereiches sind zu unterscheiden? Lösung S. 55 ff.
- 11. Welche Grundregeln für das Verhältnis der Grundrechte zueinander sind zu beachten? Lösung S. 58
- 12. Nach welchen Kriterien bestimmt sich der klassische Eingriffsbegriff? Wie grenzt man »mittelbare Grundrechtseingriffe« von bloßen Belästigungen ab? Lösung S. 61 ff.
- 13. Welche Möglichkeiten der Eingriffsrechtfertigung gibt es? Lösung S. 66 ff.
- 14. Was versteht man unter Schranken-Schranken? Welche sind die wichtigsten? Lösung S. 72 ff.
- 15. Erläutern Sie den Verhältnismäßigkeitsgrundsatz! Woraus leitet man ihn her? Welche Einzelaspekte umfaßt er? Lösung S. 74 ff.

Die Grundrechte im einzelnen

1.	Die Menschenwürde	86
2.	Freie Entfaltung der Persönlichkeit	89
3.	Recht auf Leben und körperliche Unversehrtheit	97
4.	Freiheit der Person	99
5.	Gleichheitsrechte	101
5.1.	Spezielle Gleichheitsrechte	101
5.1.1.	Männer und Frauen	102
5.1.2.	Geschlecht, Abstammung und Behinderung	104
5.1.3.	Staatsbürgerliche Rechte	104
5.1.4.	Wahlrechtsgleichheit	105
5.2.	Allgemeiner Gleichheitssatz	107
6.	Glaubens- und Gewissensfreiheit	110
7.	Meinungs-, Medien-, Kunst- und Wissenschaftsfreiheit	113
7.1.	Meinungsfreiheit	113
7.2.	Pressefreiheit	117
7.3.	Rundfunkfreiheit	118
7.4.	Zensurverbot	118
7.5.	Kunstfreiheit	118
7.6.	Wissenschaftsfreiheit	120
8.	Versammlungsfreiheit	121
9.	Vereinigungs- und Koalitionsfreiheit	126
10.	Brief-, Post-, Fernmeldegeheimnis	131
11.	Berufsfreiheit	133
12.	Unverletzlichkeit der Wohnung	144
13.	Eigentumsgarantie	149
14.	Rechtsweggarantie	165
15.	Rechte des Angeklagten	166
16.	Wiederholungsfragen	168

1. Die Menschenwürde

Eine der zentralsten Vorschriften des Grundgesetzes ist Art. 1 I GG, der die Würde des Menschen verbürgt. Diese hat absoluten Vorrang gegenüber allen anderen Verfassungsgütern.

Art. 1 GG

Schutz der Menschenwürde

> (1) Die Würde des Menschen ist unantastbar. Sie zu achten und zu schützen ist Verpflichtung aller staatlichen Gewalt.
> (2) Das Deutsche Volk bekennt sich darum zu unverletzlichen und unveräußerlichen Menschenrechten als Grundlage jeder menschlichen Gemeinschaft, des Friedens und der Gerechtigkeit in der Welt.
> (3) Die nachfolgenden Grundrechte binden Gesetzgebung, vollziehende Gewalt und Rechtsprechung als unmittelbar geltendes Recht.

Die Menschenwürde als Grundrecht

Fraglich ist zunächst, ob es sich bei der Menschenwürdegarantie des Art. 1 I GG um ein Grundrecht handelt.

• Dagegen spricht der Wortlaut des Art. 1 III GG. Wenn dort von den »nachfolgenden Grundrechte(n)« die Rede ist, so scheint Art. 1 I GG nicht erfaßt zu sein. Auch der proklamatorische Inhalt der Norm läßt nicht zwingend auf das Vorliegen eines Grundrechts schließen.

• Richtig ist es aber, mit dem BVerfG in Art. 1 I GG ein Grundrecht zu sehen. Dafür spricht schon die Überschrift über Art. 1 I GG (»Die Grundrechte«). Hauptargument ist aber die überragende Bedeutung der Bestimmung im Gefüge der Verfassung. Nach dem BVerfG gehört sie zu den tragenden Konstitutionsprinzipien des Grundgesetzes. Schon aus der Stellung des Art. 1 I GG an der Spitze der Verfassung ergibt sich, daß ihr höchster Rang zukommt.

I. Schutzbereich

Nur sehr selten kommt es darauf an, eine staatliche Maßnahme auf ihre Vereinbarkeit mit Art. 1 I GG direkt zu überprüfen. Art. 1 I GG hat aber in anderem Zusammenhang große Bedeutung: In Verbindung mit Art. 2 I GG schützt er das allgemeine Persönlichkeitsrecht. Außerdem wird er häufig bei der Frage der verfassungsimmanenten Schranken als kollidierendes Grundrecht Dritter relevant.

1. Persönlicher Schutzbereich

Der Wortlaut zeigt, daß es sich um ein Menschenrecht handelt. Gerade die Verletzung der Menschenwürde von Ausländern beschäftigt die Gerichte häufig.

2. Sachlicher Schutzbereich

Art. 1 I GG schützt die Würde des Menschen. Der Mensch als geistig-sittliches Wesen ist der oberste Wert. Das Grundrecht sichert ihm das Recht, daß die Ausübung der Staatsgewalt ihm gegenüber die Unantastbarkeit der Würde des Menschen achtet und diese schützt. Es handelt sich also nicht nur um ein Abwehrrecht gegen den Staat, sondern auch um eine Schutzpflicht des Staates zugunsten des einzelnen. Den Begriff der Menschenwürde positiv zu umschreiben, fällt schwer. Man sollte sich daher folgender Technik bedienen: Bereits im Rahmen des Schutzbereichs sind die typischen Eingriffsarten zu durchdenken, um dann von der einschlägigen Eingriffsart her zu ermitteln, ob die Würde des Menschen verletzt ist (negative Umschreibung). Ausgangspunkt ist die sog. »Objektformel«: Danach darf der Mensch nicht zum bloßen Objekt der Staatsgewalt gemacht werden.

»Objektformel«

II. Eingriff in den Schutzbereich

Viele Maßnahmen bestehen in Eingriffen in die körperliche und geistig-seelische Identität und Integrität des Betroffenen. Hier geht es hauptsächlich um den Bereich des Strafrechts, der von folgenden Regeln beherrscht wird:

● Keine grausame, unmenschliche und erniedrigende Strafe

In diesem Zusammenhang ist die lebenslange Freiheitsstrafe vom BVerfG für zulässig erklärt worden.

● Kein Strafverfahren um jeden Zweck

In der Entscheidung des Berliner Verfassungsgerichtshofs im Falle »Honecker« (BerlVerfGH 52, 92; JuS 1993, 594 f.) machte das Gericht interessante Ausführungen zur Sinnlosigkeit eines Strafverfahrens, mit denen sich auch der Klausurbearbeiter bei gleichgelagerten Fällen im Rahmen des Art. 1 I GG auseinandersetzen muß.

»Honecker-Entscheidung«

Danach begründete der Gesundheitszustand Honeckers - er litt an einem Krebsleiden im fortgeschrittenen Stadium - einen absoluten Aufhebungsgrund für die Untersuchungshaft. Es sei mit dem Gebot der Achtung der Würde des Menschen unvereinbar, einen Menschen, der von schwerer und unheilbarer Krankheit und von Todesnähe gekennzeichnet ist, weiter in Haft zu halten. Der schwierigen Frage, wie der BerlVerfGH einen Verstoß gegen die Menschenwürde prüfen und im Ergebnis bejahen konnte, obwohl sich im geschriebenen Text der Verfassung von Berlin ein dem Art. 1 I GG vergleichbares Grundrecht nicht findet, ist schon im Kapitel »Allgemeine Grundrechtsdogmatik« nachgegangen worden (vgl. dort 1.2. »Einteilung der Grundrechte«).

- Keine Folterung, keine Mißhandlung

Verbot der Folter

Dementsprechend enthält die Strafprozeßordnung (StPO) das Verbot, die Freiheit der Willensentschließung und der Willensbetätigung des Beschuldigten durch Mißhandlung, durch Ermüdung, durch körperlichen Eingriff, durch Verabreichung von Mitteln, durch Quälerei, durch Täuschung oder durch Hypnose zu beeinträchtigen (§ 136 a StPO).

- Rechtsstaatliche Verfahrensgarantien

Anhörungsrechte des Beschuldigten

Weitreichende Anhörungsrechte des Beschuldigten im Strafverfahren sowie der strafverfahrensrechtliche Grundsatz, daß niemand gezwungen werden darf, gegen sich selbst auszusagen (»nemo tenetur se ipsum accussare«), kennzeichnen diesen Punkt. Diese Beispiele stellen freilich nur einen Ausschnitt der vielfältigen Fälle einer Verletzung der Menschenwürde dar.

III. Verfassungsrechtliche Rechtfertigung von Eingriffen

Art. 1 I GG hat keinen Gesetzesvorbehalt.
Vorbehaltlos gewährleistete Grundrechte unterliegen nur verfassungsimmanenten Schranken. Ein Eingriff wäre danach grundsätzlich verfassungsrechtlich gerechtfertigt, wenn er zum Schutz anderer mit Verfassungsrang ausgestatteter Rechtswerte oder kollidierender Grundrechte Dritter erfolgt und verhältnismäßig ist.
Dies gilt nicht bei Art. 1 I GG, da Eingriffe in die Menschenwürde niemals verfassungsrechtlich gerechtfertigt werden können.

2. Freie Entfaltung der Persönlichkeit

PERSÖNLICHKEIT

Art. 2 I GG verbürgt den Grundsatz, daß jeder tun und lassen kann, was er will, solange er dadurch andere nicht beeinträchtigt oder Gesetze verletzt.

Freie Entfaltung der Persönlichkeit   Art. 2 I GG

> (1) Jeder hat das Recht auf die freie Entfaltung seiner Persönlichkeit, soweit er nicht die Rechte anderer verletzt und nicht gegen die verfassungsmäßige Ordnung oder das Sittengesetz verstößt.

I. Schutzbereich

1. Theorienübersicht

Was unter der »freien Entfaltung der Persönlichkeit« zu verstehen ist, ist Gegenstand verschiedener Theorien.

a. Persönlichkeitskerntheorie

Die Persönlichkeitskerntheorie sieht darin nur die Freiheit zur Entfaltung innerhalb eines Kernbereichs der Persönlichkeit, der das Wesen des Menschen als geistig-sittliche Person ausmacht. Demnach schützt Art. 2 I GG nur einen engen »Intimbereich«.

»Persönlichkeitskerntheorie«

b. Theorie der persönlichkeitsrelevanten Handlungsfreiheit

Theorie der persönlichkeitsrelevanten Handlungsfreiheit

Diese Theorie ist etwas weiter als die Persönlichkeitskerntheorie. Sie zieht den Kreis der geschützten Verhaltensweisen nicht gar so eng, indem sie die »enge persönliche Lebenssphäre« oder Tätigkeiten mit »näherem Bezug zur Persönlichkeitsentfaltung« dem Art. 2 I GG zuordnet. Verstünde man den Begriff der freien Entfaltung der Persönlichkeit in einem noch weiteren Sinne, so würde dies - da jedes noch so belanglose Verhalten geschützt würde - zu einer Banalisierung des Grundrechts führen.

c. Theorie von der allgemeinen Handlungsfreiheit

Theorie von der allgemeinen Handlungsfreiheit

Das BVerfG versteht Art. 2 I GG seit seinem berühmten »Elfes-Urteil« (BVerfGE 6, 32 ff.) als Gewährleistung einer allgemeinen Handlungsfreiheit im umfassenden Sinne. Damit wird jede Form menschlichen Handelns ohne Rücksicht darauf, welches Gewicht der Betätigung für die Persönlichkeitsentfaltung zukommt, geschützt. Gegen die abweichenden Meinungen bestehen durchgreifende Bedenken:

Argumente

● Durch die Eingrenzung auf bestimmte Verhaltensweisen wird der Grundrechtsschutz drastisch verkürzt. Dies kann nicht richtig sein.

● Es wäre aus der Sicht der Persönlichkeitskerntheorie nicht verständlich, wie die Entfaltung innerhalb dieses Kernbereichs gegen die Rechte anderer, die verfassungsmäßige Ordnung oder das Sittengesetz verstoßen könnte. Kommt es aber nie zu einer solchen Kollision, so sind gerechtfertigte Eingriffe in das Grundrecht gar nicht vorstellbar (systematisches Argument).

● Die Väter des Grundgesetzes waren sich einig, daß jedermann die Freiheit haben sollte, innerhalb der von Art. 2 I GG vorgegebenen Schranken alles zu tun, was anderen nicht schadet. Die Formulierung »jeder kann tun und lassen was er will« erschien ihnen nur nicht feierlich genug (historisches Argument).

● Die Frage nach dem »Kernbezirk des Persönlichen« oder der »persönlichkeitsrelevanten Handlung« läßt sich rechtssicher nicht beantworten.

Damit schützt Art. 2 I GG die allgemeine Handlungsfreiheit.

2. Einzelausprägungen

Einzelausprägungen der allgemeinen Handlungsfreiheit

Zu untersuchen ist nun, was alles zur allgemeinen Handlungsfreiheit gehört. Als wichtigste Einzelausprägungen sind zu nennen:

a. Schutz vor öffentlichen Abgaben

Die Auferlegung von Geldleistungspflichten aller Art (Steuern, Abgaben, Gebühren, Beiträge, Abgaben sui generis) wird nicht vom Eigentumsgrundrecht des Art. 14 I 1 GG erfaßt, sondern von Art. 2 I GG. Der Grund liegt darin, daß das Vermögen als solches nicht zum Eigentum i.S.d. Art. 14 I 1 GG zählt. Davon wird aber bei erdrosselnden/konfiskatorischen Abgaben eine Ausnahme gemacht. Diese sind nach der Rechtsprechung an Art. 14 I 1 GG zu messen. Recht einsichtig ist das freilich nicht. Denn wenn das Vermögen dem Art. 14 I 1 GG nicht unterfällt, ist schwer verständlich, warum es bei entsprechend intensiver Belastung dann auf einmal an dessen Schutz teilhaben soll.

Öffentliche Abgaben

b. Schutz der wirtschaftlichen Handlungsfreiheit (Gewerbe- und Unternehmensfreiheit, Vertragsfreiheit, Wettbewerbsfreiheit)

Art. 2 I GG ist nach hier vertretener Auffassung hinsichtlich der Gewerbe- und Unternehmensfreiheit sowie der Wettbewerbsfreiheit nicht einschlägig, da diese dem Art. 12 I 1 GG zuzuordnen sind (näheres bei Art. 12 GG). Die Freiheit zum Abschluß eines Vertrages (ob, mit wem, mit welchem Inhalt) unterfällt grundsätzlich dem Art. 2 I GG. Allerdings ist, je nach Bezugspunkt des Vertrags, der Vorrang anderer Grundrechte zu beachten (näheres bei Art. 12 GG).

Wirtschaftliche Handlungsfreiheit

c. Schutz vor Zwangsmitgliedschaft in öffentlich-rechtlichen Verbänden

Art. 2 I GG ist auch das einschlägige Grundrecht, wenn es um die Abwehr einer angeordneten Pflichtmitgliedschaft in öffentlich-rechtlichen Zwangsverbänden (z.B. Handwerkskammer, Rechtsanwaltskammer) geht. In der Klausur kommt bei derartigen Fallgestaltungen ein Verstoß gegen Art. 12 I 1 GG, gegen Art. 9 I GG und gegen Art. 2 I GG in Betracht. Die Prüfung hat mit Art. 12 I 1 GG zu beginnen. Ein Verstoß gegen dieses Grundrecht scheidet aber aus, da es sich nicht um eine Maßnahme mit »berufsregelnder Tendenz« handelt, mithin schon gar kein Eingriff in das Grundrecht vorliegt (näheres bei Art. 12 GG). Entgegen dem ersten Anschein ist auch die Vereinigungsfreiheit des Art. 9 I GG nicht einschlägig. Zwar schützt diese auch die Freiheit, einer Vereinigung nicht beizutreten (negative Vereinigungsfreiheit), aber Vereinigungen i.S.d. Art. 9 I GG sind nur privatrechtliche Vereinigungen (näheres bei Art. 9 I GG). Also kommt es auf Art. 2 I GG an.

Zwangsmitgliedschaft in öffentlich-rechtlichen Verbänden

3. Das allgemeine Persönlichkeitsrecht (APKR)

Allgemeines Persönlichkeitsrecht

Das allgemeine Persönlichkeitsrecht (APKR) aus Art. 2 I i.V.m. 1 I GG schützt die Ausstrahlung der Persönlichkeit eines Menschen in allen Lebensbereichen, die von speziellen Persönlichkeitsrechten, wie z.B. Art. 2 II 1, 10, 13 GG, nicht mitumfaßt werden.

a. Grund für die Schaffung des APKR

Notwendigkeit des APKR

Maßgeblicher Grund für die Schaffung eines selbständigen APKR war, daß sich der Schutz der »engeren persönlichen Lebenssphäre« durch die speziellen Einzelgrundrechte im Lichte der neuen Gefährdungen für die menschliche Persönlichkeit als Folge technischer und gesellschaftlicher Entwicklungen als unzureichend erwiesen hat (BVerfGE 54, 148/153).

b. Dogmatische Grundlage

Dogmatische Herleitung des APKR

Das APKR wird durch Art. 2 I GG i.V.m. Art. 1 I GG gewährleistet. Wegen des engen Zusammenhangs mit der Menschenwürde ist also Art. 1 I GG stets mitzuzitieren. Einfachgesetzlich ist das APKR als »sonstiges Recht« i.S.d. § 823 I BGB geschützt. Man hüte sich aber vor Verwechslungen.

c. Schutzobjekt und Schutzumfang

aa. Schutzobjekt ist das APKR.

Hier sollte man die wichtigsten Einzelausprägungen kennen:

(1) Schutz der persönlichen Ehre

»Mephisto-Entscheidung«

Dieser Schutz besteht auch über den Tod hinaus fort (BVerfGE 30/173 ff. »Mephisto«). Die persönliche Ehre wird z.B. auch durch herabsetzende, abträgliche Äußerungen staatlicher Funktionsträger verletzt.

(2) Schutz der Darstellung des Grundrechtsinhabers in der Öffentlichkeit

Hierunter fallen das Recht am eigenen Bild (BVerfGE 54, 148/155) und das Recht am eigenen Wort (BVerfGE 54, 208/217) sowie das Recht des Grundrechtsträgers, daß ihm nicht Wörter in den Mund gelegt werden, die er nicht gesagt hat.

(3) Recht auf informationelle Selbstbestimmung

»Volkszählung«

Umgangssprachlich als Datenschutz bezeichnet, schützt es die Befugnis, selbst über die Preisgabe und Verwendung persönlicher Daten zu bestimmen (BVerfGE 65, 1 ff. »Volkszählung«).

Das Bundesdatenschutzgesetz und die Datenschutzgesetze der Länder tragen dieser Rechtsprechung Rechnung.
(4) Schutz der Sexualität, Jugendschutz, Recht auf Gegendarstellung, Recht auf Kenntnis der eigenen Abstammung, Recht auf Resozialisierung für Strafgefangene, Schutz vor unerwünschtem Werbematerial (u.v.a.).

bb. Schutzumfang

Der Schutzumfang läßt sich unter zwei Blickwinkeln betrachten:

(1) Doppelte Schutzrichtung

Zunächst ist der aktive Aspekt zu nennen. Dieser besteht in dem Recht auf persönlichen Entfaltung, vgl. Art. 2 I GG.   Aktive Schutzrichtung

Hauptsächlich ist das APKR allerdings durch einen passiven Aspekt gekennzeichnet, durch den es sich in seiner Struktur von der allgemeinen Handlungsfreiheit abhebt.   Passive Schutzrichtung

Der passive Aspekt bezeichnet das Recht, in Ruhe gelassen zu werden; das Recht auf Respektierung eines geschützten Bereichs.

(2) Sphärentheorie des BVerfG

Das BVerfG hat zum APKR die sog. »Sphärentheorie« entwickelt, nach der drei geschützte Bereiche zu unterscheiden sind. Welcher Schutz dem Grundrechtsträger über das APKR zukommt, hängt von der Frage ab, in welchen Bereich, nach der Sphärentheorie, die staatliche Maßnahme eingegriffen hat. Die oben genannten Einzelausprägungen des APKR sind diesen Bereichen zuzuordnen: »Sphärentheorie«

(a) Intimsphäre: Dabei handelt es sich um den innersten Lebenskreis des Grundrechtsträgers (z.B. Sexualleben, Tagebücher, etc.).   - Intimsphäre

(b) Privatsphäre: Dabei handelt es sich um den Bereich des Persönlichen, der sich zwar nicht in der Öffentlichkeit abspielt, aber dennoch nicht die absolute »Tabuzone« des Grundrechtsträgers darstellt (Privatleben).   - Privatsphäre

(c) Sozialsphäre: Dabei handelt es sich um den äußersten Bereich, der die gesamten Umweltbeziehungen des Grundrechtsträgers erfaßt.   - Sozialsphäre

Diese Einteilung nach unterschiedlichen Sphären läßt Rückschlüsse auf die Anforderungen an die Rechtmäßigkeit staatlicher Eingriffe zu:

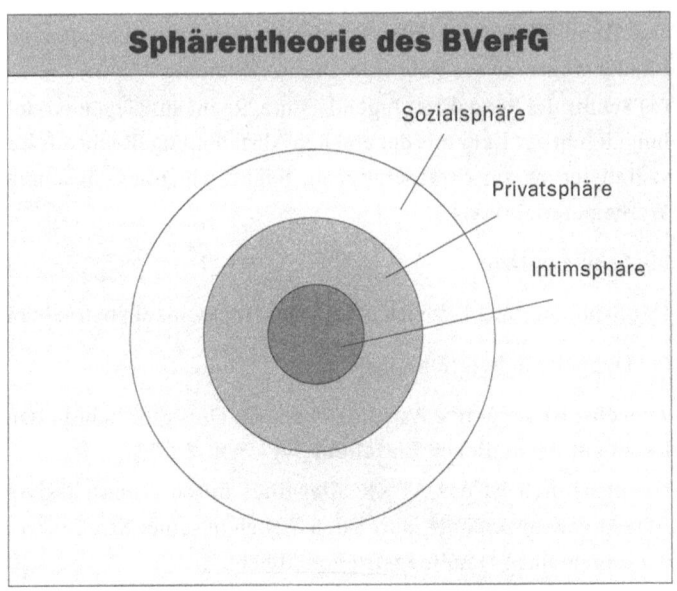

Anforderungen an die Rechtmäßigkeit einer staatlichen Maßnahme

- bei Eingriffen in die Intimsphäre

- bei Eingriffen in die Privatsphäre oder Sozialsphäre

»Tagebuchentscheidung«

Die Intimsphäre ist als schutzwürdigster Bereich der öffentlichen Gewalt gänzlich entzogen. »Dies folgt einerseits aus der Garantie des Wesensgehaltes (Art. 19 II GG), zum anderen leitet es sich daraus ab, daß der Kern der Persönlichkeit durch die unantastbare Würde des Menschen geschützt ist« (BVerfGE 80, 367/374). Eingriffe in den Bereich der Privatsphäre bedürfen gegenüber der Sozialsphäre einer besonders strengen Einhaltung des Verhältnismäßigkeitsgrundsatzes.

Dieses Verständnis der Sphärentheorie wurde jedoch durch die Rechtsprechung des BVerfG »aufgeweicht«. In der »Tagebuchentscheidung« (BVerfGE 80, 367 ff.) ging es um die Verletzung des APKR durch Verwendung des Tagebuchs eines Mörders zur Strafverfolgung durch eine Strafverfolgungsbehörde. Das BVerfG verneinte in dieser Entscheidung einen ungerechtfertigten Eingriff in das APKR, indem es das Tagebuch nicht der Intimsphäre (vgl. oben die Beispiele zur Intimsphäre) zugeordnet hat, mit dem Argument, daß Informationen nicht allein durch die Aufnahme in ein Tagebuch dem staatlichen Zugriff entzogen sind, sondern deren Verwertbarkeit von dem Charakter und der Bedeutung des Inhalts abhängig ist.

4. Art. 2 I GG als »Auffanggrundrecht«

Art. 2 I GG ist ein sog. »Auffanggrundrecht«. Es ist gegenüber anderen Grundrechten subsidiär (Frage der Grundrechtskonkurrenz). Soweit sich das Tun, Dulden oder Unterlassen eines einzelnen einem speziellen Freiheitsrecht zuordnen läßt, ist der Schutzbereich des Art. 2 I GG nicht eröffnet. Es ist also nicht etwa so, daß Ausländer keine Berufs-, Versammlungs- oder Vereinigungsfreiheit genießen dürften, nur weil diese Grundrechte Deutschenrechte sind und folglich für Ausländer der persönliche Schutzbereich nicht eröffnet ist. Nicht-Deutsche werden insoweit über Art. 2 I GG geschützt. Für die Grundrechtsprüfung in der Klausur folgt aus der Subsidiarität des Art. 2 I GG folgender Aufbau: Zunächst sind sämtliche in Frage kommenden speziellen Freiheitsgrundrechte zu prüfen. Erst wenn der Schutzbereich dieser Grundrechte nicht eröffnet ist, darf auf Art. 2 I GG zurückgegriffen werden.

»Auffanggrundrecht«

II. Verfassungsrechtliche Rechtfertigung von Eingriffen

Art. 2 I GG unterliegt den Schranken der »Rechte anderer«, der »verfassungsmäßigen Ordnung« und des »Sittengesetz(es)«. Man bezeichnet diese Beschränkungsmöglichkeiten als »Schrankentrias«. In der Klausur kommt es regelmäßig nur auf den Begriff der »verfassungsmäßigen Ordnung« an. Genauso regelmäßig werden hier schwerwiegende Fehler gemacht.

»Schrankentrias«
- Rechte anderer
- Verfassungsmäßige Ordnung
- Sittengesetz

Zum Grundverständnis gehört:
- Erstens, daß es sich hierbei um einen einfachen Gesetzesvorbehalt handelt, der Einschränkungen der allgemeinen Handlungsfreiheit durch oder auf Grund eines Gesetzes zuläßt.
- Zweitens, daß dieser Gesetzesvorbehalt bereits Anforderungen an das einschränkende Gesetz stellt: Es muß zur verfassungsmäßigen Ordnung gehören.
- Drittens, was unter dem Begriff der verfassungsmäßigen Ordnung i.S.v. Art. 2 I GG zu verstehen ist. Es ist dies die gesamte verfassungsmäßige Rechtsordnung, d.h. alle Rechtsnormen, die formell und materiell mit der Verfassung in Einklang stehen (BVerfGE 6, 32 ff. »Elfes«; eine Definition die man beherrschen muß). Mit anderen Worten: Der Eingriff in Art. 2 I GG kann nur durch oder auf Grund einer Rechtsnorm erfolgen, die verfassungsgemäß ist.

»Verfassungsmäßige Ordnung«

Für den Prüfungsaufbau ergibt sich:
Soweit durch ein Gesetz in Art. 2 I GG eingegriffen wurde, ist an dieser Stelle die Verfassungsmäßigkeit (d.h. die formelle und materielle Verfassungsmäßigkeit) des Gesetzes zu prüfen.
Wichtig in diesem Zusammenhang ist:
Wird die materielle Verfassungsmäßigkeit des Gesetzes geprüft, so darf keinesfalls erneut die Frage eines Verstoßes gegen Art. 2 I GG aufgeworfen werden. Das würde zu einem Zirkelschluß führen.
Im Rahmen der Prüfung der materiellen Verfassungsmäßigkeit sind vielmehr nur die Schranken-Schranken des Art. 2 I GG zu untersuchen. Dabei kommt es meistens auf den Verhältnismäßigkeitsgrundsatz an. Art. 19 I GG findet keine Anwendung, da Art. 2 I GG keine ausdrückliche Einschränkungsmöglichkeit enthält (vgl. Wortlaut des Art. 19 I 1 GG).
Die Rechtsprechung verlangt die Verfassungsmäßigkeit jeder in Art. 2 I GG eingreifenden Rechtsnorm. Dieses Erfordernis ist auf alle anderen Grundrechte zu übertragen. Da die Grundrechte durchweg nur durch oder auf Grund eines Gesetzes eingeschränkt werden können, muß die einschränkende Rechtsnorm ihrerseits verfassungsgemäß sein.

3. Recht auf Leben und körperliche Unversehrtheit

Leben und körperliche Unversehrtheit — Art. 2 II 1 GG

(2) Jeder hat das Recht auf Leben und körperliche Unversehrtheit. ... In diese Rechte darf nur auf Grund eines Gesetzes eingegriffen werden.

I. Schutzbereich

Geschützt wird das Recht auf Leben und die körperliche Unversehrtheit, d.h. die physisch-psychische Integrität des Grundrechtsträgers. Bei Art. 2 II 1 GG handelt es sich aber nicht nur um ein Abwehrrecht, vielmehr hat die Rechtsprechung aus dem objektiv-rechtlichen Gehalt dieses Grundrechts staatliche Schutzpflichten abgeleitet, weil jeder Eingriff in das Grundrecht auf Leben per se irreversibel ist.

Der Gedanke des Art. 2 II 1 GG schlägt sich auch in den §§ 211 ff. StGB nieder

Der Schutzauftrag aus Art. 2 II 1 GG verpflichtet den Staat, Leben und körperliche Unversehrtheit durch positives Tun zu schützen.

Schutzpflicht des Staates

Wegbereitend waren die Entscheidungen zur Abtreibung (BVerfGE 39, 1 ff.), zur Schleyer-Entführung (BVerfGE 46, 160 ff.), zum Kernkraftwerk Kalkar (BVerfGE 49, 89 ff.), zum Kernkraftwerk Mühlheim-Kärlich (BVerfGE 53, 30 ff.) sowie zum Fluglärm (BVerfGE 56, 54 ff.).

Die Frage nach einer Schutzpflicht aus Art. 2 II 1 GG stellt sich also oftmals auch im Zusammenhang mit Gefährdungen, die von großtechnischen Anlagen ausgehen. Soweit sie auftaucht, hat der Bearbeiter immer deutlich zwischen dem Problem, ob eine solche Schutzpflicht besteht und - bei positiver Antwort - dem Problem, wie diese zu erfüllen ist, zu differenzieren.

II. Eingriff in den Schutzbereich

Der schwerste Eingriff in den Schutzbereich ist die Tötung eines Menschen. Klausurrelevant ist hierbei das Problem des polizeilichen Todesschusses (sog. »finaler Rettungsschuß«).

»Finaler Rettungsschuß«

III. Verfassungsrechtliche Rechtfertigung von Eingriffen

1. Beschränkungsmöglichkeiten

Das Grundrecht steht unter dem einfachen Gesetzesvorbehalt des Art. 2 II 3 GG. Der polizeiliche Todesschuß findet seine gesetzliche Grundlage beispielsweise in den Polizeiaufgabengesetzen der Länder (z.B. Art. 66 II 2 BayPAG).

2. Schranken-Schranken

Die Frage der verfassungsrechtlichen Rechtfertigung des polizeilichen Todesschusses ist durch eine sorgfältige Prüfung der Schranken-Schranken zu lösen. Ein besonderes Augenmerk ist dabei auf die Wesensgehaltsgarantie des Art. 19 II GG zu richten. Gemäß Art. 19 II GG darf kein Grundrecht i.S.d. Art. 19 I GG (BVerfGE 31, 58/69) in seinem Wesensgehalt angetastet werden. Zwar bleibt einerseits im Falle des »finalen Rettungsschusses« durch die Auslöschung eines Lebens vom Schutz des Art. 2 II 1 GG nichts mehr übrig, andererseits läßt Art. 2 II 3 GG auch Eingriffe in das Leben, die notwendigerweise den vollständigen Entzug bedeuten, gerade zu. Deshalb kann beim polizeilichen Todesschuß, bei dem es stets um die Abwägung von Leben gegen Leben geht, die Wesensgehaltsgarantie des Art. 19 II GG letztlich nur für ein Leben streiten. Das andere Leben muß unter gewissen Voraussetzungen zurücktreten. In diesem Licht kann als Wesensgehalt des Art. 2 II 1 GG nur das generelle und nicht das individuelle Recht auf Leben gemeint sein. Eine Verletzung der Wesensgehaltsgarantie des Art. 19 II GG liegt somit nicht vor.

Wesensgehaltsgarantie, Art. 19 II GG

Verhältnismäßigkeit

Bleibt die Frage, ob der Todesschuß im Einzelfall verhältnismäßig war. Schon die Bezeichnung als »finaler Rettungsschuß« zeigt, worauf es bei der Prüfung ankommt, nämlich auf eine Abwägung der Schutzfunktion des Art. 2 II 1 GG zugunsten der Geisel und der Abwehrfunktion des Art. 2 II 1 GG zugunsten des Täters (Spannungsverhältnis zweier Funktionen ein und desselben Grundrechts!). Die Argumentation muß demnach die Fragen nach alternativen Handlungsmöglichkeiten (Verhandlungen, etc.), dem Gefährdungsgrad des Opfers (dringende Lebensgefahr?) und übergeordneten Gesichtspunkten (Erpreßbarkeit des Staates, etc.) aufwerfen. Art. 102 GG wird durch den Todesschuß nicht verletzt, da er nur die Tötung in Vollstreckung eines darauf lautenden gerichtlichen Todesurteils (Verfassungsmäßigkeit i.ü.) betrifft.

4. Freiheit der Person

Freiheit der Person   Art. 2 II 2 GG

(2) ... Die Freiheit der Person ist unverletzlich. In diese Rechte darf nur auf Grund eines Gesetzes eingegriffen werden.

I. Schutzbereich

Geschützt wird die körperliche Fortbewegungsfreiheit. Damit deckt sich der Schutzbereich des Art. 2 II 2 GG mit dem des Art. 104 GG und erfaßt somit zwar das positive Recht, jeden beliebigen Ort aufzusuchen, allerdings nicht das negative Recht, sich an einem bestimmten Ort zu einer bestimmten Zeit auch aufzuhalten. Aus diesem Grund ist beispielsweise weder bei einem polizeilichen Platzverweis noch bei einer gerichtlichen Vorladung der Schutzbereich des Art. 2 II 2 GG eröffnet (BVerfGE 22, 21/26). Vor derartigen Maßnahmen kann lediglich Art. 2 I GG Schutz gewähren.

Geschützt wird die körperliche Fortbewegungsfreiheit

Allerdings hat das BVerfG zum positiven Recht des Grundrechtsträgers, jeden beliebigen Ort aufzusuchen, einschränkend festgestellt, daß der Schutzbereich des Art. 2 II 2 GG nur dann eröffnet ist, wenn es sich bei dem aufzusuchenden Ort um einen tatsächlich und rechtlich zugänglichen Ort handelt (BVerfGE 94, 166/198; 96, 10/21).

II. Eingriff in den Schutzbereich

In die Freiheit der Person kann durch eine Freiheitsbeschränkung oder durch eine Freiheitsentziehung eingegriffen werden (vgl. Art. 104 GG). Beide Eingriffsarten sind im Hinblick auf die verfassungsrechtliche Rechtfertigung strengstens zu unterscheiden. Die Abgrenzung ist vom Begriff der intensiveren Freiheitsentziehung aus vorzunehmen. Bei deren Verneinung ist von einer bloßen Freiheitsbeschränkung auszugehen.

Freiheitsbeschränkung oder Freiheitsentziehung

Zu fragen ist zunächst nach dem Ort, an dem der Grundrechtsträger festgehalten wird. Handelt es sich um einen Ort i.S.d. § 2 I des Freiheitsentziehungsgesetzes (insbesondere: Haftraum), so liegt eine Freiheitsentziehung vor.

Abgrenzung nach:
- Ort

Wird der Grundrechtsträger nicht an einem solchen Ort festgehalten, kann sich aus der Dauer und/oder den Umständen trotzdem das Vorliegen einer Freiheitsentziehung ergeben.

- Dauer
- Umstände

So stellt ein Festhalten über mehrere Stunden - Faustregel: ab drei Stunden - (Dauer) sowie beispielsweise eine polizeiliche Einschließung in einem »Kessel« (Umstände) ebenfalls eine Freiheitsentziehung dar.

III. Verfassungsrechtliche Rechtfertigung von Eingriffen

Der einfache Gesetzesvorbehalt des Art. 2 II 3 GG gilt auch für Art. 2 II 2 GG. Die verfassungsrechtliche Rechtfertigung von Eingriffen in die Freiheit der Person ist aber vor allem an der Verfahrensvorschrift des Art. 104 GG zu messen, die den einfachen Gesetzesvorbehalt des Art. 2 II 3 GG durch Aufstellung besonderer Voraussetzungen für die Zulässigkeit einer Freiheitsbeschränkung (Art. 104 I GG) und einer Freiheitsentziehung (Art. 104 IV GG) qualifiziert. Erst wenn die Voraussetzungen des Art. 104 GG vorliegen, kommt es auf die Frage der Schranken-Schranken an.

5. Gleichheitsrechte

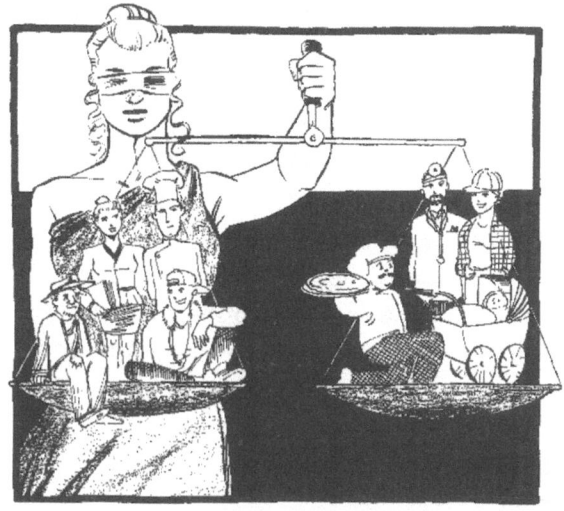

GLEICHE RECHTE FÜR ALLE

Gleichheit vor dem Gesetz

(1) Alle Menschen sind vor dem Gesetz gleich.

(2) Männer und Frauen sind gleichberechtigt. Der Staat fördert die tatsächliche Durchsetzung der Gleichberechtigung von Frauen und Männern und wirkt auf die Beseitigung bestehender Nachteile hin.

(3) Niemand darf wegen seines Geschlechtes, seiner Abstammung, seiner Rasse, seiner Sprache, seiner Heimat und Herkunft, seines Glaubens, seiner religiösen oder politischen Anschauungen benachteiligt oder bevorzugt werden. Niemand darf wegen seiner Behinderung benachteiligt werden.

Art. 3 GG

Bei Art. 3 I GG handelt es sich um den sog. »allgemeinen Gleichheitssatz«

Die Art. 3 II, III GG enthalten sog. »spezielle Gleichheitsrechte«

5.1. Spezielle Gleichheitsrechte

Die Art. 3 II, Art. 3 III, Art. 6 V, Art. 33 I-III, Art. 38 I 1 GG stellen sog. »spezielle Gleichheitssätze« dar. Soweit sie in den Art. 1-19 GG stehen, handelt es sich um Grundrechte (Art. 3 II, Art. 3 III, Art. 6 V GG), soweit nicht, liegen grundrechtsähnliche Rechte vor (Art. 33 I-III GG, Art. 38 I 1 GG).

Wie stellt sich das Verhältnis der speziellen Gleichheitsgrundrechte und grundrechtsähnlichen Gleichheitsrechte zu dem allgemeinen Gleichheitsgrundrecht des Art. 3 I GG dar? Es gilt:

> Der allgemeine Gleichheitssatz tritt im Wege der Subsidiarität zurück

- Die speziellen Gleichheitsgrundrechte und die speziellen grundrechtsähnlichen Gleichheitsrechte gehen dem allgemeinen Gleichheitssatz des Art 3 I GG vor. Sie sind daher vor dem allgemeinen Gleichheitssatz zu prüfen. Im Anschluß daran ist nur noch kurz zu erwähnen, daß der allgemeine Gleichheitssatz im Wege der Subsidiarität zurücktritt.

- Spezialität kann aber nur dort vorliegen, wo identische Sachverhalte geregelt werden. Daher ist vorab festzustellen, ob der entsprechende spezielle Gleichheitssatz tatsächlich einschlägig ist:

5.1.1. Männer und Frauen

I. Inhalt

> Männer und Frauen, Art. 3 II 1 GG

Art. 3 II 1 GG verbietet die Ungleichbehandlung von Mann und Frau. Die Norm ist einschlägig, wenn das Geschlecht als Differenzierungskriterium (wonach wird differenziert?) verwendet wird. Neben der subjektiven Funktion als Abwehrrecht hat Art. 3 II 1 GG vor allem eine objektive Funktion: Als objektive Wertentscheidung enthält er den Auftrag an den Staat, für die Zukunft die Gleichberechtigung der Geschlechter durchzusetzen. Dies bekräftigt Art. 3 II 2 GG noch einmal nachdrücklich.

II. Verhältnis zu Art. 3 III 1 GG

Auch Art. 3 III 1 GG spricht davon, daß niemand wegen seines Geschlechts benachteiligt oder bevorzugt werden darf.

Das Verhältnis des Art. 3 II 1 GG zu Art. 3 III 1 GG ist unklar. Sicher ist, daß Art. 3 II 1 GG, wie nun auch aus Art. 3 II 2 GG ersichtlich ist - anders als Art. 3 III 1 GG - nicht nur ein Differenzierungsverbot, sondern eben auch die soeben erwähnte objektive Wertentscheidung enthält. Darüber hinaus sollte man in der Klausur im Falle geschlechtsbezogener Ungleichbehandlungen Art. 3 II 1 GG als Spezialvorschrift klassifizieren, hinter die Art. 3 III 1 GG zurücktritt.

III. Feststellung einer Ungleichbehandlung

Hier ist die direkte und die indirekte geschlechtsspezifische Ungleichbehandlung zu unterscheiden.

Direkte und indirekte Ungleichbehandlung

Die direkte Ungleichbehandlung ist dadurch gekennzeichnet, daß ausdrücklich das Geschlecht als Differenzierungskriterium genannt wird. Fragt man sich also, wonach differenziert wird, so lautet hier die Antwort: nach Mann und Frau.

Die indirekte Ungleichbehandlung dagegen knüpft an ein geschlechtsneutrales Differenzierungskriterium (z.B. Körpergröße) an, wirkt sich aber de facto in allen oder fast allen Fällen zu Lasten eines bestimmten Geschlechts aus.

IV. Verfassungsrechtliche Rechtfertigung der Ungleichbehandlung

Problematisch ist vor allem die Frage des sachlichen Differenzierungsziels/-zwecks/-grundes (wozu/warum/wofür wird differenziert?):

Differenzierungsziel kann sein, objektiv-biologischen Unterschieden Rechnung zu tragen. Da der objektiv-biologische Unterschied aber nun mal gerade von Natur aus den Unterschied zwischen Mann und Frau ausmacht, muß dieser Unterschied so entscheidend sein, daß er die Ungleichbehandlung zwingend erfordert (z.B. Mutterschutzvorschriften). Nicht zu rechtfertigen war demnach ein Nachtarbeitsverbot für Frauen. Denn es kann nicht generell von einer schwächeren Konstitution der Frau ausgegangen werden und der Gesetzgeber hätte das Verbot auch gleich von der Konstitution des Bewerbers - ohne Rücksicht auf das Geschlecht - abhängig machen können.

Differenzierungsziele:
- Objektiv-biologischer Unterschied

Ob auch funktionale, d.h. arbeitsteilige Unterschiede eine Ungleichbehandlung rechtfertigen können, erscheint zweifelhaft. Da Art. 3 II GG die Festschreibung traditioneller Rollenverteilungen verbietet, ist ein Anknüpfen an funktionale Unterschiede (z.B. Begünstigung der Hausfrauenehe) abzulehnen. Zulässig ist aber das Ziel der Kompensation für erlittene Nachteile im Sinne eines sozialstaatlich motivierten Ausgleichs.

- Funktionaler Unterschied

Ob dieser vom BVerfG im Hinblick auf die früher beginnende Rentenzahlung an die sog. »Trümmerfrauen« entwickelte Gesichtspunkt auch für den aktuellen Streit um Frauenquoten im öffentlichen Dienst fruchtbar gemacht werden kann, ist aber fraglich.

Denn Regelungen, die eine bevorzugte Behandlung von Frauen bei gleicher Qualifikation vorsehen, greifen in das Grundrecht der Männer aus Art. 3 II 1 GG ein.

Kollidierendes Verfassungsrecht

Schließlich liefert auch kollidierendes Verfassungsrecht ein sachliches Differenzierungsziel. So können z.B. Mutterschutzregelungen auch mit Art. 6 IV GG gerechtfertigt werden. Schließlich ist, wie immer, der Verhältnismäßigkeitsgrundsatz zu prüfen.

5.1.2. Geschlecht, Abstammung und Behinderung

Geschlecht, Abstammung, Art. 3 III 1 GG

Verbot der Benachteiligung Behinderter, Art. 3 III 2 GG

Art. 3 III 1 GG ist einschlägig, wenn eines der dort genannten Merkmale als Differenzierungskriterium verwendet wird. Im Hinblick auf das Merkmal »Geschlecht« ist jedoch Art. 3 II 1 GG speziell. Art. 3 III 2 GG stellt eine besondere Ausprägung des Sozialstaatsprinzip dar und bezweckt die Stärkung der Stellung von behinderten Menschen in der Gesellschaft. Zu beachten ist, daß das Grundrecht nicht betroffen ist, sofern es um die Bevorzugung von Behinderten geht (vgl. Wortlaut mit Art. 3 III 1 GG).

5.1.3. Staatsbürgerliche Rechte

Staatsbürgerliche Rechte, Art. 33 I-III GG

Auch Art. 33 I-III GG kann zu den anderen Gleichheitssätzen nur insoweit speziell sein, als der gleiche Sachverhalt geregelt wird. Danach gilt:

- Art. 33 I GG verdrängt Art. 3 I GG, soweit es um Deutsche und um staatsbürgerliche Rechte und Pflichten geht (Spezialität).
- Art. 33 I GG und Art. 3 II GG bzw. Art. 3 III GG sind nebeneinander anwendbar (Idealkonkurrenz).
- Art. 33 II GG verdrängt Art. 3 I GG, soweit es um Deutsche und den Zugang zu öffentlichen Ämtern geht (Spezialität).
- Art. 33 II GG und Art. 3 II bzw. Art. 3 III GG: Teilweise wird vertreten, Art. 33 II verdränge Art. 3 II und Art. 3 III GG (Spezialität), da er andere als die durch ihn für einzig und allein zulässig erklärten Differenzierungskriterien (Eignung, etc.) verbiete. Das ist seinem Wortlaut aber nicht zu entnehmen. Daher sind Art. 33 II GG und Art. 3 II GG bzw. Art. 3 III GG nebeneinander anwendbar (Idealkonkurrenz).
- Art. 33 III GG verdrängt Art. 3 I GG, Art. 3 III GG und Art. 33 II GG, soweit es um das religiöse Bekenntnis beim Zugang zu öffentlichen Ämtern geht (Spezialität).

5.1.4. Wahlrechtsgleichheit, Art. 38 I 1 GG

I. Inhalt

Art. 38 I 1 GG gewährleistet u.a. die Gleichheit der Wahl (Wahlrechtsgleichheit). Aus der Sicht des Bürgers bedeutet dies hinsichtlich seines aktiven Wahlrechts die Zählwertgleichheit und die Erfolgswertgleichheit der von ihm abgegebenen Stimmen.

Wahlrechtsgleichheit, Art. 38 I 1 GG

Die Zählwertgleichheit läßt sich durch den Satz »one man, one vote« charakterisieren: Jeder hat die gleiche Stimmenzahl.

Zählwertgleichheit

Die Erfolgswertgleichheit ist gewährleistet, wenn jeder Stimme der gleiche Einfluß auf die Verteilung der Parlamentssitze zukommt. Die Wahlrechtsgleichheit erfaßt auch das passive Wahlrecht.

Erfolgswertgleichheit

Aber das BVerfG ist über diese Grundsätze weit hinausgegangen: Art. 38 I 1 GG umfasse den gesamten Bereich der politischen Willensbildung. Für den Bürger bedeutet dies die gleiche Teilhabe an der politischen Willensbildung (politische Gleichheit). Dazu gehört z.B. die Einflußnahme durch Parteispenden.

Politische Gleichheit

Das BVerfG hat auch den Grundsatz der Chancengleichheit der Parteien entwickelt. Dessen dogmatische Grundlage wird in Art. 21 I GG i.V.m. dem Demokratieprinzip, in Art. 21 I GG i.V.m. Art. 3 I GG oder in Art. 38 I 1 i.V.m. Art. 21 I GG gesehen. In der Klausur sollte man die Prüfung über Art. 3 I GG laufen lassen. Wegen des engen Zusammenhangs mit der Wahlrechtsgleichheit paßt die Parteienproblematik aber in diesen Zusammenhang. Wichtig ist, in diesem Kontext auch an den einfachgesetzlichen Anspruch auf Gleichbehandlung aus § 5 I PartG zu denken.

Chancengleichheit der Parteien

II. Feststellung einer Ungleichbehandlung

Die Beispiele hierzu sind mannigfaltig: Die Wahlrechtsgleichheit des Bürgers in Form der Erfolgswertgleichheit seiner Stimmen ist durch die 5%-Sperrklausel des geltenden Wahlrechts betroffen. Auch die Entscheidung für unser Wahlsystem in Form einer gemischten Verhältnis- und Mehrheitswahl (personalisierte Verhältniswahl) berührt die Erfolgswertgleichheit. Immer wieder steht die Zulässigkeit der durch dieses System entstehenden Überhangmandate in Streit.

5%-Sperrklausel

Mehrheitswahlsystem
Überhangmandate

Die steuerliche Begünstigung von Parteispenden führt beim Bürger zu folgender Ungleichheit hinsichtlich der Teilhabe an der

Parteispenden

politischen Willensbildung: Der Bezieher eines hohen Einkommens hat wegen der Progression des Einkommensteuersatzes bei gleicher Spendenhöhe einen größeren Steuervorteil.

Sendezeiten für Wahlwerbung

Die Chancengleichheit der Parteien wird durch ungleiche Zuteilung von Sendezeiten für Wahlwerbung seitens der Rundfunkanstalten, durch die ungleiche Zurverfügungstellung von Plakatwänden seitens der Verwaltung zu eben diesem Zweck und - das ist ein Klausurklassiker im Kommunalrecht - durch die ungleiche Zulassung zu öffentlichen Einrichtungen betroffen.

III. Verfassungsrechtliche Rechtfertigung der Ungleichbehandlung

Unabhängig davon, ob der Klausurbearbeiter einen Verstoß gegen die Wahlrechtsgleichheit des Art. 38 I 1 GG oder den Grundsatz der Chancengleichheit der Parteien prüft, hat er sich stets vor Augen zu halten, daß er sich im Bereich der Mitwirkung an der politischen Willensbildung befindet.

Strenger/formaler Gleichheitssatz

Dies bedeutet, daß er im Rahmen der verfassungsrechtlichen Rechtfertigung den vom BVerfG für diesen Bereich entwickelten strengen/formalen Gleichheitssatz zugrundelegen muß. Dieser verlangt - im Gegensatz zum noch zu erläuternden allgemeinen Gleichheitssatz des Art. 3 I GG - eine streng formale Gleichheit: Differenzierungen bedürfen zu ihrer Rechtfertigung eines besonderen zwingenden Grundes. Dem Gesetzgeber bleibt hier also nur ein eng bemessener Spielraum. Es muß Gleichheit im strikten Sinne vorliegen. Die wesentlichen vom BVerfG entschiedenen Fallgruppen sind:

5%-Sperrklausel

Die 5%-Sperrklausel läßt sich mit der Sicherung der Funktionsfähigkeit des Parlaments rechtfertigen.

Mehrheitswahlsystem

Das Mehrheitswahlsystem verursacht, auch wenn es mit einem Verhältniswahlsystem verbunden ist, eine eminente Verzerrung der Erfolgswertgleichheit. Trotzdem wird es vom BVerfG als verfassungskonform angesehen. Hierbei sollte man sich mit dem BVerfG auf das formale Argument stützen, daß das Grundgesetz dem Gesetzgeber die Entscheidung für das Wahlsystem freigestellt hat.

Überhangmandate

Überhangmandate sind durch das besondere Anliegen der personalisierten Verhältniswahl, mittels vorrangiger Berücksichtigung der direkt gewählten Abgeordneten, die enge persönliche Beziehung der Wahlkreisabgeordneten zu ihrem Wahlkreis ermöglichen, zu rechtfertigen. An der Zählwertgleichheit darf aber keinesfalls gerüttelt werden. Die Steuerbegünstigung von Parteispenden ist verfassungswidrig. Sie verletzt neben der Wahlrechtsgleichheit auch die Chancengleichheit der Parteien, da sie Parteien mit finanzkräftiger Anhängerschaft privilegiert. Zu beachten ist schließlich, daß das BVerfG in Anlehnung an die Regelung des §§ 5 I 2, 3 PartG hinsichtlich der Chancengleichheit der Parteien eine Abstufung nach der Bedeutung der Parteien zuläßt. Als Anhaltspunkt für die Bedeutung können Ergebnisse vorausgegangener Wahlen dienen, wobei aber nicht zu einer Verfestigung des status quo beigetragen werden darf.

Parteispenden

5.2. Allgemeiner Gleichheitssatz

Art. 3 I GG enthält den allgemeinen Gleichheitssatz. In Anfängerklausuren kommt es zumeist weniger auf die soeben erörterten speziellen Gleichheitssätze als auf Art. 3 I GG an. Von der Exekutive und der Judikative verlangt er Rechtsanwendungsgleichheit (Gleichheit vor dem Gesetz), von der Legislative und der Exekutive (soweit diese zum Erlaß von Rechtsverordnungen und Satzungen ermächtigt ist) Rechtsetzungsgleichheit.

Allgemeiner Gleichheitssatz, Art. 3 I GG

Folgendes Prüfungsschema ist zugrundezulegen:

I. Feststellung einer Ungleichbehandlung
 1. Vergleichsgruppen bilden
 2. Gemeinsamen Oberbegriff festlegen
 3. Feststellung der Ungleichbehandlung
II. Verfassungsrechtliche Rechtfertigung der Ungleichbehandlung
 1. Sachliches Differenzierungsziel/-zweck/-grund
    (wozu/warum/wofür wird differenziert?)
 2. Sachliches Differenzierungskriterium
    (wonach wird differenziert?)
 3. Sachliches Differenzierungsmittel
    (womit wird differenziert?)
 4. Soweit die Ungleichbehandlung an personengebundene Merkmale anknüpft: Verhältnismäßigkeit
III. Wirkungen eines Gleichheitsverstoßes

Beispielsfall: Mietwagenbetriebe und Taxenbetriebe werden umsatzsteuerrechtlich unterschiedlich behandelt: Soweit es um Gelegenheitsverkehr geht, haben die Taxenbetriebe weniger Umsatzsteuer zu zahlen.

I. Feststellung einer Ungleichbehandlung

Der Klausurbearbeiter sollte zunächst folgenden bekannten Satz voranstellen: Der allgemeine Gleichheitssatz verbietet, wesentlich Gleiches willkürlich ungleich und wesentlich Ungleiches willkürlich gleich zu behandeln. Im Anschluß daran ist die Ungleichbehandlung festzustellen. Dabei sind Vergleichspaare zu bilden, die unter einen gemeinsamen Oberbegriff fallen (und damit »gleich« sind) und trotzdem verschieden behandelt werden. Im Beispielsfall sind das die Mietwagenbetriebe einerseits und die Taxenbetriebe andererseits. Beide unterfallen dem Oberbegriff Gelegenheitsverkehr und werden umsatzsteuerrechtlich verschieden behandelt.

II. Verfassungsrechtliche Rechtfertigung der Ungleichbehandlung

Willkürverbot

Das BVerfG versteht Art. 3 I GG, wie aus der o.g. Formel ersichtlich, zunächst einmal als ein Willkürverbot. Nicht die Ungleichbehandlung sondern nur die willkürliche Ungleichbehandlung ist verboten. Willkür liegt dann nicht vor, wenn sich ein sachlicher Grund, d.h. ein vernünftiger, aus der Natur der Sache sich ergebender oder sonstwie einleuchtender Grund für die Ungleichbehandlung finden läßt.

Zuerst ist also zu fragen, ob Differenzierungsziel/-zweck/-grund sachlich sind. Differenzierungsziel des Beispielsfalls ist ein gewisser Schutz des Taxenbetriebs vor der Konkurrenz des Mietwagenbetriebs. Dies ist deswegen als sachlich anzusehen, weil den Taxenunternehmer, im Gegensatz zum Mietwagenunternehmer, öffentlich-rechtliche Beförderungspflichten treffen (z.B. Pflicht zur Einhaltung behördlich festgesetzter Beförderungstarife). Aber auch das Differenzierungskriterium muß sachlich sein. Hier wird nach Mietwagenbetrieben und Taxenbetrieben differenziert. Im Gegensatz zu einer Differenzierung z.B. nach der Rasse (Art. 3 III 1 GG) ist dieses Differenzierungskriterium sachlich. Schließlich muß das Differenzierungsmittel sachlich sein. Hier ist es die unterschiedliche umsatzsteuerliche Behandlung.

»neue Formel«

Nun gilt es, die sog. »neue Formel« des BVerfG zu beherrschen.

Sie unterscheidet zwischen einer großzügigen und einer strengen Prüfung: Die großzügige Prüfung wird dann angewandt, wenn nur Sachverhalte ungleich behandelt werden. Sie beschränkt sich auf den soeben geschilderten Prüfungsablauf und untersucht lediglich das Vorliegen von Willkür im Sinne einer Evidenzprüfung. Die strenge Prüfung wird angewandt, wenn (zumindest auch) verschiedene Personengruppen ungleich behandelt werden (Anknüpfen an personengebundene Merkmale). An dieser Stelle ist dann der Verhältnismäßigkeitsgrundsatz zusätzlich zu prüfen.

III. Wirkungen eines Gleichheitsverstoßes

Grundsätzlich ist zu beachten, daß es keine Gleichheit im Unrecht gibt. Demzufolge ist der Gleichheitsgrundsatz unbeachtlich, wenn in verfassungswidriger Weise eine Begünstigung einer Gruppe gegenüber einer anderen stattgefunden hat. Es besteht dann kein Anspruch der nichtbegünstigten Gruppe auf eine ebenfalls verfassungswidrige Begünstigung.

»Keine Gleichheit im Unrecht«

Bei einem Gleichheitsverstoß durch die Gesetzgebung (im materiellen Sinn) ist zu beachten, daß es mehrere Möglichkeiten gibt, diesen zu beheben: Man kann die eine Gruppe wie die andere, oder beide Gruppen aufgrund einer neuen, dritten Regelungsmöglichkeit behandeln.

Wirkungen des Gleichheitsverstoßes

Auf welche Art und Weise dann der Gleichheitsverstoß behoben wird, ist grundsätzlich Aufgabe der Gesetzgebung. I.d.R. wird in diesen Fällen nur die Verfassungswidrigkeit der Norm festgestellt, ohne diese für nichtig zu erklären (vgl. §§ 95 III 1; 78; 82 I i.V.m. 78 BVerfGG). Dies folgt daraus, daß durch die Schaffung einer Regelungslücke, die durch die Nichtigerklärung einer Norm entstehen würde, eine noch größere Ungleichbehandlung entstehen könnte und somit die Verfassungswidrigkeit noch verstärkt werden würde. Nur ausnahmsweise kann die Rechtsprechung die durch Gesetz der einen gewährten und der anderen vorenthaltenen Begünstigung auf die benachteiligte Gruppe ausdehnen.

Beim gesetzgeberischen Unterlassen liegt ein Gleichheitsverstoß nur dann vor, wenn der Gesetzgeber einen Regelungsauftrag des Grundgesetzes nicht erfüllt hat. Da der Gesetzgeber einen Gestaltungsspielraum besitzt, ergeht vom BVerfG lediglich eine Aufforderung zum Tätigwerden. Die Ausgestaltung ist grds. dem Gesetzgeber überlassen (BVerfGE 6, 257/264 f.; Ausnahmen: BVerfGE 55, 100/113 f.; 15, 46/76).

Gesetzgeberisches Unterlassen

6. Glaubens- und Gewissensfreiheit

Art. 4 GG

Freiheit des Glaubens und Gewissens

(1) Die Freiheit des Glaubens, des Gewissens und die Freiheit des religiösen und weltanschaulichen Bekenntnisses sind unverletzlich.
(2) Die ungestörte Religionsausübung wird gewährleistet.
(3) Niemand darf gegen sein Gewissen zum Kriegsdienst mit der Waffe gezwungen werden. Das Nähere regelt ein Bundesgesetz.

I. Schutzbereich

1. Persönlicher Schutzbereich

Individuelle Religionsfreiheit
Kollektive Religionsfreiheit

Der persönliche Schutzbereich des Art. 4 GG umfaßt in erster Linie den Schutz des einzelnen (individuelle Religionsfreiheit). Aber auch Personenvereinigungen können sich nach Maßgabe des Art. 19 III GG auf Art. 4 GG berufen (kollektive Religionsfreiheit, vgl. Art. 140 GG i.V.m. Art. 137 II WRV - Weimarer Reichsverfassung):

Das sind zum einen die Religionsgesellschaften als Körperschaften des öffentlichen Rechts (Art. 140 GG i.V.m. Art. 137 V WRV).

Zum anderen werden aber auch Sekten geschützt, soweit es sich bei ihnen nach dem geistigen Gehalt und dem äußeren Erscheinungsbild um eine Religion und Religionsgesellschaft handelt. Das BVerwG hat allerdings einschränkend festgestellt, daß eine solche Religionsgesellschaft nur dann die gleichen Rechte (Privilegienbündel) wie eine Körperschaft des öffentlichen Rechts beanspruchen kann, wenn sie dem Staat gegenüber eine gewisse Loyalität besitzt. Demzufolge verneinte das BVerwG eine Anerkennung der Zeugen Jehovas als Körperschaft des öffentlichen Rechts, da nach deren Anschauungen eine Teilnahme ihrer Mitglieder an politischen Wahlen nicht zugelassen ist (BVerwGE 105, 117/124 ff.). Diese Entscheidung wurde jedoch vom BVerfG wieder aufgehoben (2 BvR 1500/97 vom 19.12.2000).

2. Sachlicher Schutzbereich

Forum internum
Forum externum

Art. 4 I und 4 II GG schützt die Glaubens-, Gewissens- und Bekenntnisfreiheit (forum internum) sowie die Freiheit der Religionsausübung (forum externum), zu der das Recht des einzelnen

Die Grundrechte im einzelnen 111

gehört, sein gesamtes Verhalten an den Lehren seiner Religion auszurichten und seiner inneren religiösen Überzeugung gemäß zu handeln (vgl. BVerfGE 32, 98/106 f.). Weil eine genaue Abgrenzung zwischen dem Bekenntnis zu einer Religion und dessen Ausübung nicht klar vorgenommen werden kann, handelt es sich bei Art. 4 I und II GG nach der Rechtsprechung um ein einheitliches Grundrecht. Eine genaue begriffliche Unterscheidung ist deshalb in der Klausur nicht nötig.

Einheitliches Grundrecht

Gleiches gilt, obwohl in Art. 4 II GG nicht genannt, auch für die Weltanschauungsfreiheit (vgl. Art. 140 GG i.V.m Art. 137 VII WRV), die neben der Religionsfreiheit auch antireligiöse bzw. atheistische Überzeugungen schützt.

Unter Glaubensfreiheit i.S.v. Art 4 I, II GG ist die Überzeugung der Stellung des Menschen in der Welt sowie dessen Beziehung zu höheren Mächten und tieferen Seinsschichten zu verstehen.

Definitionen:
- Glaubensfreiheit

Der Begriff Gewissen umfaßt die unbedingt verpflichtend erlebte Empfindung für das sittlich Gebotene.

- Gewissen

Gewissensentscheidungen sind demnach alle ernstlichen, sittlichen, an den Kategorien von »Gut« und »Böse« orientierten Entscheidungen, sofern sie vom Betroffenen als unbedingt bindend empfunden werden (BVerfGE 12, 45/55).

Art. 4 I, II GG, der für das forum internum und das forum externum einen umfassenden Schutz gewährt, bedarf aufgrund der zu befürchtenden Konturenlosigkeit bei einem zu weiten Verständnis des forum externum, einer Einschränkung des Schutzbereiches. Diese Einschränkung kann subjektiv erfolgen, indem vom Betroffenen verlangt wird, plausibel darzulegen, daß sein Handeln glaubensgeleitet ist, oder objektiv, durch die Beschränkung des Schutzbereichs auf die für die Glaubensausübung objektiv festzustellenden wesensnotwendigen Tätigkeiten.

Einschränkungen des Schutzbereichs sollten durch Kompromiß aus subjektivem und objektivem Ansatz erfolgen.

Interessant in diesem Zusammenhang ist die Entscheidung des BVerwG zur Problematik des Schächtens (BVerwGE 99,1):

Schächtverbot

Der Genuß von Fleisch geschächteter Tiere stellt in diesen Fällen keinen Akt religiöser Betätigung dar. Der Verzicht auf diesen Genuß bedeutet daher keine Verletzung irgendwelcher religiös bedingter Pflichten. Verbietet die Religion [Islam] lediglich den Genuß von Fleisch nichtgeschächteter Tiere, so hindert das Verbot betäubungslosen Schlachtens [§ 4 I TierSchG] die Anhänger dieser Religion nicht an einer ihrer Religion entsprechenden Lebensgestaltung.

Eine andere Beurteilung ist geboten, sofern das Schächten selbst als religiöse Handlung (bei Festen) einzuordnen ist.

Das BVerwG führte dazu aus, daß die Möglichkeit bestehe, überhaupt auf Fleisch zu verzichten. Der Fleischkonsum wäre zwar über Art. 2 I GG geschützt, unterliege dann aber den gesetzlichen Einschränkungen.

Positive und negative Religionsfreiheit

Art. 4 I, II GG schützt nicht nur die positive (Haben, Bekennen) sondern auch die negative (Nichthaben, Nichtbekennen) Religionsfreiheit, also die Entscheidung des Grundrechtsträgers, welcher Religion er sich anschließt und welcher nicht.

»Kruzifixurteil«

Im Kruzifixurteil (zuletzt BVerwG, NJW 99, 3063) wurde ein weitergehendes Recht des einzelnen, nämlich von anderen Religionen verschont zu bleiben, abgelehnt. Der Staat darf jedoch keine Lage schaffen, in der der einzelne, ohne Ausweichmöglichkeit religiösen Symbolen ausgesetzt wird, durch die sich ein bestimmter Glaube manifestiert (BVerfGE 93,1).

II. Eingriff in den Schutzbereich

Ein typischer Eingriff sind staatliche Warnungen vor Sekten (z.B. in Form von Informationsblättern). Es handelt sich dabei um faktische und mittelbare Eingriffe.

III. Verfassungsrechtliche Rechtfertigung von Eingriffen

Vorbehaltlos gewährleistetes Grundrecht

Bei Art. 4 GG handelt es sich um ein vorbehaltlos gewährleistetes Grundrecht. Weder die Schrankentrias des Art. 2 I GG noch der Gesetzesvorbehalt des Art. 5 II GG kommen zur Anwendung (BVerfGE 31, 98/107).

Das Grundrecht unterliegt jedoch verfassungsimmanenten Schranken. Ein Eingriff ist verfassungsrechtlich gerechtfertigt, wenn er zum Schutz anderer mit Verfassungsrang ausgestatteter Rechtswerte oder kollidierender Grundrechte Dritter erfolgt und verhältnismäßig ist. Gerade hinsichtlich der »neuen Religionen« und der »Jugendreligionen« kommt es auf die Frage der Einschränkungsmöglichkeiten an. Denn jenen kann wegen der Weite des Schutzbereichs meist erst auf dieser Ebene »zu Leibe gerückt werden«. So kann man z.B. die Warnung vor Jugendsekten mit dem Äußerungsrecht des Staates in Erfüllung seiner verfassungsunmittelbaren Schutzpflichten (z.B: Schutz der Menschenwürde, Art. 1 I GG und des allgemeinen Persönlichkeitsrechts des Jugendlichen aus Art. 2 I i.V.m. 1 I GG) rechtfertigen.

7. Meinungs-, Medien-, Kunst- und Wissenschaftsfreiheit

Meinungs- und Pressefreiheit, Kunst- und Wissenschaftsfreiheit   Art. 5 GG

> (1) Jeder hat das Recht, seine Meinung in Wort, Schrift und Bild frei zu äußern und zu verbreiten und sich aus allgemein zugänglichen Quellen ungehindert zu unterrichten. Die Pressefreiheit und die Freiheit der Berichterstattung durch Rundfunk und Film werden gewährleistet. Eine Zensur findet nicht statt.
> (2) Diese Rechte finden ihre Schranken in den Vorschriften der allgemeinen Gesetze, den gesetzlichen Bestimmungen zum Schutze der Jugend und in dem Recht der persönlichen Ehre.
> (3) Kunst und Wissenschaft, Forschung und Lehre sind frei. Die Freiheit der Lehre entbindet nicht von der Treue zur Verfassung.

Art. 5 GG enthält sieben sorgfältig zu unterscheidende Grundrechte:

- Meinungsfreiheit (Art. 5 I 1 Hs. 1 GG)
- Informationsfreiheit (Art. 5 I 1 Hs. 2 GG)
- Pressefreiheit (Art. 5 I 2 Alt. 1 GG)
- Rundfunkfreiheit (Art. 5 I 2 Alt. 2 GG)
- Filmfreiheit (Art. 5 I 2 Alt. 3 GG)
- Kunstfreiheit (Art. 5 III 1 Alt. 1 GG)
- Wissenschaftsfreiheit (Art. 5 III 1 Alt. 2 GG)

Von Art. 5 GG werden zahlreiche Freiheiten geschützt, insbesondere die Meinungs- und Kunstfreiheit

7.1. Meinungsfreiheit

I. Schutzbereich

Der sachliche Schutzbereich verlangt zunächst nach einer Definition dessen, was »Meinung« ist. Das BVerfG (E 61, 1/8) versteht darunter »das Element der Stellungnahme, des Dafürhaltens, des Meinens im Rahmen einer geistigen Auseinandersetzung« (Stichwort: geistiger Meinungskampf). Diese weite Formulierung steckt den Schutzbereich natürlich nur großzügig ab.

»Meinung«

Daher muß weiter differenziert werden:

1. Werturteile

Werturteile

Schon der (grundsätzlich anerkannte) Einbezug der Werturteile in Art. 5 I 1 Hs. 1 GG stößt an gewisse Grenzen: Nicht geschützt wird nämlich die sog. Schmähkritik. Eine solche liegt vor, wenn nicht die Auseinandersetzung in der Sache, sondern die Diffamierung der Person im Vordergrund steht. Wichtig ist hierbei die Feststellung einer Herabsetzung der Person, so daß bloß polemische oder überspitzte Kritik nicht zu einer Versagung des Schutzes durch Art. 5 I 1 Hs. 1 GG führt. Der Klausurbearbeiter sollte bei der Frage, ob eine Schmähkritik vorliegt, konform mit dem BVerfG Zurückhaltung üben. »Schmähkritik wird bei Äußerungen in einer die Öffentlichkeit berührenden Frage nur ausnahmsweise vorliegen und im übrigen eher auf die sog. Privatfehde beschränkt bleiben« (BVerfG, NJW 99, 204 ff.).

2. Tatsachenbehauptungen

Tatsachenbehauptungen

Streit herrscht bei der Frage, ob auch Tatsachenbehauptungen am Schutz des Art. 5 I 1 Hs. 1 GG teilhaben. Unter »Tatsachen« sind konkrete Zustände der Vergangenheit oder Gegenwart zu verstehen, die dem Beweise zugänglich sind. Diese Beweiszugänglichkeit unterscheidet sie vom Werturteil. Nach h.M. gilt folgendes: Da der Begriff der Meinung weit auszulegen ist, unterfällt die Verbindung/Vermischung von Werturteil und Tatsachenbehauptung dergestalt, daß entweder beide Äußerungsformen nur gemeinsam den Sinn der Äußerung ausmachen oder dergestalt, daß sich die Tatsachenbehauptung als Voraussetzung für die Bildung von Meinungen darstellt, dem Schutz des Art. 5 I 1 Hs. 1 GG. Mit Werturteilen nicht verbundene und für die Meinungsbildung irrelevante Tatsachenbehauptungen genießen keinen Schutz. Hierbei handelt es sich um die erwiesenen oder bewußt unwahren Tatsachenbehauptungen einerseits und die bloß statistischen Angaben andererseits.

3. Schutzumfang

Positive und negative Meinungsfreiheit

Zu unterscheiden sind die positive und die negative Meinungsfreiheit. So sind einerseits sämtliche Kundgabemodalitäten, d.h. das Äußern und Verbreiten der Meinung in Wort, Schrift und Bild, geschützt, andererseits wird aber auch der Wille, seine Meinung nicht kundzutun, von Art. 5 I 1 Hs. 1 GG erfaßt.

II. Verfassungsrechtliche Rechtfertigung von Eingriffen

1. Der qualifizierte Gesetzesvorbehalt des Art. 5 II GG.
Die Meinungsfreiheit kann durch allgemeine Gesetze beschränkt werden. Die Rechtsprechung des BVerfG läßt die weiteren Schranken der »gesetzlichen Bestimmungen zum Schutze der Jugend« und das »Recht der persönlichen Ehre« in die Schranken der »allgemeinen Gesetze« einfließen.

Für ein »Gesetz« i.S.v. Art. 5 II GG ist nach der h.M ausreichend, daß es sich dabei um ein Gesetz im materiellen Sinne handelt.

Gut einprägen sollte man sich die Bedeutung des Wörtchens »allgemein«, denn es war der Angelpunkt der Diskussion zwischen der Sonderrechtslehre und der Abwägungslehre:

Während die Sonderrechtslehre unter »allgemeinen« Gesetzen die Gesetze verstand, die nicht eine Meinung als solche verbieten, d.h. sich nicht gegen eine Meinung als solche richten sondern dem Schutz eines schlechthin, ohne Rücksicht auf eine bestimmte Meinung zu schützenden Rechtsguts dienen, verstand die Abwägungslehre darunter die Gesetze, die deshalb Vorrang vor der Meinungsfreiheit haben, weil das von ihnen geschützte gesellschaftliche Gut wichtiger ist als die Meinungsfreiheit. Während die Sonderrechtslehre auf den Inhalt des Gesetzes rekurrierte und danach fragte, ob es »Sonderrecht« gegen die Meinungsfreiheit enthält, kam es nach der Abwägungslehre - nomen est omen - auf eine Güterabwägung an. Diese Ansichten haben sich unter Geltung der Weimarer Reichsverfassung entwickelt.

Im berühmten »Lüth-Urteil« (BVerfGE 7, 198/209 f.) hat das BVerfG die Diskussion mit folgender - auswendig zu lernenden - Feststellung beendet:

»Allgemeine« Gesetze sind Gesetze, »die nicht eine Meinung als solche verbieten, die sich nicht gegen die Äußerung der Meinung als solche richten, die vielmehr den Schutz eines schlechthin, ohne Rücksicht auf eine bestimmte Meinung zu schützenden Rechtsguts dienen, dem Schutz eines Gemeinschaftswertes, der gegenüber der Betätigung der Meinungsfreiheit den Vorrang hat«.

Damit verbindet das BVerfG beide Lehren. In der Klausur sollte man diese Formel zugrundelegen, um sodann in einem ersten Schritt unter Anwendung des Gedankens der Sonderrechtslehre festzustellen, ob ein »allgemeines« Gesetz vorliegt. Erst bei den Schranken-Schranken ist dann in einem zweiten Schritt zu unter-

»allgemeine Gesetze«

»Sonderrechtslehre«

»Abwägungslehre«

Formel des BVerfG

suchen, ob die Güterabwägung einen »Vorrang« des durch das Gesetz geschützten Rechtsgutes vor der Meinungsfreiheit ergibt.

2. Verfassungsimmanente Schranken

Höchst klausur- und examensrelevant sind auch bei Art. 5 I 1 Hs. 1 GG die verfassungsimmanenten Schranken. Hervorzuheben ist die Kollision mit dem allgemeinen Persönlichkeitsrecht aus Art. 1 I i.V.m. 2 I GG. Soweit es um Schmähungen geht, kann es freilich zu einer solchen Kollision gar nicht kommen, denn selbige nehmen am Schutz des Art. 5 I 1 Hs. 1 GG schon gar nicht teil. Anders ist dies bei sonstigen entstellenden und kränkenden Äußerungen: Für den insoweit erforderlichen, verhältnismäßigen Ausgleich sind drei Grundsätze zu beachten:

»Entstellende und kränkende Äußerungen«

Zunächst gilt das Gegenschlags- oder Veranlasserprinzip. Es berechtigt denjenigen, gegen den im geistigen Meinungskampf schwerwiegende Vorwürfe erhoben wurden, scharf zurückzuschlagen. Weiterhin besteht nach der Rechtsprechung des BVerfG in einer die Öffentlichkeit wesentlich berührenden Frage, eine Vermutung der freien Rede. Diese Feststellung berührt bereits den dritten Aspekt, nämlich den Grundsatz der wohlwollenden/verletzerfreundlichen Auslegung. Bei mehreren objektiv möglichen Deutungen einer Aussage ist grundsätzlich diejenige zugrunde zu legen, die von der Verfassung gedeckt ist. Unter Zuhilfenahme dieser Argumentationsmuster kann dann der Ausgleich versucht werden, wobei auch Parallelen zu § 193 StGB gezogen werden sollten.

- Gegenschlags- oder Veranlasserprinzip

- Vermutung der freien Rede

- Grundsatz der wohlwollenden/ verletzerfreundlichen Auslegung

3. Schranken-Schranken

»Wechselwirkungslehre«

Hier gilt es, die zweite elementare Aussage des »Lüth-Urteils« zu erkennen: die Wechselwirkungslehre. Sie besagt, daß die in die Meinungsfreiheit eingreifenden allgemeinen Gesetze ihrerseits im Sinne einer Wechselwirkung im Lichte der Bedeutung des Grundrechts ausgelegt und angewandt werden müssen. Zu prüfen ist diese Theorie des BVerfG im Rahmen der Verhältnismäßigkeit. Sie ist im Grunde nichts anderes als eine besondere Ausprägung der Verhältnismäßigkeit i.e.S. und stellt gewissermaßen die modifizierte Abwägungslehre dar.

7.2. Pressefreiheit

I. Schutzbereich

Im Rahmen des sachlichen Schutzbereichs ist zunächst der Begriff »Presse« zu definieren: Es sind dies alle zur Verbreitung geeigneten und bestimmten Druckerzeugnisse ohne Rücksicht auf die Häufigkeit ihrer Erzeugung. So fallen neben periodisch erscheinenden Druckwerken auch bloß einmalig hergestellte Flugblätter, Plakate, Handzettel, etc. unter Art. 5 I 2 Alt.1 GG. In persönlicher Hinsicht werden alle im Pressewesen tätigen natürlichen und juristischen Personen des Privatrechts erfaßt. Geschützt ist der gesamte Bereich der Pressetätigkeit von der Beschaffung der Information (gleichgültig, ob das Material selbst- oder fremdrecherchiert wurde) bis zur Verbreitung der Nachrichten und Meinungen. Schließlich enthält Art. 5 I 2 Alt.1 GG eine Garantie des Instituts »Freie Presse« (Institutsgarantie).

»Presse«

Institutsgarantie der freien Presse

Häufig geht es um die Frage, ob die Presse einen Anspruch auf Auskunft oder gar auf Überlassung von Bild- oder Tonmaterial gegenüber Behörden hat. Dabei ist zunächst an einen Auskunftsanspruch aus dem jeweiligen Landespressegesetz zu denken (z.B. § 4 BayPrG; vgl. Art. 75 I Nr. 2 GG). Problematisch ist weiterführend, ob sich Art. 5 I 2 Alt.1 GG ein derartiger Anspruch entnehmen läßt. Hierbei geht es um die leistungsrechtliche Funktion der Grundrechte. Im Ergebnis sollte ein Anspruch auf Auskunft im Hinblick auf den einfachgesetzlichen Auskunftsanspruch verneint werden. Auch fehlt es insoweit an der Situation eines »Grundrechts in Not«, dem mittels eines Leistungsanspruchs zum Erfolg verholfen werden muß, weil es sonst nicht mehr verwirklicht werden kann. Ein Anspruch auf Überlassung von Bild- und Tonmaterial ist auf jeden Fall abzulehnen.

II. Verfassungsrechtliche Rechtfertigung von Eingriffen

Auch die Pressefreiheit steht unter dem qualifizierten Gesetzesvorbehalt des Art. 5 II GG und unterliegt verfassungsimmanenten Schranken. Allgemeine Gesetze i.S.d. Art. 5 II GG sind dabei insbesondere die Landespressegesetze, die (neben Rechten) eben auch Beschränkungen der Presse enthalten (z.B. Gegendarstellungsanspruch; vgl. § 10 BayPrG). Auch gerät erneut die Kollision mit dem allgemeinen Persönlichkeitsrecht ins Blickfeld,

Besondere Verletzbarkeit der Persönlichkeit durch Massenmedien

dessen Anerkennung unter anderem gerade auf die besondere Verletzbarkeit der Persönlichkeitssphäre durch die modernen Massenmedien zurückzuführen ist. Zu den insoweit zu beachtenden drei Grundsätzen bei der Schaffung eines verhältnismäßigen Ausgleichs kommt nun ein vierter hinzu: Die Pflicht der Presse zur sorgfältigen journalistischen Recherche, d.h. insbesondere zur Überprüfung des Wahrheitsgehalts ihrer Informationen. Bei der vorzunehmenden Güterabwägung sind an diese Pflicht strenge Anforderungen zu stellen.

Pflicht der Presse: Sorgfältige journalistische Recherche

7.3. Rundfunkfreiheit

Die Rundfunkfreiheit ist ebenso wie die Meinungs-, Informations- und die Pressefreiheit konstituierend für die freiheitlich-demokratische Grundordnung. Unter dem Begriff Rundfunk ist jede an eine Vielzahl von Personen gerichtete Übermittlung durch physikalische Wellen zu verstehen. Der Schutzbereich entspricht im wesentlichen dem der Pressefreiheit und erstreckt sich auf die Gesamtheit aller Tätigkeiten im Umfeld der Ausstrahlung einer Rundfunksendung.

»Rundfunk«

Daß die öffentlich-rechtlichen Rundfunkanstalten als juristische Personen des öffentlichen Rechts den Schutz des Art. 5 I 2 Alt.2 GG genießen, ist ein Standardproblem im Rahmen dieses Grundrechts, welches beherrscht werden sollte.

7.4. Zensurverbot

Es handelt sich hierbei um eine besondere für Art. 5 I GG geltende Schranken-Schranke, die nur die Vorzensur verbietet in dem Sinne, daß ein beschränkendes Gesetz keine Zensurwirkung besitzen darf.

7.5. Kunstfreiheit

I. Schutzbereich

»Kunst«

Um zu bestimmen, was unter »Kunst« i.S.d. Art. 5 III GG zu verstehen ist, empfiehlt sich eine vierstufige Prüfung:

- Zu beginnen ist mit der Feststellung, daß es, entgegen einer in der Literatur vertretenen Ansicht, nicht unmöglich ist, Kunst zu definieren (Stichwort: kein Definitionsverbot).

Kein Definitionsverbot

- Nach dem formalen Kunstbegriff sind unter »Kunst« nur solche Tätigkeiten zu verstehen, die einer traditionellen Kunstform zuzuordnen sind (z.B. Malerei, Theater, etc.). Liegt ein derartiger Fall vor, so bereitet die Zuordnung zum Schutzbereich keine Schwierigkeiten.

Formaler Kunstbegriff

- Der materielle Kunstbegriff, den das BVerfG in der Mephisto-Entscheidung (BVerfGE 30,173 ff.) zugrundegelegt hat, stellt auf die freie schöpferische Gestaltung ab, die in einer bestimmten Formensprache zur unmittelbaren Anschauung gebracht wird. Dabei handelt es sich um eine Art gemischt subjektiv-objektive Betrachtungsweise: In subjektiver Hinsicht kommt es auf die schöpferische Gestaltung, d.h. Eindrücke, Erfahrungen, Erlebnisse, etc. an, wobei dann deren objektive Erkennbarkeit verlangt wird.

Materieller Kunstbegriff

- Aber das BVerfG verwendet auch den offenen/zeichentheoretischen Kunstbegriff. Dessen entscheidendes Kriterium ist die Interpretationsmöglichkeit:
Eine Aussage, welcher wegen ihrer Vieldeutigkeit immer weiterreichende Bedeutungen im Wege fortgesetzter Interpretation entnommen werden können, ist danach dem Schutz der Kunstfreiheit zu unterstellen (Merksatz: Kunst ist, was interpretiert werden kann). In der Fallbearbeitung sollte man grundsätzlich den materiellen Kunstbegriff zugrundelegen. In Grenzfällen ist dann auf den offenen/zeichentheoretischen Kunstbegriff zurückzugreifen. Eine eventuelle Anstößigkeit der Darstellung führt nicht zu einer Versagung des Schutzes. Da die Frage des Vorliegens von Kunst unabhängig von staatlicher Niveau-, Stil-, oder Inhaltskontrolle zu beantworten ist, kann auch ein pornographischer Roman Kunst sein (BVerfGE 83, 130/139 »Josephine Mutzenbacher«).

Offener/zeichentheoretischer Kunstbegriff

Hinsichtlich des Schutzumfangs sind der Werkbereich und der Wirkbereich zu unterscheiden: Während der Werkbereich alle Vorgänge im Zusammenhang mit der Herstellung des Kunstwerks erfaßt, geht es beim Wirkbereich um die Publikation und die Vermarktung desselben. Geschützt werden neben dem Künstler auch die kunstvermittelnden Personen (z.B. Verleger), nach der h.M. aber nicht die Kunstkritiker.

Werk- und Wirkbereich

II. Verfassungsrechtliche Rechtfertigung von Eingriffen

Vorbehaltlos gewährleistetes Grundrecht

Da es sich bei Art. 5 III GG nach h.M. um ein vorbehaltlos gewährleistetes Grundrecht handelt, unterliegt das Grundrecht nur verfassungsimmanenten Schranken. Weder die Schrankentrias des Art. 2 I GG noch der Gesetzesvorbehalt des Art. 5 II GG kommen zur Anwendung (BVerfGE 30, 173/191 f.).

Kollisionen mit dem allgemeinen Persönlichkeitsrecht sind in der Klausur häufig anzutreffen: Klassischer Fall ist das Verbot des Romans »Mephisto« von Klaus Mann wegen Verletzung des Persönlichkeitsrechts des Schauspielers Gustav Gründgens (vgl. BVerfGE 30,173 ff.). Auch Ehrverletzungen von Politikern durch satirische oder karikaturistische Darstellungen gehören in diesen Zusammenhang. In der »Josephine-Mutzenbacher-Entscheidung« (BVerfGE 83,130 ff.) hatte das BVerfG den Konflikt von Art. 5 III GG mit dem Jugendschutz, der vom allgemeinen Persönlichkeitsrecht aus Art. 2 I i.V.m. Art. 1 I GG erfaßt wird und damit einen mit Verfassungsrang ausgestatteten Rechtswert darstellt, und dem elterlichen Erziehungsrecht (Art. 6 II GG) zu lösen.

7.6. Wissenschaftsfreiheit

»Wissenschaft«

Unter Wissenschaft ist jede Tätigkeit zu verstehen, die nach Inhalt und Form als ernsthafter, planmäßiger Versuch der Wahrheitsermittlung anzusehen ist (BVerfGE 35, 79/113; 47, 327/367). Der Begriff der Wissenschaft in Art. 5 III 1 GG ist als Oberbegriff zu verstehen, der die Begriffe Forschung und Lehre mitumfaßt. Grundrechtsträger sind neben den wissenschaftlich tätigen (natürlichen) Personen auch juristische Personen (Universitäten, Fakultäten). Auch Studenten können Grundrechtsträger der Wissenschaftsfreiheit sein, allerdings nur dann, wenn sie lehrend tätig werden (BVerfGE 55, 37/67 f.).

Schutzbereichsbeschränkung, Art. 5 III 2 GG

Art. 5 III 2 GG stellt keine Schranke des Art. 5 III 1 GG dar, sondern ist schon auf der Ebene des Schutzbereichs zu berücksichtigen. Die Lehre fällt dann nicht mehr unter den Schutzbereich des Art. 5 III 1 GG, wenn sie gegen die Treue der Verfassung verstößt, d.h. zum Kampf gegen die freiheitlich demokratische Grundordnung verwendet wird (BVerwGE 81, 212/218; BVerfGE 39, 334/347). Kritische Äußerungen sind allerdings zulässig.

8. Versammlungsfreiheit

ABHALTEN VON VERSAMMLUNGEN

Versammlungsfreiheit   **Art. 8 GG**

(1) Alle Deutschen haben das Recht, sich ohne Anmeldung oder Erlaubnis friedlich und ohne Waffen zu versammeln.
(2) Für Versammlungen unter freiem Himmel kann dieses Recht durch Gesetz oder auf Grund eines Gesetzes beschränkt werden.

I. Schutzbereich

1. Persönlicher Schutzbereich

In persönlicher Hinsicht werden durch Art. 8 GG nur Deutsche i.S.v. Art. 116 GG geschützt. Ausländer genießen nur den abgeschwächten Schutz durch das Auffanggrundrecht des Art. 2 I GG.

2. Sachlicher Schutzbereich

a. Schutzobjekt

aa. Positives Tatbestandsmerkmal

Wir treffen hier auf ein Grundrecht, das nur dann Schutz vermittelt, wenn sowohl ein positives als auch ein negatives Tatbestandsmerkmal erfüllt ist.

»Versammlung«
- Zusammenkunft mehrerer Personen

In positiver Hinsicht muß es sich um eine Versammlung handeln. Eine Versammlung ist zunächst durch eine Zusammenkunft mehrerer Personen gekennzeichnet. Fraglich ist bereits, ob dies mindestens zwei, mindestens drei oder gar mindestens sieben Personen sein müssen. In der Klausur sollte man, um einen größtmöglichen Grundrechtsschutz zu gewährleisten, von der Grenze von zwei bzw. drei Personen ausgehen. Argumentativ spricht für die Untergrenze von mindestens zwei Personen, daß »einem totalitären Staat die systematische Isolierung von mißliebigen Personen möglich und auch zuzutrauen ist und auch vor dem letzten Freund nicht haltmacht« (Maunz-Düring, GG, Art.8, Rz. 48).

- Verfolgung eines gemeinsamen Zwecks

Aber auch die weiteren Voraussetzungen sind umstritten: Einigkeit besteht insoweit, als daß die Verfolgung eines gemeinsamen Zwecks durch die Teilnehmer verlangt wird (innere Verbindung, BVerfGE 82, 34/38). Die h.M. verlangt darüber hinaus, daß dieser Zweck in der gemeinsamen Meinungsbildung oder Meinungskundgabe liegt (BVerwG, NJW 98, 2412). Dabei wird diskutiert, ob es sich hierbei inhaltlich nur um öffentliche Angelegenheiten handeln darf (enger Versammlungsbegriff) oder auch die Erörterung privater Angelegenheiten ausreicht (weiter Versammlungsbegriff). Man sollte sich mit der h.M. dafür entscheiden, auch die einem privaten Zweck dienenden Zusammenkünfte dem Schutz des Art. 8 GG zu unterstellen.

Abgrenzung der Versammlung von Ansammlungen

Das Merkmal des gemeinsamen Zwecks grenzt die Versammlung von der bloßen Ansammlung ab. Ansammlungen sind dadurch gekennzeichnet, daß jeder einen eigenen Zweck, unabhängig von zufällig gleichen Zwecken anderer, verfolgt. Beispiel hierfür wären die Schaulustigen bei einem Verkehrsunfall. Auch bei bloßen Volksbelustigungen, bei denen der Konsum im Vordergrund steht (z.B. kulturelle und sportliche Veranstaltungen), ist das Merkmal des gemeinsamen Zwecks zu verneinen.

Ob die gemeinsame Meinungsbildung und -kundgabe in einer argumentativen bzw. streitigen Auseinandersetzung erfolgt oder das gemeinsame Verhalten eine nicht-verbale Ausdrucksform annimmt (z.B. Sitzblockade; vgl. BVerfGE 69, 316 ff. »Brockdorf«), ist unerheblich. Ebenso unerheblich ist die Frage, ob es sich um eine geschlossene (private) oder öffentliche Versammlung handelt und ob die Versammlung unter freiem Himmel oder in geschlossenen Räumen stattfindet. Der gemeinsame Zweck muß schließlich rechtlich zulässig sein. So genießt beispielsweise eine Versammlung, die zum Sturm eines Gefängnisses mit Gefangenenbefreiung zusammengekommen ist (§ 120 StGB), nicht den Schutz des Art. 8 GG.

Begriff der Versammlung:
- Zusammenkunft mehrerer Personen
- Verfolgen eines gemeinsamen Zwecks (gemeinsame Meinungsbildung oder -kundgabe)

Hinsichtlich ihrer Art können Versammlungen unterteilt werden in die geplante Versammlung, die Eilversammlung und die Spontanversammlung. Eilversammlungen werden kurzfristig anberaumt, Spontanversammlungen finden - aus aktuellen Anlässen - völlig ohne Einladung statt. Bewegt sich die Versammlung fort, handelt es sich um einen Aufzug bzw. eine Demonstration.

Geplante Versammlung, Eilversammlung, Spontanversammlung

bb. Negative Tatbestandsmerkmale

Die Versammlung muß friedlich und ohne Waffen sein. Das bloße Mitführen von Waffen nimmt den Grundrechtsschutz. Schutzgegenstände wie Sturzhelme, Gasmasken, Schilde (»passive Bewaffnung«) fallen nicht darunter, erlauben jedoch die Schlußfolgerung, daß Gewalttätigkeiten von Demonstranten, die solche Schutzgegenstände mit sich führen geplant sind und sie sich so gegen absehbare polizeiliche Maßnahmen schützen wollen (Maunz-Düring, GG, Art. 8, Rz. 68, 75).
Friedlich ist die Versammlung, wenn sie keinen gewalttätigen oder aufrührerischen Verlauf nimmt. Diese Definition kann man den §§ 5 Nr. 3, 13 I Nr. 2 des Versammlungsgesetzes (VersammlG) entnehmen. Was gilt aber, wenn lediglich einzelne Teilnehmer der Versammlung unfriedlich sind? Selbst wenn es sich dabei um eine oder mehrere Gruppen in der Versammlung handelt, gilt hier der Grundsatz, daß die Versammlung erst dann als unfriedlich angesehen werden kann, wenn sich die Versammlungsleitung oder die Mehrheit der Teilnehmer mit den Tätern solidarisiert. Bis zu diesem Zeitpunkt stehen die friedlichen Versammlungsteilnehmer unter dem Schutz des Art. 8 I GG (BVerfGE 69, 315/361).

Friedlich und ohne Waffen

Unfriedlichkeit einzelner Teilnehmer

Passive Sitzblockaden werden, unabhängig von der Frage, ob es sich bei ihnen um »Gewalt« i.S.d. § 240 StGB handelt, ebenfalls als friedlich i.S.v. Art. 8 I GG angesehen (BVerfGE 87, 399/406).

Sitzblockaden

b. Schutzumfang

Aus der Sicht des Veranstalters wird bereits die Einladung, der Aufruf zur Versammlung geschützt (Vorbereitung) sowie deren Organisation. Außerdem unterfällt der gesamte Vorgang des Veranstaltens dem Schutz des Art. 8 GG (Durchführung).

Aus der Sicht des Teilnehmers wird zunächst das Sich-Versammeln, d.h. die Anreise zum Versammlungsort und der Zugang zur Versammlung, von Art. 8 GG erfaßt. Natürlich umfaßt der Schutz auch die Teilnahme an der Versammlung. Wer die Versammlung kritisiert oder mißbilligt, aber trotzdem an ihr teilnimmt, genießt auch noch Schutz. Wer aber die Versammlung verhindern will, kann sich nicht auf Art. 8 GG berufen.

II. Eingriff in den Schutzbereich

Typische Eingriffe sind Anmelde- und Erlaubnispflichten sowie Verbote und Beschränkungen

Als typische Eingriffe in Art. 8 GG sind Anmelde- und Erlaubnispflichten sowie Verbote und Beschränkungen zu nennen, beispielsweise die in § 14 VersammlG enthaltene Pflicht zur Anmeldung einer öffentlichen Versammlung unter freiem Himmel spätestens 48 Stunden vor deren Bekanntgabe.

III. Verfassungsrechtliche Rechtfertigung von Eingriffen

1. Beschränkungsmöglichkeiten

Unterscheidung zwischen Versammlungen unter freiem Himmel und solchen in geschlossenen Räumen

Art. 8 GG unterscheidet insoweit nach Versammlungen unter freiem Himmel und solchen in geschlossenen Räumen. Während erstere dem einfachen Gesetzesvorbehalt des Art. 8 II GG unterliegen, gelten für Versammlungen in geschlossenen Räumen nur verfassungsimmanente Schranken. Äußerste Vorsicht ist bei der Eingruppierung in diese zwei Kategorien angesagt: Bei der Unterscheidung geht es um den Schutz der Rechtsgüter anderer, d.h. um den Grad des Gefährdungspotentials. Da es dafür auf den freien Bezug zu Dritten ankommt, ist die Frage des »Dachs über dem Kopf« irrelevant. Eine Versammlung in einem unüberdachten Sportstadion ist also eine Versammlung »in geschlossenen Räumen«, während z.B. eine Versammlung unter einem an den Seiten offenen Baldachin eine Versammlung »unter freiem Himmel« wäre. Zentrale Schranke für Versammlungen unter freiem Himmel sind die §§ 14 ff. VersammlG. Dieses Gesetz gilt aber nur für öffentliche Versammlungen (§ 1 I VersammlG).

Die §§ 5 ff. VersammlG betreffen öffentliche Versammlungen in geschlossenen Räumen. Da Versammlungen in geschlossenen Räumen aber nur verfassungsimmanenten Schranken unterliegen, ist stets zu prüfen, ob der durch ein Gesetz - §§ 5 ff. VersammlG - erfolgende Eingriff zum Schutz anderer mit Verfassungsrang ausgestatteter Rechtswerte oder kollidierender Grundrechte Dritter erfolgt und verhältnismäßig ist.

2. Schranken - Schranken

Hier sind keine Besonderheiten zu beachten. Auf eine häufige Klausurproblematik soll aber dennoch eingegangen werden:
Beispielsfall: Eine Eilversammlung wurde nicht rechtzeitig i.S.d. § 14 VersammlG angemeldet. Eine Spontanversammlung wurde überhaupt nicht angemeldet. Die Veranstalter stehen auf dem Standpunkt, die Anmeldepflicht des § 14 VersammlG sei verfassungswidrig. Stimmt das?
Untersucht man den Eingriffsakt (Anmeldepflicht gem. § 14 VersammlG) auf seine verfassungsrechtliche Rechtfertigung, so muß im Rahmen der Schranken-Schranken geprüft werden, ob die Pflicht zur Anmeldung bei Eil- und Spontanversammlungen verhältnismäßig ist. Bei der Verhältnismäßigkeit (i.e.S.) ist die im »Lüth-Urteil« des BVerfG (E 7, 198 ff.) entwickelte Wechselwirkungslehre zu beachten. Der Eingriff muß seinerseits im Lichte des Grundrechts gesehen werden. Danach entfällt die Pflicht zur Anmeldung bei Spontanversammlungen (denn diese wären sonst gänzlich unzulässig, da sie ja aus aktuellem Anlaß augenblicklich gebildet werden). Für Eilversammlungen bleibt es bei der Anmeldepflicht, jedoch verkürzt sich die einzuhaltende Anmeldefrist. Um zu diesen Ergebnissen zu gelangen, muß § 14 VersammlG aber nicht für verfassungswidrig erklärt werden. Er muß lediglich im o.g. Sinne grundrechtskonform ausgelegt und angewandt werden und verstößt dann in dieser Anwendung auch nicht gegen den Grundsatz der Verhältnismäßigkeit (i.e.S.). Die Ansicht der Veranstalter ist also unzutreffend.

9. Vereinigungs- und Koalitionsfreiheit

Art. 9 GG

Vereinigungs- und Koalitionsfreiheit

> (1) Alle Deutschen haben das Recht, Vereine und Gesellschaften zu bilden.
> (2) Vereinigungen, deren Zwecke oder deren Tätigkeit den Strafgesetzen zuwiderlaufen oder die sich gegen die verfassungsmäßige Ordnung oder gegen den Gedanken der Völkerverständigung richten, sind verboten.
> (3) Das Recht, zur Wahrung und Förderung der Arbeits- und Wirtschaftsbedingungen Vereinigungen zu bilden, ist für jedermann und für alle Berufe gewährleistet. Abreden, die dieses Recht einschränken oder zu behindern suchen, sind nichtig, hierauf gerichtete Maßnahmen sind rechtswidrig. Maßnahmen nach den Artikeln 12a, 35 Abs. 2 und 3, Artikel 87a Abs. 4 und Artikel 91 dürfen sich nicht gegen Arbeitskämpfe richten, die zur Wahrung und Förderung der Arbeits- und Wirtschaftsbedingungen von Vereinigungen im Sinne des Satzes 1 geführt werden.

I. Schutzbereich

Art. 9 I GG schützt die Vereinigungsfreiheit, Art. 9 III GG die Koalitionsfreiheit

Bei Art. 9 GG hat man zwei verschiedene Schutzbereiche zu unterscheiden: Art. 9 I GG schützt die Vereinigungsfreiheit, Art. 9 III GG die Koalitionsfreiheit.

1. Persönlicher Schutzbereich

»Doppelgrundrechte«

Sowohl die Vereinigungs- als auch die Koalitionsfreiheit stellen sog. »Doppelgrundrechte« dar. Sie schützen die individuelle und die kollektive Vereinigungs- bzw. Koalitionsfreiheit.

Die individuelle Vereinigungsfreiheit gewährleistet den Schutz des einzelnen. Grundrechtsträger der individuellen Vereinigungsfreiheit, bei der es sich um ein Deutschengrundrecht handelt, kann entweder eine natürliche Person (Deutscher i.S.d. Art. 116 GG) sein oder jede inländische juristische Person des Privatrechts, auf die das Grundrecht ihrem Wesen nach anwendbar ist (vgl. Art. 19 III GG).

Eine Besonderheit stellt die kollektive Vereinigungsfreiheit des Art. 9 I GG dar, durch die, um einen effektiven Grundrechtsschutz zu gewährleisten, die Vereinigung selbst und unmittelbar in den Schutz des Art. 9 I GG einbezogen wird (BVerfGE 50, 290/353 f.). Die frei gebildete Vereinigung kann sich unabhängig von Art. 19 III GG auf dieses Grundrecht berufen (BVerfGE 84, 372/378). Als Grundrechtsträger kommt, über den Wortlaut des Art. 9 I GG hinaus (»...Vereine und Gesellschaften...«), jede privatrechtliche Vereinigung unabhängig von einer bestimmten Organisations- oder Rechtsform in Betracht, die ihren Sitz (tatsächlicher Mittelpunkt der Tätigkeit) in Deutschland hat und von Deutschen beherrscht wird (als Konsequenz des Charakters des Art. 9 I GG als Deutschengrundrecht). Öffentlich-rechtliche Zusammenschlüsse fallen nicht unter den Schutz des Art. 9 I GG. Dies gilt sowohl für die kollektive als auch für die individuelle Vereinigungsfreiheit.

Die zur Vereinigungsfreiheit gem. Art. 9 I GG gemachten Ausführungen gelten für die Koalitionsfreiheit gem. Art. 9 III GG entsprechend. Bei Art. 9 III GG ist aber zu beachten, daß der einzelne hier nur ein Arbeitnehmer/Arbeitgeber sein kann, wozu neben den Auszubildenden auch Beamte, Richter und Soldaten zählen (vgl. Wortlaut des Art. 9 III GG »...alle Berufe...«). Da es sich bei der Koalitionsfreiheit gem. Art. 9 III GG um kein Deutschengrundrecht handelt, steht es auch Ausländern zu. Hinsichtlich der kollektiven Koalitionsfreiheit ist erforderlich, daß die Vereinigung i.S.v. Art. 9 III GG eine Koalition sein muß.

2. Sachlicher Schutzbereich

a. Schutzobjekt

Schutzobjekt ist die Vereinigung (Art. 9 I GG) und die Koalition (Art. 9 III GG). Eine Vereinigung liegt vor, wenn folgende Voraussetzungen gegeben sind:

Vereinigung

- Freiwilliger Zusammenschluß: Zwangszusammenschlüsse fallen also nicht unter den Begriff der Vereinigung. Der einzelne genießt aber Schutz vor der Anordnung einer Zwangsmitgliedschaft in einer privatrechtlichen Vereinigung (negative Vereinigungsfreiheit).
- Mehrzahl von Personen
- Privatrechtlicher Zusammenschluß: Da nur privatrechtliche Zusammenschlüsse von Art. 9 I GG erfaßt werden, schützt dieses Grundrecht den einzelnen nicht vor der Zwangsmitgliedschaft in öffentlich-rechtlichen Pflichtverbänden. Solche Fälle sind Art. 2 I GG zuzuordnen.

- Auf eine gewisse Dauer (Abgrenzung zu Art. 8 GG)
- Organisierte Willensbildung

Diese Definitionsmerkmale muß man sich nicht auswendig merken. Man kann sie dem § 2 des Vereinsgesetzes (VereinsG) entnehmen.

Koalitionen sind Vereinigungen mit spezifischer Zielsetzung

Der Begriff der Koalition (Art. 9 III GG) bezeichnet eine Vereinigung (Voraussetzungen wie oben geschildert) mit spezifischer Zielsetzung, deren Zweck kumulativ die Wahrung und die Förderung der Arbeits- und Wirtschaftsbedingungen umfaßt. Damit sind die Gewerkschaften und die Arbeitgeberverbände gemeint.

Weitere Voraussetzungen der Koalition sind die Gegnerunabhängigkeit und Gegnerfreiheit, da nur so die Vereinigung die Aufgaben einer Koalition erfüllen kann. Nicht erforderlich ist die Tariffähigkeit bzw. eine Kampfbereitschaft (BVerfGE 59, 233/251 f.; 18, 18/26 ff.).

b. Schutzumfang

Kollektive Vereinigungs- und Koalitionsfreiheit

Die kollektive Vereinigungs- bzw. Koalitionsfreiheit umfaßt den Schutz der frei gebildeten Vereinigung zur selbstbestimmten Willensbildung und Geschäftsführung im Rahmen ihres Zwecks. Art. 9 I, III GG schützen damit die Existenz und die Funktionsfähigkeit der Vereinigung bzw. Koalition.

Zur Funktionsfähigkeit gehört neben der Organisationsfreiheit auch die Betätigungsfreiheit, welche hinsichtlich des Art. 9 I GG nur in einem Kernbereich (vereinsspezifisches Verhalten) geschützt ist. Die übrigen Betätigungen, zu denen u.a. das Auftreten der Vereinigungen nach außen gehört und somit auch von Einzelpersonen ohne organisatorische Willensbildung vorgenommen werden können, sind nur durch die speziellen Individualgrundrechte geschützt. Als Beispiel sei hier die Geschäftstätigkeit einer Aktiengesellschaft genannt (Art. 12 I, 19 III GG).

Im Gegensatz dazu ist nach heutiger Ansicht im Rahmen des Art. 9 III GG die »gesamte außenwirksame Verfolgung der Koalitionszwecke« (z.B. Streik, Aussperrung) geschützt (BVerfGE 93, 352/358 ff.; BVerfG, NJW 99, 2657 f.). Art. 9 III GG gewährt somit einen weiter zu verstehenden Schutz als Art. 9 I GG.

Individuelle Vereinigungs- und Koalitionsfreiheit

Die individuelle Vereinigungsfreiheit schützt die Gründung, den Beitritt, das Verbleiben in der Vereinigung und die Freiheit, sich in ihrem Rahmen zu betätigen (positive Vereinigungs-/Koalitionsfreiheit). Ebenso wird das Recht einer Vereinigung fernzubleiben oder sie zu verlassen erfaßt (negative Vereinigungs-/Koalitionsfreiheit).

Die Grundrechte im einzelnen 129

Ein Klassiker in diesem Zusammenhang stellt die Zwangsmitgliedschaft in öffentlich-rechtlichen Verbänden dar, die im Gegensatz zur Zwangsmitgliedschaft in privatrechtlichen Verbänden nicht vom Schutzbereich des Art. 9 I GG erfaßt wird. Argumentativ läßt sich dies so verdeutlichen:

Zwangsmitgliedschaft

Ausgangspunkt ist die Feststellung, daß die negative Vereinigungsfreiheit ein notwendiges Korrelat zur positiven Vereinigungsfreiheit darstellt. Öffentlich-rechtliche Vereinigungen können nur durch oder auf Grund eines Gesetzes gebildet werden. Dieses Hoheitsrecht steht dem einzelnen jedoch nicht zu, so daß er keine öffentlich-rechtliche Vereinigung von sich aus bilden kann. Demzufolge entfällt auch die negative Vereinigungsfreiheit als notwendiges Korrelat zur positiven Vereinigungsfreiheit und somit auch die Freiheit des einzelnen, dem öffentlich-rechtlichen Zusammenschluß fernzubleiben (BVerfGE 38, 281/297 f.). Es bleibt somit nichts anderes übrig, als Schutz über Art. 2 I GG zu suchen.

Art. 9 III 2 GG enthält als Besonderheit einen verfassungsrechtlich geregelten Fall der unmittelbaren Drittwirkung und schützt somit die Koalitionsfreiheit auch vor Beeinträchtigungen von privater Seite, insbesondere von Gewerkschaften und Arbeitgeberverbänden. Zu beachten ist allerdings, daß eine Verletzung des Art. 9 III 2 GG durch Maßnahmen von Privaten nicht mittels der Verfassungsbeschwerde (gegen Private!) gerügt werden kann, sondern von den ordentlichen Gerichten überprüft werden muß. Die Möglichkeit einer Anrufung des Bundesverfassungsgerichts mit einer Verfassungsbeschwerde ist erst dann eröffnet, wenn die ordentlichen Gerichte eine Verletzung des Art. 9 III 2 GG nicht ausreichend gewürdigt haben, denn erst dann liegt eine Maßnahme der öffentlichen Gewalt vor (Art. 93 Nr. 4a GG).

Unmittelbare Drittwirkung des Art. 9 III 2 GG

II. Verfassungsrechtliche Rechtfertigung von Eingriffen

Gemäß Art. 9 II GG, der trotz seiner systematischen Stellung auch für die Koalitionsfreiheit gem. Art. 9 III GG gilt, sind Vereinigungen, die den Strafgesetzen zuwiderlaufen oder sich gegen die verfassungsmäßige Ordnung oder gegen den Gedanken der Völkerverständigung richten, verboten.

Verbotsvorbehalt des Art. 9 II GG

Bei Art. 9 II GG handelt es sich nach Ansicht der Rechtsprechung um ein negatives Tatbestandsmerkmal (Wortlaut), mit der Folge, daß bei einem Vorliegen der Voraussetzungen des Art. 9 II GG bereits der Schutzbereich des Art. 9 I GG nicht eröffnet ist (BVerfGE 80, 244/252).

Art. 9 II GG als verpflichtender Gesetzesvorbehalt

Die h.M. sieht in Art. 9 II GG eine Ermächtigung zum Erlaß eines grundrechtseinschränkenden Gesetzes und damit einen verpflichtenden Gesetzesvorbehalt. Konsequenz hieraus ist, daß das Verbot als konstitutives und nicht als deklaratorisches zu verstehen ist.

Das bedeutet, daß entgegen dem Wortlaut (»...sind verboten...«) der Schutz nicht schon mit Vorliegen der Voraussetzungen des Art. 9 II GG entfällt, vielmehr bedarf es hierfür einer besonderen Verbotsregelung durch den Gesetzgeber. Eine noch strengere Ansicht verlangt mit Blick auf das Rechtsstaatsprinzip, daß es einer Feststellungsverfügung auf Grund einer Verbotsermächtigung der jeweils zuständigen Behörde bedarf. Hierunter fällt z.B. ein Vereinsverbots gem. § 3 I des Vereinsgesetzes (VereinsG).

Gemäß Art. 9 II GG kommt es entweder auf den »Zweck« oder auf die »Tätigkeit« der Vereinigung an. Hinsichtlich des Zwecks ist auf die Satzung oder auf den tatsächlich ausgeübten Zweck abzustellen. Hinsichtlich der »Tätigkeit« kommt es meist darauf an, ob Straftaten oder sonstige dem Art. 9 II GG unterfallende Handlungen einzelner Mitglieder der Vereinigung bzw. Koalition als solcher zugerechnet werden können.

Schließlich ist zu beachten, daß der Begriff der »verfassungsmäßigen Ordnung« in Art. 9 II GG nicht mit dem gleichen Begriff in Art. 2 I GG identisch ist. Er ist vielmehr bedeutungsgleich mit dem Begriff der »freiheitlich demokratischen Grundordnung« (vgl. Art. 10 II 2, 11 II, 18 GG), gegen die sich die Vereinigung mit einer »kämpferisch aggressiven Haltung« richten muß (BVerwGE 37, 344/358).

Verfassungsimmanente Schranken

Neben Art. 9 II GG kommen auch verfassungsimmanente Schranken in Betracht. In der Klausur ist u.a. an die Koalitionsfreiheit anderer (BVerfG, NJW 99, 2657 ff.) sowie an Art. 33 V GG, aus dem ein Streikverbot für Beamte abgeleitet wird, zu denken.

10. Brief-, Post-, Fernmeldegeheimnis

Brief-, Post-, Fernmeldegeheimnis   Art. 10 GG

(1) Das Briefgeheimnis sowie das Post- und Fernmeldegeheimnis sind unverletzlich.
(2) Beschränkungen dürfen nur auf Grund eines Gesetzes angeordnet werden. Dient die Beschränkung dem Schutze der freiheitlichen demokratischen Grundordnung oder des Bestandes oder der Sicherung des Bundes oder eines Landes, so kann das Gesetz bestimmen, daß sie dem Betroffenen nicht mitgeteilt wird und daß an die Stelle des Rechtsweges die Nachprüfung durch von der Volksvertretung bestellte Organe und Hilfsorgane tritt.

I. Schutzbereich

Die Schutzbereiche des Brief-, Post- und Fernmeldegeheimnisses überschneiden sich. Man kann daher von einem einheitlichen Grundrecht der Vertraulichkeit individueller Kommunikation sprechen. Der Schutzbereich des Art. 10 I GG umfaßt neben dem Geheimnisschutz bzgl. der Inhalte (gleich welcher Art) von individueller Kommunikation auch deren Umstände. So fallen auch Informationen, wie z.B. zu welchem Zeitpunkt und wie häufig eine Kommunikation stattgefunden hat, unter den Schutzbereich des Art. 10 I GG, von dem darüber hinaus sogar noch die Verwendung und die Weitergabe dieser Inhalte und Umstände mitumfaßt wird (EuGRZ 99, 389 ff.).

Art. 10 I GG schützt die:
- *Inhalte*
- *Umstände*
- *Verwendung und Weitergabe*
individueller Kommunikation

1. Das Briefgeheimnis

Es schützt den brieflichen Verkehr vor einer Kenntnisnahme durch die öffentliche Gewalt. Vor der Kenntnisnahme durch private Dritte schützt Art. 10 I GG nicht. Der Schutz beginnt mit dem Verschluß des Briefes und endet mit dem Zeitpunkt der Kenntnisnahme durch den Empfänger (BVerfGE 6, 290/300).

2. Das Postgeheimnis

Es schützt den durch die Post vermittelten Verkehr und verpflichtet die Post sowie sonstige (postfremde) Staatsorgane zur Geheimhaltung der ihr anvertrauten Sendungen (BVerfGE 67, 157/171).

Der Schutz erstreckt sich von der Einlieferung der Sendung bei der Post bis zur Ablieferung beim Empfänger. Damit überschneiden sich Brief- und Postgeheimnis im Bereich der Postbenutzung. Eine selbständige Bedeutung hat das Briefgeheimnis folglich für den Bereich vor der Einlieferung der Sendung bei der Post und nach dem Verlassen des Postbereichs.

3. Das Fernmeldegeheimnis

Es schützt den Fernsprech-, Fernschreib-, Telegramm- und Funkverkehr ebenso wie andere Formen drahtloser oder drahtgebundener Kommunikation (Computer, etc...) vor der Kenntnisnahme durch die Post sowie durch sonstige (postfremde) Staatsorgane. Erfaßt werden nicht nur Zeitpunkt und Inhalt der Kommunikation (»wie«), sondern auch die Frage, ob überhaupt kommuniziert wird (»ob«). Insbesondere das Abhören durch »Anzapfen« von Leitungen unterfällt dem Art. 10 I GG.

»Betriebsbedingte Maßnahmen«

Sog. betriebsbedingte Maßnahmen, d.h. alle zur störungsfreien Abwicklung des Post- oder Fernmeldeverkehrs erforderlichen Beschränkungen (z.B. Erfassen von Telefonaten zum Zwecke der Gebührenerhebung, Öffnen von Drucksachen, etc..), begrenzen den Schutzbereich des Art. 10 I GG, wenn sie unerläßlich sind. Demnach ist in diesen Fällen der Schutzbereich des Art. 10 I GG bereits nicht eröffnet.

II. Verfassungsrechtliche Rechtfertigung von Eingriffen

Art. 10 II 1 GG enthält einen einfachen Gesetzesvorbehalt. Das wichtigste auf der Grundlage dieser Beschränkungsmöglichkeit ergangene Gesetz ist das Gesetz zur Beschränkung des Brief-, Post- und Fernmeldegeheimnisses (Gesetz zu Art. 10 GG »G 10«). Zu beachten ist auch Art. 10 II 2 GG, der den Gesetzesvorbehalt des Art. 10 II 1 GG erweitert. Das Gesetz kann in den dort genannten Fällen bestimmen, daß keine Mitteilung an den Betroffenen erfolgt und der Rechtsweg ersetzt wird; vgl. Art. 19 IV 3 GG.

Damit weicht man der Frage des Eingriffs logisch voranzustellenden Frage der Eröffnung des Schutzbereichs aus. Vorzugswürdig dürfte die Zuordnung der Wettbewerbsfreiheit zu Art. 12 I 1 GG sein. Denn das Verhalten im Wettbewerb stellt nichts anderes als Berufsausübung dar.

Der Schutzumfang des Art. 12 I 1 GG erfaßt zudem auch die Freiheit, einen Beruf nicht zu ergreifen (negative Berufsfreiheit).

<small>Negative Berufsfreiheit</small>

II. Eingriff in den Schutzbereich

1. Vorliegen eines Eingriffs (»ob«)

Ein Eingriff in den Schutzbereich liegt jedenfalls dann vor, wenn die Maßnahme auf eine Berufsregelung zielt (Finalität). Bei berufsneutraler Zielsetzung muß die Maßnahme sich entweder unmittelbar auf die Berufsausübung auswirken (unmittelbare Beeinträchtigung) oder - soweit es sich nur um eine mittelbare Beeinträchtigung handelt - in ihren Auswirkungen von einigem Gewicht sein. Bei fehlender Finalität wird damit eine sog. »berufsregelnde Tendenz« der Maßnahme verlangt. Problematisch sind insoweit hauptsächlich die Fälle der mittelbaren Beeinträchtigung.

Beispiel: A wurde eine Subvention erteilt. Dessen Mitbewerber B ging leer aus. A erlangt durch das ihm gewährte Geld einen Wettbewerbsvorteil. Die dem B nunmehr entstehenden Umsatzeinbußen will dieser nicht hinnehmen. Da er in der Subventionierung des A einen verfassungsrechtlich nicht gerechtfertigten Eingriff in sein Grundrecht aus Art. 12 I 1 GG erblickt, greift er diesen durch Erhebung einer sog. negativen öffentlich-rechtlichen Konkurrentenklage im wirtschaftlichen Wettbewerb an. Wird die Klage Erfolg haben?

Die Klage wäre erfolgreich, wenn ein verfassungsrechtlich nicht gerechtfertigter Eingriff in Art. 12 I 1 GG vorläge. Da die - nach hier vertretener Auffassung dem Art. 12 I 1 GG zuzuordnende - Wettbewerbsfreiheit in diesem Fall thematisch einschlägig ist, ist der Schutzbereich des Grundrechts eröffnet. Fraglich ist aber, ob ein Eingriff in den Schutzbereich vorliegt. Die Subventionierung zielt nicht auf eine Regelung des Berufs des B. Also muß sie wenigstens »berufsregelnde Tendenz« haben, was - da hier nur eine mittelbare Beeinträchtigung vorliegt - entsprechend gravierende Auswirkungen der Maßnahme bei B voraussetzen würde.

<small>Negative öffentlich-rechtliche Konkurrentenklage im wirtschaftlichen Wettbewerb</small>

Die Rechtsprechung verlangt in den Fällen der Konkurrentenklage, daß die Wettbewerbsfreiheit in einem unerträglichen Maß eingeschränkt wird, der Konkurrent in seinen Wettbewerbsmöglichkeiten unzumutbar geschädigt wird bzw. die Subvention die Möglichkeit eines ruinösen Wettbewerbs schafft. Diese Formeln konkretisieren die Anforderungen an die Eingriffsqualität mittelbarer Beeinträchtigungen im Bereich der Wettbewerbsfreiheit.

Die geforderten Voraussetzungen sind allerdings nur sehr selten gegeben. Staatlich geschaffene Verschiebungen der Wettbewerbsverhältnisse sind damit i.d.R. hinzunehmen. Da entsprechend schwerwiegende Folgen im Sachverhalt nicht mitgeteilt sind, hat die Klage des B keine Aussicht auf Erfolg.

2. Arten des Eingriffs (»wie«) und ihre Abgrenzung

Bei Art. 12 I 1 GG handelt es sich um ein Grundrecht mit typisierten Eingriffsarten, in das in Form einer Berufswahlregelung durch objektive Berufszulassungsvoraussetzungen, einer Berufswahlregelung durch subjektive Berufszulassungsvoraussetzungen und einer Berufsausübungsregelung eingegriffen werden kann.

Aufgrund der Verschiedenartigkeit der verfassungsrechtlichen Rechtfertigung der jeweiligen Eingriffe empfiehlt es sich, bereits beim Prüfungspunkt des »Eingriffs in den Schutzbereich« die in Frage stehende Eingriffsart exakt zu ermitteln. Es handelt sich dabei, entgegen dem ersten Anschein, um ein schwieriges Problem. Dies ist umso schlimmer, als eine fehlerhafte Zuordnung regelmäßig als Kardinalfehler betrachtet wird. Die Abgrenzung ist folgendermaßen vorzunehmen:

Zunächst ist zu prüfen, ob in die Berufswahl eingegriffen wurde. Dies ist durch Aufstellung objektiver oder subjektiver Berufszulassungsvoraussetzungen möglich.

Objektive Berufszulassungsvoraussetzungen

● Objektive Berufszulassungsvoraussetzungen sind objektive Bedingungen der Zulassung zu einem Beruf, d.h. solche, deren Erfüllung dem Einfluß des Berufsanwärters entzogen ist. Sie sind insbesondere auch von dessen Qualifikation unabhängig.

- Bedürfnisklauseln

Zu betrachten sind zunächst einmal die Bedürfnisklauseln. Es handelt sich dabei um Klauseln, die den Zugang zum Beruf von einer Bedürfnisprüfung abhängig machen. Da Bedürfnisprüfungen dem Einfluß des Berufsanwärters entzogen sind, handelt es sich um ein klassisches Beispiel objektiver Berufszulassungsvoraussetzungen. Aber auch eine Niederlassungsordnung für Ärzte, die diesen vorschreibt, sich entsprechend einem zuvor erstellten Bedarfsplan nur an den Orten niederzulassen, an denen ärztliche Unterversorgung herrscht, ist eine objektive Berufszulassungsvoraussetzung. Das Ergebnis verblüfft zunächst, zumal die Niederlassungsordnung niemandem verbietet, Arzt zu werden, mithin überhaupt nicht als Berufswahlregelung erscheint. Des Rätsels Lösung ist, daß Art. 12 I 1 GG neben dem Recht auf freie Berufswahl das Recht auf die freie Wahl des Arbeitsplatzes (ebenso wie das Recht auf die freie Wahl der Ausbildungsstätte) ausdrücklich erwähnt. Das »wo« der Tätigkeit soll also dem »ob« der Tätigkeit gleichgestellt werden. Da hier das »wo« der Tätigkeit von einem Umstand abhängig gemacht wurde, der von Eigenschaften und persönlichen Fähigkeiten des Arztes unabhängig ist (Versorgungslage), liegt eine objektive Berufszulassungsvoraussetzung vor.

Verwaltungsmonopole stellen ebenfalls typische objektive Berufszulassungsvoraussetzungen dar. Ein Verwaltungsmonopol liegt vor, wenn eine Tätigkeit einem Verwaltungsträger ausschließlich vorbehalten ist (z.B. das vor kurzen abgeschaffte Arbeitsvermittlungsmonopol).

- Verwaltungsmonopole

• Subjektive Berufszulassungsvoraussetzungen machen die Zulassung zum Beruf von persönlichen Eigenschaften und Fähigkeiten des Berufsanwärters abhängig.

Subjektive Berufszulassungsvoraussetzungen

Ein Beispiel hierfür wäre das Anknüpfen an das Lebensalter bei der Zulassung zum Beruf. Zwar ist auch das Lebensalter dem Einfluß des Berufsanwärters entzogen, allerdings ist deswegen eine Regelung, die den Zugang zum Beruf von einem bestimmten Lebensalter abhängig macht, noch keine objektive Berufszulassungsvoraussetzung. Vielmehr ist das Lebensalter eine persönliche Eigenschaft und ein Anknüpfen daran somit eine subjektive Berufszulassungsvoraussetzung (»Hebammenentscheidung«, BVerfGE 9, 338 ff.).

- Lebensalter

• Soweit es sich nicht um einen Eingriff in die Berufswahl handelt, liegt ein Eingriff in die Berufsausübung durch eine Berufsausübungsregelung vor. Das sind all diejenigen Eingriffe, die das »wie« der Tätigkeit, also die Modalitäten ihrer Ausführung betreffen.

Berufsausübungsregelung

Beispiele: Sozietätsverbot (BVerfGE 98, 49 ff.); Warnhinweise auf Tabakverpackungen (BVerfGE 95, 173 ff.); Ladenschlußgesetz I, II (BVerfGE 13, 230 ff.; 13, 237 ff.).

Ganz entscheidend für die Einordnung des Eingriffs ist, was im konkreten Fall als Beruf anzusehen ist.

»Kassenarzturteil«

Ein anschauliches Beispiel hierfür liefern das »Kassenarzturteil« (BVerfGE 11, 30 ff.) und das »Facharzturteil« (BVerfGE 33, 125 ff.) des BVerfG. Problematisch sind beispielsweise Regelungen, die die Zulassung zum Kassenarzt oder zum Facharzt (diesmal unabhängig vom Ort der Tätigkeit) von einer Bedürfnisprüfung abhängig machen. Hier darf nicht vorschnell eine Bedürfnisklausel und dementsprechend eine objektive Berufszulassungsvoraussetzung angenommen werden. Denn die Frage nach der Art des Eingriffs kann immer nur vor dem Hintergrund des in Frage stehenden Berufes beantwortet werden. Die Antwort muß damit folgendermaßen ausfallen: Weder Kassenarzt noch Facharzt sind eigene Berufe. Beides sind vielmehr nur Unterfälle des Berufes »Arzt«. Demnach ist in beiden Fällen trotz Bedürfnisklausel nur eine Berufsausübungsregelung anzunehmen (zur Frage einer Korrektur dieses für den Betroffenen oft unbilligen Ergebnisses siehe nachstehend).

III. Verfassungsrechtliche Rechtfertigung von Eingriffen

1. Der einfache Gesetzesvorbehalt des Art. 12 I 2 GG

Auch für das Verständnis des Art. 12 I 2 GG ist ein genauer Blick in das Gesetz unumgänglich. Die »Berufsausübung« kann durch oder auf Grund eines Gesetzes »geregelt« werden. Beide Wörter stellen uns vor Probleme:

Art. 12 I 2 GG gilt für die Berufswahl und die Berufsausübung gleichermaßen

Dem Wortlaut nach scheint eine Regelung der Berufswahl nicht möglich zu sein. Hier muß aber der zweite Aspekt des »Apothekenurteils« des BVerfG (E 7, 377 ff.) beachtet werden. Was für den Schutzbereich gilt, muß natürlich ebenso für die Beschränkungsmöglichkeiten gelten: Art. 12 GG ist ein einheitliches Grundrecht. Es schützt Berufswahl und Berufsausübung gleichermaßen. Daher müssen auch Eingriffe in beide Schutzobjekte verfassungsrechtlich gerechtfertigt werden können. Der Gesetzesvorbehalt gilt also auch für Eingriffe in die Berufswahl. Daß in Art. 12 I 1 GG von Berufsausübung und in Art. 12 I 2 GG von Berufswahl keine Rede ist, spielt folglich keine Rolle.

Das zweite Problem ergibt sich aus dem Begriff der Regelung. Zwar meint »Regelung« in erster Linie die Ausformung des Schutzbereichs durch den Gesetzgeber, aber das BVerfG sieht auch in sämtlichen Be- und Einschränkungen »Regelungen« i.S.d. Art. 12 I 2 GG. Dies hat zur Folge, daß es sich trotz des mißverständlichen Wortlauts um einen einfachen Gesetzesvorbehalt handelt, der Eingriffe in das Grundrecht verfassungsrechtlich rechtfertigen kann.

Voraussetzung der Beschränkungsmöglichkeit des Art. 12 I 2 GG ist also nur, daß der Eingriff »durch Gesetz oder auf Grund eines Gesetzes« erfolgt.

2. Schranken-Schranken

a. Art. 19 GG

Zu beachten ist, daß das Zitiergebot des Art. 19 I 2 GG bei Art. 12 GG nicht gilt. Begründet wird dies damit, daß es sich bei Art. 12 GG nicht um ein Grundrecht handelt, das durch oder auf Grund eines Gesetzes »eingeschränkt« werden kann (vgl. Art. 19 I 1 GG). Das ist deswegen verwunderlich, weil Art. 12 I 2 GG, wie gezeigt wurde, einen einfachen Gesetzesvorbehalt darstellt und damit Einschränkungen durch oder auf Grund eines Gesetzes ermöglicht.

b. Dreistufentheorie und/oder Verhältnismäßigkeitsgrundsatz

Geradezu als »klassisch« läßt sich der nun zu erörternde dritte Aspekt des »Apothekenurteils« des BVerfG (E 7, 377 ff.) bezeichnen: die Dreistufentheorie. Sie ist eine Schranken-Schranke des Art. 12 GG. Im folgenden wird in zwei Schritten vorgegangen: In einem ersten Schritt werden die Regeln der Dreistufentheorie erläutert, um sodann in einem zweiten Schritt den Klausuraufbau an diesem Punkt darzustellen.

»Dreistufentheorie«

Die Dreistufentheorie enthält folgende drei Regeln:
- Regel 1: Bei der Frage der verfassungsrechtlichen Rechtfertigung von Eingriffen in Art. 12 I 1 GG sind - entsprechend der Intensität des Eingriffs - drei Stufen zu unterscheiden:
1. Stufe: Berufsausübungsregelungen
2. Stufe: Subjektive Berufszulassungsvoraussetzungen
3. Stufe: Objektive Berufszulassungsvoraussetzungen
- Regel 2: Der Eingriff hat immer auf der niedrigsten Stufe zu erfolgen. Erst wenn sich auf der vorhergehenden Stufe eine entsprechend wirksame Regelung nicht treffen läßt, darf die nächste Stufe betreten werden.

• Regel 3: Die Anforderungen an die verfassungsrechtliche Rechtfertigung des Eingriffs steigen mit zunehmender Eingriffsintensität von Stufe zu Stufe. Dabei gelten folgende Formeln:

1. Stufe: Berufsausübungsregelungen: »Der Eingriff ist verfassungsrechtlich gerechtfertigt, wenn sachgerechte vernünftige Erwägungen des Gemeinwohls die Regelung als zweckmäßig erscheinen lassen.«

2. Stufe: Subjektive Berufszulassungsvoraussetzungen: »Der Eingriff ist verfassungsrechtlich gerechtfertigt, wenn der Schutz besonders wichtiger Gemeinschaftsgüter die Regelung erfordert.«

3. Stufe: Objektive Berufszulassungsvoraussetzungen: »Der Eingriff ist verfassungsrechtlich gerechtfertigt, wenn er zur Abwehr nachweisbarer oder höchstwahrscheinlicher schwerer Gefahren für ein überragend wichtiges Gemeinschaftsgut zwingend erforderlich ist.«

Klausuraufbau

Diese Aussagen des BVerfG sind nunmehr in den Klausuraufbau zu integrieren. Dabei stellt sich die Frage, ob die Dreistufentheorie allein oder daneben auch noch der Verhältnismäßigkeitsgrundsatz zu prüfen ist. Nach hier vertretener Ansicht weder noch. Der beste Klausuraufbau besteht in einer Kombination aus beiden, wobei die Dreistufentheorie quasi in den Verhältnismäßigkeitsgrundsatz »eingebaut« wird. Dabei ist folgendermaßen vorzugehen:

Das Problem wird im Kontext der Schranken-Schranken erörtert. Es ist kurz darzulegen, daß das BVerfG für Art. 12 GG die Dreistufentheorie entwickelt hat. Sodann hat der Klausurant festzustellen, daß diese nichts anderes ist als das Ergebnis strikter Anwendung des Verhältnismäßigkeitsgrundsatzes.

Entsprechend ist zu prüfen:
1. Verfolgung eines verfassungslegitimen Ziels
2. Geeignetheit des Mittels zur Erreichung des Ziels
3. Erforderlichkeit: Hier kann nun die zweite Regel der Dreistufentheorie, nach der grundsätzlich auf der niedrigsten Stufe eingegriffen werden muß, geprüft werden.
4. Verhältnismäßigkeit i.e.S.: Hier kann nun die dritte Regel der Dreistufentheorie geprüft werden. Es ist sorgfältig zu untersuchen, ob im konkreten Fall die vom BVerfG aufgestellten Anforderungen für die jeweils einschlägige Stufe erfüllt sind.

Die Dreistufentheorie führt jedoch nicht immer zu gerechten Ergebnissen, so daß man sich im Anschluß an deren Prüfung immer fragen sollte, ob nicht ausnahmsweise eine Korrektur in Betracht kommt. Das Problem taucht in den Fällen auf, in denen sich eine Berufsausübungsregelung de facto wie eine Berufswahlregelung auswirkt. Klassisches Beispiel hierfür ist die Bedürfnisprüfung vor der Zulassung zum Kassenarzt. Es wurde gezeigt, daß es sich hierbei, da die Tätigkeit als Kassenarzt kein eigener Beruf ist, um eine Berufsausübungsregelung handelt.

Korrektur der Dreistufentheorie

Danach wäre der Eingriff bereits gerechtfertigt, wenn sachgerechte, vernünftige Erwägungen des Gemeinwohls die Regelung als zweckmäßig erscheinen ließen. Man bedenke aber die Situation des Arztes: Da ca. 80% der Bevölkerung in der gesetzlichen Krankenkasse versichert sind, kann er ohne Kassenzulassung seinen Beruf praktisch nicht ausüben. In diesen Fällen der Berufsausübungsregelung mit berufswahlregelnder Wirkung korrigiert das BVerfG die Dreistufentheorie. Zwar bleibt die Berufsausübungsregelung eine Berufsausübungsregelung, doch ist diese ausnahmsweise den Anforderungen der Stufe zu unterstellen, deren Wirkung sie zeitigt. Da sich die Zulassungsbeschränkung für Kassenärzte wie eine objektive Berufszulassungsvoraussetzung auswirkt, unterliegt sie folglich deren Schranken. Sie muß also zur Abwehr nachweisbarer oder höchstwahrscheinlicher schwerer Gefahren für ein überragend wichtiges Gemeinschaftsgut zwingend erforderlich sein. Im »Kassenarzturteil« (BVerfGE 11, 30 ff.) hat das BVerfG dies verneint. Zwar ist die Volksgesundheit ein überragend wichtiges Gemeinschaftsgut; eine Zulassungsbeschränkung ist zu deren Sicherstellung aber nicht zwingend erforderlich. Es sei aber nochmals daran erinnert, daß diese Korrektur der Dreistufentheorie nur seltene Ausnahmefälle betrifft.

c. Verfassungsmäßigkeit der Regelung im übrigen; insbesondere kein Verstoß gegen grundlegende Verfassungsprinzipien

Verfassungsmäßigkeit im übrigen

In Rahmen dieser Schranken-Schranke soll nur die Frage eines Verstoßes gegen das Rechtsstaatsprinzip des Art. 20 III GG durch den Gesetzgeber angesprochen werden. Ausfluß des Rechtsstaatsprinzips ist der Grundsatz vom Vorbehalt des Gesetzes, den die Rechtsprechung durch die Wesentlichkeitstheorie ausgeformt hat. Will der Gesetzgeber Regelungen der Berufsfreiheit auf eine Selbstverwaltungskörperschaft mit Satzungsautonomie delegieren, so ist zu unterscheiden:

Objektive oder subjektive Berufszulassungsvoraussetzungen, also Regelungen der Berufswahl (statusbildende Regelungen), muß der Gesetzgeber selbst treffen. Andernfalls liegt ein Verstoß gegen die Wesentlichkeitstheorie und damit ein Verstoß gegen Art. 12 I 1 GG vor (Verstoß gegen ein grundlegendes Verfassungsprinzip). Berufsausübungsregelungen können dagegen an die Selbstverwaltungskörperschaft delegiert werden. Hierin liegt kein Verstoß gegen die Wesentlichkeitstheorie (BVerfGE 33, 125 ff. »Facharztentscheidung«).

12. Unverletzlichkeit der Wohnung

Art. 13 GG

Unverletzlichkeit der Wohnung

(1) Die Wohnung ist unverletzlich.
(2) Durchsuchungen dürfen nur durch den Richter, bei Gefahr im Verzuge auch durch die in den Gesetzen vorgesehenen anderen Organe angeordnet und nur in der dort vorgeschriebenen Form durchgeführt werden.
(3) Begründen bestimmte Tatsachen den Verdacht, daß jemand eine durch Gesetz einzeln bestimmte besonders schwere Straftat begangen hat, so dürfen zur Verfolgung der Tat auf Grund richterlicher Anordnung technische Mittel zur akustischen Überwachung von Wohnungen, in denen der Beschuldigte sich vermutlich aufhält, eingesetzt werden, wenn die Erforschung des Sachverhalts auf andere Weise unverhältnismäßig erschwert oder aussichtslos wäre. Die Maßnahme ist zu befristen. Die Anordnung erfolgt durch einen mit drei Richtern besetzten Spruchkörper. Bei Gefahr im Verzuge kann sie auch durch einen einzelnen Richter getroffen werden.
(4) Zur Abwehr dringender Gefahren für die öffentliche Sicherheit, insbesondere einer gemeinen Gefahr oder einer Lebensgefahr, dürfen technische Mittel zur Überwachung von Wohnungen nur auf Grund richterlicher Anordnung eingesetzt werden. Bei Gefahr im Verzuge kann die Maßnahme auch durch eine andere gesetzlich bestimmte Stelle angeordnet werden; eine richterliche Entscheidung ist unverzüglich nachzuholen.

(5) Sind technische Mittel ausschließlich zum Schutze der bei einem Einsatz in Wohnungen tätigen Personen vorgesehen, kann die Maßnahme durch eine gesetzlich bestimmte Stelle angeordnet werden. Eine anderweitige Verwertung der hierbei erlangten Erkenntnisse ist nur zum Zwecke der Strafverfolgung oder der Gefahrenabwehr und nur zulässig, wenn zuvor die Rechtmäßigkeit der Maßnahme richterlich festgestellt ist; bei Gefahr im Verzuge ist die richterliche Entscheidung unverzüglich nachzuholen.

(6) Die Bundesregierung unterrichtet den Bundestag jährlich über den nach Absatz 3 sowie über den im Zuständigkeitsbereich des Bundes nach Absatz 4 und, soweit richterlich überprüfungsbedürftig, nach Absatz 5 erfolgten Einsatz technischer Mittel. Ein vom Bundestag gewähltes Gremium übt auf der Grundlage dieses Berichts die parlamentarische Kontrolle aus. Die Länder gewährleisten eine gleichwertige parlamentarische Kontrolle.

(7) Eingriffe und Beschränkungen dürfen im übrigen nur zur Abwehr einer gemeinen Gefahr oder einer Lebensgefahr für einzelne Personen, auf Grund eines Gesetzes auch zur Verhütung dringender Gefahren für die öffentliche Sicherheit und Ordnung insbesondere zur Behebung der Raumnot, zur Bekämpfung von Seuchengefahr oder zum Schutze gefährdeter Jugendlicher vorgenommen werden.

I. Schutzbereich

1. Persönlicher Schutzbereich

Geschützt ist der Wohnungsinhaber, d.h. der unmittelbare Besitzer der Wohnung. Auf die Eigentumsverhältnisse kommt es nicht an.

2. Sachlicher Schutzbereich

Art. 13 GG steht im engen Zusammenhang mit dem allgemeinen Persönlichkeitsrecht und schützt als dessen Konkretisierung den räumlichen Bereich der individuellen Persönlichkeitsentfaltung (Schutz der räumlichen Privatsphäre).

Der Begriff »Wohnung« in Art. 13 I GG ist dementsprechend nicht nur im Sinne von Wohnraum zu verstehen, sondern muß seinem Schutzzweck entsprechend weit ausgelegt werden. »Wohnung«

Daher fallen neben Wohn-, auch Neben-, Arbeits-, Betriebs- und Geschäftsräume und sogar befriedetes Besitztum, sofern es einen engen räumlichen Bezug zur Wohnung aufweist, unter den Schutz des Art. 13 I GG. Diese Aufzählung findet sich in den Polizeigesetzen der Länder wieder (vgl. z.B. in Bayern Art. 23 I 2 BayPAG). Nach diesem weiten Verständnis können auch Wohnwagen, Zelte und Hotelzimmer unter den Begriff »Wohnung« des Art. 13 I GG subsumiert werden (BGHZ 31, 285/289).

II. Eingriff in den Schutzbereich

Eingriffe in den Schutzbereich des Art. 13 GG stellen das Eindringen und Verweilen sowie das Anbringen von technischen Überwachungsgeräten durch die öffentliche Gewalt dar. Ferner sind auch Überwachungen von außen mittels Richtstrahlmikrofonen bzw. Infrarotkameras als Eingriff zu qualifizieren.

III. Verfassungsrechtliche Rechtfertigung von Eingriffen

Mit der Neufassung des Art. 13 GG im Jahre 1998 durch das 43. Änderungsgesetz sind über die bereits bestehenden Einschränkungsmöglichkeiten (Art. 13 II und III GG a. F.) weitere Begrenzungsregelungen - zur Überwachung von Wohnungen - eingefügt worden (vgl. Art. 13 III bis VI GG n. F.; Stichwort: Großer Lauschangriff).

1. Durchsuchungen, Art. 13 II GG

»Durchsuchungen«
Unter Durchsuchung versteht man das ziel- und zweckgerichtete Suchen staatlicher Organe nach Personen oder Sachen oder zur Ermittlung eines Sachverhalts, um etwas aufzuspüren, was der Inhaber der Wohnung von sich aus nicht offenlegen oder herausgeben will. Die Durchsuchung ist abzugrenzen von den Betretungs- und Besichtigungsrechten (sog. »Nachschau«) gem. § 22 II GastG, § 17 II HandwO, § 10 II BSeuchenG, § 52 II BImschG (u.a.). Im Gegensatz zur Durchsuchung, bei der Verborgenes aufgefunden werden soll, findet bei der »Nachschau« nur eine Besichtigung zu einem anderen - im jeweiligen Gesetz angegebenen - Zweck statt. Die »Nachschau« unterfällt somit nicht dem Gesetzesvorbehalt des Art. 13 II GG, sondern allenfalls dem des Art. 13 VII GG.

»Nachschau«

Durchsuchungen hingegen bemessen sich nach dem verschärften Gesetzesvorbehalt des Art. 13 II GG, der eine die Durchsuchung gestattende gesetzliche Grundlage und die Anordnung durch den Richter verlangt. Bei Gefahr in Verzug, also dann, wenn die vorherige Einholung der richterlichen Anordnung den Erfolg der Durchsuchung gefährden würde, kann die Durchsuchung auch von anderen Organen als dem Richter angeordnet werden (vgl. § 105 I StPO, § 152 GVG).

2. Überwachungen mit technischen Mitteln, Art. 13 III bis VI GG
Die Art. 13 III und IV GG stellen ebenfalls qualifizierte Gesetzesvorbehalte dar.

Art. 13 III GG erlaubt unter bestimmten Voraussetzungen die akustische Überwachung der in Art. 13 I GG geschützten »Wohnungen« (sog. Lauschangriff). Die Formulierung in Abs. III »...in denen der Beschuldigte sich vermutlich aufhält...«, stellt keine Beschränkung auf die eigene Wohnung des Beschuldigten dar, sondern ist als Erweiterung der akustischen Überwachungsmöglichkeit auch auf Wohnungen von unbeteiligten Personen zu verstehen (...in denen sich der Beschuldigte vermutlich aufhält; sog. Großer Lauschangriff).

»Lauschangriff«

»Großer Lauschangriff«

Art. 13 IV GG ermöglicht - unter noch strengeren Voraussetzungen - den Einsatz technischer Mittel jeder Art (akustisch, optisch etc.; sog. Spähangriff).

»Spähangriff«

3. »Eingriffe und Beschränkungen... im übrigen« , Art. 13 VII GG
Aus dem Wortlaut »im übrigen« ersichtlich, handelt es sich bei Art. 13 VII GG um einen Auffangtatbestand. Sollte im konkreten Fall weder eine Durchsuchung noch ein Lausch- oder Spähangriff gem. Art. 13 III, IV GG vorliegen (z.B. verdeckter Ermittler), ist ein Rückgriff auf Art. 13 VII GG geboten, bei dem zwei Gruppen von Grundrechtseinschränkungen zu unterscheiden sind:

»Eingriffe und Beschränkungen...im übrigen«

• Gemäß Art. 13 VII Hs.1 GG kann zur Abwehr einer gemeinen Gefahr oder einer Lebensgefahr für einzelne Personen völlig ohne gesetzliche Grundlage in Art. 13 I GG eingegriffen werden.

1. Gruppe
Verfassungsunmittelbarer Exekutivvorbehalt

• Gemäß Art. 13 VII Hs.2 GG bedürfen alle anderen Eingriffe einer speziellen gesetzlichen Vorschrift, welche der Verhütung einer dringenden Gefahr für die öffentliche Sicherheit und Ordnung dient.

2. Gruppe

Die bereits angesprochenen behördlichen Betretungs- und Besichtigungsrechte (z.B. nach § 17 II HandwO) genügen regelmäßig

Weitere Einschränkungsmöglichkeiten nach Abstufung der Schutzintensität

nicht den Anforderungen des Art. 13 VII GG und können somit den Eingriff eigentlich nicht rechtfertigen. Deshalb wird diskutiert, ob in diesen Fällen noch weitere Einschränkungsmöglichkeiten existieren. Ausgangspunkt der Überlegung ist, daß je nach der Art der Räume, die besichtigt werden sollen, ein unterschiedlich großes Schutzbedürfnis besteht. So genießen Wohnungen i.e.S. (individuelle Privatsphäre) größeren Schutz als Räume, in denen zugleich oder ausschließlich eine berufliche oder geschäftliche Tätigkeit ausgeübt wird. Allgemein formuliert bedeutet dies, daß das Schutzbedürfnis umso geringer anzusetzen ist, je mehr der Wohnungsinhaber von seiner individuellen Privatsphäre preisgibt. Nun stellt sich die Frage welche Auswirkungen ein geringeres Schutzbedürfnis hat. Teilweise wird vertreten, daß solche Geschäftsräume (insbesondere Laden- und Verkaufsräume), die dem unkontrollierten Zutritt durch jedermann offenstehen, zumindest während der Geschäftszeit überhaupt nicht in den Schutzbereich des Art. 13 I GG fallen. Die Rechtsprechung sieht auch solche Räume vom Schutzbereich des Art. 13 I GG erfaßt, geht aber, aufgrund der geringeren Schutzbedürftigkeit, von einer weiteren Einschränkungsmöglichkeit in Form eines ungeschrieben einfachen Gesetzesvorbehalts (dritte Gruppe) aus. Eine weitere, dogmatisch am besten zu begründende Ansicht, löst das Problem über die verfassungsimmanenten Schranken. Die beiden letzten Lösungsansätze haben gemein, daß ein behördliche Betretungsrechte jedenfalls dann zulässig ist, wenn (vgl. BVerfGE 32, 75 ff.):

• eine besondere gesetzliche Vorschrift zum Betreten der Räume ermächtigt,

• das Betreten und Besichtigen einem erlaubten Zweck dient und erforderlich ist,

• der Zweck, Gegenstand und Umfang der zugelassenen Besichtigung im Gesetz deutlich erkennbar ist,

• das Gesetz das Betreten und Besichtigen der Räume nur während der normalen Geschäftszeit (auch Überstunden und Sonderschichten) gestattet.

Gesetzesvorbehalt in Art. 17 a II GG

Ein weiterer Gesetzesvorbehalt, von dem man schon etwas gehört haben sollte, ist in Art. 17a II GG zu finden. Aufgrund seines engen Anwendungsbereichs ist die Klausurrelevanz allerdings eher gering einzustufen.

13. Eigentumsgarantie

Eigentum   **Art. 14 GG**

(1) Das Eigentum und das Erbrecht werden gewährleistet. Inhalt und Schranken werden durch die Gesetze bestimmt.
(2) Eigentum verpflichtet. Sein Gebrauch soll zugleich dem Wohle der Allgemeinheit dienen.
(3) Eine Enteignung ist nur zum Wohle der Allgemeinheit zulässig. Sie darf nur durch Gesetz oder auf Grund eines Gesetzes erfolgen, das Art und Ausmaß der Entschädigung regelt. Die Entschädigung ist unter gerechter Abwägung der Interessen der Allgemeinheit und der Beteiligten zu bestimmen. Wegen der Höhe der Entschädigung steht im Streitfalle der Rechtsweg vor den ordentlichen Gerichten offen.

Prüfungsschema, Art. 14 GG

I. Schutzbereich
  1. Schutzobjekt: Eigentum
  2. Schutzumfang
    a. Instituts-/Einrichtungsgarantie
    b. Bestands-/Rechtstellungsgarantie
    c. Nutzung, Verwertung, Verfügung
II. Eingriff in den Schutzbereich
  1. Vorliegen eines Eingriffes (ob)
  2. Arten des Eingriffes (wie) und ihre Abgrenzung
    a. Theorienübersicht
    b. Die neuere Rechtsprechung des BVerfG
    c. Konsequenzen für die Klausur
III. Verfassungsrechtliche Rechtfertigung von Eingriffen
  1. Inhalts- und Schrankenbestimmungen
    a. Der einfache Gesetzesvorbehalt des Art. 14 I 2 GG
    b. Schranken-Schranken
  2. Enteignung
    a. Administrativenteignung
    b. Legalenteignung
  3. Sonstige Eingriffe

I. Schutzbereich

1. Schutzobjekt des Art. 14 GG ist das Eigentum

Aufgabe des Eigentumsgrundrechts

Aufgabe des Eigentumsgrundrechts ist es, dem Grundrechtsträger einen Freiheitsraum im vermögensrechtlichen Bereich zu sichern und ihm damit eine eigenverantwortliche Gestaltung seines Lebens zu ermöglichen.

»Eigentum«

Bei der Bestimmung des Begriffs »Eigentum« spielt die Regelung des Art 14 I 2 GG, wonach der Inhalt des Eigentums durch die Gesetze bestimmt wird, eine entscheidende Rolle. Im Zusammenhang mit der Kunstfreiheit wurde gezeigt, daß ein Definitionsverbot für den Begriff »Kunst« nicht besteht. Dies leuchtet schon deshalb ein, weil es nicht dem einzelnen überlassen bleiben kann, zu bestimmen, ob sein Verhalten »Kunst« ist und damit dem Schutzbereich unterfällt oder nicht. Nun scheint der Fall bei Art. 14 GG noch eklatanter zu sein. Kann doch nach dem klaren Wortlaut dieser Norm derjenige den Inhalt des Eigentums und damit den Schutzbereich bestimmen, gegen den er in erster Linie Schutz vermitteln soll, nämlich der Gesetzgeber! Bei genauerer Betrachtung zeigt sich aber, daß dies für den Grundrechtsträger kaum gravierende Konsequenzen zeitigt. Soweit die - noch zu erläuternde - Institutsgarantie des Eigentumsgrundrechts betroffen ist, d.h. das Eigentum generell abgeschafft werden soll, liegt eine Inhaltsbestimmung nicht vor. Sicherlich keine Inhaltsbestimmung ist auch die Enteignung i.S.v. Art. 14 III GG. Im übrigen hat der Gesetzgeber das Eigentum schon derart mannigfaltig ausgestaltet, daß praktisch jede neue Inhaltsbestimmung ein Eingriff in bereits vorhandene, vom Gesetzgeber als solche ausgeformte Eigentumspositionen darstellt und damit zugleich auch Schrankenbestimmung i.S.v. Art. 14 I 2 GG ist (sog. Inhalts- und Schrankenbestimmung). Für die Prüfung bedeutet dies, daß als Eigentum das zugrundezulegen ist, was sich vor dem Eingriff aus der Zusammenschau aller zu diesem Zeitpunkt geltenden, die Eigentümerstellung regelnden gesetzlichen Vorschriften als solches darstellt (»Zusammenschautheorie«). Dem Eigentumsbegriff unterfallen daher:

Vermögenswerte Rechte des Privatrechts

● Sämtliche vermögenswerte Rechte des Privatrechts, so beispielsweise das Sacheigentum, Forderungen, dingliche Rechte, Anteile an juristischen Personen (z.B. Aktien). Neben den dinglichen

Rechten werden auch sonstige gegenüber jedermann wirkende Rechtspositionen wie Urheber-, Patent- und Warenzeichenrechte erfaßt (»geistiges Eigentum«). Der Begriff des Eigentums i.S.v. Art. 14 GG ist daher mit dem Begriff des Eigentums i.S.v. § 903 BGB, der nur das Sacheigentum betrifft, nicht identisch, geht vielmehr weit über diesen hinaus.

- Auch das Recht am eingerichteten und ausgeübten Gewerbebetrieb unterfällt Art. 14 GG. Einfachgesetzlich ist dieses Recht als »sonstiges Recht« durch § 823 I BGB geschützt.

<small>Recht am eingerichteten und ausgeübten Gewerbebetrieb</small>

- Vermögenswerte Rechte des öffentlichen Rechts werden erfaßt, soweit sie überwiegend Äquivalent eigener Arbeit und Leistung sind, d.h. nicht ausschließlich auf staatlicher Gewährung beruhen. Ein Anspruch auf Erstattung zuviel gezahlter Steuern ist in diesem Sinne »erdient«, nicht aber ein Anspruch auf Subventionierung, da diese ausschließlich auf staatlicher Gewährung beruht. Sozialversicherungsrechtliche Ansprüche werden nur erfaßt, wenn sie

<small>Vermögenswerte Rechte des öffentlichen Rechts</small>

- nach Art eines Ausschließlichkeitsrechts dem Rechtsträger als privatnützig zugeordnet sind,
- auf nicht unerheblichen Eigenleistungen des Versicherten beruhen
- und der Sicherung seiner Existenz dienen.

- Das Vermögen als solches wird nicht vom Art. 14 GG geschützt. Vor der Auferlegung von öffentlichen Abgabenverpflichtungen schützt daher nur Art. 2 I GG. Wie bereits gezeigt wurde, unterfällt eine erdrosselnde/konfiskatorische Abgabe aber dem Art. 14 GG.

<small>Vermögen als solches</small>

2. Schutzumfang

a. Instituts-/Einrichtungsgarantie
Sie ist Teil der objektiv-rechtlichen Wirkung des Art. 14 GG und verbietet eine Abschaffung des Instituts »Eigentum«. Damit soll ein elementarer Grundbestand von Normen, die das Eigentum i.S.d. Art. 14 GG ausmachen, geschützt werden.

<small>Instituts-/Einrichtungsgarantie</small>

b. Bestands-/Rechtstellungsgarantie
Sie ist die subjektiv-rechtliche Wirkung des Art. 14 GG und sichert den Bestand des konkreten Eigentums in der Hand eines jeden einzelnen Eigentümers.

<small>Bestands-/Rechtstellungsgarantie</small>

Wertgarantie

Die Bestandsgarantie ist bei Enteignungen i.S.v. Art. 14 III GG betroffen. Wie noch zu zeigen sein wird, setzt sie sich dort durch Zubilligung einer entsprechenden Entschädigung in einer Wertgarantie fort.

Abgrenzung der Schutzbereiche der Art. 14 GG und Art. 12 GG

An der Bestandsgarantie hat auch die Abgrenzung der Schutzbereiche von Art. 14 GG und Art. 12 GG anzusetzen (Problem der Grundrechtskonkurrenz). Da Art. 14 GG nur den vorhandenen Bestand und nicht bloße Interessen, Erwerbsaussichten, Zukunftschancen und Verdienstmöglichkeiten schützt, gilt als Faustregel: Art. 14 GG schützt das Erworbene, Art. 12 GG den Erwerb. Oft ist zweifelhaft, ob der Sachverhalt unter Art. 14 GG oder unter 12 GG zu subsumieren ist. Man darf sich dann keinesfalls unter Berufung auf die genannte Abgrenzungsformel auf die Prüfung nur eines Grundrechts beschränken. Vielmehr müssen in solchen Fällen - und so verfährt auch die Rechtsprechung - beide Grundrechte kumulativ geprüft werden. Da zwischen ihnen Idealkonkurrenz vorliegt, begegnet dieses Vorgehen auch keinen methodischen Bedenken. Es sollten dann aber auch die Ergebnisse harmonisiert werden: Wird der Eingriff hinsichtlich des einen Grundrechts für verfassungsrechtlich gerechtfertigt gehalten, so sollte man beim anderen Grundrecht zum selben Ergebnis gelangen (und umgekehrt).

Bestandsgarantie beim eingerichteten und ausgeübten Gewerbebetrieb

Schwierig ist die Bestimmung der Bestandsgarantie beim eingerichteten und ausgeübten Gewerbebetrieb. Ganz sicher wird die Unternehmenssubstanz an sich (sachliche Betriebsmittel) geschützt. Anderseits werden bloße Erwerbsaussichten oder der Verlust des Lagevorteils (z.B. durch Änderung von Straßen) ebensowenig wie Ausstrahlungen des Betriebs (Geschäftsbeziehungen, Kundenstamm, etc.) vom Schutz des Art. 14 GG erfaßt.

c. Nutzung, Verwertung, Verfügung

Schutz der Verfügung über das Eigentum sowie dessen Nutzung und Verwertung:

Neben dem Bestand wird die Verfügung über das Eigentum sowie vor allem dessen Nutzung und Verwertung gesichert. In Zusammenschau mit der Bestandsgarantie ergibt sich daraus ein entscheidendes Merkmal des Eigentumsgrundrechts: die Privatnützigkeit. Damit wird der Zustand der Zuordnung eines Rechtsguts zu einem Rechtsträger und die grundsätzliche Berechtigung, mit diesen Rechtsgut nach Belieben zu verfahren, bezeichnet.

- **Anliegerrecht bzw. Anliegergebrauch**

Zunächst fällt das Anliegerrecht bzw. der Anliegergebrauch hierunter. Dahinter steht der Gedanke, daß der Straßenanlieger auf

Befugnisse im Hinblick auf die Straßennutzung angewiesen ist, die über die der anderen Straßenbenutzer hinausgehen. Geschützt ist der »Kontakt nach außen«, d.h. vor allem der Zugang von und zum Grundstück. Bei Gewerbebetrieben ist danach zu unterscheiden, ob lediglich ein Lagevorteil oder der »Kontakt nach außen« betroffen ist. Außerdem berechtigt der Anliegergebrauch zu einer gesteigerten Nutzung der Straße in dem Umfang, in dem die angemessene Nutzung des Grundstücks sie erfordert (z.B.: Mülltonne am Straßenrand).

Klausurstandort (insbesondere im Straßen- und Wegerecht): Verfassungskonforme Auslegung des Begriffes »Gemeingebrauch« (z.B. Art. 14 BayStrWG).

Umstritten ist, ob auch die Baufreiheit von Art. 14 GG erfaßt wird. Ein Teil der Literatur vertritt die Ansicht, daß die bauliche Nutzbarkeit eines Grundstücks erst durch die Erteilung der Baugenehmigung gewährt werde. Richtig dürfte es sein, die Baufreiheit mit der h.M. dem Schutzbereich des Art. 14 GG zuzuordnen, denn sie ist wesentliches Merkmal der privatnützigen Nutzung des Grundeigentums. Würde erst ein verwaltungsrechtlicher Akt die Befugnis zur baulichen Nutzung eröffnen, so wäre die Privatnutzung im Kern getroffen.

- Baufreiheit

Klausurstandort (insbesondere im Baurecht): Anspruch auf Baugenehmigung aus Art. 14 GG (h.M.) oder (in Bayern) aus Art. 72 I BayBO. Der Streit stellt sich aber als eher theoretisch dar, da der Klausurant die Voraussetzungen der einfachgesetzlichen baurechtlichen Norm ohnehin zu prüfen hat.

II. Eingriff in den Schutzbereich

1. Vorliegen eines Eingriffs (»ob«)

Ein Eingriff in den Schutzbereich liegt vor, wenn eine von Art. 14 GG geschützte Position entzogen oder die Verfügung, Nutzung oder Verwertung einer solchen Position Beschränkungen unterworfen wird.

Problematisch sind hauptsächlich die Fälle der mittelbaren Beeinträchtigung. Typisches Beispiel hierfür ist die Erteilung einer Baugenehmigung zugunsten des Nachbarn. Ein Eingriff in das Grundeigentum des durch die Baugenehmigung belasteten Dritten kommt nach der Rechtsprechung nur in Betracht, wenn die vorgegebene Grundstückssituation des Dritten nachhaltig verän-

Mittelbare Beeinträchtigungen

dert und dessen Eigentum schwer und unerträglich beeinträchtigt ist. Diese Formel konkretisiert die Anforderungen an die Eingriffsqualität mittelbarer Beeinträchtigungen für den Bereich des Art. 14 GG.

2. Arten des Eingriffs (»wie«) und ihre Abgrenzung

In Art. 14 I 1 kann in Form einer Enteignung (Art. 14 III GG), einer Inhalts- und Schrankenbestimmung (Art. 14 I 2 GG) und eines »sonstigen Eingriffs« eingegriffen werden.

Enteignung (Art. 14 III GG) Die Enteignung kann »durch Gesetz«, d.h. durch formelles Gesetz (Legalenteignung) oder auf Grund eines Gesetzes, d.h. durch Verwaltungsakt (Administrativenteignung) erfolgen (Art. 14 III 2 GG). Inhalts- und Schrankenbestimmungen erfolgen »durch die Gesetze« (Art. 14 I GG). Gemeint ist hier das materielle Gesetz.

Inhalts- und Schrankenbestimmung (Art. 14 I 2 GG)

Abgrenzungsproblematik Aufgrund der Verschiedenartigkeit der verfassungsrechtlichen Rechtfertigung der jeweiligen Eingriffe empfiehlt es sich, bereits beim Prüfungspunkt: »Eingriff in den Schutzbereich«, die in Frage stehende Eingriffsart exakt zu ermitteln. Gleichzeitig stellt diese Zuordnung des Eingriffs in die Kategorien »Enteignung«, »Inhalts- und Schrankenbestimmung« und »sonstiger Eingriff« das zentrale Problem des Eigentumsgrundrechts dar und ist somit seit jeher Schwerpunkt von universitären Klausuren und Staatsexamina. Für den Studenten gilt es, einfache aber eben strikt zu beachtende Grundsätze der Abgrenzungsproblematik zu beherrschen.

Zunächst ist die grundsätzliche Fallfrage zu rekapitulieren:

Verfassungsrechtliche Sichtweise Vom Blickwinkel des Verfassungsrechtes betrachtet ist zu untersuchen, ob der in das Eigentum eingreifende Akt verfassungsrechtlich gerechtfertigt ist, d.h. insbesondere ob er mit Art. 14 GG vereinbar ist (verfassungsrechtliche Sichtweise).

Staatshaftungsrechtliche Sichtweise Ein völlig anderer Blickwinkel ist der des Staatshaftungsrechts: Die typische Fallfrage ist hier, ob derjenige, in dessen Eigentum eingegriffen wurde, Entschädigung für diesen Eingriff verlangen kann (staatshaftungsrechtliche Sichtweise).

Beide Ebenen sind strengstens zu unterscheiden. Nach dem Thema dieses Buches interessiert hier nur die verfassungsrechtliche Sichtweise. Nach diesem gedanklichen Einstieg kann jetzt abgegrenzt werden:

Die Abgrenzung wird vom Begriff der Enteignung aus vorgenommen. Fraglich ist also, wann eine Enteignung i.S.v. Art. 14 III GG vorliegt. Dazu wurden eine Reihe von Theorien entwickelt.

a. Theorienübersicht

Vom BGH wurde die Sonderopfertheorie begründet. Kennzeichnend für die Enteignung ist danach ein Eingriff in das Eigentum, der den betroffenen einzelnen oder Gruppen im Vergleich zu anderen ungleich, besonders trifft und sie zu einem besonderen, den übrigen nicht zugemuteten Opfer für die Allgemeinheit zwingt. Diese formale Abgrenzungsmethode rekurriert also maßgeblich auf den Gleichheitsgrundsatz, dessen Verletzung das wesentliche Merkmal der Enteignung sei. Sie wurde vom BGH später durch Aufnahme materieller Kriterien erweitert (»modifizierte Sonderopfertheorie«): Schwere und Tragweite sowie Zumutbarkeit des Eingriffs sollten ebenfalls entscheidend sein. Außerdem kam die Theorie von der Situationsgebundenheit hinzu. Danach kann sich aus der tatsächlichen Situation, in der sich ein Grundstück befindet, eine gesteigerte Pflichtigkeit ergeben, mit der Folge, daß eine Enteignung nicht vorliegt.

»Sonderopfertheorie«

»Modifizierte Sonderopfertheorie«

»Theorie von der Situationsgebundenheit«

Das BVerwG wählte einen anderen Ansatz. Seine Schweretheorie stellt auf materielle Kriterien ab. Die Enteignung ist danach durch eine besondere Schwere und Tragweite des Eingriffs gekennzeichnet.

»Schweretheorie«

Schließlich hat die Literatur noch eine Reihe von Theorien entwickelt. Hervorgehoben werden soll hier nur die Privatnützigkeitstheorie. Eine Enteignung wird insoweit angenommen, wenn das konkrete Eigentum aufgrund des Eingriffs seine Privatnützigkeit verliert und an deren Stelle dessen ausschließliche Fremd-, Allgemein- oder Staatsnützigkeit tritt.

»Privatnützigkeitstheorie«

b. Die neuere Rechtsprechung des BVerfG

Gleich einem Donnerschlag hat das BVerfG in seinem berühmten »Naßauskiesungsbeschluß« (BVerfGE 58, 300 ff.) mit einem Verständnis der Enteignung i.S.d. oben genannten Theorien gebrochen.

»Naßauskiesungsbeschluß«

Eine Enteignung liegt nach dem BVerfG nur vor bei einem
- gezielten Eingriff in das Eigentum des einzelnen durch hoheitlichen Rechtsakt,
- durch den eine konkrete i.S.d. Art. 14 I 1 GG vermögenswerte Rechtsposition vollständig oder teilweise entzogen wird und zwar
- im Interesse der Allgemeinheit.

Diese Begriffsbestimmung bedarf einer näherer Untersuchung.

– Gezielter Eingriff	Zunächst muß es sich um einen gezielten Eingriff handeln, d.h. es wird Finalität verlangt. Mit der Frage, ob eine solche Finalität auch Realakten innewohnen kann, hat man sich insoweit allerdings nicht auseinanderzusetzen, denn eine Enteignung durch Realakt ist ausgeschlossen.
– Hoheitlicher Rechtsakt	Es wird ein hoheitlicher Rechtsakt vorausgesetzt. Daher muß ein Gesetz oder Verwaltungsakt vorliegen.
– Individuell	Das Eigentum des einzelnen muß betroffen sein. Die Enteignung ist also individuell und nicht generell. Sie trifft den einzelnen, nicht eine Vielzahl von Personen. Man mag sich fragen, wie dies bei der Legalenteignung zu verstehen ist. Denn diese ist Enteignung durch formelles Gesetz, und Gesetze als Rechtsnormen sind typischerweise abstrakter Natur. Nicht so Enteignungsgesetze, die zu einer Legalenteignung führen: Sie sind Maßnahme- und Einzelfallgesetze und weichen damit vom Leitbild des Gesetzesbegriffes ab.
– Konkret	Eine Enteignung trifft eine konkrete, d.h. eine ganz bestimmte dem sachlichen Schutzbereich des Art. 14 I 1 GG unterfallende Rechtsposition.
– Entzug	Von eminenter Wichtigkeit ist das Merkmal des Entzugs. Dieser kann vollständig oder teilweise erfolgen.
– Vollständiger Entzug	Ausgangspunkt muß zunächst der vollständige Entzug sein. In Anlehnung an den sog. »klassischen Enteignungsbegriff« wird die Enteignung folglich als »Güterentziehungsvorgang« klassifiziert, nicht aber zwingend als »Güterbeschaffungsvorgang«, denn die Übertragung des Objekts - sei es zugunsten des Staates, sei es zugunsten eines anderen Privaten - ist nicht begriffsnotwendig (Stichwort: Wegnahme).
– Teilweiser Entzug	Problematisch und weitgehend ungeklärt ist, was unter teilweisem Entzug zu verstehen ist. Dabei müssen zwei Voraussetzungen kumulativ gegeben sein:

● Zunächst muß ein rechtlich verselbständigter Bestandteil des Eigentums betroffen sein (z.B. ein Grundstück).

● Der Eingriffsakt muß dann dazu führen, daß dem Eigentümer im Hinblick auf die verselbständigte Eigentumsposition jegliche Möglichkeit eigenverantwortlicher Nutzung genommen wird, so daß das Einzige, was ihm verbleibt, die bloß formelle Eigentümerposition ist (»nudum ius«).

Einziges klausurrelevantes Beispiel für einen teilweisen Entzug ist die dingliche Belastung eines Grundstücks. Probleme stellen sich in diesem Zusammenhang im Bereich des Denkmal- und Naturschutzrechts (BVerfGE 100, 226 »Denkmalschutz«): Die Rechtsprechung vertritt die Auffassung, daß Beschränkungen der Eigentümerbefugnisse durch denkmal- oder naturschutzrechtliche Regelungen (z.B. BayDSchG, BayNatSchG) keinen teilweisen Entzug des Eigentums begründen, soweit dem Eigentümer wenigstens eine rechtlich zulässige Nutzungsart verbleibt. In letzter Konsequenz bedeutet dies, daß beispielsweise eine Naturschutzverordnung, die ein Grundstück zum Naturschutzgebiet erklärt und dessen Nutzbarkeit derart beschränkt, daß der Eigentümer nur noch darauf spazieren gehen kann, Inhalts- und Schrankenbestimmung und nicht Enteignung ist. Argumentativ läßt sich dies mit der Theorie von der Situationsgebundenheit stützen: Denn gerade die tatsächliche Situation des Grundstücks (z.B. im Hinblick auf seine Bebauung beim Denkmalschutz, im Hinblick auf seine Lage beim Naturschutz) bedingt eine gesteigerte Pflichtigkeit, Nutzungen zu unterlassen, so daß ein teilweiser Entzug und damit eine Enteignung nicht vorliegt.

Schließlich erfolgt eine Enteignung im Interesse der Allgemeinheit, d.h. die Verfolgung des Enteignungszwecks (»zum Wohle der Allgemeinheit«, Art. 14 III 1 GG) gehört bereits zum Begriff der Enteignung. Soweit sich hier Probleme ergeben, z.B. bei der Enteignung zugunsten Privater, empfiehlt es sich dennoch, das Vorliegen einer Enteignung zu bejahen und die Problematik erst bei der Frage der verfassungsrechtlichen Rechtfertigung der Enteignung zu erörtern.

– Wohl der Allgemeinheit

Streng zu trennen von der Frage nach dem begrifflichen Vorliegen einer Enteignung ist die Frage nach deren Rechtmäßigkeit. Sie hat hier nichts zu suchen.

Zusammenfassend ist damit zu sagen, daß das BVerfG einen formalen Enteignungsbegriff vertritt, bei dem sich die Frage nach einem Sonderopfer ebensowenig stellt wie die Frage nach Schwere und Intensität des Eingriffs.

Formaler Enteignungsbegriff des BVerfG

c. Konsequenzen für die Klausur

Bei der Auseinandersetzung mit diesem Problemkreis sollte folgendermaßen vorgegangen werden: Der Klausurant sollte die oben genannten Theorien kurz darstellen und sodann, da sowohl der

BGH als auch das BVerwG mittlerweile von ihren Konzeptionen abgerückt sind, dem formalen Enteignungsbegriff des BVerfG folgen. Die Konsequenzen dieser verfassungsgerichtliche Rechtsprechung - und damit auch der Klausur - sind:

Konsequenzen des formalen Enteignungsbegriffs des BVerfG

- Der Theoriestreit zur Abgrenzung von Enteignung und Inhalts- und Schrankenbestimmung ist - jedenfalls für diese Frage - obsolet geworden.
- Die formale Abgrenzung führt zu einer klaren Trennlinie zwischen Enteignung einerseits und Inhalts- und Schrankenbestimmung andererseits.
- Eine mit Art. 14 GG nicht vereinbare, d.h. verfassungsrechtlich nicht gerechtfertigte Inhalts- und Schrankenbestimmung i.S.d. Art. 14 I 2 GG kann sich niemals, auch wenn sie noch so schwer wiegt, in eine Enteignung »umwandeln«. Sie ist und bleibt Inhalts- und Schrankenbestimmung.

Inhalts- und Schrankenbestimmungen

Somit hat der Bearbeiter eine griffige und somit leicht handhabbare Abgrenzungsformel zu Verfügung. Demzufolge sind unter Inhalts- und Schrankenbestimmungen generell-abstrakte Regelungen von Rechten und Pflichten, hinsichtlich vermögenswerter Rechtspositionen i.S.v. Art 14 I 1 GG zu verstehen. Während die Enteignung also konkret-individuell ist, sind Inhalts- und Schrankenbestimmungen generell-abstrakt.

Sonstige Eingriffe

Bleiben die sonstigen Eingriffe in das Eigentum. Hierbei handelt es sich z.T. um Gerichtsurteile, zumeist aber um ein Verwaltungshandeln, d.h. entweder Verwaltungs- oder Realakte, die das Eigentum beeinträchtigen. Derartige Akte stellen weder eine Inhalts- und Schrankenbestimmung dar, weil es insoweit an der Voraussetzung des materiellen Gesetzes fehlt, noch eine Enteignung, weil auch dafür ein hoheitlicher Rechtsakt erforderlich ist. Der Student hüte sich davor, die Eingriffe bei entsprechender Intensität als »enteignend« bzw. »enteignungsgleich« zu bezeichnen. Diese Terminologie ist dem Staatshaftungsrecht entlehnt. Hier geht es aber nicht um die staatshaftungsrechtliche, sondern um die verfassungsrechtliche Sichtweise.

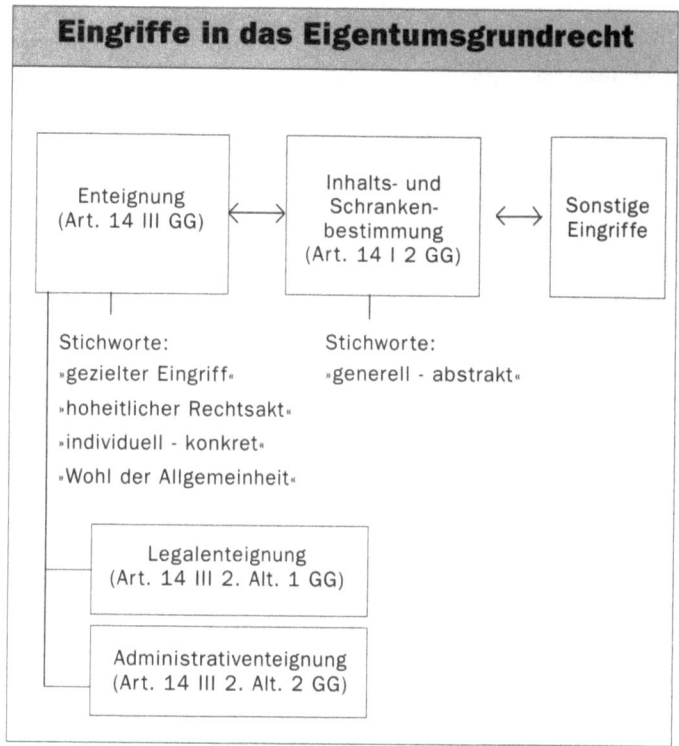

III. Verfassungsrechtliche Rechtfertigung von Eingriffen

1. Inhalts- und Schrankenbestimmungen

a. Der einfache Gesetzesvorbehalt des Art. 14 I 2 GG

Es wurde bereits betont, daß Inhalts- und Schrankenbestimmungen i.S.d. Art. 14 I 2 GG nur »durch die Gesetze« erfolgen dürfen. Verlangt wird also ein materielles Gesetz.

b. Schranken-Schranken

Hier gilt es, das Zusammenspiel von Art. 14 I 1 GG, Art. 14 I 2 GG und Art. 14 II GG zu erkennen. Art. 14 I 1 GG will die Privatnützigkeit des Eigentums in der Hand des Grundrechtsträgers sicherstellen. Art. 14 II GG stellt, quasi entgegengesetzt dazu, auf die Sozialpflichtigkeit des Eigentums ab. Art. 14 I 1 GG und Art 14 II GG stehen damit in einem Spannungsverhältnis. Dieses Spannungsverhältnis präjudiziert die Anforderungen, die im Rahmen des Gesetzesvorbehalts an grundrechtseinschränkende Gesetze zu stellen sind, wie folgt:

Spannungsverhältnis zwischen Art. 14 I 1 GG und Art. 14 II GG

Die Grundrechte im einzelnen

Verwirklichung der Sozialbindung des Eigentums

- Einziges verfassungslegitimes Ziel, welches durch den Gesetzgeber verfolgt werden darf, ist die Verwirklichung der Sozialbindung des Eigentums. Auf dieses Ziel verpflichtet ihn Art. 14 II GG.

- Im übrigen obliegt es dem Gesetzgeber, das Spannungsverhältnis im Rahmen eines Sozialmodells aufzulösen, das beide Komponenten des Eigentumsgrundrechts in einen gerechten Ausgleich und ein ausgewogenes Verhältnis bringt. Aufbautechnisch ist daher - ebenso wie bei verfassungsimmanenten Schranken - nach der Prüfung von Geeignetheit und Erforderlichkeit im Rahmen der Verhältnismäßigkeit (i.e.S.) zu untersuchen, ob einerseits Art. 14 I 1 GG und andererseits Art. 14 II GG angemessen berücksichtigt wurden. Dabei gilt: Der Eingriff in Art. 14 I 1 GG kann um so weiter gehen, je größer der soziale Bezug und die soziale Funktion des Eigentums sind.

Im Rahmen der Verhältnismäßigkeit (i.e.S.) versteckt sich aber noch eine weitere Problematik:

In einigen Fällen mögen Inhalts- und Schrankenbestimmungen derart intensiv in Art. 14 I 1 GG eingreifen, daß grundsätzlich ein Verstoß gegen den Verhältnismäßigkeitsgrundsatz vorliegt. Ein derartiger Verstoß kann nun auf zwei Arten abgewendet werden:

Übergangs- und Ausgleichsregelungen

- Der Gesetzgeber schafft Übergangs- und Ausgleichsregelungen, die der Regelung die Härte nehmen.

Entschädigungsregelungen

- Der Gesetzgeber schafft eine Entschädigungsregelung für den Betroffenen. Es handelt sich dann um eine sog. »ausgleichspflichtige Inhalts- und Schrankenbestimmung« (BVerfGE 58, 137 ff. »Pflichtexemplar«).

Die Fragestellung vollzieht sich in diesen Fällen in drei Schritten:

- Ist der Eingriff derart intensiv, daß er ohne Übergangs- oder Entschädigungsregelung unverhältnismäßig ist (Verstoß gegen die Verhältnismäßigkeit i.e.S.)?

Klausurtip: Als Leitlinie können hierzu die früher zur Abgrenzung von Inhalts- und Schrankenbestimmung und Enteignung verwendeten Theorien (Schweretheorie, Sonderopfertheorie) fruchtbar gemacht werden.

- Wenn ja: Liegt eine entsprechende Regelung vor?

»salvatorische Entschädigungsklausel«

Klausurtip: Sog. »salvatorische Entschädigungsklauseln« (z.B. Art. 36 I BayNatSchG, Art. 20 I BayDSchG) werden nach jetziger Rechtsprechung als Entschädigungsregelungen im Rahmen einer ausgleichspflichtigen Inhaltsbestimmung verstanden, d.h. sie sind ausnahmslos Art. 14 I 2 GG zuzuordnen. Noch einmal zur Erinnerung: Die Fallfrage lautet nicht etwa, ob Entschädigung verlangt werden kann (staatshaftungsrechtliche Sichtweise), sondern ob der Eingriff in Art. 14 I 1 GG gerade wegen der Zubilligung einer Entschädigung verfassungsrechtlich gerechtfertigt ist, weil sie dem Eingriff seine Unverhältnismäßigkeit nimmt (verfassungsrechtliche Sichtweise).

• Ist nach dem soeben Gesagten eine Regelung erforderlich und liegt sie vor, so ist der Eingriff verfassungsrechtlich gerechtfertigt. Fehlt sie, so ist er rechtswidrig (keinesfalls wandelt er sich dann in eine Enteignung um; formale Abgrenzung).

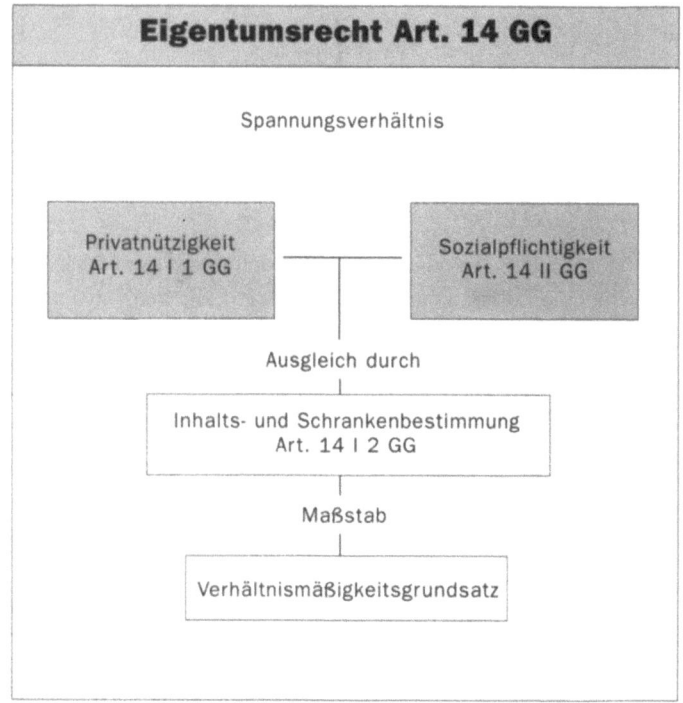

2. Enteignung

Art. 14 III GG enthält einen qualifizierten Gesetzesvorbehalt. Strengstens zu unterscheiden sind die Legal- und die Administrativenteignung. Die verfassungsrechtliche Rechtfertigung gestaltet sich je nach Art der Enteignung verschieden.

Qualifizierter Gesetzesvorbehalt, Art. 14 III GG

a. Administrativenteignung

Folgendes Prüfungsschema ist zugrundezulegen:

> aa. Formelle Rechtmäßigkeit des VA
> (1) Zuständigkeit der enteignenden Behörde
> (2) ordnungsgemäßes Enteignungsverfahren
> (3) Form des VA
> bb. Materielle Rechtmäßigkeit des VA
> (1) Vorliegen einer Rechtsgrundlage (diese ergibt sich aus dem Enteignungsgesetz)
> (2) Verfassungsmäßigkeit der Rechtsgrundlage (= des Enteignungsgesetzes)
>   (a) Formelle Verfassungsmäßigkeit des Enteignungsgesetzes
>   (b) Materielle Verfassungsmäßigkeit des Enteignungsgesetzes
> (3) Vereinbarkeit des VA mit der Rechtsgrundlage
> (4) Vereinbarkeit des VA mit höherrangigem Recht

Administrativenteignung

Enteignungszweck

- *zum Wohl der Allgemeinheit*
- *zugunsten Privater*

Bezüglich bb. (2) (b) sind anzusprechen:

• Enteignungszweck: »Wohl der Allgemeinheit« (Art. 14 III 1 GG).

Das Gesetz muß vorsehen, daß die Enteignung dem Wohl der Allgemeinheit dient. Dies ist nicht nur der Fall, wenn sie unmittelbar der Allgemeinheit zugute kommt. Auch Enteignungen zugunsten Privater, die nur mittelbar dem Wohl der Allgemeinheit dienen (z.B. indem Arbeitsplätze geschaffen werden) sind zulässig (BVerfGE 74, 264 ff. »Daimler-Benz Teststrecke Boxberg«). In diesem Fall sind allerdings strengere Anforderungen an das Enteignungsgesetz zu stellen:

Die Vorhaben, für die enteignet wird, sowie Voraussetzungen und Zwecke der Enteignung sind im Gesetz genau festzulegen. Außerdem muß das Gesetz Vorkehrungen für die Erreichung und Sicherung des Enteignungszwecks auf Dauer treffen.

• Junktimklausel (Art. 14 III 2 GG)

Die sog. Junktimklausel verlangt zweierlei: Das Gesetz muß selbst oder i.V.m. anderen Normen eine Entschädigung vorsehen. Art und Ausmaß der Entschädigung müssen im Gesetz geregelt sein. Sog. »salvatorische Entschädigungsklauseln« genügen diesen Anforderungen nicht.

- Abwägungsgebot (Art. 14 III 3 GG)
- Verhältnismäßigkeitsgrundsatz

Das Gesetz darf die Enteignung nur als »ultima ratio« vorsehen.

- Bestimmtheitsgrundsatz

Das Gesetz muß den Enteignungszweck hinreichend bezeichnen.

Hinsichtlich des VA selbst sind zu prüfen (bb. (3) und bb. (4)):

zu bb. (3) Vereinbarkeit des VA mit der Rechtsgrundlage

Die Enteignung muß im konkreten Fall dem Wohl der Allgemeinheit dienen.

Beachte: Das Vorhaben für das enteignet wird, muß rechtmäßig sein. Eine Enteignung für rechtswidrige Vorhaben dient nie dem Wohl der Allgemeinheit.

zu bb. (4) Vereinbarkeit des VA mit höherrangigem Recht

(a) Bestimmtheitsgrundsatz

Der Enteignungsbeschluß muß ausreichend bestimmt sein (Enteignungsgegenstand, Enteignungsbegünstigter und -betroffener, Entschädigungsregelung).

(b) Verhältnismäßigkeitsgrundsatz

Die Enteignung muß im konkreten Fall verhältnismäßig sein, also geeignet, erforderlich und verhältnismäßig (i.e.S.). Bei der Erforderlichkeit sind zwei Überlegungen anzustellen:

- Hinsichtlich des »ob« der Enteignung

Die Behörde hat zu prüfen, ob nicht mildere Maßnahmen ausreichen (z.B. Abschluß von obligatorischen Verträgen statt Entziehung des Objekts). Außerdem hat sie zunächst die Möglichkeit eines freihändigen Erwerbs in Betracht zu ziehen.

- Hinsichtlich des »wie« der Enteignung

Eine mildere Form der Enteignung wäre die als nur teilweiser Entzug zu klassifizierende dingliche Belastung eines Grundstücks. Die Entschädigung durch Land ist milder als die durch Geld. Erforderlich ist eine Enteignung auch dann nicht mehr, wenn der Enteignungszweck weggefallen ist. Der Betroffene hat dann einen Anspruch auf Rückübereignung.

b. Legalenteignung

Folgendes Prüfungsschema ist zugrundezulegen:

> aa. Formelle Verfassungsmäßigkeit des Enteignungsgesetzes
> bb. Materielle Verfassungsmäßigkeit des Enteignungsgesetzes
> (1) Enteignungszweck. »Wohl der Allgemeinheit« (Art. 14 III 1 GG)
> (2) Junktimklausel (Art. 14 III 2 GG)
> (3) Abwägungsgebot (Art. 14 III 3 GG)
> (4) Verhältnismäßigkeitsgrundsatz
> (5) Bestimmtheitsgrundsatz

Bezüglich (4) ist zu beachten:

Die Legalenteignung muß verhältnismäßig sein, also geeignet, erforderlich und verhältnismäßig (i.e.S.).

Vorrang der Administrativenteignung

Der Gesetzgeber hat kein Wahlrecht zwischen der Legalenteignung (»durch Gesetz«) und der Zulassung einer Administrativenteignung (»auf Grund eines Gesetzes«). Da dem Betroffenen gegen eine Legalenteignung lediglich die Verfassungsbeschwerde gemäß Art. 93 I Nr. 4 a GG offensteht, ist sein Rechtsschutz entscheidend verkürzt. Die Legalenteignung ist daher nur zulässig, soweit die Administrativenteignung aus besonderen Gründen nicht in Betracht kommt.

3. Sonstige Eingriffe

Die verfassungsrechtliche Rechtfertigung der sonstigen Eingriffe hat sich an Art. 14 I 2, II GG zu orientieren. Da sie nur vorhandene Inhalts- und Schrankenbestimmungen konkretisieren können, dürfen sie nur ergehen, wo solche auch vorliegen (gesetzliche Grundlage erforderlich) und müssen sich in deren Rahmen halten. Ist das nicht der Fall, so liegt ein Verstoß gegen Art. 14 GG vor. Ein letztes Mal sei daran erinnert: Ob dieser Verstoß auf der staatshaftungsrechtlichen Seite zu einer Entschädigung aus enteignendem oder enteignungsgleichem Eingriff führt, ist für die verfassungsrechtliche Sichtweise irrelevant.

14. Rechtsweggarantie

Rechtsweg Art. 19 IV GG

(4) Wird jemand durch die öffentliche Gewalt in seinen Rechten verletzt, so steht ihm der Rechtsweg offen. Soweit eine andere Zuständigkeit nicht begründet ist, ist der ordentliche Rechtsweg gegeben. Artikel 10 Abs. 2 Satz 2 bleibt unberührt.

Bei Art. 19 IV GG handelt es sich um ein Verfahrensgrundrecht. Im Rahmen des sachlichen Schutzbereichs müssen folgende Prüfungspunkte abgehandelt werden:

Verfahrensgrundrecht

1. Rechtsverletzung durch die öffentliche Gewalt

a. Öffentliche Gewalt

Der Begriff meint nicht, wie bei der Verfassungsbeschwerde (§ 90 I BVerfGG) die drei Gewalten Judikative, Exekutive und Legislative, sondern nur die Exekutive. Die Judikative ist nicht angesprochen, weil Art. 19 IV GG nicht vor dem Richter schützen, sondern Schutz durch diesen bereitstellen will. Die Legislative ist nicht angesprochen, weil andernfalls die einschränkenden Voraussetzungen der für die Kontrolle formeller Gesetze einschlägigen Art. 93 I Nr. 2, I Nr. 4a; 100 GG umgangen würden. Der einzelne hat lediglich in einem eng begrenzten Bereich im Rahmen der Verfassungsbeschwerde die Möglichkeit, formelle Gesetze anzugreifen.

b. Substantiierte Geltendmachung einer möglichen Verletzung eigener subjektiv-öffentlicher Rechte

Entgegen dem mißverständlichen Wortlaut des Art. 19 IV GG ist es nicht erforderlich, daß eine Rechtsverletzung tatsächlich erfolgt ist. Sie muß nur gerügt werden. Durch dieses Erfordernis sollen Popularklagen verhindert werden, es steht ihrer Einführung durch den Gesetzgeber aber nicht entgegen.

2. Offenstehen des Rechtswegs

In dem Satzteil »...steht ihm der Rechtsweg offen« versteckt sich eine Vielzahl von Einzelproblemen:

Mit dem Offenstehen des Rechtswegs ist zunächst der Zugang zu einem staatlichen Gericht gemeint (Justizgewährungsanspruch). Das setzt voraus, daß ein solches Gericht überhaupt besteht.

Justizgewährungsanspruch

Institutsgarantie — Das Bestehen der Gerichtsbarkeit sichert die ebenfalls dem Art. 19 IV GG zu entnehmende Institutsgarantie. Es besteht aber kein Anspruch auf einen bestimmten Rechtsweg oder auf mehr als eine Instanz. Neben dem Zugang zum Gericht werden auch das Verfahren vor Gericht und die Entscheidung durch das Gericht geschützt.

Effektiver Rechtsschutz — Es muß effektiver Rechtsschutz gewährleistet sein. Die Effektivität muß dabei in sachlicher und zeitlicher Hinsicht gegeben sein. In sachlicher Hinsicht müssen die Gerichte den Fall grundsätzlich umfassend rechtlich und tatsächlich prüfen (Kontrolldichte) sowie einstweilige Regelungen treffen können, wenn Schäden drohen, die durch eine nachfolgende gerichtliche Entscheidung nicht mehr zu beheben wären (vorbeugender Rechtsschutz). In zeitlicher Hinsicht müssen rasche Entscheidungen möglich sein (vorläufiger Rechtsschutz).

15. Rechte des Angeklagten

Art. 103 GG

Rechtliches Gehör

> (1) Vor Gericht hat jedermann Anspruch auf rechtliches Gehör.
> (2) Eine Tat kann nur bestraft werden, wenn die Strafbarkeit gesetzlich bestimmt war, bevor die Tat begangen wurde.
> (3) Niemand darf wegen derselben Tat auf Grund der allgemeinen Strafgesetze mehrmals bestraft werden.

Art. 103 GG stellt ein grundrechtsähnliches Recht dar. Im Rahmen des sachlichen Schutzbereichs müssen folgende Prüfungspunkte abgehandelt werden:

I. Anspruch auf rechtliches Gehör, Art. 103 I GG

Der Anspruch auf rechtliches Gehör umfaßt drei Aspekte:

Anspruch auf rechtliches Gehör, Art. 103 I GG — Art. 103 I GG sichert das Recht, sich in tatsächlicher und rechtlicher Hinsicht äußern zu können, das Recht auf erkennbare Berücksichtigung des Vorbringens durch das Gericht sowie das Recht auf Information über das Vorbringen der Gegenseite.

II. Nulla poena sine lege

Diese Norm spielt ihre größte Rolle im Strafrecht (vgl. die wortgleiche Wiederholung in § 1 StGB). »Nulla poena sine lege«, so wird Art. 103 II GG schlagwortartig gekennzeichnet, bedeutet: »keine Strafe ohne Gesetz«. Die Vorschrift garantiert dem Bürger Schutz vor willkürlicher Ausdehnung und Ausübung der Staatsgewalt und umfaßt mehrere Gewährleistungen:

Keine Strafe ohne Gesetz

1. Nulla poena sine lege scripta (= Gesetzlichkeitsprinzip)
Die Strafbarkeit muß auf einer gesetzlichen Grundlage beruhen. Damit ist für den Bereich des Strafrechts auch zweierlei gesagt:

Gesetzlichkeitsprinzip

a. Verbot strafbegründenden und strafschärfenden Gewohnheitsrechts
Strafmilderndes Gewohnheitsrecht ist dagegen zulässig.

Verbot strafbegründenden und strafverschärfenden Gewohnheitsrechts

b. Nulla poena sine lege stricta (= Verbot der Analogie)
Auslegung ist dagegen zulässig. Hier muß die Abgrenzung zwischen Analogie und Auslegung geleistet werden.

Verbot der Analogie

2. Nulla poena sine lege certa (= Bestimmtheitsgrundsatz)
Die Strafbarkeit muß gesetzlich bestimmt sein.
Der Bestimmtheitsgrundsatz des Art. 103 II GG ist damit lex specialis zum allgemeinen Bestimmtheitsgrundsatz, der sich aus dem Rechtsstaatsprinzip des Art. 20 III GG ergibt. Die Verwendung unbestimmter Rechtsbegriffe ist zulässig.

Bestimmtheitsgrundsatz

3. Nulla poena sine lege praevia (= Rückwirkungsverbot)
Eine rückwirkende Bestrafung ist unzulässig, d.h. das Gesetz, nach dem bestraft wird, muß zur Zeit der Tat schon bestanden haben.

Rückwirkungsverbot

III. Ne bis in idem, Art. 103 III GG

Auch Art. 103 III GG gehört in den Bereich des Strafrechts. Die Norm stellt in ihrem sachlichen Schutzbereich das Verbot einer Doppelbestrafung auf. Wegen derselben Tat darf niemand erneut bestraft oder nach vorherigem Freispruch erstmalig bestraft werden.

Verbot der Doppelbestrafung

16. Wiederholungsfragen

- 1. Was versteht man unter der »Objektformel«?
  Lösung S. 87
- 2. Definieren Sie den Begriff der »verfassungsmäßigen Ordnung«!
  Lösung S. 95
- 3. Wann gilt der strenge/formale Gleichheitssatz?
  Lösung S. 106
- 4. Nennen Sie die Schranken des Art. 5 I GG?
  Lösung S. 115 ff.
- 5. Was besagt die »Wechselwirkungslehre«?
  Lösung S. 116
- 6. Kann sich das ZDF auf Grundrechte berufen?
  Lösung S. 118
- 7. Was ist »Kunst« im Sinne des Grundgesetzes?
  Lösung S. 118 ff.
- 8. Erläutern Sie die Aspekte des »Apothekenurteils« des BVerfG!
  Lösung S. 135 ff.
- 9. Erläutern Sie die drei Regeln der »Dreistufentheorie«!
  Lösung S. 141 ff.
- 10. Was ist »Eigentum« im Sinne des Art. 14 I 1 GG?
  Lösung S. 150 ff.
- 11. Welche Arten von Eingriffen in Art. 14 I 1 GG gibt es?
  Lösung S. 153 ff.
- 12. Definieren Sie: »Enteignung« und »Inhalts- und Schrankenbestimmungen«? Lösung S. 154, 159 ff.
- 13. Inwiefern stehen Art. 14 I 1 GG und Art. 14 II GG in einem »Spannungsverhältnis«? Lösung S. 159 ff.
- 14. Unter welchen Voraussetzungen sind »Enteignungen« verfassungsrechtlich gerechtfertigt? Lösung S. 161 ff.
- 15. Was besagt der Grundsatz »nulla poena sine lege«?
  Lösung S. 167

Staatsorganisationsrecht

1.	**Staatsfundamentalprinzipien**	**170**
1.1.	Republikanische Staatsform	171
1.2.	Das Demokratieprinzip	172
1.3.	Das Rechtsstaatsprinzip	182
1.4.	Das Bundesstaatsprinzip	188
1.5.	Das Sozialstaatsprinzip	193
1.6.	Das Umweltschutzprinzip	196
2.	**Staatsorgane**	**198**
2.1.	Der Bundestag	199
2.2.	Der Bundesrat	211
2.3.	Die Bundesregierung	214
2.4.	Der Bundespräsident	221
2.5.	Das Bundesverfassungsgericht	225
3.	**Kompetenzen der Staatsgewalt**	**226**
3.1.	Die Gesetzgebung	226
3.2.	Die Verwaltung	233
3.3.	Die Rechtsprechung	239
4.	**Wiederholungsfragen**	**240**

1. Staatsfundamentalprinzipien

GEWALTENTEILUNG

Art. 20 GG

Verfassungsgrundsätze; Widerstandsrecht

(1) Die Bundesrepublik Deutschland ist ein demokratischer und sozialer Bundesstaat.
(2) Alle Staatsgewalt geht vom Volke aus. Sie wird vom Volke in Wahlen und Abstimmungen und durch besondere Organe der Gesetzgebung, der vollziehenden Gewalt und der Rechtsprechung ausgeübt.
(3) Die Gesetzgebung ist an die verfassungsmäßige Ordnung, die vollziehende Gewalt und die Rechtsprechung sind an Gesetz und Recht gebunden.
(4) Gegen jeden, der es unternimmt, diese Ordnung zu beseitigen, haben alle Deutschen das Recht zum Widerstand, wenn andere Abhilfe nicht möglich ist.

Schutz der Staatsstrukturprinzipien des Art. 20 GG durch die »Ewigkeitsgarantie«, Art. 79 III GG

Art. 20 GG legt die verfassungsgestaltenden Grundentscheidungen (»Staatsstrukturprinzipien«) der Bundesrepublik Deutschland fest und umschreibt in Kurzform das Programm, an dem sich die gesamte Staatstätigkeit orientieren muß. Die herausragende Bedeutung des Art. 20 GG ist in dessen Unabänderbarkeit begründet, da Art. 79 III GG die in Art. 20 GG enthaltenen Grundsätze dem Zugriff des verfassungsändernden Gesetzgebers entzieht (sog. »Ewigkeitsgarantie«). Die fünf Staatsstrukturprinzipien, die über das Homogentitätsgebot des Art. 28 I 1 GG auch die Verfassungsgeber der Länder binden, werden in Art. 20 und 28 I GG nur schlagwortartig bezeichnet. Viele Normen des Grundgesetzes enthalten spezielle Einzelausprägungen dieser Prinzipien, die in der verfassungsrechtlichen Klausur stets vor dem allgemeinen Prinzip als Prüfungsmaßstab heranzuziehen sind.

Beispiel: Art. 80 GG konkretisiert den rechtsstaatlichen Grundsatz vom Vorbehalt des Gesetzes und das Bestimmtheitsgebot; im Rahmen seines Anwendungsbereiches verdrängt er daher das allgemeine Rechtsstaatsprinzip.

Die Prinzipien des Art. 20 GG sind grundsätzlich objektiv-rechtlicher Natur, indem sie den Staat verpflichten, auf deren optimale Verwirklichung hinzuwirken. Sie haben aber durch die Rechtsprechung des BVerfG einen subjektiv-rechtlichen Einschlag erhalten, da jede Maßnahme des Staates, die gegen eines der Prinzipien des Art. 20 GG verstößt, als nicht zur verfassungsmäßigen Ordnung gehörend, den Adressaten der Maßnahme in seiner allgemeinen Handlungsfreiheit (Art. 2 I GG) verletzt (BVerfGE 6, 32/41 ff.). Dieser Grundsatz gilt erst recht für die speziellen Freiheitsgrundrechte.

Im Rahmen einer Klausur werden die Verfassungsprinzipien der Art. 20, 28 I GG bei der Prüfung der Rechts- bzw. Verfassungsmäßigkeit einer staatlichen Maßnahme, insbesondere eines Gesetzes, relevant. Sie sind ferner - genauso wie Grundrechte - bei der Auslegung von Gesetzen und bei der Ausübung des Verwaltungsermessens zu beachten. Verfassungsändernde Gesetze (Art. 79 I, II GG), die an sich Verfassungsrang haben, sind an den Prinzipien des Art. 20 GG als höherrangiges Verfassungsrecht zu messen.

Bindung der Länder an die Prinzipien des Art. 20 I GG über die Homogenitätsklausel des Art. 28 I 1 GG

Subjektivierung der objektiven Aussage des Art. 20 GG: »Jede staatliche Maßnahme die gegen Art. 20 GG verstößt, verletzt den von ihr Betroffenen in Art. 2 I GG«

Bedeutung des Art. 20 GG für die Gesetzesauslegung und das Verwaltungsermessen

1.1. Republikanische Staatsform

Die Grundentscheidung in Art. 20 I GG für die republikanische Staatsform ist historisch bedingt und als Abgrenzung zur monarchischen Staatsform zu sehen. Dieses Prinzip ist in der verfassungsrechtlichen Praxis von geringer Bedeutung, da seine Aussagen - Machtbegrenzung, Legitimation des Staatsoberhauptes durch einen zeitlich begrenzten Berufungsakt des Volkes und Bekenntnis zur Freiheitlichkeit - bereits im Demokratie- und Rechtsstaatsprinzip enthalten sind.

Die Entscheidung für die Republik bedeutet eine Abkehr von der Monarchie

1.2. Das Demokratieprinzip

Eine abschließende Definition des Demokratiebegriffs läßt sich dem Grundgesetz weder entnehmen noch in Art. 20 I GG hineininterpretieren. Letzteres scheitert daran, daß sonst verfassungstheoretische Deutungen des Demokratiebegriffs an der Bestandsgarantie des Art. 79 III GG teilhaben und so den politischen Entscheidungsspielraum entscheidend einengen könnten. Das Demokratieprinzip des Grundgesetzes wird vielmehr von einzelnen ausdrücklich festgelegten Teilelementen geprägt.

Volkssouveränität und Repräsentationsprinzip

Das Volk als Träger der Staatsgewalt

Das zentrale Element des Demokratieprinzips, die Volkssouveränität, findet seinen Ausdruck in der Bestimmung des Art. 20 II 1 GG, die das Volk als alleinigen Träger der Staatsgewalt bezeichnet. Das Prinzip der Volkssouveränität verlangt, daß jede Ausübung staatlicher Gewalt in einer ununterbrochenen demokratischen Legitimationskette auf den Willen des Volkes zurückführbar sein muß und keine andere Legitimationsbasis haben kann. Das bedeutet für

Unmittelbare und mittelbare Demokratie

staatliche Organe (Behörden und Gerichte), die selbst nicht durch Wahlen unmittelbar demokratisch legitimiert sind, daß sie ihre Legitimation von einem unmittelbar demokratisch legitimierten Parlament (Bundestag, Landtage) ableiten müssen.

Das Prinzip der Volkssouveränität verlangt eine ununterbrochene demokratische Legitimationskette vom Volk zu den mit Staatsgewalt ausgestatteten Organen und Amtsträgern

Beispielsweise sind Bundes- und Landesbehörden im parlamentarischen Regierungssystem zum Parlament rückgekoppelt, da sie i.d.R. durch ein Parlamentsgesetz eingesetzt werden. Minister des Bundes und der Länder werden vom Bundeskanzler bzw. vom Ministerpräsidenten bestimmt, die ihrerseits vom Bundestag bzw. von den Landtagen gewählt werden. Ihre Machtbefugnisse sind daher demokratisch legitimiert. Auch die Hoheitsakte der europäischen Union sind demokratisch legitimiert. Die Übertragung von Hoheitsrechten auf die EU und der damit verbundene Verzicht auf die Ausübung hoheitlicher Gewalt durch die Bundesorgane beeinträchtigt zwar die Volkssouveränität des Art. 20 II GG, ist aber - trotz immer noch vorhandener Demokratiedefizite in der EU - von der Ermächtigung des Art. 23 I 2 GG (früher durch Art. 24 I GG) gedeckt. Als Staatsgewalt i.S.v. Art. 20 II 1 GG ist die originäre Herrschaftsmacht des Staates zu verstehen, die im Verfassungsstaat lediglich durch die Verfassung rechtlich gebunden ist.

Die unmittelbare Ausübung staatlicher Gewalt durch das Volk kann nach Art. 20 II 2 GG durch Wahlen und Abstimmungen erfolgen.

- Durch Wahlen entscheidet das Volk über die Zusammensetzung der Repräsentativorgane (Parlamente).
- Durch Abstimmungen trifft das Volk selbst Entscheidungen über Sachfragen (Volksentscheide).

Eine solche unmittelbare Beteiligung des Volkes an der staatlichen Willensbildung ist im Grundgesetz nur zu der Frage der Neugliederung des Bundesgebietes in Art. 29 GG zugelassen.

Bestimmung der Repräsentativorgane durch Wahlen

Einige Landesverfassungen enthalten dagegen stärker ausgeprägte plebiszitäre Elemente, etwa bei der Mitwirkung des Volkes an der Gesetzgebung durch Volksbegehren und Volksentscheid in Bayern. Im übrigen wird die Staatsgewalt, gem. Art. 20 II 2 2. HS GG, nur mittelbar vom Volk ausgeübt, durch vom Volk gewählte besondere Organe der Gesetzgebung, vollziehenden Gewalt und Rechtsprechung. Damit legt sich das Grundgesetz auf die repräsentative Demokratie fest. Dem Repräsentationsprinzip liegt der Gedanke der Effektivität der Wahrnehmung von Gemeinwohlaufgaben zugrunde.

Repräsentationsprinzip: Die Staatsgewalt wird durch gewählte Organe ausgeübt, die als Vertreter des Volkes fungieren

Erst durch die zeitlich begrenzte Übertragung der Macht auf besondere Organe wird das Gemeinwesen handlungsfähig. Jede staatliche Stelle wird nach diesem Prinzip als Repräsentant des Volkes tätig, Gerichtsurteile ergehen »im Namen des Volkes« (vgl. z.B. § 25 IV BVerfGG). Das Prinzip der repräsentativen Demokratie schließt ferner - abgesehen von dem Fall des Art. 29 GG oder der Einführung weiterer Elemente der unmittelbaren Demokratie durch Verfassungsänderung - das Volk von der Mitwirkung an konkret zu entscheidenden Sachfragen aus. Das gilt nach h.M. auch für amtlich durchgeführte Volksbefragungen zu brisanten politischen Themen, obwohl diese keine rechtliche Bindungswirkung für die zuständigen Bundesorgane (Bundesregierung oder Bundestag) entfalten. Es genügt für einen Verstoß gegen Art. 20 II 2 GG, daß die Volksbefragung faktisch die Entscheidungsfindung beeinflussen kann, indem das Entscheidungsorgan erheblichem politischen Druck ausgesetzt wird.

Amtlich durchgeführte Volksbefragungen können gegen das Prinzip der repräsentativen Demokratie verstoßen, wenn sie geeignet sind, auf die zuständigen staatlichen Entscheidungsorgane politischen Druck auszuüben

Die Wahlrechtsgrundsätze

Eine demokratische Legitimation kann ein Parlament nur vermitteln, wenn dessen Repräsentanten durch regelmäßig wiederkeh-

Staatsorganisationsrecht

Wahlen vermitteln demokratische Legitimation nur, wenn sie in periodischen Zeitabständen wiederkehren

rende Wahlen vom Volk bestätigt oder ausgetauscht werden. Die Periodizität der Wahlen gehört zum unantastbaren (Art. 79 III GG) Typuskern des Demokratieprinzips. Die Dauer der Wahlperiode des Bundestages beträgt gem. Art. 39 I 1 GG vier Jahre. Eine Verlängerung wäre durch Verfassungsänderung möglich und würde nicht gegen das Prinzip der repräsentativen Demokratie, Art. 20 II GG, verstoßen, solange eine Obergrenze von sechs Jahren nicht überschritten ist. Die Legitimations- und Kontrollfunktion der Wahlen wird durch die Vorschrift des Art. 38 II GG garantiert, die für die Wahl der Abgeordneten des Deutschen Bundestages folgende Wahlrechtsgrundsätze aufstellt:

Allgemeinheit der Wahl

• Der Grundsatz der Allgemeinheit der Wahl besagt, daß das Stimmrecht grundsätzlich allen Staatsbürgern zustehen muß. Formelle Voraussetzungen für die Zulassungen zur Wahl sind mit diesem Grundsatz nur vereinbar, wenn sie jeder Staatsbürger ohne weiteres erfüllen kann.

Unmittelbarkeit der Wahl

• Der Grundsatz der Unmittelbarkeit der Wahl verlangt, daß zwischen der Stimmabgabe durch den Bürger und der Auswahl der Abgeordneten kein weiterer Wahlgang (durch ein Wahlmännergremium) eingeschaltet ist. Damit ist der Grundsatz der Unmittelbarkeit als Verbot des Wahlmännersystems zu verstehen.

Freiheit der Wahl

• Die Freiheit der Wahl verbietet jeden direkten oder indirekten Druck von der öffentlichen Gewalt oder von privater Seite auf die Entscheidung des Wahlberechtigten; es darf keine Kontrolle der Stimmabgabe vorgenommen werden.

Gleichheit der Wahl
»One man, one vote«

• Zählwertgleichheit
• Erfolgswertgleichheit

• Praktisch bedeutsam ist der Grundsatz der Gleichheit der Wahl. Er verbietet ausnahmslos Differenzierungen im Zählwert der Stimmen (Zählwertgleichheit), verlangt also, daß jedem Wahlberechtigten die gleiche Stimmenanzahl und jeder Stimme das gleiche Gewicht zukommt. Verboten ist damit ein Klassenwahlrecht. Darüber hinaus bedeutet Gleichheit der Wahl auch Erfolgswertgleichheit, d.h. bei der Umsetzung der Stimmen in die Verteilung der Parlamentssitze muß jede Stimme gleichermaßen Berücksichtigung finden. Beeinträchtigungen der Erfolgswertgleichheit sind nicht schlechthin verboten, bedürfen aber eines besonderen rechtfertigenden Grundes (BVerfGE 82, 322).

Beispiel: Sperrklauseln (»5 % - Hürde«) des Bundes- und der Landeswahlgesetze beeinträchtigen die Erfolgswertgleichheit, da solche Stimmen, die für Parteien abgegeben werden, die im Ergeb-

nis nicht 5% der abgegebenen Wahlstimmen erreichen, unberücksichtigt bleiben und damit keinen Erfolgswert haben. Diese Beeinträchtigung der Erfolgswertgleichheit durch Sperrklauseln kann im Wege der systematischen Auslegung des Grundgesetzes durch die Funktionsfähigkeit des Parlaments gerechtfertigt werden, indem eine Zersplitterung des Parlaments verhindert und die Bildung regierungsfähiger Mehrheiten ermöglicht wird.

5 % Sperrklausel

- Geheime Wahl bedeutet, daß die Stimmabgabe unter Sicherung der Geheimhaltung zu erfolgen hat. Niemand soll die Möglichkeit haben, gegen den Willen des Wählers dessen Wahlentscheidung erforschen zu können.

Geheime Wahl

Demokratische Wahlen i.S.v. Art. 20 II 2 GG setzen neben ihrer Periodizität selbstverständlich auch politische Pluralität voraus, d.h. es müssen mindestens zwei Entscheidungsalternativen zur Verfügung stehen. Das der politischen Pluralität immanente Mehrparteiensystem wird durch die im Art. 21 GG garantierte Gründungsfreiheit und Chancengleichheit der politischen Parteien sowie durch das Recht auf verfassungsmäßige Bildung und Ausübung einer Opposition verfassungskräftig abgesichert. Demokratische Willensbildung des Staates wird ferner unter der Herrschaft des Grundgesetzes vom Mehrheitsprinzip bestimmt. Sowohl bei der Zusammensetzung der Parlamente durch Wahlen als auch bei Parlamentsentscheidungen selbst sind durch das Mehrheitsprinzip getroffene Entscheidungen von der jeweiligen Minderheit zu respektieren. Der Minderheitenschutz setzt dem Mehrheitsprinzip jedoch insoweit Grenzen, als politische Minderheiten die gleichen Chancen haben müssen, selbst einmal die Mehrheit zu stellen.

Prinzip der politischen Pluralität
Gewährleistung des Mehrparteiensystems

Mehrheitsprinzip und Minderheitenschutz

Parlamentarische Demokratie

Das demokratische Prinzip ist im Grundgesetz als parlamentarische Demokratie ausgestaltet. Unmittelbar demokratisch legitimiert ist daher nur das Parlament (auf Bundesebene der Bundestag, auf Landesebene die Landtage). Die Regierung ist über die Wahl des Bundeskanzlers (Art. 63 GG), die Verwaltung wiederum über die Regierung zum Parlament rückgekoppelt. Sie sind daher im parlamentarisch-demokratischen Regierungssystem mittelbar demokratisch legitimiert. Das parlamentarisch-demokratische Prinzip bedingt eine enge Verzahnung von Parlament und Regierung (letztere unterliegt ständiger parlamentarischer Kontrolle).

Entscheidungsvorrang des Parlaments gegenüber der Exekutive in »wesentlichen« Bereichen

Dem Bundestag als Kernstück der repräsentativen Demokratie ist aufgrund seiner unmittelbaren demokratischen Legitimation in erster Linie - aber nicht ausschließlich - die staatliche Willensbildung übertragen. Aus diesem Gesichtspunkt und aus dem rechtsstaatlichen Grundsatz der Rechtssicherheit hat das BVerfG im Rahmen seiner »Wesentlichkeitstheorie« einen prinzipiellen Entscheidungsvorrang des Parlaments gegenüber der Exekutive in »wesentlichen« Bereichen hergeleitet.

Erweiterung des Gesetzesvorbehalt zum »Parlamentsvorbehalt« in grundrechtswesentlichen Fragen durch die sog. »Wesentlichkeitsrechtsprechung«

Mit seiner Wesentlichkeitsrechtsprechung hat das BVerfG (E 61, 260/275) den rechtsstaatlichen Gesetzesvorbehalt, Art. 20 III GG, zum Parlamentsvorbehalt in grundrechtswesentlichen Bereichen erweitert. Ursprünglich hatte der Gesetzesvorbehalt die Funktion, den Bürger gegen Eingriffe der Exekutive in seine Grundrechte (»Freiheit und Eigentum«) zu sichern. Der Gesetzesvorbehalt erforderte nur eine gesetzliche Ermächtigung für die Exekutive, ohne an diese inhaltliche Anforderungen zu stellen. Die Exekutive konnte also auch auf der Grundlage einer General- oder Blankettermächtigung tätig werden und so ein starkes Eigenleben entwickeln. Die Verantwortung für den Grundrechtseingriff konnte der Gesetzgeber beliebig an die Verwaltung delegieren.

Dieser Tendenz entgegenzuwirken ist das Ziel der Wesentlichkeitsrechtsprechung. Sie stellt zunächst besondere inhaltliche Anforderungen an gesetzliche Grundlagen für grundrechtseingreifendes Verwaltungshandeln: Der parlamentarische Gesetzgeber muß seiner Repräsentativfunktion gerecht werden und alle wesentlichen Entscheidungen im Bereich der Grundrechtsausübung selbst treffen (insbesondere in welchen Fällen und in welchem Umfang ein Grundrechtseingriff vorzunehmen ist).

Einfluß der Wesentlichkeitstheorie auf den Bestimmtheitsgrundsatz des Art. 80 GG und den allgemeinen rechtsstaatlichen Bestimmtheitsgrundsatz

Eine generalklauselartige Ermächtigung, die der Verwaltung die eigentliche Entscheidung über die Art und das Ausmaß der Grundrechtseingriffe überläßt, ist demzufolge wegen Verstoßes gegen das Rechtsstaats- und Demokratieprinzip nichtig. Im Bereich bundesgesetzlicher Verordnungsermächtigungen ergibt sich diese Rechtsfolge bereits aus Art. 80 GG. Als Kriterium der Wesentlichkeit ist die Grundrechtsrelevanz der Regelung anzusehen. Damit wirkt sich die Wesentlichkeitsrechtsprechung auch auf die rechtsstaatliche Anforderung der Bestimmtheit gesetzlicher Ermächtigungsgrundlagen aus. Je intensiver sich eine gesetzliche Ermächtigung potentiell auf die Grundrechtsausübung auswirken kann, je nachhaltiger die aufgrund des Gesetzes zutreffenden Entscheidungen den Bürger belasten können, umso höhere Anforderungen sind an den Gesetzgeber zu stellen, desto genauer und bestimmter muß die gesetzliche Ermächtigung gefaßt sein.

In diesem Sinne ist der Parlamentsvorbehalt somit als Delegationsverbot für den Gesetzgeber im Hinblick auf grundsätzliche Entscheidungen in grundrechtswesentlichen Fragen zu verstehen.

Beispiel: Die sog. »Frauen-Quote« im öffentlichen Dienst (Frauen sollen bei der Einstellung und Beförderung gegenüber männlichen Mitbewerbern mit gleicher Qualifikation bevorzugt werden, wenn in den jeweiligen Ressorts weniger Frauen als Männer beschäftigt sind) betrifft einen besonders grundrechtssensiblen Bereich (Art. 3 III GG) und bedarf daher der parlamentarisch-demokratischen Absicherung in Form eines Parlamentsgesetzes. Die Entscheidung über die Einführung der »Frauen-Quote« im öffentlichen Dienst kann also nur den Gesetzgeber, nicht dagegen die Verwaltung durch Verwaltungsvorschriften (verwaltungsinterne Richtlinien) treffen (OVG Münster, NJW 89, 2560). Im übrigen dürfte die »Frauen-Quote« im Ergebnis gegen das Diskriminierungsverbot des Art. 3 III GG verstoßen und daher verfassungswidrig sein, da auch durch das Einfügen des Art. 3 II 2 GG in Zukunft keine Aufgabe des Prinzips der Gleichberechtigung stattfindet (Hofmann, NVwZ 95, 662; vgl. auch EuGH, NJW 95, 3109).

Als Kriterium der Wesentlichkeit zieht das BVerfG auch den Gesichtspunkt der Kontroversen heran. Fragenkomplexe, die in der Öffentlichkeit besonders kontrovers diskutiert werden und von maßgeblicher Bedeutung für die Allgemeinheit sind, dürfen nicht von der Exekutive am Parlament vorbei entschieden werden, sondern bedürfen der parlamentarischen Auseinandersetzung. Damit konkretisiert die Wesentlichkeitsrechtsprechung eine allgemeine, aus dem Demokatie- und Rechtsstaatsprinzip resultierende Kompetenzverteilungsregel für das Verhältnis der Exekutive (insbesondere der Regierung) zum Parlament.

Beispiel: Die Einführung des neuen Reaktortyps »schneller Brüter«, mit dem der Einstieg in die Plutoniumwirtschaft verbunden ist, die Stationierung von »Pershing II-Raketen« auf dem Bundesgebiet oder der Einsatz deutscher Bundeswehrsoldaten im Rahmen von Uno-Missionen müssen parlamentarisch abgesegnet werden.

Die Form des Gesetzes kann entbehrlich sein, schlichte Parlamentsbeschlüsse können genügen

In den genannten Fällen kann jedoch auf die Gesetzesform verzichtet werden; vielmehr kann das Parlament durch schlichte Parlamentsbeschlüsse - im Falle eines out-of-area-Einsatzes der Bundeswehr mit konstitutiver Wirkung - seine Zustimmung zum Ausdruck bringen (sog. »Parlamentskonsens«). Im Falle der o.g. Brüter-Technologie soll sogar die billigende Entgegennahme des Energieberichts der Bundesregierung durch den Bundestag als hinreichende parlamentarische Willensäußerung anzusehen sein (BVerfGE 49, 89).

Das Prinzip der parlamentarischen Demokratie begründet keinen einseitigen, alle Kompetenzzuordnungen überspielenden Auslegungsgrundsatz

Im Bereich der Bündnis- und Außenpolitik bedürfen wesentliche Entscheidungen der Bundesregierung - auch im Rahmen bestehender völkerrechtlicher Verträge, Art. 24, 32, 59 GG - der begleitenden parlamentarischen Kontrolle in Form eines schlichten Parlamentsbeschlusses. Der Parlamentsvorbehalt begründet jedoch in diesen Fällen - und auch ganz allgemein - keinen absoluten, ausnahmslosen Entscheidungsvorrang des Parlaments im Sinne eines »Totalvorbehalts«. Vielmehr sichert das Gewaltenteilungsprinzip der Regierung in Bereichen typischer Regierungsverantwortung einen Kernbereich exekutivischer Eigenverantwortung.

Insgesamt lassen sich folgende Aussagen oder »Wesentlichkeits-Rechtsprechungen« zusammenfassen:

● Der Gesetzesvorbehalt wird zum Parlamentsvorbehalt in grundrechtswesentlichen Bereichen erweitert. Danach muß der Gesetzgeber die wesentlichen Fragen über Grundrechtseingriffe selbst regeln und darf sie nicht an die Verwaltung delegieren.

● Die Wesentlichkeit einer Materie bemißt sich nach ihrer Grundrechtsrelevanz (insbesondere nach ihrer Intensität), ferner nach ihrer Bedeutung für die Allgemeinheit (insbesondere kontrovers diskutierter Belange).

● Die Anforderungen an den Inhalt und die Bestimmtheit des Gesetzes sind umso strenger, je intensiver sich die Regelung auf den Grundrechtsgebrauch auswirkt, je nachhaltiger die Allgemeinheit betroffen ist und je kontroverser das Thema diskutiert wird.

● Die Form des Gesetzes ist entbehrlich in Bereichen originärer Regierungstätigkeit (Bündnis- und Außenpolitik), im Rahmen bestehender völkerrechtlicher Verträge (weil der Bundestag dem Vertragsabschluß in gesetzlicher Form gem. Art. 59 II GG zugestimmt hat) und im Bereich des technischen Sicherheitsrechts,

wegen der Komplexität und Dynamik der Materie. In diesen Fällen genügt ein schlichter Parlamentsbeschluß.
- Aus dem Parlamentsvorbehalt folgt nicht ein ausnahmsloser Entscheidungsvorrang des Parlaments.

Parteien　　　　　　　　　　　　　　　　　　　　Art. 21 GG

(1) Die Parteien wirken bei der politischen Willensbildung des Volkes mit. Ihre Gründung ist frei. Ihre innere Ordnung muß demokratischen Grundsätzen entsprechen. Sie müssen über die Herkunft und Verwendung ihrer Mittel sowie über ihr Vermögen öffentlich Rechenschaft geben.

(2) Parteien, die nach ihren Zielen oder nach dem Verhalten ihrer Anhänger darauf ausgehen, die freiheitliche demokratische Grundordnung zu beeinträchtigen oder zu beseitigen oder den Bestand der Bundesrepublik Deutschland zu gefährden, sind verfassungswidrig. Über die Frage der Verfassungswidrigkeit entscheidet das Bundesverfassungsgericht.

(3) Das Nähere regeln Bundesgesetze.

Der verfassungsmäßige Status der Parteien ist in Art. 21 GG geregelt

Das Grundgesetz erkennt die politischen Parteien in Art. 21 GG als notwendiges Element für die politische Willensbildung des Volkes an. Politische Parteien zählen selbst nicht zu den Staatsorganen, nehmen aber im Hinblick auf Art. 21 GG den Rang einer verfassungsrechtlichen Institution ein. Sie stehen im Schnittpunkt von Staat und Gesellschaft. Demzufolge sind sie zwar rechtsbegrifflich Vereine des bürgerlichen Rechts (rechtsfähige oder nichtrechtsfähige), haben aber gem. Art. 21 GG einen verfassungsrechtlichen Status. Ihre Aufgabe ist es, als Vermittlungs- bzw. Transformationsinstanz den politischen Willen der Bürger zu formen, zu kollektivieren und in die Staatsorganisation einzubringen. Eine genaue Beschreibung der Stellung und Aufgaben der Parteien im Verfassungsleben enthält § 1 PartG.

Parteien sind notwendige Bindeglieder zwischen Staat und Gesellschaft

Parteibegriff　　　　　　　　　　　　　　　　　　§ 2 PartG

(1) Parteien sind Vereinigungen von Bürgern, die dauernd oder für längere Zeit für den Bereich des Bundes oder eines Landes auf die politische Willensbildung Einfluß nehmen und an der Vertretung des Volkes im Deutschen Bundestag oder einem Landtag mitwirken wollen, wenn sie nach dem Gesamtbild der

Der Begriff der Partei ist in § 2 PartG legaldefiniert

> tatsächlichen Verhältnisse, insbesondere nach Umfang und Festigkeit ihrer Organisation, nach der Zahl ihrer Mitglieder und nach ihrem Hervortreten in der Öffentlichkeit eine ausreichende Gewähr für die Ernsthaftigkeit dieser Zielsetzung bieten. Mitglieder einer Partei können nur natürliche Personen sein.
>
> (2) Eine Vereinigung verliert ihre Rechtsstellung als Partei, wenn sie sechs Jahre lang weder an einer Bundestagswahl noch an einer Landtagswahl mit eigenen Wahlvorschlägen teilgenommen hat.
>
> (3) Politische Vereinigungen sind nicht Parteien, wenn
>
> 1. ihre Mitglieder oder die Mitglieder ihres Vorstandes in der Mehrheit Ausländer sind oder
>
> 2. ihr Sitz oder ihre Geschäftsleitung sich außerhalb des Geltungsbereichs dieses Gesetzes befindet.

Danach hängt der Parteibegriff von vier Voraussetzungen ab:

- Es muß sich um eine Vereinigung von Bürgern handeln,
- mit dem Ziel, auf die politische Weiterbildung des Volkes Einfluß zu nehmen und zwar auf Bundes- oder Landesebene (damit fallen sogenannte »Rathausparteien« aus dem Parteienbegriff heraus).
- Die Vereinigung muß eine ausreichende Gewähr für die Ernsthaftigkeit dieser Zielsetzung bieten. Abzustellen ist auf das Gesamtbild, insbesondere auf ein Mindestmaß an organisatorischer Festigkeit und Selbständigkeit.
- Schließlich muß die Vereinigung gem. § 2 II PartG regelmäßig an Bundes- oder Landtagswahlen teilnehmen, um ihren Parteistatus nicht zu verlieren.

Dagegen spielen die von einer Partei verfolgten Ziele für den Parteibegriff keine Rolle. Eine verfassungsfeindliche Zielsetzung kann aber nach Art. 21 II 1 GG ein Parteienverbot rechtfertigen. Damit soll verhindert werden, daß verfassungsfeindliche Parteien mit verfassungslegitimen Mitteln die freiheitliche demokratische Grundordnung untergraben.

Wegen der überragenden Bedeutung der Parteien für die Demokratie räumt Art. 21 II GG den Parteien eine zweifache Privilegierung gegenüber sonstigen Vereinigungen, die nur nach Maßgabe des Art. 9 GG geschützt sind, ein:

- Zum einen kann eine Partei nur unter den in Art. 21 II 1 GG normierten Voraussetzungen verboten werden.
- Zum anderen hat das Bundesverfassungsgericht gem. Art. 21 II 2 GG die ausschließliche Kompetenz, ein Parteienverbot auszusprechen (sog. Entscheidungsmonopol).

»Parteienprivileg«

Die Voraussetzungen des Art. 21 II 1 GG werden vom BVerfG eng ausgelegt:

- Die Ziele der Partei - die aus allen Erkenntnisquellen zu ermitteln sind, insbesondere dem Parteiprogramm - müssen auf Beseitigung oder Beeinträchtigung der freiheitlich-demokratischen Grundordnung gerichtet sein.
- Die Partei muß ferner »darauf ausgehen«, diese Ziele zu verwirklichen. Das ist der Fall, wenn sie eine kämpferische aggressive Grundhaltung aufweist und konkrete Maßnahmen plant.

Voraussetzungen eines Parteienverbots

Den Begriff der freiheitlich-demokratischen Grundordnung hat das BVerfG präzisiert. Die Definition des BVerfG ist modifiziert in das Bundesverfassungsschutzgesetz (§ 4 II BVerfSchG) sowie in die Verfassungsschutzgesetze der Länder (z.B. Art. 1 II BayVSG) übernommen worden. Es umfaßt die wesentlichen demokratischen und rechtsstaatlichen Grundsätze des Grundgesetzes.

Das Parteienprivileg des Art. 21 II GG hat zur Konsequenz, daß eine Partei, solange sie nicht vom BVerfG für verfassungswidrig erklärt worden ist, wie jede andere Partei an den Parteifreiheiten, insbesondere der Chancengleichheit der Parteien teil hat. Das schließt zugleich jede mittelbare Diskriminierung der Partei durch Gerichte, Behörden oder Staatsorgane aus. Jede Benachteiligung einer Partei, insbesondere durch Vorenthaltung einer für Parteien vorgesehenen staatlichen Leistung verstößt gegen das Entscheidungsmonopol des BVerfG und verletzt die Partei in ihrer verfassungsrechtlich gewährleisteten Chancengleichheit.

Konsequenz des Parteienprivilegs: Solange eine Partei nicht vom BVerfG für verfassungswidrig erklärt worden ist, darf sie von keiner staatlichen Stelle wegen ihrer Zielsetzung benachteiligt werden

Als wichtigste Elemente der Parteiengleichheit sind die Gründungsfreiheit und die bereits erwähnte Chancengleichheit der Parteien zu nennen. Die Gründungsfreiheit ist unmittelbar in Art. 21 I 1 GG normiert, das Prinzip der Chancengleichheit wird als spezielles Gleichheitsgebot aus Art. 3 I GG i.V.m. Art. 21 I 2 GG abgeleitet. Der Anspruch auf Gleichbehandlung der Parteien aus Art. 3 i.V.m. 21 GG ist im § 5 PartG einfachgesetzlich ausgestaltet, der gewisse Differenzierungen nach der Bedeutung der Partei zuläßt (sog. Prinzip der abgestuften Chancengleichheit).

Gründungsfreiheit und Chancengleichheit der Parteien

Anspruch auf Gleichbehandlung durch Träger öffentlicher Gewalt aus Art. 3 I i.V.m. 21 GG und § 5 PartG

Der Anspruch aus § 5 PartG kommt in der Praxis häufig bei der Zuteilung von Sendezeiten im öffentlichen Rundfunk und Fernsehen sowie bei der Überlassung von Stadthallen für Parteiveranstaltungen vor.

Er hat drei Voraussetzungen:
- Es muß sich um eine politische Partei i.S.v. § 2 PartG handeln
- Gewährung von Leistungen durch einen Träger öffentlicher Gewalt
- Vorliegen einer Ungleichbehandlung unter Berücksichtigung des § 5 I 2 GG

Prozessuale Fragen

In prozessualer Hinsicht ist anzumerken, daß Parteien eine Verletzung ihres verfassungsrechtlichen Status durch oberste Bundes- oder Landesorgane im Wege des Organstreitverfahrens gem. Art. 93 I Nr. 1 GG geltend machen können. Für alle administrativen (behördlichen) Beeinträchtigungen steht ihnen, gem. § 40 I VwGO, der Verwaltungsrechtsweg offen. Für innerparteiliche Streitigkeiten ist, da es sich insoweit um vereinsrechtliche Auseinandersetzungen handelt, der Zivilrechtsweg gem. § 13 GVG gegeben (Beispiel: Parteiausschluß).

1.3. Das Rechtsstaatsprinzip

Das Rechtstaatsprinzip ist ein elementarer Verfassungsgrundsatz, dem ganz allgemein die Funktion der Begrenzung staatlicher Macht und Sicherung individueller Freiheit zukommt. Ausdrücklich erwähnt ist das Rechtsstaatsprinzip nur in Art. 28 I GG, der die Landesverfassungen auf die Verfassungsgrundsätze des Bundes festlegt und somit die Geltung des Rechtsstaatsprinzips auf Bundesebene voraussetzt.

Der Inhalt des Rechtsstaatsprinzips ergibt sich aus der Gesamtschau aller im GG normierten rechtsstaatlichen Einzelausprägungen

Der Begriff des Rechtsstaates »im Sinne dieses Grundgesetzes« (Art. 28 I GG) erschließt sich aus einer Zusammenschau verschiedener im Grundgesetz verankerter Einzelelemente, denen jeweils der Aspekt der Freiheitssicherung und Machtbegrenzung zugrunde liegt. Sie sind nur zum Teil durch Art. 20 GG garantiert und daher auch nur zum Teil der Disposition des verfassungsändernden Gesetzgebers nach Art. 79 III GG entzogen.

Als den Rechtsstaatsbegriff prägende Einzelelemente sind anzusehen:

- Das Prinzip der Gewaltenteilung, Art. 20 II GG
- Die Gesetzmäßigkeit staatlichen Handelns, bzw. der Vorrang von Verfassung und Gesetz, Art. 20 III GG
- Die Gewährleistung persönlicher Grundrechte
- Der Grundsatz der Rechtssicherheit und Rechtsklarheit insbes. der Vertrauensschutz und das Bestimmtheitsgebot
- Der Verhältnismäßigkeitsgrundsatz
- Die Gewährleistung effektiven Rechtsschutzes durch unabhängige Gerichte, Art. 19 IV GG

Rechtsstaatliche Determinierungen sind an vielen Stellen des Grundgesetzes niedergelegt. Sie alle in Art. 20 GG hineinzuinterpretieren würde zu einer Überfrachtung des Art. 20 GG führen und hätte eine nicht intendierte Unabänderbarkeit zahlreicher grundgesetzlicher Vorschriften zur Konsequenz. Das Rechtsstaatsprinzip ist nur teilweise von Art. 20 GG rezipiert, nämlich in seinen zwei wichtigsten Aussagen, der Gewaltenteilung (Abs. II) und der Gesetzmäßigkeit und Verfassungsmäßigkeit staatlichen Handelns (Abs. III).

Das Gewaltenteilungsprinzip

Das in Art. 20 II GG verankerte Gewaltenteilungsprinzip unterscheidet drei Funktionsbereiche der Staatsgewalt, die Gesetzgebung (Legislative), die vollziehende Gewalt (Exekutive) und die Rechtsprechung (Judikative). Diese Funktionsbereiche werden jeweils gesonderten Organen übertragen, deren Mitglieder eine aktive Beteiligung an einem anderen Organ aus Gründen der Pflichtenkollision versagt ist (vgl. Art. 55, 66, 94 I 3 GG - Inkompatibilität). Das Gewaltenteilungsprinzip soll Machtkonzentrationen verhindern, die Beteiligung vieler an der Staatsmacht fördern sowie Kompetenzmäßigkeit und Berechenbarkeit staatlichen Handelns sichern.

Funktionelle Gewaltenteilung

Organisatorische Gewaltenteilung

Personelle Gewaltenteilung

Das Ziel einer Kontrolle und Mäßigung der staatlichen Gewalt verwirklicht das Grundgesetz nicht durch eine strikte Trennung der staatlichen Funktionsbereiche, sondern vielmehr durch ein System der Gewaltverschränkung im Sinne einer gegenseitigen Kontrolle und Einflußnahme der Teilgewalten (Checks und Balances). Dieses System der Gewaltenverschränkung wird plastisch, wenn man die zum Teil weitreichenden Ausnahmen und Durchbrechungen des Gewaltenteilungsprinzips betrachtet.

Das GG realisiert das Gewaltenteilungsprinzip durch ein System der Gewaltenverschränkung. Die einzelnen Funktionsbereiche werden nicht strikt getrennt, sondern nur grundsätzlich unterschieden

Ausnahmen und Durchbrechungen des Gewaltenteilungsprinzips

- Der Bundestag als Legislativorgan beeinträchtigt die Selbständigkeit der Exekutive durch die Wahl des Bundeskanzlers (Art. 63) und des Bundespräsidenten (Art. 54 GG) als Exekutivspitzen. Diese Funktionsverschränkung wird noch verstärkt durch die mit dem parlametarischen Regierungssystem verbundene Abhängigkeit der Regierung vom Vertrauen des Parlaments (Art. 67, 69 GG).

Ferner greift der Bundestag mit seinem Haushaltsrecht (Art. 110 II GG), seinem Kreditbewilligungsrecht (Art. 115 S.1 GG) und seinem Zustimmungsrecht zu völkerrechtlichen Verträgen (Art. 59 II GG) in den Funktionsbereich der Exekutive über.

- Der Bundesrat nimmt Funktionen der Gesetzgebung und der Verwaltung wahr (Art. 50 GG).

- Die Bundesregierung übt mit ihrem Gesetzesinitiativrecht, Art. 76 GG und ihrem Zustimmungsrecht zu ausgabenerhöhenden und einnahmenmindernden Gesetzen (Art. 113 I GG) entscheidenden Einfluß auf die Legislative aus. Außerdem kann gem. Art. 80 GG der Gesetzgeber Rechtsetzungbefugnisse an die Exekutive delegieren (Verordnungserlaß).

- Das Bundesverfassungsgericht hat durch seine weitreichende Kontrollkompetenz über alle anderen Staatsorgane, insbesondere durch seine Normenverwerfungskompetenz (Art. 93 I Nr. 2, Art. 100 I GG) einen nicht zu unterschätzenden faktischen Einfluß auf die politische Staatsleitung der Exekutive und der Legislative.

Jeder Staatsgewalt ist ein Kernbereich eigenverantwortlicher Staatstätigkeit garantiert

Dieses vom Grundgesetz verwirklichte Modell der Gewaltenteilung, das ein Ineinandergreifen der Staatsfunktionen in weitem Umfang vorsieht, läßt grundsätzlich auch weitergehende Kompetenzübergriffe durch Gesetze zu. Durch Art. 20 II GG ist aber jeder Staatsgewalt ein substantieller Kernbereich eigenverantwortlicher Staatstätigkeit garantiert und gem. Art. 79 III GG vor Verfassungsänderungen abgesichert. Erst wenn in diesen Kernbereich eingegriffen wird, liegt ein Verstoß gegen das Gewaltenteilungsprinzip vor.

Beispiel: Ein Gesetz, das die genauen Standorte für künftig errichtete Kernkraftwerke vorgibt, greift zwar in den Funktionsbereich der Verwaltung ein, läßt aber den Kernbereich der Exekutive unberührt. Zudem kann die konkrete Standortentscheidung durch den parlamentarischen Gesetzgeber, durch das Prinzip der repräsentativen Demokratie und den daraus hergeleiteten Parlamentsvorbehalt in wesentlichen Bereichen sogar geboten sein.

Der Funktionsbereich der Gesetzgebung ist gegenüber der Exekutive durch die Grundsätze vom Vorrang und vom Vorbehalt des Gesetzes, Art. 20 III GG, durch die parlamentarische Kontrolle der Regierung, durch den Grundsatz der Bestimmtheit von Ermächtigungsgrundlagen (insbesondere Art. 80 GG) und die Unvereinbarkeit von Mandat und Verwaltungsamt abgesichert (Jarass/Pieroth, GG, 5. Aufl., Art. 20, Rz. 17). Auch die Rechtsprechung hat durch richterliche Selbstbeschränkung (judicial self restraint) ihre Funktionsgrenzen zu wahren und eine gesetzgeberische Einschätzungsprärogative zu beachten.

Abgrenzung des Funktionsbereiches der Legislative gegenüber den anderen Gewalten

Die vollziehende Gewalt, zu der die Verwaltung und Regierung zu zählen ist, verfügt ebenfalls über einen Kernbereich exekutivischer Eigenverantwortung, der aber nur sehr unsicher zu bestimmen ist. Die Frage wird zum Beispiel bei den Grenzen parlamentarischer Untersuchungsausschüsse relevant (s.u. »Bundestag«). Der Funktionsbereich der Exekutive ist gegenüber der Legislative nur durch das Verbot des Einzelfallgesetzes, Art. 19 I 1 GG, und gegenüber der Rechtsprechung durch die Beschränkung der Gerichte auf eine bloße Rechtskontrolle (im Gegensatz zu einer Zweckmäßigkeitskontrolle) eingeschränkt.

Sicherung eines »Kernbereichs exekutivischer Eigenverantwortung«

Die Rechtsprechung ist dagegen funktionell und organisatorisch deutlich von den beiden übrigen Gewalten getrennt. Dies kommt besonders deutlich zum Ausdruck in der Bestimmung des Art. 92 GG, der den Gerichten ein Rechtsprechungsmonopol einräumt, und in der durch Art. 97 GG garantierten sachlichen und persönlichen Unabhängigkeit der Richter.

Deutliche funktionelle und organisatorische Absonderung der Rechtsprechung von den beiden übrigen Teilgewalten

Verfassungsrechtliche Grenzen der richterlichen Gewalt ergeben sich aus ihrer Kontrollfunktion. Sie wird nur auf Antrag tätig und kann den anderen Gewalten keine verbindlichen Einschränkungen vorschreiben, sondern vielmehr nur deren Entscheidungen auf ihre Rechtmäßigkeit überprüfen. Ausnahmen hiervon sind im Bereich des vorbeugenden Rechtsschutzes anerkannt.

Vorrang der Verfassung

Mit der Bindung des förmlichen Gesetzgebers an die Verfassung ist in Art. 20 III GG der Grundsatz vom Vorrang der Verfassung gegenüber allen anderen innerstaatlichen Normen festgelegt. Jedes Gesetz das gegen das Grundgesetz verstößt ist nichtig, es sei denn, es ist einer verfassungskonformen Auslegung zugänglich.

Gesetzmäßigkeit der Verwaltung

Gesetzmäßigkeit der Verwaltung umfaßt die Grundsätze vom Vorrang und vom Vorbehalt des Gesetzes

Als wesentliches Element des Rechtsstaates kann der Grundsatz der Gesetzmäßigkeit der Verwaltung, der in Art. 20 III GG mit der Bindung der vollziehenden Gewalt an Gesetz und Recht umschrieben ist, gewertet werden. Gesetzmäßigkeit der Verwaltung ist als Oberbegriff für Vorrang und Vorbehalt des Gesetzes zu sehen.

Grundsatz vom Vorrang des Gesetzes

Der Grundsatz des Gesetzesvorrangs, der den Vorrang der Verfassung mitumfaßt, besagt, daß Verwaltungsmaßnahmen nicht gegen höherrangige Rechtssätze verstoßen dürfen. Das Prinzip des Gesetzesvorrangs gilt uneingeschränkt sowohl im Bereich der Eingriffs- wie auch der Leistungsverwaltung, unabhängig von der verwendeten Handlungsform, also gleichsam für Verwaltungsakte, Verordnungen, Satzungen, Realakte oder verwaltungsrechtliche Verträge. Gegen diesen Grundsatz verstoßende Verwaltungsmaßnahmen sind nichtig oder zumindest anfechtbar.

Grundsatz vom Vorbehalt des Gesetzes

Der Grundsatz vom Vorbehalt des Gesetzes besagt, daß die Verwaltung nur tätig werden darf, wenn sie durch ein Gesetz zu einem bestimmten Handeln ermächtigt wird. Dieser Grundsatz ist zwar in Art. 20 III GG nicht ausdrücklich normiert, aber vorausgesetzt, da die in Art. 20 III GG angesprochene Bindung an das Gesetz leerlaufen würde, wenn die Verwaltung beliebig und ohne gesetzliche Kompetenzzuweisung handeln könnte.

Im Bereich der Grundrechte ergibt sich der Gesetzesvorbehalt unmittelbar aus den Grundrechten, die nur »durch oder aufgrund eines Gesetzes« eingeschränkt werden können.

Vorbehalt des Gesetzes im Bereich der Eingriffsverwaltung

Für den Bereich der Eingriffsverwaltung ist der Grundsatz vom Vorbehalt des Gesetzes unbestritten. Eingriffsverwaltung liegt vor, wenn die Verwaltung durch belastende Maßnahmen, insbesondere durch Ge- und Verbote in die Freiheitssphäre des Bürgers eingreift. In diesem Fall ergibt sich der Grundsatz vom Vorbehalt des Gesetzes schon aus den Grundrechten - jedenfalls aus Art. 2 I GG, der umfassenden Grundrechtsschutz vor belastenden Hoheitsakten gewährleistet.

Über die klassische Formel des Eingriffs in »Freiheit und Eigentum« hinausgehend, erweitern das rechtsstaatliche Prinzip der Rechtssicherheit und das Prinzip der parlamentarischen Demokratie den Gesetzesvorbehalt auf alle grundlegenden Entscheidungen im Bereich der Grundrechtsausübung (s.o. »parlamentarische Demokratie«).

Umstritten ist dagegen die Geltung des Grundsatzes vom Vorbehalt des Gesetzes im Bereich der Leistungsverwaltung, wenn also der Staat durch Gewährung von Leistungen die Lebensqualität der Bürger steigert oder wirtschaftslenkende Funktionen wahrnimmt.

Vorbehalt des Gesetzes im Bereich der Leistungsverwaltung

Für eine Erstreckung des Gesetzesvorbehalts auf die Leistungsverwaltung spricht, daß die Vorenthaltung einer staatlichen Leistung den einzelnen genauso intensiv oder noch intensiver als ein staatlicher Eingriff treffen kann (z.B. die Nichtzulassung zu einer staatlichen Ausbildungsstelle).

Richtigerweise muß folgendermaßen differenziert werden:
- Im Bereich der Leistungsverwaltung sind grundsätzlich vorbehaltsfreie (nicht gesetzesfreie) Räume der Verwaltung anzuerkennen, damit sie effektiver und flexibler auf kurzfristig auftretende Bedarfssituationen reagieren kann und nicht durch ein langwieriges Gesetzgebungsverfahren gehemmt wird (Degenhart, Staatsrecht I, 16. Aufl., Rz. 329). Zu denken ist etwa an unvorhersehbare Notfälle, z.B. Naturkatastrophen, Epidemien oder an wirtschaftliche Krisen.

Aus Gründen der Effektivität und Flexibilität des Verwaltungshandelns ist ein genereller Gesetzesvorbehalt im Bereich der Leistungsverwaltung abzulehnen. Zwar verlangt das Rechtsstaats- und Demokratieprinzip in grundrechtsrelevanten Bereichen eine parlamentarische Entscheidung. Diesen Anforderungen wird aber i.d.R. schon durch die Bereitstellung der Fördermittel im Haushaltsplan als hinreichende parlamentarische Willensäußerung genügt. Dagegen ist die Gesetzesform wegen des Parlamentsvorbehalts unverzichtbar in Bereichen, die besonderen Schutz vor staatlicher Einflußnahme genießen, wie z.B. dem Pressebereich wegen Art. 5 I GG oder dem weltanschaulich-religiösen Bereich wegen Art. 4 GG.

Auch gebietet der Grundsatz der Gewaltenteilung, daß typische Verwaltungsbereiche von der Exekutive selbständig und eigenverantwortlich wahrgenommen werden können. Ein sog. »Totalvorbehalt«, der für alle Verwaltungsbereiche eine gesetzliche Ermächtigung verlangt, ist daher mit der h.M. abzulehnen.

- Von diesem Grundsatz sind folgende Ausnahmen zu machen: Der Gesetzesvorbehalt umfaßt i.d.R. dann die Leistungsverwaltung, wenn mit der Zuweisung einer Leistung an den Begünstigten eine untrennbare Wechselwirkung mit einem Eingriff in die Rechte Dritter besteht.

Beispiel: Im Bereich der Wirtschaftslenkung greift der Staat durch die Vergabe von Subventionen an bestimmte Betriebe in den wirtschaftlichen Wettbewerb ein und schafft Konkurrenzsituationen, die zu einer wirtschaftlichen und im Hinblick auf Art. 2 I GG auch rechtlichen Benachteiligung der von der Leistung Ausgeschlossenen führen.

Für den Bereich der Subventionsverwaltung hat das BVerfG zwar grundsätzlich eine gesetzliche Grundlage verlangt, hat hierfür aber schon das Haushaltsgesetz bzw. die Bereitstellung der Subventionsmittel im Haushaltsplan genügen lassen (BVerfGE 58, 45), obgleich das Haushaltsgesetz als Gesetz im »nur formellen Sinn« dem Vorbehalt des Gesetzes prinzipiell nicht gerecht wird.

- Dagegen ist für Maßnahmen der Leistungsverwaltung in Bereichen, in denen der Staat zu strikter Neutralität verpflichtet ist, am Erfordernis einer gesetzlichen Grundlage uneingeschränkt festzuhalten. Dies ist etwa der Fall im Bereich des publizistischen Wettbewerbs, in den die Verwaltung durch Pressesubventionen nur eingreifen darf, wenn sie hierzu gesetzlich ermächtigt ist (OVG Berlin, JuS 76, 115). Gleiches gilt für die Vergabe von Subventionen an einen privaten Verein, dessen Ziel die Bekämpfung von Jugendsekten ist und für die Vergabe von finanziellen Mitteln an politische Parteien.

In allen drei genannten Fällen ergibt sich das Erfordernis einer gesetzlichen Grundlage aus dem Rechtsstaats- und Demokratieprinzip (»Wesentlichkeitstheorie«).

1.4. Bundesstaatsprinzip

Eigene Staatlichkeit des Bundes und der Länder

Das Bundesstaatsprinzip - auch föderatives Prinzip genannt - betrifft die Gliederung des Staatsaufbaus der Bundesrepublik Deutschland in einen Gesamtstaat (Bund) und sechzehn Gliederstaaten (Länder). Dabei sind die Gliederstaaten durch das Grundgesetz in der Weise zu einem Gesamtstaat verbunden, daß sowohl dem Bund als auch den Ländern eigene, nicht voneinander abgeleitete Staatsqualität zukommt.

Verteilung der Staatsgewalt auf Bund und Länder

Das für die Qualifizierung als Staat notwendige Merkmal der Staatsgewalt ist im Grundgesetz in seinen drei Erscheinungsformen der Gesetzgebung, vollziehenden Gewalt und Rechtsprechung lückenlos auf den Bund und auf die Länder verteilt. Diese dem Bund oder den Ländern durch das Grundgesetz zugewiesene Staatsgewalt ist jeweils als eine eigene, nicht vom Gesamtstaat bzw. von den Gliederstaaten abgeleitete Staatsgewalt zu verstehen.

Die wichtigsten Kompetenzverteilungsregeln sind:
- Art. 30 GG als allgemeine Kompetenzverteilungsnorm
- Art. 70 ff. GG: Aufteilung der Gesetzgebungskompetenzen
- Art. 83 ff. GG: Aufteilung der Verwaltungskompetenzen
- Art. 92, 95, 30 GG: Aufteilung der Rechtsprechungskompetenzen
- Art. 104 a GG: Aufteilung der Steuergesetzgebung, des Steueraufkommens und der Ausgabentragung
- Art. 32, 59 GG: Verteilung der Abschlußkompetenz für völkerrechtliche Verträge

Bundesstaatliche Kompetenzverteilung

Kerngewährleistung des Bundesstaatsprinzips

Die Staatsqualität von Bund und Ländern, insbesondere die Eigenstaatlichkeit der Länder, sowie die Aufteilung der Staatsgewalt auf Bund und Länder können als wesentliche Charakteristika, die durch Art. 79 III GG der Verfassungsänderung entzogen sind, angesehen werden.

Eigene Staatsqualität von Bund und Ländern

Die Eigenstaatlichkeit der Länder bedingt auch eine Trennung der Verfassungsräume von Bund und Ländern. Das bedeutet, daß auch den Ländern eine eigene Verfassungautonomie und eine eigene Verfassungsgerichtsbarkeit gewährleistet ist.

Trennung der Verfassungsräume von Bund und Ländern

Die Verfassungsautonomie der Länder ist allerdings nicht unbegrenzt, vielmehr wird durch das Homogenitätsgebot des Art. 28 I GG - zum Zweck der Erhaltung der politischen Einheit - eine Homogenität der Grundstrukturen von Grundgesetzen und Länderverfassungen sichergestellt. Das Homogenitätsgebot des Art. 28 I GG bindet die Verfassungsgeber der Länder an die Staatsfundamentalprinzipien des Grundgesetzes (Republik, Demokratie, Sozialstaat, Rechtsstaat). Darüber hinaus wird durch die Kollisionsnorm des Art. 31 GG der Vorrang der Bundesverfassung (GG) gegenüber der Landesverfassung klargestellt.

Begrenzung der Verfassungsautonomie der Länder durch das Homogenitätsgebot des Art. 28 I GG

Vorrang der Bundesverfassung, Art. 31 GG

Zu den im Hinblick auf Art. 79 III GG unantastbaren Gewährleistungen des Bundesstaatsprinzips zählt auch ein Kernbestand von Länderkompetenzen, damit das Bundesstaatsprinzip nicht zur

Staatsorganisationsrecht

Kernbestand von Länderkompetenzen: Kulturhoheit, Organisationshoheit, Anteil am Steueraufkommen

»leeren Hülse« verkommt. In diesem Zusammenhang werden traditionell etwa die Kulturhoheit und die Organisationshoheit der Länder sowie ein substantieller Anteil der Länder am Gesamtsteueraufkommen genannt.

Kompetenzverteilungen zwischen Bund und Ländern

Gesetzgebungskompetenzen

Im Bereich der Gesetzgebung hat der Bund, trotz der grundsätzlichen Zuständigkeitsvermutung zugunsten der Länder in Art. 70 GG, ein erhebliches Übergewicht. Dieses wird teilweise durch die Institution des Bundesrates kompensiert, durch den die Länder Einfluß auf die Bundesgesetzgebung ausüben (s.u. »Bundesrat«).

Verwaltungskompetenzen

Im Bereich der Verwaltung liegt der Schwerpunkt der Kompetenzen dagegen bei den Ländern. Für sie enthält Art. 83 GG eine Zuständigkeitsvermutung, die durch Art. 30 GG ergänzt wird, soweit die Länderbehörden nicht im Vollzug von Gesetzen, sondern aus eigener Initiative tätig werden. Die Verwaltungskompetenzen der Länder umfassen neben dem landeseigenen Vollzug von Landesgesetzen den landeseigenen Vollzug von Bundesgesetzen, Art. 84, 83 GG, sowie die Bundesauftragsverwaltung, Art. 85 GG. Das Schwergewicht der Länder im Bereich der Verwaltung wird durch das Instrument der Bundesaufsicht in den Art. 84 III, 85 III GG relativiert (näheres zu den Gesetzgebungs- und Verwaltungskompetenzen, s.u. »Gesetzgebung und Verwaltung«).

Das Subsidiaritätsprinzip als Zuständigkeitsprinzip der Art. 70 ff., 83 ff. und 30 GG

Den Art. 70 ff., 83 ff. und 30 GG liegt gemeinsam das Prinzip der Subsidiarität zugrunde:

Der Bund als zentrale Instanz kann nur in den Fällen tätig werden, in denen ihm eine entsprechende Kompetenz vom Grundgesetz ausdrücklich zugewiesen ist, in allen übrigen Fällen sind ausschließlich die Länder zuständig.

Rechtsprechungskompetenz

Auch im Bereich der Rechtsprechung sind die Länder grundsätzlich gem. Art. 92 GG i.V.m. Art. 30 GG vorbehaltlich ausdrücklicher Bundeskompetenz zuständig.

Der Bund übt seine Rechtsprechungskompetenz durch das Bundesverfassungsgericht, Art. 92 ff. GG, die obersten Gerichte des Bundes, Art. 95 GG, sowie die besonderen Bundesgerichte, Art. 96 GG aus. Im übrigen liegen die Rechtsprechungskompetenzen gem. Art. 92, 30 GG bei den Ländern.

Grundsatz des bundesfreundlichen Verhaltens

Der Grundsatz der Bundestreue bzw. des bundesfreundlichen Verhaltens ist ein ungeschriebener Verfassungsgrundsatz, der aus dem »allgemeinen« Bundesstaatsprinzip des Art. 20 I GG abgeleitet wird. Er stellt eine Generalklausel in der bundesstaatlichen Kompetenzordnung dar, die mit dem Grundsatz von Treu und Glauben des Zivilrechts (§ 242 BGB) vergleichbar ist (Degenhart, Staatsrecht I, 16. Aufl., Rz. 219). Er dient der Wahrung der gesamtstaatlichen Ordnung, indem er den Bund und die Länder zur gegenseitigen Rücksichtnahme verpflichtet. Der Grundsatz vom bundesfreundlichen Verhalten kommt nie isoliert zur Anwendung, stellt also keine zusätzliche Kompetenzvorschrift dar, sondern kann lediglich im Einzelfall zur Korrektur oder Modifizierung eines aus den positiven Kompetenzvorschriften des Grundgesetzes gewonnenen Ergebnisses herangezogen werden.

Der Grundsatz des bundesfreundlichen Verhaltens kann zusätzliche Pflichten, die nicht im Grundgesetz vorgesehen sind, begründen, insbesondere im Hinblick auf gegenseitige Information, Koordination und Zusammenarbeit. Derartige Pflichten wirken im Verhältnis der Länder zum Bund, des Bundes zu den Ländern und im Verhältnis der Länder untereinander.

Der Grundsatz der Bundestreue wirkt pflichtenbegründend

Beispiel 1: Der Bundesumweltminister will dem Umweltminister des Landes Hessen die bundesaufsichtliche Weisung gem. Art. 85 III GG erteilen, ein vorübergehend stillgelegtes Atomkraftwerk wieder in Betrieb zu nehmen. Im Bereich der Bundesauftragsverwaltung, Art. 85 GG, begründet der Grundsatz der Bundestreue eine Pflicht des Bundes, das betroffene Bundesland vor Erlaß einer aufsichtlichen Weisung anzuhören. Der Bundesumweltminister ist daher verpflichtet, seinem Amtskollegen im Bundesland Hessen die Weisung vorher anzukündigen, ihm Gelegenheit zur Stellungnahme zu geben und seinen Standpunkt zu erwägen (BVerfGE 81, 310).

Beispiel 2: Einige Gemeinden im Bundesland B führen unzulässigerweise Volksbefragungen zu Themen der Außen- und Verteidigungspolitik durch, die in die alleinige Kompetenz des Bundes fallen (Art. 24, 32, 59, 65 a, 87 a GG) und setzen den Bund damit unter erheblichen politischen Druck. Der Bund hat gegenüber den Gemeinden keinerlei Einwirkungsbefugnisse. Diese stehen nach

Maßgabe der Gemeindeordnung des Landes B allein dem Land zu. Nach den positiven Kompetenzvorschriften der Art. 83 ff. GG besteht auch keine Pflicht des Landes B im Verhältnis zum Bund, gegen die Gemeinden kommunalaufsichtlich einzuschreiten, da es sich beim Vollzug der Gemeindeordnung um landeseigenen Vollzug von Landesgesetzen handelt (Art. 83 GG) und diese Verwaltungsform keine Einwirkungsbefugnisse des Bundes gegen die Länder vorsieht. Nach dem Grundsatz der Bundestreue ist das Land aber verpflichtet, bei der Ausübung von Verwaltungskompetenzen auf die Interessen des Bundes Rücksicht zu nehmen. Der Grundsatz der Bundestreue statuiert daher ausnahmsweise eine Pflicht des Landes B gegenüber dem Bund, gegen die Gemeinden im Wege der Rechtsaufsicht einzuschreiten und so deren Verhalten zu unterbinden. Prozessual wäre diese Pflicht des Landes B im Verhältnis zum Bund im Wege der Bund-Länder-Streitigkeit gem. Art. 93 I Nr. 3 GG durchsetzbar.

Der Grundsatz der Bundestreue als Kompetenzschranke	Das Prinzip des bundesfreundlichen Verhaltens hat darüber hinaus eine Schrankenfunktion. Es kann sich im Einzelfall als Kompetenzschranke bei der Wahrnehmung von Kompetenzen auswirken.
Verbot der mißbräuchlichen Kompetenzausübung	Die im Einklang mit der grundgesetzlichen Kompetenzordnung in Anspruch genommene Kompetenz kann gegen das Gebot der wechselseitigen Rücksichtnahme im Bundesstaat verstoßen, wenn sich das Verhalten des Bundes oder eines Landes als rechtsmißbräuchlich erweist oder in einem eklatanten Widerspruch zum vorherigen Verhalten steht (Verbot des venire contra factum proprium).
Verbot des widersprüchlichen Verhaltens	

Beispiel: Die Inanspruchnahme einer Gesetzgebungskompetenz gem. Art. 70 GG durch ein Land kann den Grundsatz der Bundestreue unter dem Aspekt des Rechtsmißbrauchs verletzen, wenn es dabei elementare Interessen anderer Länder schwerwiegend beeinträchtigt (BVerfGE 4, 115).

Gerade in derartig gelagerten Fällen ist aber bei der Anwendung des Grundsatzes vom bundesfreundlichen Verhalten Vorsicht geboten, um nicht die differenzierte bundesstaatliche Kompetenzverteilung des Grundgesetzes durch eine Generalklausel zu sprengen. Eine Abweichung von den positiven Kompetenzvorschriften des Grundgesetzes ist nur in Ausnahmefällen unter besonderen Umständen zulässig.

Beispiel: Der Erlaß einer bundesaufsichtlichen Weisung i.S.v. Art. 85 III GG verstößt nicht schon dann gegen das Gebot der Bundestreue, wenn sie rechtswidrig ist. Vielmehr kann ein solcher Verstoß nur angenommen werden, wenn die Inanspruchnahme der Weisungskompetenz rechtsmißbräuchlich ist, weil die oberste Bundesbehörde unter grober Mißachtung der staatlichen Schutzpflicht zu einem völlig unverantwortlichen Verhalten anweist (BVerfGE 81, 310).

Die Rechtsfolge einer Verletzung des Grundsatzes der Bundestreue ist die Verfassungswidrigkeit einer staatlichen Maßnahme im Hinblick auf Art. 20 I GG.

1.5. Das Sozialstaatsprinzip

Die Festlegung der Bundesrepublik Deutschland auf das Prinzip des sozialen Bundesstaats, Art. 20 I GG, bzw. des sozialen Rechtsstaats, Art. 28 I GG, bedeutet eine Abkehr vom (bloß) liberalen Rechtsstaat und eine Anerkennung der sozialen Rechtsstaatsidee. Während es das Postulat des liberalen Rechtsstaats war, eine staatsfreie Sphäre der bürgerlichen Gesellschaft zu gewährleisten, Freiheit und Eigentum des autonomen Bürgers gegenüber der Obrigkeit abzusichern, geht die Idee des sozialen Rechtsstaats von der Erkenntnis aus, daß der einzelne unter den Lebensbedingungen der modernen Industrie- und Massengesellschaft auf staatliche Leistungen und Umverteilungen in elementarer Weise angewiesen ist, um seine grundrechtlich geschützten Freiheiten überhaupt entfalten zu können.

Vom liberalen zum sozialen Rechtsstaat

Freiheit im liberalen Rechtsstaat war somit ausschließlich »Freiheit vom Staat«. Der Staat war lediglich gehalten, Eingriffe in die Freiheit des einzelnen möglichst selten und möglichst gering vorzunehmen.

»Freiheit vom Staat«

Demgegenüber bedeutet Freiheit im sozialen Rechtsstaat auch »Freiheit durch den Staat«. Damit ist die Verpflichtung des Staates angesprochen, die Voraussetzungen zu schaffen, die für eine reale Freiheitsentfaltung nötig sind.

»Freiheit durch den Staat«

Vor diesem verfassungsgeschichtlichen Hintergrund hat das Sozialstaatsprinzip des Grundgesetzes folgende Bedeutungen:

Das Sozialstaatsprinzip als Auftrag an den Gesetzgeber

Das Sozialstaatsprinzip ist aufgrund seiner Unbestimmtheit der Ausgestaltung und Konkretisierung bedürftig. Diese Ausgestaltung und inhaltliche Präzisierung ist wegen der Budgethoheit des Parlaments (soziale Leistungen sind kostspielig) und der Wesentlichkeit der Materie primär Aufgabe des Gesetzgebers, dem bei der Verwirklichung des Sozialstaatsprinzips allerdings ein weiter Gestaltungsspielraum zukommt.

Auftrag an den Gesetzgeber, im Rahmen seines legislativen Ermessens, soziale Sicherheit und soziale Gerechtigkeit herzustellen

Damit statuiert das Sozialstaatsprinzip in erster Linie einen bindenden Auftrag an den Gesetzgeber, für eine gerechte Sozialordnung zu sorgen, insbesondere:

● soziale Sicherungssysteme zu schaffen (z.B. Sozialhilfe, Krankenversicherung, Rentenversicherung, Arbeitslosenversicherung, Beamtenversorgung),

● soziale Gerechtigkeit herzustellen, soziale Gegensätze und Ungleichheiten abzubauen (Schutz des sozial Schwachen),

● damit zusammenhängend Abhängigkeitsverhältnisse gering zu halten und wirtschaftliche Macht zu begrenzen

● und mit dem Ziel der Chancengleichheit die Bedingungen für die grundrechtliche Freiheitsentfaltung zu schaffen.

Das Sozialstaatsprinzip als zukunftsoffene Staatszielbestimmung

Kein Individualanspruch auf gesetzgeberische Maßnahmen

Da das Sozialstaatsprinzip eine dynamische und für die Zukunft offene Staatszielbestimmung ist, die der Anpassung an die jeweiligen wirtschaftlichen Verhältnisse fähig ist, kann dem Gesetzgeber nicht ein für alle Zeiten feststehender Leistungsumfang von Verfassungs wegen vorgeschrieben sein. Aus dem Sozialstaatsprinzip lassen sich insbesondere keine Ansprüche des einzelnen auf gesetzgeberische Maßnahmen herleiten. Ferner lassen einfachgesetzliche Verwirklichungen des Sozialstaatsprinzips (z.B. BSG, BAföG, SGB, Arbeitnehmerschutzgesetze) keinen Rückschluß auf den gem. Art. 79 III GG geschützten Inhalt des Sozialstaatsprinzips zu.

Vielmehr kann der Gesetzgeber im Rahmen seines legislativen Ermessens unter Berücksichtigung der wirtschaftlichen Leistungsfähigkeit des Staates neue Leistungssysteme schaffen (aktuelles Beispiel: Begründung eines Rechtsanspruchs auf einen Kindergartenplatz), aber auch bereits geschaffene Leistungssysteme in erheblichem Umfang abbauen (Stichwort: Abbau des Sozialstaats).

Dabei sind ihm nur durch Art. 14 GG (Abbau von öffentlich-rechtlichen Anwartschaften, die auf überwiegend eigener Leistung beruhen - z.B. Rentenanwartschaften), durch das rechtsstaatliche Vertrauensschutzprinzip oder durch einen Kernbereich sozialstaatlicher Sicherungen, die durch Art. 20 I GG geschützt sind, verfassungsrechtliche Grenzen gesetzt (Degenhart, Staatsrecht I, 16. Aufl., Rz. 427). Zu diesem Kernbereich des Sozialstaatsprinzips gehört etwa die staatliche Verpflichtung, die Mindestvoraussetzungen für ein menschenwürdiges Dasein sicherzustellen (BVerfGE 40, 121/153).

Verfassungsrechtliche Grenzen des Sozialabbaus

Das Sozialstaatsprinzip als Eingriffsrechtfertigung

Sozialstaatliche Leistungen und sozialstaatlich motivierter Abbau von sozialen Ungleichheiten und Gegensätzen durch Instrumente der Intervention, Wirtschaftslenkung und Planung können zu erheblichen (jedenfalls mittelbaren) Grundrechtseingriffen führen.

Sozialstaatliche Umverteilungen bewirken oft Grundrechtsbeschränkungen

Als Beispiel kann das Mitbestimmungsgesetz angeführt werden, das zur Verhinderung zu starker Abhängigkeitsverhältnisse und Limitierung ausgeprägter Machtpositionen Unternehmensmitbestimmungsrechte für Arbeitnehmer vorsieht und damit die Grundrechte der Unternehmer (Art. 14 GG) einschränkt.

Dies gilt im Prinzip für jede Maßnahme der Leistungsverwaltung und Daseinsvorsorge, da jede staatliche Leistung durch Auferlegung von Steuern (Eingriff in Art. 2 I GG) finanziert werden muß. In diesen Fällen kann das Sozialstaatsprinzip unter dem Aspekt des kollidierenden Verfassungsrechts als Eingriffslegitimation herangezogen werden und den Eingriff in ein Freiheitsgrundrecht rechtfertigen (bzw. einen sachlichen Differenzierungsgrund i.S.v. Art. 3 I GG darstellen).

Das Sozialstaatsprinzip kann Grundrechtseingriffe unter dem Aspekt des »kollidierenden Verfassungsrechts« legitimieren

In der Klausur ist dieses Problem im Rahmen der Verhältnismäßigkeit eines Grundrechtseingriffs zu erörtern. Hier sind die betroffenen grundrechtlichen Positionen im Wege der »praktischen Konkordanz« mit dem sozialstaatlichen Verfassungsauftrag des Art. 20 I GG in einen angemessenen Ausgleich zu bringen. Zu beachten ist aber, daß für diesen Ausgleich wegen des Parlamentsvorbehalts eine gesetzgeberische Entscheidung nötig ist, da die Verwaltung mithin durch das Sozialstaatsprinzip des Art. 20 I GG nicht zu Grundrechtseingriffen ermächtigt wird, die im einfachen Recht nicht vorgesehen sind.

Das Sozialstaatsprinzip als Auslegungsdirektive

Das Sozialstaatsprinzip ist eine Auslegungsmaxime für das einfache Recht

Die Verwaltung und die Rechtsprechung verwirklichen das Sozialstaatsprinzip bei der verfassungskonformen Anwendung und Auslegung des einfachen Rechts. Insbesondere bei der Auslegung von unbestimmten Rechtsbegriffen ist das Sozialstaatsprinzip als verbindliche Auslegungsregel zu beachten und kann durchaus die Interpretation einer Sozialhilfevorschrift als subjektiv-öffentliches Recht (Rechtsanspruch) nahelegen (BVerwGE 1, 159/161). Im Bereich des Verwaltungsermessens kann das Sozialstaatsprinzip als berücksichtigungsbedürftiger Gesichtspunkt zu einer Ermessensreduzierung führen.

Sozialstaatliche Interpretation der Grundrechte

Auch sonstige Verfassungsnormen, insbesondere die Grundrechte, werden durch das Sozialstaatsprinzip mitgeprägt. In diesem Zusammenhang stellt sich das Problem, ob die Grundrechte sozialstaatlich zu interpretieren und um eine leistungsrechtliche Funktionen anzureichern sind.

Ansprüche aus dem Sozialstaatsprinzip

Das Sozialstaatsprinzip wirkt nicht unmittelbar anspruchsbegründend, räumt dem einzelnen per se also keine Ansprüche auf sozialstaatliche Zuwendungen ein. Es kann aber die Geltungskraft der Grundrechte verstärken und ihnen eine leistungs- bzw. teilhaberechtliche Funktion verleihen. Anerkannt ist bislang allerdings nur der aus Art. 1 I, 2 I, II GG in Verbindung mit dem Sozialstaatsprinzip sich ergebende Anspruch des einzelnen gegen den Staat auf Sicherung seines Existenzminimums als »Mindestvoraussetzung für ein menschenwürdiges Dasein« (BVerfGE 82, 60).

1.6. Das Umweltschutzprinzip

Art. 20a GG

Schutz der natürlichen Lebensgrundlagen

> Der Staat schützt auch in Verantwortung für die künftigen Generationen die natürlichen Lebensgrundlagen im Rahmen der verfassungsmäßigen Ordnung durch die Gesetzgebung und nach Maßgabe von Gesetz und Recht durch die vollziehende Gewalt und die Rechtsprechung.

Das Umweltschutzprinzip enthält einen verbindlichen Verfassungsauftrag zum Schutz der natürlichen Lebensgrundlagen. Als Adressat dieser Verpflichtung wird der Staat in seinen Erscheinungsformen der Gesetzgebung, vollziehenden Gewalt und Rechtsprechung genannt. Im einzelnen gelten für das Verfassungsprinzip des Umweltschutzes ähnliche Grundsätze wie für das Sozialstaatsprinzip.

Das Umweltschutzprinzip ist wegen seiner Unbestimmtheit der gesetzgeberischen Ausgestaltung und Konkretisierung bedürftig. Der Gesetzgeber kommt daher seinem Schutzauftrag durch den Erlaß geeigneter Natur- bzw. Umweltschutzgesetze nach. Dabei sind ihm durch Art. 20a GG keine bestimmten Umweltschutzmaßnahmen vorgeschrieben, vielmehr bleibt es seinem gesetzgeberischen Ermessen überlassen, wie er das Umweltschutzprinzip bestmöglich verwirklichen will.

Konkretisierung durch den Gesetzgeber

Ferner ist es Aufgabe des Gesetzgebers, auftretende verfassungsrechtliche Konfliktlagen schonend auszugleichen, insbesondere Kollisionen des Art. 20a GG mit Grundrechten zu »harmonisieren«. Daher kann Art. 20a GG auch als Eingriffslegitimation für staatliche Grundrechtseingriffe unter dem Aspekt des kollidierenden Verfassungsrechts fungieren.

Art. 20a GG als Eingriffslegitimation

Für die vollziehende Gewalt und die Rechtsprechung stellt das Umweltschutzprinzip eine verbindliche Auslegungsregel dar, die besonders bei unbestimmten Rechtsbegriffen zum Tragen kommt (verfassungskonforme Auslegung im Hinblick auf Art. 20a GG) und sich auf das Verwaltungsermessen als Abwägungsbelang auswirkt.

Art. 20a GG als Auslegungsmaßstab für die Verwaltung und Rechtsprechung

Dagegen lassen sich aus Art. 20a GG keine subjektiven Ansprüche gegen den Staat auf konkrete Schutzmaßnahmen herleiten. Allenfalls kann man Art. 20a GG im Rahmen der Leistungs- oder der Schutzfunktion der Grundrechte verstärkend heranziehen.

Kein subjektives Recht

2. Staatsorgane

Die Staatsorganisation des Bundes ist dem Gewaltenteilungsprinzip nachgebildet: Der Funktionsbereich der Gesetzgebung ist dem Bundestag unter Mitwirkung des Bundesrats und des Vermittlungsausschusses überantwortet. Die vollziehende Gewalt obliegt der Bundesregierung, einschließlich der ihr nachgeordneten Verwaltungsbehörden und dem Bundespräsidenten. Die Lösung verfassungsrechtlicher Konflikte ist allein dem Bundesverfassungsgericht anvertraut.

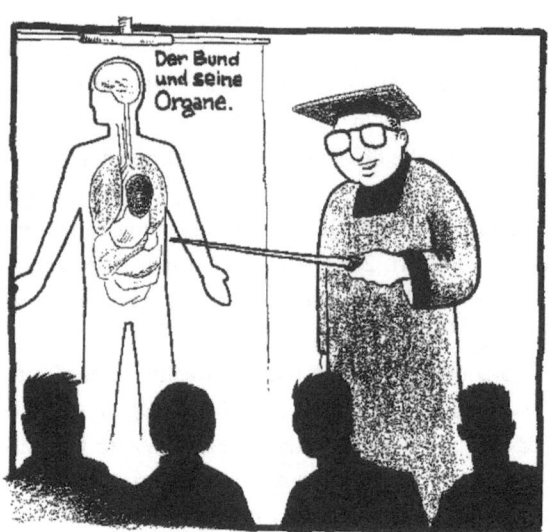

DIE STAATSORGANE

Die obersten Bundesorgane:
- der Bundestag, Art. 38 ff. GG
- der Bundesrat, Art. 50 ff. GG
- der Vermittlungsausschuß, Art. 77 II GG
- der gemeinsame Ausschuß, gem. Art. 53a GG
- der Bundespräsident, Art. 54 ff. GG
- die Bundesversammlung, Art. 54 GG
- die Bundesregierung, Art. 62 ff. GG
- das Bundesverfassungsgericht, Art. 93 ff. GG

Einige oberste Bundesorgane sind in Organteile untergliedert, die ihrerseits mit eigenen Rechten ausgestattet und damit parteifähig im Rahmen eines Bundesorganstreits vor dem BVerfG gem. Art. 93 I Nr.1 GG sind.

2.1. Der Bundestag

Die Bedeutung, die dem Bundestag im Gefüge der Verfassungsorganisation des Bundes zukommt, erschließt sich vor dem Hintergrund des Prinzips der repräsentativen, parlamentarischen Demokratie, Art. 20 II 2 GG: Der Bundestag ist das einzige unmittelbar vom Volk gewählte und damit unmittelbar demokratisch legitimierte Bundesorgan. Als eigentliche Volksvertretung repräsentiert er das Bundesvolk und hat entscheidenden Einfluß auf die Gestaltung der Innen- und Außenpolitik.

Der Bundestag ist das einzige unmittelbar demokratisch legitimierte Bundesorgan

Die Wahl des Bundestages

Die Abgeordneten des Bundestages werden nach den in Art. 38 I GG niedergelegten Wahlrechtsgrundsätzen gewählt (s.o. »Demokratieprinzip«). Der Bundesgesetzgeber hat in Wahrnehmung des Regelungsauftrags des Art. 38 III GG durch das Bundeswahlgesetz (BWG) das Bundestagswahlrecht näher ausgestaltet. Das BWG legt in den §§ 5 und 6 den Grundsatz der personalisierten Verhältniswahl fest. Die 598 Bundestagsmandate werden zur Hälfte an die mit der Erststimme nach dem Grundsatz der relativen Mehrheitswahl gewählten Direktkandidaten vergeben. Die andere Hälfte der Mandate entfällt auf die Landeslisten der Parteien, die mit der Zweitstimme gewählt werden. Entscheidend für das Stärkeverhältnis der Parteien im Bundestag ist die Zweitstimme, da allein der prozentuale Anteil der Zweitstimmen in Parlamentssitze umgerechnet wird. Jede Partei muß sich daher ihre direkt gewählten Wahlkreiskandidaten auf ihr Zweitstimmenergebnis anrechnen lassen.

Grundsatz der personalisierten Verhältniswahl

Beispiel: In dem Bundesland X sind 60 der insgesamt 598 Bundestagsabgeordneten zu wählen. Davon werden 30 Abgeordnete mit der Erststimme direkt und 30 über die Landeslisten gewählt. Die Z-Partei erreicht 50% der abgegebenen Zweitstimmen, ferner setzen sich 15 Direktkandidaten der Z-Partei in ihren Wahlkreisen

Staatsorganisationsrecht

durch. Die Z-Partei erhält damit 30 der 60 Bundestagsmandate im Bundesland X, von denen 15 auf die gewählten Direktkandidaten und 15 weitere auf die Listenkandidaten entfallen.

Überhangmandate Übersteigt die Anzahl der in einem Bundesland erreichten Direktmandate die einer Partei aufgrund ihres Zweitstimmenergebnisses zustehenden Zahl an Mandaten, so sieht § 6 V BWG für diesen Fall sog. »Überhangmandate« vor, d.h. die Partei behält diese Mandate, um deren Anzahl sich die gesetzliche Abgeordnetenzahl erhöht (derzeit insgesamt 668 Abgeordnete).

Die Wahlperiode

Art. 39 GG ### Zusammentritt und Wahlperiode

> (I) Der Bundestag wird vorbehaltlich der nachfolgenden Bestimmungen auf vier Jahre gewählt. Seine Wahlperiode endet mit dem Zusammentritt eines neuen Bundestages. Die Neuwahl findet frühestens sechsundvierzig, spätestens achtundvierzig Monate nach Beginn der Wahlperiode statt. Im Falle einer Auflösung des Bundestages findet die Neuwahl innerhalb von sechzig Tagen statt.
> (II) Der Bundestag tritt spätestens am dreißigsten Tage nach der Wahl zusammen.
> (III) Der Bundestag bestimmt den Schluß und den Wiederbeginn seiner Sitzungen. Der Präsident des Bundestages kann ihn früher einberufen. Er ist hierzu verpflichtet, wenn ein Drittel der Mitglieder, der Bundespräsident oder der Bundeskanzler es verlangen.

Die Wahlperiode (Legislaturperiode) dauert vier Jahre, Art. 39 I 1 GG. Sie beginnt mit dem erstmaligen Zusammentritt des Bundestages und endet mit dem Zusammentritt eines neuen Bundestages (Art. 39 I 2 GG). Art. 39 I GG regelt in seinem Satz 3 und 4 den Zeitpunkt der Neuwahlen. Der Bundestag hat gem. Art. 39 III GG ein Selbstversammlungsrecht. Der Bundestagspräsident hat die Befugnis zur früheren Einberufung, Art. 39 III 2 GG.

Grundsatz der Diskontinuität

»Ein Gesetz darf keine zwei Väter haben« Der Grundsatz der Diskontinuität, der sich aus dem Prinzip der parlamentarischen Demokratie herleitet, bestimmt für den Fall der

Auflösung oder Beendigung des Bundestages Rechtsfolgen in persönlicher oder sachlicher Hinsicht:

- Der Grundsatz der persönlichen Diskontinuität besagt, daß mit dem Ende einer Legislaturperiode alle Mitglieder des Bundestages ihr Abgeordnetenmandat verlieren.   »Persönlich Diskontinuität«

- Der Grundsatz der sachlichen Diskontinuität bedeutet, daß mit Beendigung einer Legislaturperiode alle eingebrachten Beschlußvorlagen, mit Ausnahme der Petitionen, als erledigt gelten. Dieser Grundsatz, der nur für den Bundestag, nicht dagegen für sonstige Bundesorgane gilt, ist in § 125 GeschO BT (Geschäftsordnung des Bundestages) geregelt. Dem liegt der Gedanke zugrunde, daß mit dem Ende der Legislaturperiode die demokratische Legitimation des alten Bundestages entfällt und der neue Bundestag nicht die politische Verantwortung für die Arbeit des alten Bundestages tragen soll.   »Sachliche Diskontinuität«

Auflösung des Bundestages

Neben der ordentlichen Beendigung des Bundestages mit Ablauf der Legislaturperiode (Art. 39 II GG) sieht das Grundgesetz auch die Möglichkeit der außerordentlichen Beendigung durch Auflösung vor, die den Weg zu Neuwahlen freimacht. Die Kompetenz zur Auflösung des Bundestages hat allein der Bundespräsident. Der Bundestag hat kein Selbstauflösungsrecht. Die Möglichkeit der Auflösung des Bundestags durch den Bundespräsidenten ist im Grundgesetz in zwei Fällen vorgesehen.   Zwei Möglichkeiten der Bundestagsauflösung

- Der Fall des Art. 63 IV GG: In einem neugewählten Bundestag erreicht der Bundeskanzlerkandidat auch im dritten Wahlgang nicht die absolute Mehrheit der Stimmen der Abgeordneten. Dem Bundespräsidenten steht dann ein Wahlrecht zu zwischen der Ernennung des mit relativer Mehrheit gewählten Bundeskanzlers (mit der Folge der Entstehung einer Minderheitsregierung) und der Auflösung des Bundestages (mit der Folge von Neuwahlen gem. Art. 39 I 4 GG).
- Der Fall des Art. 68 I GG: Vertrauensfrage

Vertrauensfrage; Bundestagsauflösung   Art. 68 GG

(I) Findet ein Antrag des Bundeskanzlers, ihm das Vertrauen auszusprechen, nicht die Zustimmung der Mehrheit der Mitglieder des Bundestages, so kann der Bundespräsident auf Vor-

> schlag des Bundeskanzlers binnen einundzwanzig Tagen den Bundestag auflösen. Das Recht zur Auflösung erlischt, sobald der Bundestag mit der Mehrheit seiner Mitglieder einen anderen Bundeskanzler wählt.
> (II) Zwischen dem Antrag und der Abstimmung müssen achtundvierzig Stunden liegen.

Die Voraussetzungen für eine Bundestagsauflösung nach Art. 68 GG sind:

»Formelle Auflösungslage«

- Ein Antrag des Bundeskanzlers, ihm das Vertrauen auszusprechen (Vertrauensfrage),
- keine Zustimmung der Mehrheit der Bundestagsmitglieder und
- ein Vorschlag des Bundeskanzlers, den Bundestag aufzulösen.

»Materielle Auflösungslage« als ungeschriebene Voraussetzung des Art. 68 GG: Es darf tatsächlich kein Vertrauen der Parlamentsmehrheit in die Person und das Programm des Bundeskanzlers gegeben sein

- Darüber hinaus leitet die h.M. aus Art. 68 I GG die ungeschriebene Voraussetzung ab, daß tatsächlich kein Vertrauen der Abgeordneten für die Person und das Regierungsprogramm des Bundeskanzlers besteht. Damit will man verhindern, daß das fehlende Selbstauflösungsrecht des Bundestages über den Umweg der Vertrauensfrage umgangen wird, indem der Bundeskanzler sich trotz ausreichender Mehrheit im Bundestag die Vertrauensfrage von seinen Parteimitgliedern negativ beantworten läßt, um zu einem für ihn günstigen Zeitpunkt den Weg zu Neuwahlen freizumachen. Diese Voraussetzung ist aber nach dem BVerfG (E 62/1) schon erfüllt, wenn ein Zustand der politischen Instabilität im Bundestag die Handlungsfähigkeit des Bundeskanzlers lähmt, so daß er seine Politik nicht mehr sinnvoll verfolgen kann.

Als Rechtsfolge eröffnet Art. 68 I GG dem Bundespräsidenten ein Ermessen (Kann-Vorschrift), den Bundestag aufzulösen.

- Nicht als Auflösung, sondern als begrenzte Ausschaltung des Bundestages ist es anzusehen, wenn der Bundespräsident nach Art. 81 I GG den Gesetzgebungsnotstand erklärt.

Autonomie und parlamentarisches Verfahren

Die Geschäftsordnungsautonomie des Bundestages ist in Art. 40 I 2 GG gewährleistet. Durch die GeschOBT ist die Parlamentsarbeit näher ausgestattet.

Der Bundestag hat ein weitgehendes Selbstbestimmungsrecht über das parlamentarische Verfahren und seine Organisation. Diese Geschäftsordnungsautonomie ist in Art. 40 I 2 GG verfassungskräftig abgesichert. Die Geschäftsordnung des Bundestages (GeschO BT) regelt - in dem vom Grundgesetz vorgezeichneten Rahmen - Einzelheiten über den Gang der parlamentarischen Verhandlung, über die Gliederung des Bundestages in Teilorgane und über die Bunsdestagsdisziplin. Die GeschO BT ist von ihrer Rechtsnatur eine autonome Satzung, die im Rang dem Grundgesetz und den formellen Bundesgesetzen nachgeht.

Verhandlung; Abstimmung   **Art. 42 GG**

> (I) Der Bundestag verhandelt öffentlich. Auf Antrag eines Zehntels seiner Mitglieder oder auf Antrag der Bundesregierung kann mit Zweidrittelmehrheit die Öffentlichkeit ausgeschlossen werden. Über den Antrag wird in nichtöffentlichen Sitzungen entschieden.
> (II) Zu einem Beschlusse des Bundestages ist die Mehrheit der abgegebenen Stimmen erforderlich, soweit dieses Grundgesetz nichts anderes bestimmt. Für die vom Bundestage vorzunehmenden Wahlen kann die Geschäftsordnung Ausnahmen zulassen.
> (III) Wahrheitsgetreue Berichte über die öffentlichen Sitzungen des Bundestages und seiner Ausschüsse bleiben von jeder Verantwortlichkeit frei.

Art. 42 GG ist die Zentralnorm für das parlamentarische Verfahren. Sie regelt in ihrem Abs. 1 den Grundsatz der Öffentlichkeit und in ihrem Abs. 2 das Mehrheitsprinzip. Ein ordnungsgemäßer Gesetzgebungs- oder schlichter Parlamentsbeschluß setzt zunächst die Beschlußfähigkeit des Bundestages voraus. Gem. § 45 I GeschO BT ist der Bundestag beschlußfähig, wenn mehr als die Hälfte der Abgeordneten anwesend sind.

Die Beschlußfassung, Art. 42 II 1 GG, erfolgt prinzipiell durch einfache Abstimmungsmehrheit (relative Mehrheit), soweit das Grundgesetz keine Ausnahmen vorsieht. Für besonders bedeutsame Beschlüsse ordnet das Grundgesetz an verschiedenen Stellen qualifizierte Mehrheiten als Ausnahmen zu Art. 42 II 1 GG an. Eine solche liegt bereits vor, wenn für einen Beschluß die Mehrheit der Mitglieder, d.h. der gesetzlichen Mitgliederzahl, Art. 121 GG (absolute Mehrheit) erforderlich ist, wie z.B. für die Wahl des Bundeskanzlers, Art. 63 II, III GG. Als qualifizierte Mehrheit ist ferner die Zweidrittelmehrheit anzusehen, die entweder zwei Drittel der abgebenen Stimmen (z.B. Art. 77 II 4 GG, Art. 80a I 2 GG) oder zwei Drittel der gesetzlichen Mitgliederzahl (etwa für verfassungsändernde Gesetze, Art. 79 II GG) verlangt.

Marginalien:
Voraussetzungen eines wirksamen Gesetzesbeschlusses:
- vorausgehende Verhandlungen (Art. 42 I GG) in drei Lesungen (§§ 78-86 GeschO BT)
- Beschlußfähigkeit (§ 45 I GeschO BT - Mehrheit der Abgeordneten sind anwesend)
- Beschlußfassung mit einfacher Mehrheit (Art. 42 II 1 GG) bzw. qualifizierter Mehrheit in den vom GG vorgesehenen Fällen

Funktionen und Kompetenzen des Bundestages

Die dem Bundestag vom Grundgesetz zugewiesenen oder aus seiner verfassungsrechtlichen Stellung abgeleiteten Kompetenzen, lassen sich folgenden Funktionen des Bundestags zuordnen:

Dem Bundestag als eigentlichem Volksvertretungsorgan ist primär die staatliche Willensbildung zugeordnet

• Repräsentationsfunktion: Wie bereits erwähnt, ist der Bundestag das eigentliche Volksvertretungsorgan und Kernstück des repräsentativen Demokratieprinzips. Die Repräsentation des Bundesvolkes ist die grundsätzliche, alle Einzelkompetenzen bedingende Aufgabe des Bundestages. Wegen seiner unmittelbaren demokratischen Legitimation durch Wahlen obliegt dem Bundestag vorrangig die staatliche Willensbildung. Entscheidungen von wesentlicher Bedeutung für das Gemeinwesen, insbesondere grundrechtsrelevante Entscheidungen dürfen nicht von der Regierung am Bundestag »vorbei« getroffen werden, sondern bedürfen der parlamentarischen Zustimmung (Parlamentsvorbehalt).

Der Bundestag hat das Rechtssetzungsmonopol für formelle Bundesgesetze. Untergesetzliche Rechtsvorschriften bedürfen einer formellgesetzlichen Ermächtigung

• Gesetzgebungsfunktion und Budgetrecht: Der maßgebliche Einfluß des Bundestages auf die Gestaltung der inneren und äußeren Politik zeigt sich besonders deutlich in seiner Kompetenz, Gesetzgebungsbeschlüsse zu fassen, Art. 77 I GG, zu der auch die Feststellung des Haushaltsplans durch das Haushaltsgesetz gem. Art. 110 II GG (Budgethoheit des Parlaments) zählt. Auch die Kompetenz des Bundestages zur Übertragung von Hoheitsrechten an die EU nach Art. 23 I 2 GG und das Beteiligungsrecht an völkerrechtlichen Verträgen i.S.v. Art. 59 II 1 GG durch förmliches Bundesgesetz ist der Gesetzgebungsfunktion zuzuordnen.

Zur Kontrolle der Bundesregierung und Verwaltung stehen dem Bundestag zahlreiche Kontroll- und Informationsrechte zu

• Kontrollfunktion: Durch seine Kompetenz zur Gesetzgebung kann der Bundestag die Exekutive binden (vgl. Art. 20 III GG). Darüber hinaus kann der Bundestag durch seine Kontrollrechte die Gesetzesausführung durch Regierung und Verwaltung überwachen. Damit wird sein politischer Einfluß auf die Exekutive weiter untermauert. Die wichtigsten Kontrollbefugnisse des Bundestages sind in den Art. 43 ff. GG geregelt:

Das Zitierrecht, Art. 43 I GG

- Das Zitierrecht ist in Art. 43 I GG definiert: Danach können der Bundestag und seine Ausschüsse die Anwesenheit jedes Mitgliedes der Bundesregierung verlangen.

Das Interpellationsrecht

- Dem Art. 43 I GG immanent und in den § 100 ff. GeschO BT näher geregelt ist das Interpellationsrecht, d.h. das Recht der Bundestagsabgeordneten, förmliche Anfragen an die Regierung zu richten und damit Auskünfte über bestimmte Angelegenheiten zu fordern.

- Von besonderer Bedeutung ist das Recht, Untersuchungsausschüsse einzusetzen, Art. 44 GG, die mit der Aufklärung von Sachverhalten betraut werden. (»Enquêterecht«).

Das Enquêterecht

- In diesen Zusammenhang gehört auch der vom BVerfG aus dem parlamentarisch-demokratischen Prinzip hergeleitete Parlamentsvorbehalt, der zur Kontrolle der Regierungstätigkeit in wesentlichen, besonders kontrovers diskutierten Fragen einen schlichten Mehrheitsbeschluß des Bundestages erfordert.

Auch der Parlamentsvorbehalt dient der Regierungskontrolle

• Kreationsfunktion: Da der Bundestag das einzige unmittelbar demokratisch legitimierte Bundesorgan ist, bedürfen die anderen Bundesorgane (mit Ausnahme des Bundesrates) ihrerseits der Legitimation durch den Bundestag. Durch die Bildung anderer Verfassungsorgane, insbesondere durch die Wahl des Bundeskanzlers (Art. 63 GG), kommt der politische Einfluß des Bundestages auf die gesamte Staatsleitung deutlich zum Ausdruck. Im einzelnen ist der Bundestag an der Bildung des Bundesverfassungsgerichts durch die Wahl der Hälfte der Bundesverfassungsrichter (Art. 94 I 2 GG) und an der Wahl des Bundespräsidenten über die Bundesversammlung beteiligt (Art. 54 GG).

Dem Bundestag kommt die Aufgabe zu, andere Bundesorgane zu wählen

Untergliederung des Bundestages in Organteile

Zur sachgerechten Bewältigung der Parlamentsarbeit und zur Entlastung des Plenums (d.h. der Zusammenfassung aller Abgeordneten) ist der Bundestag in verschiedene Unterorgane gegliedert, die jeweils mit eigenen Rechten ausgestattet sind und somit Parteifähigkeit im Rahmen eines Bundesorganstreits (Art. 93 I Nr. 1 GG) besitzen:

Die Unterorgane des Bundestags:
• *der Bundestagspräsident*
• *der Ältestenrat*
• *die Abgeordneten*
• *die Fraktionen*
• *die Ausschüsse*

• Der Bundestagspräsident wird aus der Mitte des Bundestages gewählt, Art. 40 I 1 GG. Er bildet zusammen mit seinen Stellvertretern das Bundestagspräsidium (§ 5 GeschO BT). Seine Aufgaben ergeben sich aus Art. 39 III 2 GG (Einberufung des Bundestages), Art. 40 II GG (Hausrecht und Polizeigewalt) und § 7 GeschO BT (insbesondere Vertretung des Bundestages und Leitung der Verhandlung).

• Der Ältestenrat (§ 6 GeschO BT) unterstützt den Präsidenten bei der Führung seiner Geschäfte.

• Die Abgeordneten repräsentieren das Bundesvolk in seiner Gesamtheit (Art. 38 I 2 GG).

- Die Fraktionen tragen dem Mehrheitsprinzip Rechnung und sind Zusammenschlüsse von Vertretern einer Partei im Parlament (§ 10 ff. GeschO BT). Ihre Aufgabe ist die gemeinsame Erarbeitung politischer Grundlinien, die dann in das Parlament eingebracht werden können.

- Ausschüsse sind parlamentarische Hilfsorgane, denen die Aufgabe der fachlichen Vorbereitung parlamentarischer Entscheidungen - insbesondere im Bereich der Gesetzgebung - zukommt. Sie sind daher mit besonders fachkundigen Abgeordneten besetzt. Als obligatorische Ausschüsse bestimmt das Grundgesetz den Ausschuß für Angelegenheiten der Europäischen Union, Art. 45 GG, den Ausschuß für auswärtige Angelegenheiten und Verteidigung, Art. 45a I GG (der Verteidigungsausschuß hat gem. Art. 45a II GG zudem die Rechte eines Untersuchungsausschusses) und den Petitionsausschuß, Art. 45c GG. Weitere ständige Ausschüsse sind in der GeschO BT geregelt. Dagegen ist die Einsetzung von Untersuchungsausschüssen, Art. 44 GG, fakultativ und einzelfallbezogen. Ihnen kommt die Funktion der parlamentarischen Kontrolle von Regierung und Verwaltung zu.

- Die Aufgabe des Wehrbeauftragten, Art. 45b GG, besteht im Schutz der Grundrechte der Soldaten.

Das Recht der Untersuchungsausschüsse

Art. 44 GG **Untersuchungsausschüsse**

> (I) Der Bundestag hat das Recht und auf Antrag eines Viertels seiner Mitglieder die Pflicht, einen Untersuchungsausschuß einzusetzen, der in öffentlicher Verhandlung die erforderlichen Beweise erhebt. Die Öffentlichkeit kann ausgeschlossen werden.
> (II) Auf Beweiserhebungen finden die Vorschriften über den Strafprozeß sinngemäß Anwendung. Das Brief-, Post- und Fernmeldegeheimnis bleibt unberührt.
> (III) Gerichte und Verwaltungsbehörden sind zur Rechts- und Amtshilfe verpflichtet.
> (IV) Die Beschlüsse der Untersuchungsausschüsse sind der richterlichen Erörterung entzogen. In der Würdigung und Beurteilung des der Untersuchung zugrunde liegenden Sachverhaltes sind die Gerichte frei.

Verfassungsrechtlich besonders problematisch und daher höchst klausurrelevant ist die Einsetzung eines Untersuchungsausschusses sowie dessen Rechte. Geht es in der Klausur um Maßnahmen eines Untersuchungsausschusses, insbesondere um Beweiserhebungs- oder Sicherungsmaßnahmen, so stellt sich inzident stets die Frage der Verfassungsmäßigkeit der Einsetzung des Untersuchungsausschusses. Dabei ist folgende Prüfungsreihenfolge zu empfehlen:

Formelle Verfassungsmäßigkeit der Einsetzung:
Im Falle der freiwilligen Einsetzung des Untersuchungsausschusses durch den Bundestag (»Mehrheitsenquête«, Art. 44 I 1, 1. Alt. GG) ist lediglich ein einfacher Mehrheitsbeschluß i.S.v. Art. 42 II 1 GG erforderlich.

Für den Fall einer »Minderheitsenquête« nach Art. 44 I 1, 2. Alt. GG müssen folgende Voraussetzungen gegeben sein:
• Antrag eines Viertels der Bundestagsmitglieder.
• Bestimmte Bezeichnung des Untersuchungsthemas: Diese Voraussetzung muß auch im Fall der »Mehrheitsenquête« vorliegen. Das Bestimmtheitserfordernis ergibt sich daraus, daß der Untersuchungsausschuß als bloßes Hilfsorgan des Bundestages die Reichweite seines Auftrags nicht selbst bestimmen können soll, mit der Folge, daß er zu einem Instrument permanenter Regierungskontrolle umfunktioniert würde.
• Einsetzungsbeschluß des Bundestags: Da ein wirksamer Antrag zu einer Einsetzungspflicht durch den Bundestag führt, der den Gegenstand der Untersuchung nicht gegen den Willen der Minderheit abändern darf, wird auf dieses Erfordernis in der Praxis oft verzichtet.

Materielle Verfassungsmäßigkeit der Einsetzung:
Da dem Untersuchungsausschuß als bloßem Hilfsorgan des Bundestages keine Kompetenzen zustehen können, die über den Kompetenzbereich des Gesamtorgans Bundestag hinausgehen, ist sein Untersuchungsrecht durch die bundesstaatliche Kompetenzverteilung einerseits und durch das Gewaltenteilungsprinzip andererseits begrenzt.
• Verbandskompetenz des Bundes:
Der Untersuchungsgegenstand muß in die Verbandskompetenz des Bundes, d.h. in den Zuständigkeitsbereich des Bundes als Staatsverband fallen (Art. 83 ff. GG - Abgrenzung zu Länderangelegenheiten).

Für den Fall einer »Minderheitsenquête«:
• Antrag eines Viertels der Bundestagsmitglieder
• genaue Bezeichnung des Untersuchungsgegenstandes
• Einsetzungsbeschluß

Einschränkungen des Untersuchungsrechts durch das Bundesstaats- und das Gewaltenteilungsprinzip

- Organkompetenz des Bundestages:
Der Untersuchungsauftrag des Untersuchungsausschusses ist ferner durch die Kompetenz des Bundestages als Organ des Bundes (Organkompetenz) beschränkt.

Als Untersuchungsgegenstände kommen daher in Betracht:
- die Kontrolle von Regierung und Verwaltung (»Kontrollenquête«),
- die Vorbereitung von Gesetzen (»Legislativenquête«)
- die Aufklärung von Vorgängen in der privaten Wirtschaft, wenn ein gesteigertes öffentliches Interesse besteht.

Der Untersuchungsausschuß als Kontrollorgan des Bundestages darf wegen des Gewaltenteilungsprinzips nicht in den Kernbereich exekutiven Handelns eingreifen

Der Aspekt des Gewaltenteilungsprinzips beschränkt die Tätigkeit der »Kontrollenquête« funktionsmäßig insoweit, als sie ihre parlamentarische Kontrolle nicht auf den »Kernbereich« exekutiven Handelns erstrecken darf. Der Untersuchungsausschuß darf daher nicht in laufende Verwaltungsverfahren oder in den regierungsinternen Initiativ-, Beratungs- und Handlungsbereich eingreifen. Im Bereich der Planung und Abwägung konkreter Entscheidungen muß man der Exekutive insoweit einen freien Handlungsbereich einräumen (BVerfGE 67, 100 ff.).

- Für die Untersuchung muß ein öffentliches Interesse bestehen.
- Die Untersuchung muß der Feststellung von Tatsachen dienen, zu deren Zweck Beweise erhoben werden (Art. 44 I 1 a.E. GG).

Der Untersuchungsausschuß hat die Beweiserhebungs- und Sicherungsrechte der StPO

Dem Untersuchungsausschuß stehen gem. Art. 44 II 1 GG sinngemäß die Beweiserhebungsrechte der StPO (§§ 48, 72, 86, 94, 98 StPO) zu. Auch Beweissicherungsmaßnahmen, wie z.B. Beschlagnahme gem. § 94 ff. StPO werden nach h.M davon erfaßt. Ist in der Klausur nach der Rechtmäßigkeit einer Beweiserhebungs- oder Beweissicherungsmaßnahme gefragt, so ist zu prüfen, ob:

- die tatbestandlichen Voraussetzungen für die Beweismaßnahme vorliegen, Art. 44 II GG,
- eine formell und materiell verfassungsgemäße Einsetzung des Untersuchungsausschusses gem. Art. 44 I GG vorliegt und

Maßnahmen des Untersuchungsausschusses haben die Grundrechte eventuell betroffener Privater zu beachten

- die Beweismaßnahme nicht gegen Verfassungsrecht, insbes. gegen das Gewaltenteilungsprinzip oder Grundrechte des Betroffenen - im Falle einer Maßnahme gegen einen Privaten - verstößt. Im letzteren Fall sind die betroffenen Grundrechtspositionen (z.B. die Pressefreiheit, Art. 5 I GG, eines Presseunternehmens) in einen verhältnismäßigen Ausgleich (»praktische Konkordanz«) mit dem Untersuchungsauftrag des Parlaments, Art. 44 GG, zu bringen.

Die Rechtsstellung der Abgeordneten

Der verfassungsrechtliche Status des Bundestagsabgeordneten ergibt sich aus Art. 38 I 2 GG: Sie sind Vertreter des ganzen Volkes, an Aufträge und Weisungen nicht gebunden und nur ihrem Gewissen unterworfen.

Jeder Abgeordnete repräsentiert das Volk in seiner Gesamtheit, nicht etwa nur seinen Wahlkreis oder seine Partei. Aus der Weisungsfreiheit des Abgeordneten gem. Art. 38 I 2 GG folgt der Grundsatz des freien Mandats (im Unterschied zum imperativen Mandat).

Der Grundsatz des freien Mandats

Das freie Mandat umfaßt die gesamte Tätigkeit der Abgeordneten im Bundestag, also sowohl seine Mitwirkung im Plenum als auch seine Mitarbeit in Ausschüssen und Fraktionen. Zu den wesentlichen Teilhaberechten des Abgeordneten im parlamentarischen Verfahren, die aus seinem Abgeordnetenstatus resultieren, gehören:

- das Rederecht,
- das Abstimmungs- und Beratungsrecht,
- das Frage- und Informationsrecht gegenüber der Regierung (»Interpellationsrecht«),
- das Recht, sich zu Fraktionen zusammenzuschließen.

Im Grundgesetz nicht ausdrücklich normiert, aber durch das Repräsentationsprinzip bedingt und allgemein anerkannt, ist das Gebot der Gleichheit der Abgeordneten, welches Differenzierungen des Abgeordnetenstatus verbietet (wie z.B. eine Differenzierung zwischen Direktmandat und Listenmandat). An diesem Grundsatz der Gleichheit der Abgeordneten nehmen auch fraktionslose Abgeordnete teil.

Grundsatz der Gleichheit der Abgeordneten

Da in den Ausschüssen ein wesentlicher Teil der Parlamentsarbeit geleistet wird, haben die fraktionslosen Abgeordneten einen verfassungsrechtlichen Anspruch aus Art. 38 I 2 GG, in mindestens einem Ausschuß mitzuwirken. Dieses Recht wird durch § 57 GeschO BT verwirklicht.

Anspruch des fraktionslosen Abgeordneten, in einem Ausschuß vertreten zu sein

Freies Mandat und Fraktionsdisziplin

Betrachtet man die Doppelstellung des Bundestagsabgeordneten als Vertreter des ganzen Volkes und als Vertreter einer Partei, so gerät der Grundsatz des freien Mandats aus Art. 38 I 2 GG ten-

Zwischen dem Grundsatz des freien Mandats, Art. 38 I 2 GG und dem Grundsatz der parteienstaatlichen Demokratie, Art. 21 GG, besteht ein Spannungsverhältnis	denziell in Konflikt mit dem Grundsatz der parteienstaatlichen Demokratie, Art. 21 GG. Politische Parteien können ihrer verfassungsrechtliche Aufgabe als Zwischenglieder zwischen den Bürgern und den Staatsorganen an der staatlichen Willensbildung im Parlament mitzuwirken nur sinnvoll gerecht werden, wenn sie in der Lage sind, auf ihre Fraktionsmitglieder in gewissem Umfang einzuwirken. Denn die Durchsetzbarkeit des Parteiprogramms auf parlamentarischer Ebene und damit auch der politische Erfolg einer Partei hängt ganz entscheidend von der Geschlossenheit der Fraktion nach außen ab. Das dabei auftretende Spannungsverhältnis zwischen Art. 38 I 2 GG und Art. 21 GG ist durch eine Abwägung aufzulösen, d.h. es ist zu prüfen, welchem Prinzip bei der konkret zu entscheidenden verfassungsrechtlichen Frage das größere Gewicht zukommt.
Fraktionsdisziplin ist grundsätzlich zulässig	Danach sind aus Gründen der Fraktionsdisziplin Einzelaufträge an Abgeordnete, in bestimmter Richtung zu stimmen, mit Art. 38 I 2 GG vereinbar. Ein Verstoß gegen die Fraktionsdisziplin kann aber nur innerparteiliche Konsequenzen nach sich ziehen, äußerstenfalls kann ein »Abweichler« aus der Partei ausgeschlossen werden. Keinesfalls führt ein Verstoß gegen die Fraktionsdisziplin zu einem Mandatsverlust oder zur Ungültigkeit der Stimme.
Kein automatischer Mandatsverlust bei Verstoß gegen die Fraktionsdisziplin. Eine entsprechende Verpflichtung gegenüber der Partei, bei Nichtbefolgen der Fraktionsdisziplin das Mandat niederzulegen, ist verfassungswidrig	Die Grenze der zulässigen Fraktionsdisziplin ist der Fraktionszwang. Darunter versteht man die Einwirkung einer Partei auf die verfassungsrechtliche Rechtsstellung des Abgeordneten, beispielsweise durch eine Verpflichtung des Abgeordneten, bei Parteiaustritt oder Verstoß gegen Weisungen auf sein Mandat zu verzichten. Ein derartiger Fraktionszwang ist wegen Verstoßes gegen Art. 38 I 2 GG verfassungswidrig.
Art. 46 GG	**Idemnität und Immunität**

> (1) Ein Abgeordneter darf zu keiner Zeit wegen seiner Abstimmung oder wegen einer Äußerung, die er im Bundestage oder in einem seiner Ausschüsse getan hat, gerichtlich oder dienstlich verfolgt oder sonst außerhalb des Bundestages zur Verantwortung gezogen werden. Dies gilt nicht für verleumderische Beleidigungen.
>
> (2) Wegen einer mit Strafe bedrohten Handlung darf ein Abgeordneter nur mit Genehmigung des Bundestages zur Verantwortung gezogen oder verhaftet werden, es sei denn, daß er bei Begehung der Tat oder im Laufe des folgenden Tages festgenommen wird...

Idemnität (Verantwortungs- und Straffreiheit für Äußerungen und Abstimmung im Bundestag) und Immunität (Verfolgungsfreiheit für Straftaten jeglicher Art) der Abgeordneten dienen der Funktionsfähigkeit des Parlaments aber auch dem Ansehen des Parlaments. Weitere Rechte der Abgeordneten enthalten die Art. 47 und 48 GG.

2.2. Der Bundesrat

Der Bundesrat stellt die Ländervertretung auf Bundesebene dar. Durch ihn wirken die Länder an den staatlichen Aufgaben des Bundes mit. Als Forum der Länderinteressen bildet der Bundesrat ein kontrollierendes politisches Gegengewicht zu dem zentralstaatlichen Bundestag. Durch seine personelle Zusammensetzung aus Mitgliedern der Landesregierungen und im Hinblick auf seine Aufgaben aus Art. 50 GG verwirklicht der Bundesrat vor allem das föderativ-demokratische Prinzip.

Durch den Bundesrat wirken die Länder an der staatlichen Willensbildung des Bundes mit

Kompetenzen des Bundesrates

Art. 50 GG enthält für den Bundesrat die grundsätzliche Aufgabenzuweisungsnorm, die durch zahlreiche speziellere Kompetenzvorschriften im Grundgesetz konkretisiert wird.

Aufgaben

> Durch den Bundesrat wirken die Länder bei der Gesetzgebung und Verwaltung des Bundes und in Angelegenheiten der Europäischen Union mit.

Art. 50 GG

Aus dem Wortlaut des Art. 50 GG (»... wirken ...mit«) und des Art. 77 I 1 GG (»Bundesgesetze werden vom Bundestag beschlossen«) ist ersichtlich, daß sich die Gesetzgebungsfunktion des Bundesrates auf eine bloße Mitwirkung im Sinne einer Kontrolle und Einflußnahme beschränkt. Diese Mitwirkungsbefugnis manifestiert sich in der:

Der Bundesrat wirkt an der Gesetzgebung des Bundes mit

- Ausübung des Initiativrechts, Art. 76 GG,
- Stellungnahme zu den Gesetzesvorlagen der Bundesregierung nach Art. 76 II GG,
- Anrufung der Vermittlungsausschüsse nach Art. 77 II GG,

- Einlegung des Einspruchs gegen ein vom Bundestag beschlossenes Einspruchsgesetz und
- Verweigerung der Zustimmung zu einem Zustimmungsgesetz.

Zustimmungs- und Einspruchsgesetze

Der Einfluß des Bundesrates auf die Bundesgesetzgebung ist bei Zustimmungsgesetzen erheblich größer als bei bloßen Einspruchsgesetzen. Bei Zustimmungsgesetzen kann der Bundesrat das Zustandekommen des Gesetzes durch Verweigerung der Zustimmung letztlich verhindern, wohingegen bei Einspruchsgesetzen der Bundestag durch Zurückweisung eines Einspruchs des Bundesrates - gegebenenfalls mit Zweidrittelmehrheit, Art. 77 IV 2 GG - das Zustandekommen des Gesetzes erzwingen kann. Zustimmungsgesetze stellen die Ausnahme dar und müssen im Grundgesetz ausdrücklich als solche gekennzeichnet sein, andernfalls handelt es sich stets um ein Einspruchsgesetz.

Einspruchsgesetze sind die Regel

Das Erfordernis der Zustimmung ist in den Fällen vorgesehen, in denen die Länderbelange besonders stark tangiert werden, insbesondere wenn dem Bund Eingriffe in die Länderkompetenzen gestattet werden.

Beispiel 1: Durch gesetzliche Erweiterung der Verwaltungsbefugnisse des Bundes wird in die Organisationshoheit der Länder eingegriffen. Derartige Gesetze sind daher regelmäßig zustimmungsbedürftig, vgl. Art. 84 I, 85 I GG (Behördeneinrichtung und Verwaltungsverfahren), Art. 84 V GG (Weisungsrecht).

Beispiel 2: Gesetze im Bereich der Haushalts- und Finanzverfassung wirken sich auf die Finanzhoheit der Länder aus. Ihre Zustimmungsbedürftigkeit ergibt sich daher z.B. aus den Vorschriften der Art. 105 III, 107 I 2, 109 III, IV GG.

Zustimmungserfordernis als Kompensation für Eingriffe in Länderkompetenzen

Die Zustimmung des Bundesrates als Ländervertretung dient in den genannten Fällen als Kompensation für den Eingriff des Bundes in das bundesstaatliche Kompetenzgefüge und schützt die Länder vor einer Aushöhlung ihrer Kompetenzen. Eine weitere wichtige Fallgruppe der Zustimmungsgesetze ist die Grundgesetzänderung, die gem. Art. 79 II GG der Zustimmung des Bundesrates in Form einer Zweidrittelmehrheit bedarf.

Mitwirkung des Bundesrates an der Verwaltung des Bundes

Der Bundesrat wirkt ferner an der Verwaltung des Bundes mit (Art. 50 GG). Auch hier ist die Mitwirkung des Bundesrates als Korrektiv für Eingriffe in die Verwaltungs- und Organisationshoheit der Länder zu verstehen.

Als Beispiel sind zu nennen:
- Die Zustimmung zum Erlaß von Rechtsverordnungen der Bundesregierung oder eines Bundesministers, gem. Art. 80 II GG.
- Die Zustimmung zum Erlaß von Verwaltungsvorschriften durch die Bundesregierung im Bereich der Landesverwaltung, als landeseigene-, Art. 84 II GG, oder Bundesauftragsverwaltung, Art. 85 II GG.
- Die Zustimmung zu Maßnahmen des Bundeszwangs gegen ein Land, gem. Art. 37 I GG.

Der Bundesrat wirkt auch in Angelegenheiten der Europäischen Union mit. Diese Aufgabenzuweisung in Art. 50 GG stellt nur eine Wiederholung des Art. 23 II GG dar. Die Befugnisse, die dem Bundesrat in dieser Funktion zukommen, ergeben sich aus Art. 23 II 2, IV, V, VI GG.
Nicht in Art. 50 GG geregelt ist die Mitwirkung des Bundesrates an der Wahl der Richter des Bundesverfassungsgerichts gem. Art. 94 I 2 GG (Kreationsfunktion) und die Mitwirkung an der Feststellung des Verteidigungsfalles gem. Art. 115 a I GG.
Als Kontrollorgan stehen dem Bundesrat ferner Informationsrechte im Bereich der Bundesexekutive zu, vgl. Art. 53 S. 3, 114 II 2 GG.

Mitwirkung des Bundes in Angelegenheiten der

Zusammensetzung des Bundesrates

Art. 51 GG

> (I) Der Bundesrat besteht aus Mitgliedern der Regierungen der Länder, die sie bestellen und abberufen. Sie können durch andere Mitglieder ihrer Regierungen vertreten werden.
> (II) Jedes Land hat mindestens drei Stimmen, Länder mit mehr als zwei Millionen Einwohnern haben vier, Länder mit mehr als sechs Millionen Einwohnern fünf, Länder mit mehr als sieben Millionen Einwohnern sechs Stimmen.
> (III) Jedes Land kann so viele Mitglieder entsenden wie es Stimmen hat. Die Stimmen eines Landes können nur einheitlich und nur durch anwesende Mitglieder oder deren Vertreter abgegeben werden.

Die Bundesratsmitglieder werden nach Art. 51 I GG als Vertreter ihrer Landesregierungen von diesen bestellt und abberufen. Damit hat sich das Grundgesetz für die sog. »Bundesratslösung« entschieden, bei der sich »die zweite Kammer« aus ernannten und instruierten Regierungsvertretern der Länder zusammensetzt, im

Zusammensetzung des Bundesrats aus instruierten Mitgliedern der Landesregierungen

Unterschied zur sog. »Senatslösung«, bei der die Repräsentanten der zweiten Kammer durch das Landesvolk oder das Landesparlament gewählt werden. Aus der Verpflichtung zur einheitlichen Stimmabgabe gem. Art. 51 III 2 GG und im Umkehrschluß zu Art. 77 II 3 GG folgt eine Weisungsbefugnis der Landesregierungen an ihre Bundesratsmitglieder. Aufgrund seiner Zusammensetzung ist der Bundesrat ein »ewiges Bundesorgan«, das sich nicht wie der Bundestag alle vier Jahre neu zusammensetzt, sondern nur nach einem Regierungswechsel in einem Bundesland seinen Personalbestand ändert.

Art. 52 GG

Autonomie des Bundesrates

> (I) Der Bundesrat wählt seinen Präsidenten auf ein Jahr.
>
> (II) Der Präsident beruft den Bundesrat ein. Er hat ihn einzuberufen, wenn die Vertreter von mindestens zwei Ländern oder die Bundesregierung es verlangen.
>
> (III) Der Bundesrat faßt seine Beschlüsse mit mindestens der Mehrheit seiner Stimmen. Er gibt sich eine Geschäftsordnung. Er verhandelt öffentlich. Die Öffentlichkeit kann ausgeschlossen werden.
>
> (III a) Für Angelegenheiten der Europäischen Union kann der Bundesrat eine Europakammer bilden, deren Beschlüsse als Beschlüsse des Bundesrates gelten, Artikel 51 Abs. 2 und 3 Satz 2 gilt entsprechend.
>
> (IV) Den Ausschüssen des Bundesrates können andere Mitglieder oder Beauftragte der Regierungen der Länder angehören.

2.3. Die Bundesregierung

Die Bundesregierung übt gemeinsam mit dem Bundestag die politische Staatsleitung der Bundesrepublik aus.

Die entscheidende Funktion der Bundesregierung - im Grundgesetz nicht explizit geregelt - ist die Wahrnehmung der politischen Staatsleitung. Anders als in einem präsidialen Regierungssystem (Beispiel: USA), in dem der Regierungschef vom Volk (ggf. über Wahlmänner) gewählt wird und vom Parlament relativ unabhängig ist, wird die politische Staatsleitung im parlamentarischen Regierungssystem des Grundgesetzes von der Regierung in engem Zusammenwirken mit dem Bundestag bzw. der Bundestagsmehrheit ausgeübt.

Das parlamentarische Regierungssystem ist im einzelnen durch folgende Merkmale gekennzeichnet:

- Die Wahl des Bundeskanzlers durch den Bundestag, Art. 63 GG.
- Die Möglichkeit eines Regierungssturzes durch konstruktives Mißtrauensvotum, Art. 67 GG.
- Die Verantwortlichkeit der Regierung gegenüber dem Parlament, Art. 65 GG, vgl. auch Art. 63, 67, 68 GG.
- Die Mitwirkung des Bundestages an der Staatsleitung durch Gesetzgebungs- und Kontrollmaßnahmen oder durch schlichte Parlamentsbeschlüsse (Parlamentsvorbehalt kraft Wesentlichkeit der Materie).

Merkmale des parlamentarischen Regierungssystems

Die Regierung ist im System der Gewaltenteilung der vollziehenden Gewalt zuzuordnen (als Spitze der Exekutive).

Die Regierung ist die Spitze der Exekutive

Zusammensetzung und Bildung der Bundesregierung

Zusammensetzung

Art. 62 GG

> Die Bundesregierung besteht aus dem Bundeskanzler und aus den Bundesministern.

Die Bundesregierung ist ein Kollegialorgan, das sich aus dem Bundeskanzler und den Bundesministern zusammensetzt. Der Status der Regierungsmitglieder bestimmt sich nach dem Bundesministergesetz. Sie sind keine Beamten, sondern stehen in einem öffentlich-rechtlichen Amtsverhältnis eigener Art. Sie unterliegen allein der parlamentarischen Verantwortung. Die Bildung der Bundesregierung vollzieht sich in zwei Phasen: Der Wahl des Bundeskanzlers, Art. 63 GG, und der Ernennung der Bundesminister, Art. 64 GG.

Kollegialorgan, bestehend aus Bundeskanzler und Bundesministern

Wahl und Ernennung des Bundeskanzlers

Art. 63 GG

> (I) Der Bundeskanzler wird auf Vorschlag des Bundespräsidenten vom Bundestage ohne Aussprache gewählt.
> (II) Gewählt ist, wer die Stimmen der Mehrheit der Mitglieder des Bundestages auf sich vereinigt. Der Gewählte ist vom Bundespräsidenten zu ernennen.
> (III) Wird der Vorgeschlagene nicht gewählt, so kann der Bundestag binnen vierzehn Tagen nach dem Wahlgange mit mehr als der Hälfte seiner Mitglieder einen Bundeskanzler wählen.

> (IV) Kommt eine Wahl innerhalb dieser Frist nicht zustande, so findet unverzüglich ein neuer Wahlgang statt, in dem gewählt ist, wer die meisten Stimmen erhält. Vereinigt der Gewählte die Stimmen der Mehrheit der Mitglieder des Bundestages auf sich, so muß der Bundespräsident ihn binnen sieben Tagen nach der Wahl ernennen. Erreicht der Gewählte diese Mehrheit nicht, so hat der Bundespräsident binnen sieben Tagen entweder ihn zu ernennen oder den Bundestag aufzulösen.

Das Wahlverfahren kann drei Wahlgänge umfassen

Die Wahl des Bundeskanzlers kann sich ggf. über drei Wahlgänge erstrecken. Im ersten Wahlgang stimmt der Bundestag über den vom Bundespräsidenten vorgeschlagenen Kanzlerkandidaten ab.

Der Vorschlag des Bundespräsidenten richtet sich nach dem Ergebnis der Bundestagswahlen oder nach vorausgegangenen Koalitionsvereinbarungen. Gewählt ist, wer die absolute Mehrheit der Stimmen erreicht. Im Falle des negativen Ausgangs des ersten Wahlgangs steht dem Bundestag im zweiten Wahlgang selbst das Vorschlagsrecht zu. Kommt auch im zweiten Wahlgang eine absolute Mehrheit nicht zustande, so genügt im dritten Wahlgang die relative Mehrheit. Erreicht ein Kandidat in einem der drei Wahlgänge die absolute Mehrheit, so ist der Bundespräsident zur Ernennung des Bundeskanzlers verpflichtet. Kommt im dritten Wahlgang nur eine relative Mehrheit für einen Kandidaten zustande, was die Bildung einer Minderheitsregierung zur Konsequenz hätte, die von wechselnden Mehrheiten im Parlament abhängig wäre, so kann der Bundespräsident nach Art. 63 IV 3 GG nach seinem Ermessen den Bundestag auflösen (mit der Folge von Neuwahlen) oder den mit relativer Mehrheit gewählten Bundeskanzler ernennen.

Art. 64 GG

Ernennung der Bundesminister

> (I) Die Bundesminister werden auf Vorschlag des Bundeskanzlers vom Bundespräsidenten ernannt und entlassen.
> (II) Der Bundeskanzler und die Bundesminister leisten bei der Amtsübernahme vor dem Bundestage den in Artikel 56 vorgesehenen Eid.

Der Bundeskanzler entscheidet allein über die Zusammensetzung der Bundesregierung

Die Bundesminister werden vom Bundespräsidenten auf Vorschlag des Bundeskanzlers ernannt. Maßgeblich ist, daß der Bundeskanzler allein über die Zusammensetzung der Regierung entscheiden kann.

Die Ernennung durch den Bundespräsidenten ist rein formaler Natur. Der Bundespräsident ist nach Prüfung der rechtlichen Voraussetzungen für die Ernennung, die im Bundesministergesetz geregelt sind, verpflichtet, dem Vorschlag des Bundeskanzlers zu entsprechen. Ein politisches Prüfungsrecht steht ihm nach h.M. nicht zu.

Für die Regierungsbildung spielen Koalitionsvereinbarungen oft eine ausschlaggebende Rolle. Es handelt sich dabei um eine Einigung zwischen zwei oder mehreren im Bundestag vertretenen Parteien über eine gemeinsame Regierungsbildung und ein gemeinsames Regierungsprogramm. Die Rechtsnatur der Koalitionsvereinbarungen ist sehr umstritten. Sie werden wohl überwiegend als verfassungsrechtliche Verträge angesehen, die zwar für die vertragsschließenden Parteien politisch verbindlich, aber gerichtlich nicht einklagbar sind. Nach anderer Ansicht sind Koalitionsvereinbarungen als zivilrechtliche Verträge oder nur als rechtlich nicht bindende politische Absprachen anzusehen. Einigkeit besteht in der Frage der gerichtlichen Durchsetzbarkeit, die nach ganz h.M. verneint wird.

Der Bundespräsident hat bei der Ernennung der Bundesminister kein politisches Prüfungsrecht

Amtsdauer und Mißtrauensvotum

Die Amtszeit der Bundesregierung endet nach Art. 69 II GG mit dem Zusammentritt eines neuen Bundestages. Damit ist die Amtsdauer der Bundesregierung von der Legislaturperiode des Bundestages (gem. Art. 39 I 1 GG vier Jahre) oder von einer vorzeitigen Bundestagsauflösung, Art. 68 I GG, abhängig. Da die Ministerämter außerdem mit dem Amt des Bundeskanzlers verbunden sind, führt die regelmäßige oder vorzeitige (durch Rücktritt oder Tod) Beendigung des Amtes des Bundeskanzlers zur Auflösung der gesamten Regierung, Art. 69 II a.E. GG. Ein Regierungssturz ist im Grundgesetz nur in Form eines konstruktiven Mißtrauensvotums gegen den Bundeskanzler vorgesehen.

Ein Regierungssturz ist nur in Form eines konstruktiven Mißtrauensvotums möglich

Mißtrauensvotum   Art. 67 I GG

(I) Der Bundestag kann dem Bundeskanzler das Mißtrauen nur dadurch aussprechen, daß er mit der Mehrheit seiner Mitglieder einen Nachfolger wählt und den Bundespräsidenten ersucht, den Bundeskanzler zu entlassen. Der Bundespräsident muß dem Ersuchen entsprechen und den Gewählten ernennen...

Staatsorganisationsrecht

<small>Sinn und Zweck des Art. 67 GG ist die Gewährung stabiler Regierungsverhältnisse</small>

Sinn und Zweck des Art. 67 GG ist es, stabile Regierungsverhältnisse zu gewährleisten und der Bildung von Minderheitsregierungen entgegenzuwirken. Das Mißtrauensvotum ist ein konstruktives, da der Sturz der alten Regierung untrennbar mit der Wahl eines neuen Bundeskanzlers - mit absoluter Mehrheit - verbunden ist.

<small>Kein isoliertes Mißtrauensvotum gegen einzelne Bundesminister</small>

Das Mißtrauensvotum richtet sich allein gegen die Person des Bundeskanzlers und führt nur mittelbar zum Sturz der gesamten Regierung, da die Minister untrennbar mit dem Amt des Bundeskanzlers verbunden sind. Daraus ersichtlich ist ein isoliertes Mißtrauensvotum gegen einzelne Bundesminister nicht möglich.

Wird die Regierung während einer Legislaturperiode nicht mehr vom Vertrauen der Bundestagsmehrheit getragen, blockiert der Bundestag etwa die Regierungsvorhaben, so kann der Bundeskanzler die Vertrauensfrage stellen (Art. 68 GG) um eine permanente Lähmung der Regierung zu verhindern. Wird die Vertrauensfrage negativ beantwortet, so ermöglicht Art. 68 GG über die Auflösung des Bundestages durch den Bundespräsidenten vorgezogene Neuwahlen.

Organisation und Kompetenzverteilung

Die regierungsinterne Organisation und Kompetenzverteilung ist in Art. 65 GG und ergänzend in der Geschäftsordnung der Bundesregierung (GeschO BReg) geregelt.

<small>Art. 65 GG</small>

Verteilung und Verantwortung

> Der Bundeskanzler bestimmt die Richtlinien der Politik und trägt dafür die Verantwortung. Innerhalb dieser Richtlinien leitet jeder Bundesminister seinen Geschäftsbereich selbständig und unter eigener Verantwortung. Über Meinungsverschiedenheiten zwischen den Bundesministern entscheidet die Bundesregierung. Der Bundeskanzler leitet ihre Geschäfte nach einer von der Bundesregierung beschlossenen und vom Bundespräsidenten genehmigten Geschäftsordnung.

Art. 65 GG beinhaltet drei für die Organisation der Bundesregierung bestimmende Prinzipien: Kanzlerprinzip, Ressortprinzip und Kollegialprinzip.

<small>Das »Kanzlerprinzip« wird durch die Richtlinienkompetenz konkretisiert</small>

- Das »Kanzlerprinzip« wird durch die Kompetenz des Bundeskanzlers zur Bestimmung der Richtlinien der Politik in Art. 65 S.1 GG (Richtlinienkompetenz) umschrieben. Die Richtlinienkompetenz stellt ein Führungsmittel dar und verdeutlicht die hervorgehobene Stellung des Kanzlers innerhalb der Bundesregierung. Richtlinien des Bundeskanzlers sind formlose, richtungsbestimmende politische Leitentscheidungen, die zwar prinzipiell Rahmencharakter haben und der Konkretisierung durch den Bundesminister bedürfen, ausnahmsweise aber auch als Einzelfallentscheidungen ergehen können.

Die Richtlinien sind unmittelbar nur für die einzelnen Bundesminister verbindlich, die innerhalb ihres Ressorts zur Ausführung der Richtlinie verpflichtet sind. Dagegen ist es dem Bundeskanzler keinesfalls gestattet, mittels seiner Richtlinienkompetenz in die behördliche Weisungshierarchie einzugreifen und einem Behördenleiter eine Anordnung zu erteilen.

Richtlinien sind formlose politische Leitentscheidungen

Ein derartiger »Durchgriff« wäre mit dem »Ressortprinzip« des Art. 65 S. 2 GG unvereinbar. Eine Bindung der Bundesminister an die Richtlinien des Bundeskanzlers besteht ferner nur in ihrer Eigenschaft als Regierungsmitglieder, nicht dagegen in ihrer Eigenschaft als Bundestagsabgeordnete. Insoweit setzt sich der Grundsatz des freien Mandats, Art. 38 I 2 GG, durch. Ihre Bindungswirkung entfalten Richtlinien des Bundeskanzlers somit ausschließlich im regierungsinternen Bereich.

• Das »Ressortprinzip« kennzeichnet die Kompetenz der Bundesminister aus Art. 65 S.2 GG, ihren Geschäftsbereich (Ressort) selbständig und eigenverantwortlich zu bilden. Die Ressortkompetenz der Bundesminister wird durch die Richtlinienkompetenz des Bundeskanzlers in gewissem Umfang beschränkt. Dies gilt auch, soweit einzelnen Bundesministern Sonderbefugnisse eingeräumt werden, wie z.B. die Befehls- und Kommandogewalt des Verteidigungsministers über die Streitkräfte gem. Art. 65 a GG.

Das »Ressortprinzip« betrifft die Stellung der Bundesminister an der Spitze ihrer Geschäftsbereiche und ihre selbständige Leitungskompetenz

• Das »Kollegialprinzip« des Art. 65 S.3, 4 GG soll die Einheitlichkeit des Regierungshandelns sicherstellen. Es kommt zum Tragen, soweit die Bundesregierung als Kollegium über bestimmte Sachfragen entscheidet. Das »Kollegialprinzip« greift insbesondere in ressortübergreifende Fragen ein. Gem. § 15 GeschO BReg wird es auf alle Angelegenheiten von allgemeiner innen- oder außenpolitischer, wirtschaftlicher usw. Bedeutung ausgeweitet.

Das »Kollegialprinzip« regelt das Innenverhältnis der Regierungsmitglieder in ressortübergreifenden Fragen

Was die Rangordnung der genannten Prinzipien angeht, so ist der Richtlinienkompetenz des Bundeskanzlers gegenüber Kollegialentscheidungen und der Ressortkompetenz der Bundesminister der prinzipielle Vorrang einzuräumen. Es gibt damit auch kein richtlinienunabhängiges Gesetzesinitiativrecht der Bundesregierung (Art.

Rangordnung der Prinzipien:
1. Richtlinienkompetenz
2. Sonderkompetenzen
3. Kollegialprinzip
4. Ressortkompetenz

76 I GG). Die Leitungskompetenz der Bundesminister wird wiederum durch Kollegialentscheidungen eingeschränkt, mit Ausnahme der Sonderbefugnisse aus Art. 65 a, 112 GG, die nur der Richtlinienkompetenz unterstehen.

Einzelne Befugnisse der Bundesregierung

Weitere Kompetenzen der Bundesregierung (als Kollegialorgan) sind:

Initiativrecht
- Das Initiativrecht im Bereich der Gesetzgebung, Art. 76 I GG.

Verordnungsermächtigung
- Die delegierten Rechtssetzungsbefugnisse aus bundesgesetzlichen Verordnungsermächtigungen, vgl. Art. 80 I GG. Die Kompetenz zum Erlaß von Verwaltungsvorschriften gem. Art. 84 II, 85 II GG und die Weisungsrechte, Art. 84 V, 85 III GG, gegenüber Landesbehörden.

Weisungsrecht gegenüber der unmittelbaren Bundesverwaltung
- Die umfassende Direktionsbefugnis gegenüber den ihr nachgeordneten Bundesbehörden. Diese kann in Form von Einzelweisungen oder Verwaltungsvorschriften ausgeübt werden.

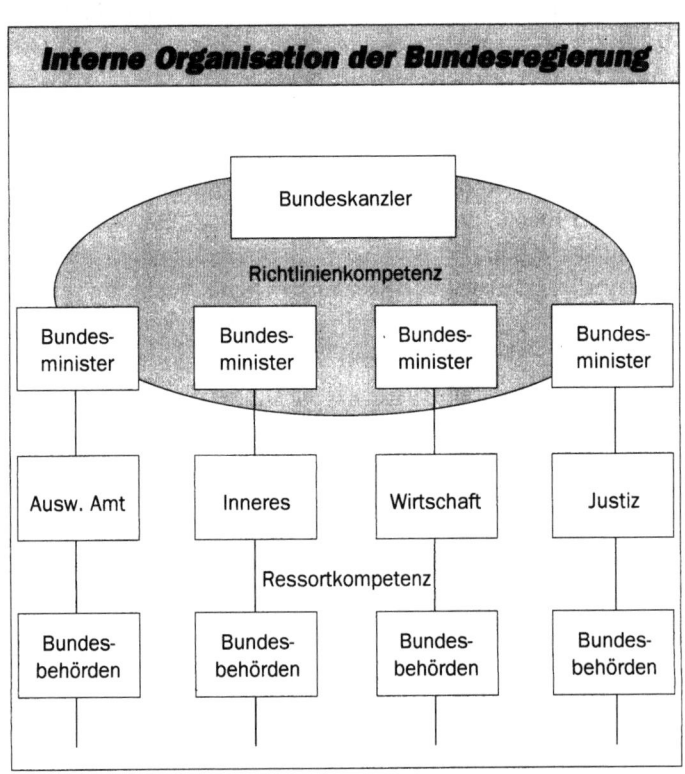

Bundesregierung
Kollegialprinzip

Ressortkompetenz
Weisungsrecht

2.4. Der Bundespräsident

Der Bundespräsident ist das Staatsoberhaupt der Bundesrepublik Deutschland, wenngleich er nicht unmittelbar an der materiellen Staatsleitung teilnimmt. Aufgrund der Erfahrungen in der Endphase der Weimarer Republik hat das Grundgesetz das parlamentarische Prinzip konsequent verwirklicht und die aktive Staatsleitung Regierung und Parlament anvertraut.

Dem Bundespräsidenten ist dagegen im Grundgesetz eine relativ schwache Machtposition eingeräumt - ganz im Gegensatz zur Stellung des Reichspräsidenten in der Weimarer Republik.

Der Bundespräsident übt als selbständiges oberstes Bundesorgan und Teil der Exekutive vor allem repräsentative, integrierende und staatsnotarielle Funktionen aus. Dabei handelt er nicht nur als bloßes Ausführungsorgan, vielmehr sind ihm auch zum Teil selbständige politische Entscheidungsbefugnisse überantwortet.

Repräsentative, integrierende und staatsnotarielle Funktionen des Bundespräsidenten

Wahl und Amt des Bundespräsidenten

Wahl durch die Bundesversammlung

Art. 54 GG

> (I) Der Bundespräsident wird ohne Aussprache von der Bundesversammlung gewählt. Wählbar ist jeder Deutsche, der das Wahlrecht zum Bundestage besitzt und das vierzigste Lebensjahr vollendet hat.
> (II) Das Amt des Bundespräsidenten dauert fünf Jahre. Anschließende Wiederwahl ist nur einmal zulässig.
> (III) Die Bundesversammlung besteht aus dem Mitgliedern des Bundestages und einer gleichen Anzahl von Mitgliedern, die von den Volksvertretungen der Länder nach den Grundsätzen der Verhältniswahl gewählt werden...
> (VI) Gewählt ist, wer die Stimmen der Mehrheit der Mitglieder der Bundesversammlung erhält. Wird diese Mehrheit in zwei Wahlgängen von keinem Bewerber erreicht, so ist gewählt, wer in einem weiteren Wahlgang die meisten Stimmen auf sich vereinigt...

Der Bundespräsident wird von der Bundesversammlung gewählt. Die Bundesversammlung ist ein oberstes Bundesorgan, dessen einzige Funktion die Wahl des Bundespräsidenten ist.

Bundesversammlung

Die Bundesversammlung setzt sich zur Hälfte aus Bundestagsmitgliedern, zur anderen Hälfte aus Mitgliedern, die von Länderparlamenten gewählt werden, zusammen. Wählbar für das Amt des Bundespräsidenten ist jeder Deutsche, der das Wahlrecht zum Bundestag besitzt und das 40. Lebensjahr überschritten hat.

Art. 55 GG

Inkompatibilität

> (I) Der Bundespräsident darf weder der Regierung noch einer gesetzgebenden Körperschaft des Bundes oder eines Landes angehören.
>
> (II) Der Bundespräsident darf kein anderes besoldetes Amt, kein Gewerbe und keinen Beruf ausüben und weder der Leitung noch dem Aufsichtsrate eines auf Erwerb gerichteten Unternehmens angehören.

Inkompatibilitätsregelung (Unvereinbarkeit zweier verschiedener Ämter)

Die Inkompatibilitätsregelung ist Ausdruck des Grundsatzes der personellen Gewaltenteilung. Sie dient der Absicherung der unabhängigen verfassungsrechtlichen Stellung des Bundespräsidenten.

Funktionen und Aufgaben des Bundespräsidenten

Im Bereich der Legislative stehen dem Bundespräsidenten folgende Kompetenzen zu:

- Ausfertigung von Bundesgesetzen, Art. 82 GG
- Auflösung des Bundestages, Art. 63 IV 3, 68 GG
- Erklärung des Gesetzgebungsnotstands, Art. 81 GG

Die Kompetenz zur Auflösung des Bundestages nach gescheiterter Bundeskanzlerwahl (Art. 63 IV 3 GG) oder nach gescheiterter Vertrauensfrage verleiht dem Bundespräsidenten eine wichtige Einwirkungsmöglichkeit auf die Verfassungsorganisation des Bundes. Nach Prüfung der rechtlichen Voraussetzungen für eine Bundestagsauflösung trifft der Bundespräsident eine eigene politische Ermessenentscheidung. Zu den rechtlichen Voraussetzungen einer Bundestagsauflösung zählen im Falle des Art. 68 GG:

- Die Stellung der Vertrauensfrage durch den Bundeskanzler
- Keine Mehrheit der gesetzlichen Mitglieder
- Vorschlag des Bundeskanzlers, den Bundestag aufzulösen

Dabei muß der Bundeskanzler, um das fehlende Selbstauflösungsrecht des Bundestags nicht zu umgehen, ein zulässiges Motiv verfolgen. Ein solches liegt schon vor, wenn eine Lage politischer Instabilität die Regierungsarbeit wesentlich erschwert oder unmöglich macht; wenn die Regierung nicht mehr von der Bundestagsmehrheit unterstützt wird. Für die Beurteilung und Prognose der politischen Situation steht dem Bundeskanzler eine Einschätzungsprärogative zu, die der Bundespräsident nur eingeschränkt überprüfen darf.

Prüfungskompetenz bei Ausfertigung von Gesetzen

Ein beliebtes Klausurthema ist das umstrittene Problem, ob dem Bundespräsidenten bei der Ausfertigung von Gesetzen gem. Art. 82 I 1 GG ein Prüfungsrecht hinsichtlich der formellen und materiellen Verfassungsmäßigkeit des Gesetzes zusteht.
Beispiel: Der Bundespräsident weigert sich ein Bundesgesetz auszufertigen, da es seiner Ansicht nach verfahrensfehlerhaft zustande gekommen sei und gegen Grundrechte verstoße. Seine Weigerung ist verfassungsgemäß, wenn ihm
- *ein formelles und materielles Prüfungsrecht zusteht und*
- *das Gesetz formell oder materiell verfassungswidrig ist.*

Hier erfolgt der Falleinstieg über die Prüfungskompetenz des Bundespräsidenten. Erst in einem zweiten Schritt stellt sich die Frage nach der Verfassungsmäßigkeit des Gesetzes. Prozessual ist dieser klassische Fall oft in ein Organstreitverfahren eingekleidet (vgl. Art. 93 I Nr. 1 GG).
Ein formelles Prüfungsrecht (Einhaltung der Kompetenz- und Verfahrensvorschriften) des Bundespräsidenten ist wohl unstreitig anerkannt. Dies folgt zum einen aus dem Wortlaut des Art. 82 I 1 GG »nach den Vorschriften dieses Grundgesetzes zustande gekommenen Gesetze«; zum anderen aus dem Sinn und Zweck der Ausfertigung als letztem Akt des Gesetzgebungsverfahrens, der es dem Bundespräsidenten ermöglicht, als neutraler Dritter das Gesamtverfahren zu überprüfen.

Unstreitig steht dem Bundespräsidenten ein formelles Prüfungsrecht zu

Umstritten ist, inwieweit der Bundespräsident ein materielles Prüfungsrecht hat. Aus dem Wortlaut des Art. 82 GG läßt sich diese Frage nicht eindeutig beantworten. Zwar sind »Vorschriften des Grundgesetzes« an sich auch materielle Vorschriften, andererseits spricht der systematische Vergleich mit Art. 78 GG eher für eine Beschränkung auf formelle Vorschriften. Die Frage muß daher mit Blick auf die Stellung des Bundespräsidenten im Verfassungsgefüge beantwortet werden.

Umstritten ist, inwieweit der Bundespräsident ein materielles Prüfungsrecht hat

Gegen ein materielles Prüfungsrecht des Bundespräsidenten läßt sich anführen:

Argumente gegen ein materielles Prüfungsrecht

- Als ein der Exekutive angehörendes Bundesorgan ist der Bundespräsident durch das Gewaltenteilungsprinzip gehindert, materiell Eingriffe in die Legislative vorzunehmen.
- Ein derart starker Einfluß auf die Gesetzgebung widerspricht auch seiner auf repräsentative und integrative Funktionen beschränkten Stellung innerhalb der Verfassungsorganisation des Bundes. Auch könnte er das Gesetzgebungsverfahren bis zur verfassungsgerichtlichen Klärung hinauszögern.
- Das Verwerfungsmonopol für formelle Gesetze liegt beim BVerfG, gem. Art. 93 I Nr. 2, 100 I GG.

Der Standpunkt der h.M.: Materielles Prüfungsrecht, aber beschränkt auf Evidenzkontrolle

Die h.M. billigt dem Bundespräsidenten gleichwohl ein materielles Prüfungsrecht zu, allerdings beschränkt auf eine Evidenzkontrolle, d.h. nur bei offensichtlichen Verfassungsverstößen. Dafür spricht:

- Der Bundespräsident ist als Teil der Exekutive, Art. 20 III und Art. 1 III GG, an die verfassungsgemäße Ordnung und die Grundrechte gebunden. Er ist ferner durch seinen Amtseid, Art. 56 GG, zur Wahrung des Grundgesetzes verpflichtet. Demzufolge kann er nicht dazu gezwungen werden, ein von ihm für verfassungswidrig gehaltenes Gesetz auszufertigen.
- Ein echter Eingriff in die Gesetzgebung ist nicht möglich, da das BVerfG im Organstreitverfahren nach Art. 93 I Nr.1 GG die Ausfertigungsverweigerung für verfassungswidrig erklären kann. Im übrigen besteht die Möglichkeit einer Präsidentenanklage nach Art. 61 GG.
- Das Verwerfungsmonopol des BVerfG gilt nur bei in Kraft getretenen Gesetzen. Darüber hinaus hat die Verweigerung der Ausfertigung keinerlei Bindungswirkung gegenüber dem BVerfG im Organstreitverfahren, so daß die Letztentscheidungskompetenz des BVerfG gewahrt ist.

Als Exekutivorgan hat der Bundespräsident schließlich noch folgende Aufgaben:
- Vertretungsmacht beim Abschluß völkerrechtlicher Verträge, Art. 59 GG (Repräsentationsfunktion).
- Ernennung des Bundeskanzlers, Art. 63 GG, der Bundesminister, Art. 64 GG, und der Bundesbeamten, Art. 60 I GG.
- Begnadigungsrecht, Art. 60 II GG.

2.5. Das Bundesverfassungsgericht

Das Bundesverfassungsgericht hat eine doppelte Funktion: Es ist ein Gericht i.S.v. Art. 92 GG und ein oberstes Verfassungsorgan des Bundes.

Doppelfunktion des Bundesverfassungsgerichts als Gericht und oberstes Bundesorgan

Gerichte

Die rechtsprechende Gewalt ist den Richtern anvertraut; sie wird durch das Bundesverfassungsgericht, durch die in diesem Grundgesetze vorgesehenen Bundesgerichte und durch die Gerichte der Länder ausgeübt.

Art. 92 GG

Als Verfassungsgericht entscheidet es ausschließlich über bundesverfassungsrechtliche Streitigkeiten. Seine Aufgabe ist der Schutz der Verfassung. Da verfassungsrechtliche Normen einen hohen Grad an Unbestimmtheit aufweisen und konkretisierungsbedürftig sind, ist die letztverbindliche Entscheidung des Bundesverfassungsgerichts über Interpretationsfragen in signifikanter Weise auch Rechtsfortbildung und Rechtsschöpfung. Die Wahrung der Verfassung obliegt dem BVerfG sowohl in horizontaler Hinsicht, d.h. im Verhältnis der Staatsorgane zueinander, als auch in vertikaler Hinsicht, d.h. im Staat-Bürger-Verhältnis.

Da das BVerfG befugt ist, auf Antrag die verfassungsrechtlichen Grenzen der politischen Staatsleitung aufzuzeigen und damit die gesetzgebende und die vollziehende Gewalt in ihre Schranken zu weisen, ist die Gefahr nicht zu übersehen, daß politische Entscheidungsprozesse zunehmend auf das BVerfG verlagert werden (vgl. z.B. die Diskussion über Bundeswehreinsätze im Rahmen von UNO-Missionen oder um den § 218 StGB). Dieser Gefahr kann nur dann sinnvoll begegnet werden, wenn das BVerfG seine Kontrollkompetenz gegenüber der Legislative und Exekutive selbst beschränkt (judicial self-restraint). Im Verhältnis zur Legislative kommt die Selbstbeschränkung des BVerfG darin zum Ausdruck, daß es - im Rahmen seiner Normenkontrollkompetenz, Art. 93 I Nr. 2 GG - einen je nach Art der Materie unterschiedlich großen Gestaltungs- und Einschätzungsspielraum des Gesetzgebers anerkennt. Insbesondere auf dem Gebiet der Wirtschafts- oder Außenpolitik beschränkt es sich auf einer Evidenzkontrolle gesetzgeberischer Prognoseentscheidungen. Dagegen intensiviert es seine Kontrolle im Bereich des Rechtsgüterschutzes, wie z.B. im Strafrecht.

Das BVerfG ist »Hüter der Verfassung«

3. Kompetenzen der Staatsgewalt

Nach Art. 20 II GG geht alle Staatsgewalt vom Volke aus. Da aber nicht jeder Bürger jeden Tag Staatsgewalt ausüben kann, gibt es Wahlen, bei denen er Personen bzw. Parteien wählt, die ihn vertreten, nämlich das Parlament (die Gesetzgebung). Weiter wird nach Art. 20 II GG die Staatsgewalt von der Exekutive (die Verwaltung) und der Judikative (die Rechtsprechung) ausgeübt. Die prüfungsrelevanten Punkte der drei Staatsgewalten werden im folgenden dargestellt.

GESETZGEBUNG

3.1. Gesetzgebung

Im folgenden soll ein Überblick über das gegeben werden, was in der Klausur unter den Punkt »formelle Verfassungsmäßigkeit eines Gesetzes« zu prüfen ist.

Formelle und materielle Verfassungsmäßigkeit

In den allermeisten verfassungsrechtlichen Arbeiten taucht irgendwann einmal die Frage nach der »Verfassungsmäßigkeit des Gesetzes« auf. Dabei ist immer zwischen formeller und materieller Verfassungsmäßigkeit zu unterscheiden.

Ein Gesetz ist formell verfassungsgemäß, wenn es von der verfassungsrechtlich vorgesehenen Körperschaft (Bund oder Land) im verfassungsrechtlich vorgeschriebenen Gesetzgebungsverfahren erlassen, ausgefertigt und verkündet wurde.

A. Formelle Verfassungsmäßigkeit des Gesetzes

I. Gesetzgebungskompetenz (= Gesetzgebungszuständigkeit)

Die erlassende Körperschaft (Bund oder Land) muß zum Erlaß des fraglichen Gesetzes zuständig sein. Die Art. 70 ff. GG regeln die Gesetzgebungskompetenzen, danach gilt:

Gesetzgebungskompetenz

Gesetzgebung   **Art. 70 GG**

> (1) Die Länder haben das Recht der Gesetzgebung, soweit dieses Grundgesetz nicht dem Bunde Gesetzgebungsbefugnisse verleiht ...

1. Grundsatz des Art. 70 I GG

Nach Art. 70 I GG haben grundsätzlich die Länder das Recht zur Gesetzgebung, soweit nicht das GG dem Bund Gesetzgebungsbefugnisse verleiht. Beispielsweise verbleibt im Polizei- und Sicherheitsrecht die Gesetzgebungskompetenz bei den Ländern. Derartige Regelungen finden sich insbesondere in den Art. 71-75 GG. Daher ist nun zu untersuchen, wann dem Bund die Gesetzgebungskompetentz zusteht.

Grundsatz des Art. 70 I GG: Die Länder sind für die Gesetzgebung zuständig

2. Ausschließliche Gesetzgebungskompetenz des Bundes

In bestimmten Bereichen hat der Bund die ausschließliche Gesetzgebungskompetenz. Dies ist insbesondere bei den Sachgebieten des Art. 73 GG der Fall. Man sollte sich daher die Zeit nehmen, den Art. 73 GG Stück für Stück zu lesen, um in der Klausur keine Zeit zu verlieren. Liegt also eine Materie des Art. 73 GG vor, so steht dem Bund die Gesetzgebungszuständigkeit zu, mit der Folge, daß beispielsweise ein bayerisches Münzgesetz mangels Zuständigkeit verfassungswidrig wäre, vgl. Art. 73 Nr. 4 GG. Weitere Zuweisungen der ausschließlichen Zuständigkeit des Bundes finden sich in den Art. 105 I, 4 III 2, 21 III, 29 II 1, 38 III, 84 V, 87 I 2 GG.

Ausschließliche Zuständigkeit des Bundes

3. Konkurrierende Gesetzgebung Art. 72, 74 GG

Konkurrierende Gesetzgebung

In den Materien der konkurrierenden Gesetzgebung kann unter bestimmten Voraussetzungen dem Bund die Gesetzgebungskompetenz zukommen. Bei der Prüfung der formellen Verfassungsmäßigkeit ist danach zu unterscheiden, von wem das Gesetz erlassen wurde. Handelt es sich um ein vom Land verabschiedetes Gesetz, so muß nach der Gesetzgebungskompetenz des Landes gefragt werden, entsprechendes gilt für vom Bund erlassene Gesetze.

a. Gesetzgebungskompetenz aus der Perspektive des Bundes

Gesetzgebung aus der Bundesperspektive

Der Bund hat im Bereich der konkurrierenden Gesetzgebung die Zuständigkeit, wenn ein Sachgebiet der Art. 74, 74 a GG vorliegt und die Erforderlichkeit nach einer gesetzlichen Regelung besteht, Art. 72 II GG.

b. Gesetzgebungskompetenz aus der Perspektive eines (Bundes-)Landes

Gesetzgebung aus der Landesperspektive

Anders stellt sich die Situation dar, wenn ein Gesetz von einem (Bundes-) Land erlassen wurde und zu untersuchen ist, ob das Land das Recht zur Gesetzgebung, die Gesetzgebungskompetenz hatte. Hier ist vom Grundsatz des Art. 70 I GG auszugehen, wonach das Land grundsätzlich zuständig ist. Dem Land steht aber, wenn ein Sachgebiet der konkurrierenden Gesetzgebung vorliegt, dann die Gesetzgebungszuständigkeit nicht zu, wenn der Bund tatsächlich von seiner Gesetzgebungskompetenz Gebrauch gemacht hat, Art. 72 I GG, und die Voraussetzungen des Art. 72 II GG gewahrt sind.

Die Länder sind von der Gesetzgebung aber nur dann generell ausgeschlossen, wenn der Bund eine abschließende Regelung getroffen hat. Hat der Bund hingegen entweder ausdrücklich nur Teilbereiche eines Sachgebietes geregelt oder ergibt sich dies durch Auslegung, so sind die Länder im nicht geregelten Bereich weiterhin zuständig (BVerfGE 85, 226/234).

4. Rahmengesetzgebung

Rahmengesetzgebung

Der Bund hat das Recht zur Gesetzgebung auch, wenn eine Sachmaterie des Art. 75 GG und die Erforderlichkeit nach bundesgesetzlicher Regelung i.S.v. Art. 72 II GG vorliegt. Allerdings kann der Bund nur Rahmenvorschriften erlassen. Nach BVerfGE 4, 129 sind Rahmengesetze solche Normen, die nach Inhalt und Zweck der Ausfüllung durch freie Willensentscheidung des Landesgesetzgebers fähig und bedürftig in dem Sinne sind, daß erst mit dieser Ausfüllung das Gesetzgebungswerk in sich geschlossen und vollziehbar wird. Ein Beispiel für ein Rahmengesetz ist das Beamtenrechtsrahmengesetz (BRRG). Die Länder haben im Rahmen dieses Gesetzes eigene Beamtengesetze erlassen (z.B. Bayern: BayBG).

5. Ungeschriebene Gesetzgebungskompetenzen

Neben den gesetzlich geregelten Gesetzgebungszuständigkeiten des Bundes gibt es noch ungeschriebene Gesetzgebungskompetenzen.

a. Zuständigkeit kraft Sachzusammenhangs

Eine Zuständigkeit (des Bundes) kraft Sachzusammenhangs ist gegeben, wenn der Bund ein ihm ausdrücklich zugewiesenes Sachgebiet vernünftigerweise nicht sinnvoll regeln kann, ohne gleichzeitig eine ihm nicht zugewiesene Materie mitzuregeln - Stichwort: »Ausdehnung in die Breite«.

Beispiel: Für ein Gesetz, das die Altersversorgung der Schornsteinfeger betrifft, ist der Bund kraft Sachzusammenhangs zum Handwerk, Art. 74 Nr. 11 GG, zur Gesetzgebung zuständig.

Zuständigkeit kraft Sachzusammenhangs

b. Zuständigkeit kraft Natur der Sache

Die Gesetzgebungskompetenz des Bundes kann auch kraft Natur der Sache gegeben sein. Dies ist der Fall bei Angelegenheiten, die begriffsnotwendig nur vom Bund geregelt weren können, wie zum Beispiel die gesetzliche Festlegung der Bundeshauptstadt oder die deutsche Flagge.

Zuständigkeit kraft Natur der Sache

c. Annexkompetenz

Eine Bundeskompetenz zum Gesetzeserlaß kann auch aufgrund einer Annexkompetenz bestehen. Die Annexkompetenz ist gegeben bei einer Ausweitung einer ausdrücklich gegebenen Zuständigkeit des Bundes auf Fragen, die bei der Vorbereitung und Durchführung der Sachmaterie entstehen. Stichwort: »Ausdehnung in die Tiefe«.

Annexkompetenz

Beispielsweise kann der Bund Fragen der Bahnpolizei aufgrund seiner Kompetenz für Bundeseisenbahnen, Art. 73 Nr. 6 GG, regeln.

II. Ordnungsgemäße Durchführung des Gesetzgebungsverfahrens, Art. 76 GG

Weitere Voraussetzung für das Vorliegen eines verfassungsgemäßen Gesetzes ist, daß das Gesetzgebungsverfahren ordnungsgemäß durchgeführt wurde.

Gesetzgebungsverfahren

1. Gesetzesinitiative, Art. 76 GG

Nach Art. 76 I GG werden Gesetzesvorlagen beim Bundestag durch die Bundesregierung, aus der Mitte des Bundestages oder durch den Bundesrat eingebracht.

a. Gesetzesvorlage

Nur Gesetzesvorlagen können beim Bundestag eingebracht werden, d.h. es muß ein ausformulierter Gesetzesentwurf vorliegen, der als Gesetz vom Bundestag beschlossen werden könnte.

b. Initiativberechtigung

Initiativrecht haben die Bundesregierung, der Bundesrat und die Bundestagsabgeordneten

Nicht jeder kann beim Bundestag Gesetzesvorlagen einbringen, vielmehr nur die in Art. 76 I GG Genannten.

aa. **Bundesregierung:** Gesetzesvorlagen der Bundesregierung müssen vom Kollegium (= Kabinett, Art. 62 GG) beschlossen werden, vgl. auch §§ 15 ff. GeschO BReg. Das einzelne Regierungsmitglied hat kein Initiativrecht.

bb. **Bundesrat:** Durch den Bundesrat wirken die Länder an der Gesetzgebung des Bundes mit, Art. 76 I, III GG.

Ein einzelner Abgeordneter kann keinen Gesetzesentwurf in den Bundestag einbringen

cc. **Aus der Mitte des Bundestages:** Nach Art. 76 I GG können Gesetzesvorlagen auch aus der Mitte des Bundestages eingebracht werden. Darunter ist eine Fraktion oder eine Anzahl von mindestens 5% der Abgeordneten des Bundestages zu verstehen. Gemäß § 76 GeschO BT muß die Vorlage von diesen Abgeordneten auch unterzeichnet werden. Nach § 1 Bundeswahlgesetz (BWG) beträgt die Anzahl der Abgeordneten des Deutschen Bundestages derzeit 668. Eine Vorlage aus der Mitte des Bundestages ist somit eingebracht, wenn mindestens 34 Abgeordnete den Gesetzesentwurf unterzeichnen.

2. Beschluß des Bundestages, Art. 77 I GG

a. Beratungsverfahren

Bundestag muß Gesetz beschließen

Gemäß § 78 GeschO BT werden Gesetzesentwürfe grundsätzlich in drei Lesungen (= Beratungen) beraten. Näheres regeln die §§ 79-84 GeschO BT.

b. Ordnungsgemäßer Beschluß

Es muß ein ordnungsgemäßer Beschluß des Gesetzes gegeben sein.

aa. **Beschlußfähigkeit:** Voraussetzung für einen ordnungsgemäßen Gesetzesbeschluß ist zunächst die Beschlußfähigkeit des Deutschen Bundestages nach § 45 I GeschO BT. Der Bundestag ist danach beschlußfähig, wenn mehr als die Hälfte der Mitglieder anwesend ist.

bb. Beschluß mit der erforderlichen Mehrheit: Grundsätzlich ist zu einem Beschluß nur die Mehrheit der abgegebenen Stimmen erforderlich, Art. 42 II 1 GG. Man bezeichnet diese Mehrheit auch als einfache Mehrheit bzw. Abstimmungsmehrheit. Die Mehrheit ist demnach gegeben, wenn mehr Abgeordnete zustimmen als ablehnen. Enthaltungen bleiben unberücksichtigt.

3. Ordnungsgemäße Mitwirkung des Bundesrates

Gemäß Art. 77 I 2 GG sind die vom Bundestag beschlossenen Gesetze nach ihrer Annahme durch den Bundestagspräsidenten unverzüglich dem Bundesrat zuzuleiten. Das nun folgende Verfahren hängt davon ab, ob ein Zustimmungs- oder Einspruchsgesetz vorliegt.

Mitwirkung des Bundesrates

a. Zustimmungsgesetze

Ein Zustimmungsgesetz liegt nur in den vom GG ausdrücklich geregelten Fällen vor, wie Art. 79 II, 84 I, 85 I, 104 a II - V, 106 III - VI GG. Bei Vorliegen einer dieser Normen kommt das Gesetz nur mit der Zustimmung des Bundesrates zustande. Statt zuzustimmen kann der Bundesrat auch verlangen, daß ein Vermittlungsausschuß einberufen wird, Art. 77 II 1 GG, oder das Gesetz ablehnen. Das Verfahren ist im einzelnen in Art. 77 II GG und Art. 78 GG geregelt. Zu beachten ist, daß bei Zustimmungsgesetzen auch der Bundestag und die Bundesregierung das Recht haben, einen Vermittlungsausschuß einzuberufen, Art. 77 II 4 GG.

Zustimmungsgesetze liegen nur in ausdrücklich geregelten Fällen vor

b. Einspruchsgesetze

Alle Gesetze, die nicht Zustimmungsgesetze sind, sind Einspruchsgesetze. In der Praxis sind Einspruchsgesetze der Regelfall. Eine Regelung über das weitere Verfahren nach dem Gesetzesbeschluß durch den Bundestag trifft Art. 77 III. Der maßgebliche Unterschied zwischen Einspruchs- und Zustimmungsgesetzen ist, daß letztendlich ein Einspruch des Bundesrates das wirksame Zustandekommen des Gesetzes nicht verhindern kann, da er durch Beschluß der Mehrheit (Art. 121 GG) der Mitglieder des Bundestages zurückgewiesen werden kann, Art. 77 IV GG. Näheres zum Verfahren siehe Art. 77 III GG.

Einspruchsgesetze

III. Ausfertigung und Verkündigung

Das nach dem dargestellten Verfahren zustandegekommene Gesetz muß, um wirksam zu werden, vom Bundespräsidenten nach Gegenzeichnung ausgefertigt und verkündet werden, Art. 82 I GG.

Bundespräsident fertigt das Gesetz aus und verkündet es

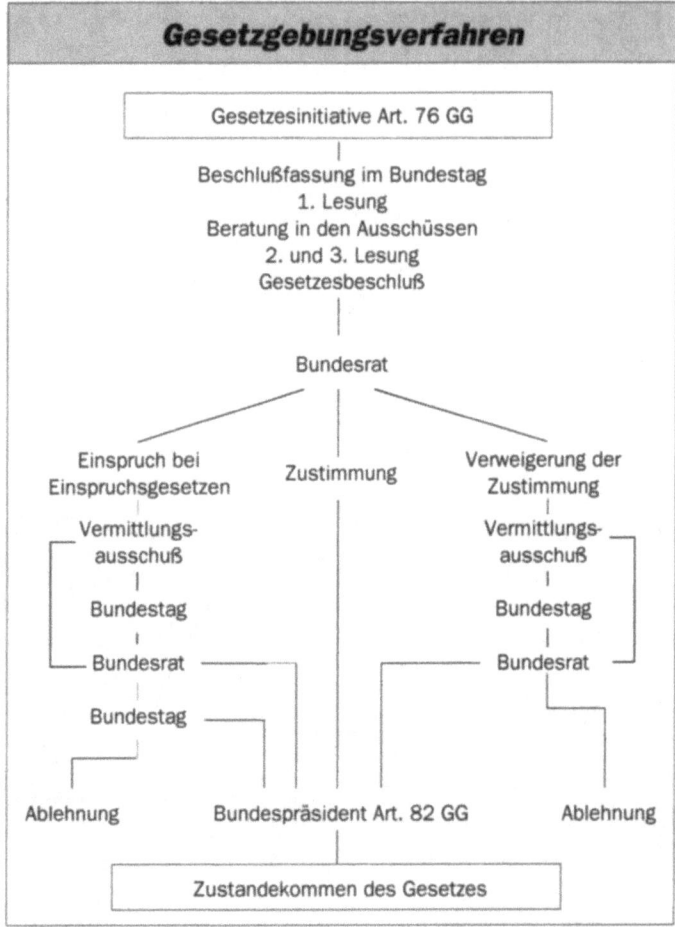

B. Materielle Verfassungsmäßigkeit des Gesetzes

Das Gesetz ist auch materiell verfassungsgemäß, wenn folgende Voraussetzungen gegeben sind:

I. Das Gesetz darf nicht gegen die Grundrechte als objektiver Wertmaßstab verstoßen, vgl. Art. 1 III GG.

II. Das Gesetz darf nicht gegen grundrechtsgleiche Rechte, wie Art. 19 IV, 20 IV, 33, 38 usw. GG, verstoßen.

III. Das Gesetz darf die Staatsfundamentalprinzipien nicht verletzen.

IV. Das Gesetz darf nicht gegen sonstiges Verfassungsrecht verstoßen, wie z.B. Art. 80 I 1 GG.

3.2. Die Verwaltung

Der Erlaß von Gesetzen mit dem Ziel der Staatslenkung schafft die Grundlagen für einen funktionierenden Staat. Damit das Gesetz aber nicht bloß eine leere Formel bleibt, muß es umgesetzt werden. Diese Umsetzung bildet den Gegenstand der sog. »Verwaltungskompetenzen«, die in Art. 83 ff. GG geregelt sind. Es geht dabei im wesentlichen um die Frage, wer für die Ausführung der Bundesgesetze zuständig ist, der Bund oder die Länder.

Ausübung staatlicher Befugnisse

Funktionen der Länder — Art. 30 GG

> Die Ausübung der staatlichen Befugnisse und die Erfüllung der staatlichen Aufgaben ist Sache der Länder, soweit dieses Grundgesetz keine andere Regelung trifft oder zuläßt.

Nach Art. 30 GG ist die Ausübung der staatlichen Befugnisse und folglich auch die Wahrnehmung von Verwaltungsfunktionen Ländersache, soweit sich nicht aus dem Grundgesetz ein anderes ergibt (Regel-Ausnahme-Verhältnis).

Grundsatz des Art. 30 GG

Beispielsweise sind die Länder für das Meldewesen zuständig § 1 I MRRG (Melderechtsrahmengesetz). Dabei stellt Art. 30 GG sowohl für den Bereich der Verwaltung als auch für den der Gesetzgebung eine Grundentscheidung für die Länderzuständigkeit auf. Im Bereich der Gesetzgebungskompetenzen wiederholt Art. 70 I GG und im Bereich der Verwaltungskompetenzen Art. 83 GG diesen Grundsatz. Sie sind insoweit leges speziales zu Art. 30 GG.

Art. 30 GG bezieht sich ganz allgemein auf jede Form der Verwaltung, also sowohl auf die gesetzesausführende als auch auf die nicht gesetzesakzessorische (z.B. Warnungen, Ansprachen, Berichte) Verwaltung, während sich Art. 83 GG nur auf erstere bezieht.

Gesetzesausführung

Grundsatz der Länderexekutive — Art. 83 GG

> Die Länder führen die Bundesgesetze als eigene Angelegenheit aus, soweit dieses Grundgesetz nichts anderes bestimmt oder zuläßt.

Vollzug von Gesetzen

In seinem Anwendungsbereich (gesetzesakzessorische Verwaltung) stellt Art. 83 GG einen doppelten Grundsatz auf:
Zum einen erfolgt die Verwaltung grundsätzlich durch die Länder und zum anderen führen die Länder die Bundesgesetze als eigene Angelegenheit aus. Letzteres bedeutet, daß die Länder die Bundesgesetze in eigener Verantwortung ausführen, d.h. nicht den Weisungen des Bundes Folge zu leisten haben. Die Einwirkungsmöglichkeit des Bundes beschränkt sich daher auf die Rechtsaufsicht, d.h. er kann nur die Rechtmäßigkeit des Verwaltungshandelns beanstanden, nicht die Zweckmäßigkeit. Bei Landesgesetzen, wie z.B. den Polizeiaufgabengesetzen, hat der Bund nicht einmal die Möglichkeit der Rechtsaufsicht. Dies ergibt sich aus Art. 30 GG, da der Anwendungsbereich des Art. 83 GG und somit auch der des Art. 84 IV GG für die Ausführung von Landesgesetzen durch die Länder nicht eröffnet ist.

Art. 84 GG **Länderverwaltung**

> (1) Führen die Länder die Bundesgesetze als eigene Angelegenheit aus, so regeln sie die Einrichtung der Behörden und das Verwaltungsverfahren, soweit nicht Bundesgesetze mit Zustimmung des Bundesrates etwas anderes bestimmen.
> (2) Die Bundesregierung kann mit Zustimmung des Bundesrates allgemeine Verwaltungsvorschriften erlassen.
> (3) Die Bundesregierung übt die Aufsicht darüber aus, daß die Länder die Bundesgesetze dem geltenden Rechte gemäß ausführen. Die Bundesregierung kann zu diesem Zwecke Beauftragte zu den obersten Landesbehörden entsenden, mit deren Zustimmung und, falls diese Zustimmung versagt wird, mit Zustimmung des Bundesrates auch zu den nachgeordneten Behörden.
> (4) Werden Mängel, die die Bundesregierung bei der Ausführung der Bundesgesetze in den Ländern festgestellt hat, nicht beseitigt, so beschließt auf Antrag der Bundesregierung oder des Landes der Bundesrat, ob das Land das Recht verletzt hat. Gegen den Beschluß des Bundesrates kann das Bundesverfassungsgericht angerufen werden.
> (5) Der Bundesregierung kann durch Bundesgesetz, das der Zustimmung des Bundesrates bedarf, zur Ausführung von Bundesgesetzen die Befugnis verliehen werden, für besondere Fälle Einzelweisungen zu erteilen. Sie sind, außer wenn die Bundesregierung den Fall für dringlich erachtet, an die obersten Landesbehörden zu richten.

Für den Fall, daß die Länder die Bundesgesetze als eigene Angelegenheit ausführen, bestimmt Art. 84 I Hs.1 GG, daß die Länder auch die Einrichtung der Behörden und das Verwaltungsverfahren regeln.
Dieser Grundsatz erfährt aber eine Einschränkung dadurch, daß Art. 84 I Hs.2 dem Bund die Möglichkeit gibt, die Einrichtung von Behörden und das Verwaltungsverfahren durch Bundesgesetz zu regeln, das der Zustimmung des Bundesrates bedarf.
Der Vollzug von Landesgesetzen ist Ländersache. Dies ergibt sich letztendlich wieder aus Art. 30 GG.

Nicht gesetzesakzessorische Verwaltung

Im Bereich der nicht gesetzesakzessorischen Verwaltung, z.B. Warnung, verbleibt es beim Grundsatz des Art. 30 GG, d.h. die Länder sind grundsätzlich zuständig.
Bei Warnungen vor Jugendsekten stützt das BVerfG die Verwaltungskompetenz, entgegen Art. 30 GG, auf die Befugnis der Bundesregierung zur Öffentlichkeitsarbeit.

Bundesauftragsverwaltung

Auftragsverwaltung durch die Länder   Art. 85 GG

> (1) Führen die Länder die Bundesgesetze im Auftrage des Bundes aus, so bleibt die Einrichtung der Behörden Angelegenheit der Länder, soweit nicht Bundesgesetze mit Zustimmung des Bundesrates etwas anderes bestimmen.
> (2) Die Bundesregierung kann mit Zustimmung des Bundesrates allgemeine Verwaltungsvorschriften erlassen. Sie kann die einheitliche Ausbildung der Beamten und Angestellten regeln. Die Leiter der Mittelbehörden sind mit ihrem Einvernehmen zu bestellen.
> (3) Die Landesbehörden unterstehen den Weisungen der zuständigen obersten Bundesbehörden. Die Weisungen sind, außer wenn die Bundesregierung es für dringlich erachtet, an die obersten Landesbehörden zu richten. Der Vollzug der Weisung ist durch die obersten Landesbehörden sicherzustellen.
> (4) Die Bundesaufsicht erstreckt sich auf Gesetzmäßigkeit und Zweckmäßigkeit der Ausführung. Die Bundesregierung kann zu diesem Zwecke Bericht und Vorlage der Akten verlangen und Beauftragte zu allen Behörden entsenden.

Manche Gesetze führen die Länder nicht als eigene Angelegenheit aus, sondern im Auftrag des Bundes, Art. 85 GG.

Ein Beispiel hierfür bildet das Bundesausbildungsförderungsgesetz (BAföG), das in § 39 I die Bundesauftragsverwaltung ausdrücklich anordnet.

Länder können Gesetze auch im Auftrag des Bundes ausführen

Im Unterschied zur landeseigenen Verwaltung der Art. 83, 85 GG bedeutet die Bundesauftragsverwaltung in erster Linie Weisungsgebundenheit der Länder sowie Fach- und Rechtsaufsicht durch den Bund, Art. 85 III, IV GG. Die Einrichtung der Behörden bleibt bei der Bundesauftragsverwaltung ebenso wie bei der landeseigenen Verwaltung Ländersache, Art. 85 I GG.

Der Regelfall bleibt die landeseigene Verwaltung, während die Bundesauftragsverwaltung die Ausnahme bildet.

Beispiel: Hessischer Umweltminister will sich gegenüber dem Bundesumweltminister nicht beugen

Beispiel: Die Weisungsgebundenheit der Länder nach Art. 85 III 1 GG war Gegenstand eines Rechtsstreits zwischen dem Bundesumweltminister (BMU) und dem hessischen Umweltminister (HMU): Der BMU erteilte dem HMU die Weisung, er solle die vorübergehende Produktion von Brennelementen zulassen. Das Land Hessen erhebt dagegen Klage vor dem BVerfG. In Betracht kommt nur eine Bund-Länder-Streitigkeit nach Art. 93 I Nr. 3 GG.

Die Zulässigkeit der Klage ist unproblematisch zu bejahen.

Die Klage ist begründet, wenn die Weisung des BMU Normen des GG verletzt und dies auch zu einer Verletzung des Landes Hessen in seinen verfassungsmäßigen Rechten führt, §§ 64 I, 67, 69 BVerfGG.

I. Ermächtigungsgrundlage für die Weisung ist Art. 85 III 1, IV 1 GG. Das zu vollziehende Gesetz ist das Atomgesetz, das durch das Land Hessen im Auftrag des Bundes ausgeführt wird.

II. Die formellen Voraussetzungen für den Erlaß der Weisung (Zuständigkeit des BMU, richtiger Adressat und Anhörungspflicht) sind gegeben.

III. Materielle Voraussetzungen: Die Bundesaufsicht erstreckt sich nach Art. 85 IV GG auf die Gesetzmäßigkeit und Zweckmäßigkeit der Ausführung. Auch eine inhaltlich rechtswidrige Weisung kann vom BMU erteilt werden.

Schranken des Weisungsrechts sind die Verfassungsprinzipien wie Rechtsstaatsprinzip oder der Grundsatz der Bundestreue. Da ein Verstoß gegen diese Prinzipien nicht ersichtlich ist, liegen die Voraussetzungen der Art. 85 III, IV GG vor, die Weisung ist rechtmäßig. Somit ist die Klage zulässig, aber unbegründet.

Bundeseigene Verwaltung

Verwaltung durch den Bund
Art. 86 GG

Führt der Bund die Gesetze durch bundeseigene Verwaltung oder durch bundesunmittelbare Körperschaften oder Anstalten des öffentlichen Rechtes aus, so erläßt die Bundesregierung, soweit nicht das Gesetz Besonderes vorschreibt, die allgemeinen Verwaltungsvorschriften. Sie regelt, soweit das Gesetz nichts anderes bestimmt, die Einrichtung der Behörden.

Von dem Grundsatz, daß die Länder die Bundesgesetze vollziehen, gibt es in den Art. 87 ff. GG zahlreiche Ausnahmen.
Um eine Kompetenz zum Eigenvollzug von Bundesgesetzen zu begründen ist eine besondere Kompetenznorm erforderlich. Bundesverwaltung bedeutet, daß der Bund die Verwaltungsaufgaben übernimmt. Dabei ist zwischen bundesunmittelbarer Verwaltung und mittelbarer Bundesverwaltung zu unterscheiden.

I. Bundesunmittelbare Verwaltung
Unter bundesunmittelbarer Verwaltung ist die Verwaltung durch eigene Bundesbehörden zu verstehen. Beispiel: Kraftfahrt-Bundesamt (Flensburg), Bundesgesundheitsministerium. Wird also eine Bundesbehörde tätig, so ist das Handeln dem Bund zuzurechnen, im Verwaltungsprozeß ist er richtiger Beklagter, § 78 I Nr. 1 VwGO.

Verwaltung durch eigene Bundesbehörden

Gegenstände der bundeseigenen Verwaltung
Art. 87 GG

(1) In bundeseigener Verwaltung mit eigenem Verwaltungsunterbau werden geführt der Auswärtige Dienst, die Bundesfinanzverwaltung, die Bundeseisenbahnen, die Bundespost und nach Maßgabe des Artikels 89 die Verwaltung der Bundeswasserstraßen und der Schiffahrt. Durch Bundesgesetz können Bundesgrenzschutzbehörden, Zentralstellen für das polizeiliche Auskunfts- und Nachrichtenwesen, für die Kriminalpolizei und zur Sammlung von Unterlagen für Zwecke des Verfassungsschutzes und des Schutzes gegen Bestrebungen im Bundesgebiet, die durch Anwendung von Gewalt oder darauf gerichtete Vorbereitungshandlungen auswärtige Belange der Bundesrepublik Deutschland gefährden, eingerichtet werden.
(2) Als bundesunmittelbare Körperschaften des öffentlichen Rechtes werden diejenigen sozialen Versicherungsträger geführt,

> deren Zuständigkeitsbereich sich über das Gebiet eines Landes hinaus erstreckt.
> (3) Außerdem können für Angelegenheiten, für die dem Bunde die Gesetzgebung zusteht, selbständige Bundesoberbehörden und neue bundesunmittelbare Körperschaften und Anstalten des öffentlichen Rechtes durch Bundesgesetz errichtet werden. Erwachsen dem Bunde auf Gebieten, für die ihm die Gesetzgebung zusteht, neue Aufgaben, so können bei dringendem Bedarf bundeseigene Mittel- und Unterbehörden mit Zustimmung des Bundesrates und der Mehrheit der Mitglieder des Bundestages errichtet werden.

II. Mittelbare Bundesverwaltung

Bundeseigene Verwaltung liegt auch dann vor, wenn der Bund eine juristische Person, eine Körperschaft oder eine Anstalt des öffentlichen Rechts ins Leben ruft, Art. 87 II GG. Beispielsweise ist das ZDF eine Anstalt des öffentlichen Rechts, ebenso wie die Bundesanstalt für Arbeit. Träger dieser Anstalten ist die BRD. Es handelt sich um nur mittelbare Bundesverwaltung, weil der Bund eine Körperschaft oder Anstalt dazwischen schaltet. Richtiger Beklagter im Verwaltungsprozeß (§ 78 I Nr. 1 VwGO) ist dann die juristische Person selbst. Die Schaffung neuer juristischer Personen erfolgt durch gesetzlichen Organisationsakt.

Beispiel: ZDF als mittelbare Bundesverwaltung

III. Behördenaufbau

Sowohl die bundesunmittelbare als auch die bundesmittelbare Verwaltung können mit und ohne eigenen Verwaltungsunterbau errichtet werden.

Aufbau der Bundesbehörden

a. Bei der bundeseigenen Verwaltung ohne eigenen Verwaltungsunterbau erfolgt die Verwaltung durch die Bundesministerien, bzw. diesen nachgeordneten Bundesoberbehörden, wie z.B. dem Bundesamt für Kreditwesen oder dem Kraftfahrt-Bundesamt.

b. Innerhalb der Verwaltung mit eigenem Verwaltungsunterbau gibt es drei Hierarchieebenen, auf erster Stufe ein Bundesministerium bzw. Bundesoberbehörde, auf zweiter Stufe die Mittelbehörden und auf dritter Stufe die Unterbehörden.

Beispiel Bundeswehrverwaltung: Bundesverteidigungsminister (Oberste Bundesbehörde), Wehrbereichsverwaltung (Bundesoberbehörde), Kreiswehrersatzämter (Mittelbehörde), Standortverwaltung (Unterbehörde).

IV. Obligatorische und fakultative bundeseigene Verwaltung

Des weiteren wird noch zwischen obligatorischer (= zwingender) und fakultativer (= möglicher) bundeseigener Verwaltung unterschieden. Gegenstände der obligatorischen Bundesverwaltung sind in Art. 87 I 1, 87 II, 87 a, 87 b I, 87 d I, 88, 89 GG genannt. Beispiele für Gegenstände, bei denen Bundesverwaltung zulässig ist, finden sich in Art. 87 I 2, 87 III, 87 b II, 89 III GG.

3.3. Die Rechtsprechung

Die Rechtsprechung gewährleistet die Durchsetzung des dem einzelnen zustehenden Rechts. Anstelle des Rechts des Stärkeren ist die Verwirklichung mittels der Gerichte getreten.
Damit erfüllt die Rechtsprechung Friedensfunktion. Zugleich werden durch die Rechtsprechung (Judikative) die beiden anderen Gewalten (Exekutive und Legislative) begrenzt. Besonders deutlich wird dies bei dem Streit um die Strafbarkeit des Schwangerschaftsabbruchs, § 218 StGB. Das Parlament (die Legislative) erläßt ein Gesetz (Änderung des § 218 StGB). Dem BVerfG kommt nach Anrufung die Aufgabe zu, das Gesetz auf Vereinbarkeit mit dem GG hin zu überprüfen. Zwar kann das BVerfG das Gesetz für nichtig erklären, es ist aber nicht befugt, selbst Recht zu setzen.
Das GG gewährleistet in Art. 19 IV GG jedermann den Rechtsweg. Art. 95 GG nennt dann die fünf Rechtswege.

Oberste Gerichtshöfe des Bundes   **Art. 95 GG**

(1) Für die Gebiete der ordentlichen, der Verwaltungs-, der Finanz-, der Arbeits- und der Sozialgerichtsbarkeit errichtet der Bund als oberste Gerichtshöfe den Bundesgerichtshof, das Bundesverwaltungsgericht, den Bundesfinanzhof, das Bundesarbeitsgericht und das Bundessozialgericht.

(2) Über die Berufung der Richter dieser Gerichte entscheidet der für das jeweilige Sachgebiet zuständige Bundesminister gemeinsam mit einem Richterwahlausschuß, der aus den für das jeweilige Sachgebiet zuständigen Ministern der Länder und einer gleichen Anzahl von Mitgliedern besteht, die vom Bundestage gewählt werden.

(3) Zur Wahrung der Einheitlichkeit der Rechtsprechung ist ein Gemeinsamer Senat der in Absatz 1 genannten Gerichte zu bilden. Das Nähere regelt ein Bundesgesetz.

9. Wiederholungsfragen

1. In welchen Normen des GG sind die fundamentalen Strukturprinzipien der BRD niedergelegt? Wodurch werden sie geschützt? Lösung S. 170, 171
2. Erläutern Sie die Begriffe »Volkssouveränität« und »Repräsentationsprinzip«! Lösung S. 172, 173
3. Was besagt die sog. »Wesentlichkeitstheorie«? Lösung S. 176 ff.
4. Beschreiben Sie das »Parteienprivileg« und nennen Sie die Voraussetzungen eines Parteiverbots! Wer hat darüber zu entscheiden? Lösung S. 179 ff.
5. Durch welche Einzelelemente wird das »Rechtsstaatsprinzip« geprägt? Beschreiben Sie diese! Lösung S. 182, 183.
6. Welche Aussagen enthält der Grundsatz des »bundesfreundlichen Verhaltens«? Lösung S. 191 ff.
7. Welche Funktionen sind dem Bundestag zugewiesen? Lösung S. 204, 205
8. Welche Voraussetzungen müssen für die Einsetzung eines parlamentarischen Untersuchungsausschusses gegeben sein? Lösung S. 206 ff.
9. Durch welche Prinzipien wird die Organisation und Kompetenzverteilung innerhalb der Bundesregierung determiniert? Lösung S. 218 ff.
10. Kann der Bundespräsident, wenn er ein Bundesgesetz für verfassungswidrig hält, dessen Ausfertigung nach Art. 82 I GG verweigern? Lösung S. 223, 224
11. Wem steht grundsätzlich die Gesetzgebungskompetenz zu? Wo ist dies geregelt? Lösung S. 227 ff.
12. Wer ist zuständig, wenn es um ein »Gesetz zur Änderung der Bundesflagge« geht? Lösung S. 229
13. Wer hat die Gesetzgebungskompetenz im Polizei- und Sicherheitsrecht? Lösung S. 227
14. Kann ein einzelner Abgeordneter einen Gesetzesentwurf in den Bundestag einbringen? Lösung S. 230
15. Wann liegt ein Zustimmungsgesetz vor? Lösung S. 231

Verfassungsprozeßrecht

1.	**Überblick**	242
2.	**Verfassungsbeschwerden**	248
2.1.	»Individual« - Verfassungsbeschwerde	248
2.2.	Kommunalverfassungsbeschwerde	257
3.	**Organstreitverfahren**	262
4.	**Normenkontrollverfahren**	266
4.1.	Abstrakte Normenkontrolle	266
4.2.	Konkrete Normenkontrolle	270
5.	**Föderative Streitigkeiten**	273
5.1.	Bund-Länder-Streitigkeiten	273
5.2.	Zwischenländerstreitigkeiten	274
5.3.	Binnenländerstreitigkeit	276
6.	**Anklageverfahren**	277
6.1.	Verwirkung von Grundrechten	277
6.2.	Parteiverbotsverfahren	278
6.3.	Präsidentenanklage	279
6.4.	Richteranklage	280
7.	**Normenqualifizierungsverfahren**	281
7.1.	Nachprüfung von Völkerrecht	281
7.2.	Fortgeltung von Recht als Bundesrecht	282
8.	**Sonstige Verfahren**	283
8.1.	Landesverfassungsstreitigkeiten	283
8.2.	Divergenzvorlage	283
8.3.	Wahlprüfungsverfahren	284
9.	**Wiederholungsfragen**	286

1. Überblick

In den bisherigen Teilen ging es um die materielle Rechtslage in verfassungsrechtlichen Arbeiten, d.h. das »Recht haben«.

Im folgenden werden die Möglichkeiten aufgezeigt, wie diesen Rechten zur Durchsetzung verholfen werden kann, d.h. das »Recht bekommen«. Anders als im Bürgerlichen Recht ist nämlich in öffentlichen Arbeiten neben der formellen und materiellen Rechtslage, die »Begründetheit«, in der Regel auch die prozessuale Rechtslage, die »Zulässigkeit«, zu bearbeiten. Der Bearbeitervermerk verlangt dann vom Klausuranten die Prüfung der Erfolgsaussichten des Rechtsbehelfs.

Erfolgsaussichten eines Rechtsbehelfs:
- Zulässigkeit des Rechtsbehelfs
- Begründetheit des Rechtsbehelfs

Zuständig für die Entscheidung in verfassungsrechtlichen Streitigkeiten ist das Bundesverfassungsgericht (BVerfG). Die zentrale Norm im Bundesverfassungsgerichtsgesetz ist § 13 BVerfGG. Sie ist zusammen mit dem entsprechenden GG-Artikel die Grundnorm einer jeden verfassungsrechtlichen Streitigkeit und hat eine Art Verteilerfunktion.

§ 13 BVerfGG	**Zuständigkeit des Bundesverfassungsgerichtes**
	Das Bundesverfassungsgericht entscheidet in den vom Grundgesetz bestimmten Fällen, und zwar
Verwirkung von Grundrechten	1. über die Verwirkung von Grundrechten (Artikel 18 des Grundgesetzes),
Parteiverbotsverfahren	2. über die Verfassungswidrigkeit von Parteien (Artikel 21 Abs. 2 des Grundgesetzes),
Wahlprüfungsverfahren	3. über Beschwerden gegen Entscheidungen des Bundestages, die die Gültigkeit einer Wahl oder den Erwerb oder Verlust der Mitgliedschaft eines Abgeordneten beim Bundestag betreffen (Artikel 41 Abs. 2 des Grundgesetzes)
Präsidentenanklage	4. über Anklagen des Bundestages oder des Bundesrates gegen den Bundespräsidenten (Artikel 61 des Grundgesetzes),
Organstreitverfahren	5. über die Auslegung des Grundgesetzes aus Anlaß von Streitigkeiten über den Umfang der Rechte und Pflichten eines ober-

sten Bundesorgans oder anderer Beteiligter, die durch das Grundgesetz oder in der Geschäftsordnung eines obersten Bundesorgans mit eigenen Rechten ausgestattet sind (Artikel 93 Abs. 1 Nr. 1 des Grundgesetzes),

6. bei Meinungsverschiedenheiten oder Zweifeln über die förmliche oder sachliche Vereinbarkeit von Bundesrecht oder Landesrecht mit dem Grundgesetz oder die Vereinbarkeit von Landesrecht mit sonstigem Bundesrecht auf Antrag der Bundesregierung, einer Landesregierung oder eines Drittels der Mitglieder des Bundestages (Artikel 93 Abs. 1 Nr. 2 des Grundgesetzes), Abstrakte Normenkontrolle

7. bei Meinungsverschiedenheiten über Rechte und Pflichten des Bundes und der Länder, insbesondere bei der Ausführung von Bundesrecht durch die Länder und bei der Ausübung der Bundesaufsicht (Artikel 93 Abs. 1 Nr. 3 und Artikel 84 Abs. 4 Satz 2 des Grundgesetzes), Föderative Streitigkeiten

8. in anderen öffentlich-rechtlichen Streitigkeiten zwischen dem Bund und den Ländern, zwischen verschiedenen Ländern oder innerhalb eines Landes, soweit nicht ein anderer Rechtsweg gegeben ist (Artikel 93 Abs. 1 Nr. 4 des Grundgesetzes),

8a. über Verfassungsbeschwerden (Artikel 93 Abs. 1 Nr. 4a und 4b des Grundgesetzes), Verfassungsbeschwerden

9. über Richteranklagen gegen Bundesrichter und Landesrichter (Artikel 98 Abs. 2 und 5 des Grundgesetzes), Richteranklage

10. über Verfassungsstreitigkeiten innerhalb eines Landes, wenn diese Entscheidung durch Landesgesetz dem Bundesverfassungsgericht zugewiesen ist (Artikel 99 des Grundgesetzes), Landesverfassungsstreitigkeiten

11. über die Vereinbarkeit eines Bundesgesetzes oder eines Landesgesetzes mit dem Grundgesetz oder die Vereinbarkeit eines Landesgesetzes oder sonstigen Landesrechts mit einem Bundesgesetz auf Antrag eines Gerichts (Artikel 100 Abs. 1 des Grundgesetzes), Konkrete Normenkontrolle

12. bei Zweifeln darüber, ob eine Regel des Völkerrechts Bestandteil des Bundesrechts ist und ob sie unmittelbar Rechte und Pflichten für den einzelnen erzeugt auf Antrag des Gerichts (Artikel 100 Abs. 2 des Grundgesetzes), Nachprüfung von Völkerrecht

13. wenn das Verfassungsgericht eines Landes bei der Auslegung des Grundgesetzes von einer Entscheidung des Bundesverfassungsgerichts oder des Verfassungsgerichts eines ande- Divergenzvorlage

> ren Landes abweichen will, auf Antrag dieses Verfassungsgerichts (Artikel 100 Abs. 3 des Grundgesetzes),
>
> **Fortgelten des Rechts als Bundesrecht**
> 14. bei Meinungsverschiedenheiten über das Fortgelten von Recht als Bundesrecht (Artikel 126 des Grundgesetzes),
>
> **Sonstige, durch Bundesgesetz zugewiesene Fälle**
> 15. in den ihm sonst durch Bundesgesetz zugewiesenen Fällen (Artikel 93 Abs. 2 des Grundgesetzes).

Der nachfolgende Teil spricht alle denkbaren verfassungsrechtlichen Streitigkeiten an, und zwar jede einzelne, so wie sie in einer Hausarbeit oder Klausur zu prüfen ist.

Die wichtigsten Verfahrensarten sind:
- die Verfassungsbeschwerde, Art. 93 I Nr. 4a GG,
- das Organstreitverfahren, Art. 93 I Nr. 1 GG und
- die abstrakte Normenkontrolle, Art 93 I Nr. 2 GG

Art. 18 GG **Verwirkung von Grundrechten**

> Wer die Freiheit der Meinungsäußerung, insbesondere die Pressefreiheit (Artikel 5 Abs. 1), die Lehrfreiheit (Artikel 5 Abs. 3), die Versammlungsfreiheit (Artikel 8), die Vereinigungsfreiheit (Artikel 9), das Brief-, Post- und Fernmeldegeheimnis (Artikel 10), das Eigentum (Artikel 14) oder das Asylrecht (Artikel 16a) zum Kampfe gegen die freiheitliche demokratische Grundordnung mißbraucht, verwirkt diese Grundrechte. Die Verwirkung und ihr Ausmaß <u>werden durch das Bundesverfassungsgericht ausgesprochen.</u>

Art. 21 II GG **Parteiverbot**

> (2) Parteien, die nach ihren Zielen oder nach dem Verhalten ihrer Anhänger darauf ausgehen, die freiheitliche demokratische Grundordnung zu beeinträchtigen oder zu beseitigen oder den Bestand der Bundesrepublik Deutschland zu gefährden, sind verfassungswidrig. Über die Frage der Verfassungswidrigkeit <u>entscheidet das Bundesverfassungsgericht.</u>

Art. 41 II GG **Wahlprüfung**

> (2) Gegen die Entscheidung des Bundestages ist die <u>Beschwerde an das Bundesverfassungsgericht</u> zulässig.

Anklage vor dem BVerfG

(1) Der Bundestag oder der Bundesrat können den Bundespräsidenten wegen vorsätzlicher Verletzung des Grundgesetzes oder eines anderen Bundesgesetzes vor dem Bundesverfassungsgericht anklagen. Der Antrag auf Erhebung der Anklage muß von mindestens einem Viertel der Mitglieder des Bundestages oder einem Viertel der Stimmen des Bundesrates gestellt werden. Der Beschluß auf Erhebung der Anklage bedarf der Mehrheit von zwei Dritteln der Mitglieder des Bundestages oder von zwei Dritteln der Stimmen des Bundesrates. Die Anklage wird von einem Beauftragten der anklagenden Körperschaft vertreten.

Art. 61 I GG

Entscheidungen des Bundesverfassungsgerichts

(1) Das Bundesverfassungsgericht entscheidet:
1. über die Auslegung dieses Grundgesetzes aus Anlaß von Streitigkeiten über den Umfang der Rechte und Pflichten eines obersten Bundesorgans oder anderer Beteiligter, die durch dieses Grundgesetz oder in der Geschäftsordnung eines obersten Bundesorgans mit eigenen Rechten ausgestattet sind;
2. bei Meinungsverschiedenheiten oder Zweifeln über die förmliche und sachliche Vereinbarkeit von Bundesrecht oder Landesrecht mit diesem Grundgesetze oder die Vereinbarkeit von Landesrecht mit sonstigem Bundesrechte auf Antrag der Bundesregierung, einer Landesregierung oder eines Drittels der Mitglieder des Bundestages;
3. bei Meinungsverschiedenheiten über Rechte und Pflichten des Bundes und der Länder, insbesondere bei der Ausführung von Bundesrecht durch die Länder und bei der Ausübung der Bundesaufsicht;
4. in anderen öffentlich-rechtlichen Streitigkeiten zwischen dem Bunde und den Ländern, zwischen verschiedenen Ländern oder innerhalb eines Landes, soweit nicht ein anderer Rechtsweg gegeben ist;
4a. über Verfassungsbeschwerden, die von jedermann mit der Behauptung erhoben werden können, durch die öffentliche Gewalt in einem seiner Grundrechte oder in einem seiner in Artikel 20 Abs. 4, 33, 38, 101, 103 und 104 enthaltenen Rechte verletzt zu sein;

Art. 93 GG

Art. 93 GG ist die zentrale Norm des GG für die Zuständigkeit des BVerfG. Darin sind u.a genannt:
- Organstreitverfahren
- Abstrakte Normenkontrolle
- Föderative Streitigkeiten
- Verfassungsbeschwerden

> 4b. über Verfassungsbeschwerden von Gemeinden und Gemeindeverbänden wegen Verletzung des Rechts auf Selbstverwaltung nach Artikel 28 durch ein Gesetz, bei Landesgesetzen jedoch nur, soweit nicht Beschwerde beim Landesverfassungsgericht erhoben werden kann;
> 5. in den übrigen in diesem Grundgesetze vorgesehenen Fällen.
> (2) Das Bundesverfassungsgericht wird ferner in den ihm sonst durch Bundesgesetz zugewiesenen Fällen tätig.

Art. 98 II, V GG **Richteranklage**

> (2) Wenn ein Bundesrichter im Amte oder außerhalb des Amtes gegen die Grundsätze des Grundgesetzes oder gegen die verfassungsmäßige Ordnung eines Landes verstößt, so <u>kann das Bundesverfassungsgericht</u> mit Zweidrittelmehrheit auf Antrag des Bundestages <u>anordnen</u>, daß der Richter in ein anderes Amt oder in den Ruhestand zu versetzen ist. Im Falle eines vorsätzlichen Verstoßes kann auf Entlassung erkannt werden.
> (5) Die Länder können für Landesrichter eine Absatz 2 entsprechende Regelung treffen. Geltendes Landesverfassungsrecht bleibt unberührt. Die Entscheidung über eine Richteranklage <u>steht dem Bundesverfassungsgericht zu</u>.

Art. 99 GG **Verfassungsstreits innerhalb eines Landes**

> Dem <u>Bundesverfassungsgerichte kann</u> durch Landesgesetz die Entscheidung von Verfassungsstreitigkeiten innerhalb eines Landes, den in Artikel 95 Abs. 1 genannten obersten Gerichtshöfen für den letzten Rechtszug die Entscheidung in solchen Sachen <u>zugewiesen werden</u>, bei denen es sich um die Anwendung von Landesrecht handelt.

Art. 100 GG **Verfassungswidrigkeit von Gesetzen**

> (1) Hält ein Gericht ein Gesetz, auf dessen Gültigkeit es bei der Entscheidung ankommt, für verfassungswidrig, so ist das Verfahren auszusetzen und, wenn es sich um die Verletzung der Verfassung eines Landes handelt, die Entscheidung des für Verfassungsstreitigkeiten zuständigen Gerichtes des Landes, wenn es sich um die Verletzung dieses Grundgesetzes handelt, die <u>Entscheidung des Bundesverfassungsgerichtes</u> einzuholen.

Dies gilt auch, wenn es sich um die Verletzung dieses Grundgesetzes durch Landesrecht oder um die Unvereinbarkeit eines Landesgesetzes mit einem Bundesgesetze handelt.

(2) Ist in einem Rechtsstreite zweifelhaft, ob eine Regel des Völkerrechtes Bestandteil des Bundesrechtes ist und ob sie unmittelbar Rechte und Pflichten für den Einzelnen erzeugt (Artikel 25), so hat das Gericht die Entscheidung des Bundesverfassungsgerichtes einzuholen.

(3) Will das Verfassungsgericht eines Landes bei der Auslegung des Grundgesetzes von einer Entscheidung des Bundesverfassungsgerichtes oder des Verfassungsgerichtes eines anderen Landes abweichen, so hat das Verfassungsgericht die Entscheidung des Bundesverfassungsgerichtes einzuholen.

Streit über das Fortgelten alten Rechts Art. 126 GG

Meinungsverschiedenheiten über das Fortgelten von Recht als Bundesrecht entscheidet das Bundesverfassungsgericht.

DER WEG VOR DAS BUNDESVERFASSUNGSGERICHT

2. Verfassungsbeschwerden

Bei Verfassungsbeschwerden ist zwischen der Individualverfassungsbeschwerde, die gemäß Art. 93 I Nr. 4a GG von jedermann, und der Kommunalverfassungsbeschwerde, die gemäß Art. 93 I Nr. 4b GG nur von Gemeinden und Gemeindeverbänden erhoben werden kann, zu unterscheiden.

2.1. »Individual« - Verfassungsbeschwerde

Verfassungsbeschwerde, Art. 93 I Nr. 4a GG, §§ 13 Nr. 8a, 90 ff. BVerfGG

Nach Art. 93 I Nr. 4a GG kann jedermann mit der Behauptung, durch einen Akt der öffentlichen Gewalt in seinen Grundrechten oder grundrechtsähnlichen Rechten verletzt zu sein, Verfassungsbeschwerde zum Bundesverfassungsgericht erheben. Die Verfassungsbeschwerde ist ein außerordentlicher Rechtsbehelf gegen Hoheitsakte, der dem einzelnen Bürger zur Wahrung und Durchsetzung seiner Grundrechte verhilft (Individualrechtsschutz) und darüber hinaus auch der Einhaltung von objektiven Verfassungsrecht dient.

Überragende Bedeutung der Verfassungsbeschwerde

Sie ist Ausdruck der besonderen Bedeutung, die das Grundgesetz den Grundrechten beimißt. In der universitären Ausbildung ist die Verfassungsbeschwerde der zentrale verfassungsrechtliche Rechtsbehelf und gehört daher zum Standardrepertoire bis zum Examen.

Erfolgsaussichten einer Verfassungsbeschwerde

Zulässigkeit der Verfassungsbeschwerde

Zulässigkeitsvoraussetzungen der Verfassungsbeschwerde

- Antragsberechtigung
- Prozeßfähigkeit
- Beschwerdegegenstand
- Beschwerdebefugnis
- Rechtswegerschöpfung
- Antrag, Form, Frist
- allgemeines Rechtsschutzbedürfnis

Begründetheit der Verfassungsbeschwerde

- Prüfungsumfang
- Verstoß gegen Grundrechte

I. Zulässigkeit der Verfassungsbeschwerde

Aktivlegitimation

§ 90 I BVerfGG

(1) Jedermann kann mit der Behauptung, durch die öffentliche Gewalt in einem seiner Grundrechte oder in einem seiner in Artikel 20 Abs. 4, Artikel 33, 38,101,103 und 104 des Grundgesetzes enthaltenen Rechte verletzt zu sein, die Verfassungsbeschwerde zum Bundesverfassungsgericht erheben.

1. Antragsberechtigung

Antragsberechtigt ist nach Art. 93 I Nr. 4a GG, § 90 I BVerfGG »jedermann«, d.h. alle Träger eines der in Art. 93 I Nr. 4a GG genannten Rechte. Maßgeblich für die Antragsberechtigung ist daher die Grundrechtsberechtigung (= Grundrechtsfähigkeit oder Grundrechtsträgerschaft). Gleichbedeutende Bezeichnungen für die Antragsberechtigung sind Beschwerdeerhebungsberechtigung, Aktivlegitimation, Beschwerdefähigkeit, Beteiligtenfähigkeit, Parteifähigkeit.

Antragsberechtigt ist »jedermann«

2. Prozeßfähigkeit

Die Prozeßfähigkeit, als Fähigkeit Prozeßhandlungen selbst oder durch selbstbestimmten Vertreter wahrzunehmen, ist im BVerfGG nicht geregelt. Prozeßfähig ist, wer grundrechtsmündig ist. Dies ist der Fall bei allen Geschäftsfähigen. Bei beschränkt geschäftsfähigen Minderjährigen (§§ 2, 106 BGB) kommt es auf den Reifegrad und die Einsichtsfähigkeit an, ob sie prozeßfähig sind. Bei fehlender Prozeßfähigkeit handelt der gesetzliche Vertreter.

Prozeßfähig ist wer grundrechtsmündig ist

Der Punkt Prozeßfähigkeit ist nur dann zu prüfen, wenn der Sachverhalt Anlaß dazu bietet; gleichbedeutend wird für die Prozeßfähigkeit auch der Begriff Verfahrensfähigkeit verwendet.

3. Beschwerdegegenstand

Gegenstand der Verfassungsbeschwerde kann jeder Akt der öffentlichen Gewalt sein, § 90 I BVerfGG.

Beschwerdegegenstand kann jeder Akt der öffentlichen Gewalt sein

a. Als öffentliche Gewalt kommt nur die deutsche öffentliche Gewalt in Betracht, nicht auch Hoheitsakte der EU (EG-Richtlinien und Entscheidungen des EuGH) oder Maßnahmen der Nato.

b. Unter öffentlicher Gewalt ist jede Staatsgewalt zu verstehen, also Akte der gesetzgebenden Gewalt (Legislative), z.B. Gesetze, Akte der vollziehenden Gewalt (Exekutive), z.B. Satzungen, Verwal-

Die 3 Staatsgewalten:
- Legislative
- Exekutive
- Judikative

tungsakte und Akte der richterlichen Gewalt (Judikative), z.B. Urteile oder die Versagung vorläufigen Rechtsschutzes. Die möglichen Beschwerdegegenstände entsprechen dem Umfang der Grundrechtsbindung des Art. 1 III GG, der alle staatliche Gewalt an die Grundrechte bindet. Damit unterscheidet sich der Begriff der öffentlichen Gewalt von dem des Art. 19 IV, der nur Akte der Exekutive erfaßt (BVerfGE 22, 110; 45, 334).

Akt der öffentlichen Gewalt

Der Akt der öffentlichen Gewalt, auch Hoheitsakt genannt, kann nicht nur in einer Handlung, sondern auch einer Unterlassung bestehen, z.B. Unterlassen hinreichender Regelungen der Legislative zum Schutz von Leben und körperlicher Unversehrtheit, Art. 2 II 1 GG oder Art. 6 V GG. Hier liegt die Bedeutung der Schutzpflichten des Staates.

Bei mehreren Akten der öffentlichen Gewalt in derselben Sache kommt als Gegenstand der Verfassungsbeschwerde sowohl der ursprüngliche Bescheid (z.B. Verwaltungsakt) als auch die Gerichtsentscheidung aller Instanzen in Betracht. Der Beschwerdeführer hat die Wahl, ob er nur das letztinstanzliche Urteil oder zusätzlich die Entscheidungen der Vorinstanzen und auch den ursprünglichen Hoheitsakt angreifen will. Auch wenn sich der Betroffene zu letzterem entschließt, bleibt es bei einer einzigen Verfassungsbeschwerde. Das BVerfG hat im Erfolgsfall dann sowohl die Akte der Judikative als auch der Exekutive aufzuheben.

4. Beschwerdebefugnis

Gemäß § 90 I BVerfGG muß der Beschwerdeführer behaupten, in einem seiner Grundrechte oder grundrechtsgleichen Rechte verletzt zu sein.

a. Substantiierte Rüge

Substantiierte Rüge: Aus dem Tatsachenvortrag des Beschwerdeführers muß sich ergeben, daß die geltend gemachte Grundrechtsverletzung zumindest möglich erscheint.

Für die Behauptung ist eine »substaniierte Rüge« notwendig. Über den Wortlaut hinaus verlangt die Rechtsprechung des BVerfG, daß sich aus den Ausführungen des Beschwerdeführers die Möglichkeit einer Verletzung der in Art. 93 I Nr. 4a GG genannten Rechte ergibt. Die Verletzung darf demnach nicht von vornherein ausgeschlossen sein. Der »substantiierten Rüge« entspricht im Verwaltungsprozeßrecht in etwa die Klagebefugnis als Zulässigkeitsvoraussetzung für Anfechtungs- und Verpflichtungsklage, § 42 II VwGO. Eine Benennung des Grundrechtsartikels ist nicht erforderlich. Bei Verfassungsbeschwerden gegen eine gerichtliche Entscheidung muß eine sog. »spezifische Grundrechtsverletzung« geltend gemacht werden, d.h. das Urteil muß nach dem Sachvortrag des Beschwerdeführers gerade deshalb verfehlt sein, weil es gegen Grundrechte verstößt.

b. Hinreichende Betroffenheit
Der Beschwerdeführer muß selbst, gegenwärtig und unmittelbar betroffen sein.

Betroffenheit
● selbst
● gegenwärtig
● unmittelbar

aa. Selbstbetroffenheit:
Der Beschwerdefüher muß in eigenen Grundrechten betroffen sein. Das ist der Fall, wenn sich der Hoheitsakt an ihn selbst richtet. Eine Prozeßstandschaft, also die Geltendmachung von fremden Grundrechten in eigenem Namen, ist damit ausgeschlossen.

»selbst«

bb. Gegenwärtige Betroffenheit:
Der Beschwerdeführer muß »schon« und »noch« betroffen sein. Unzulässig ist daher eine Verfassungsbeschwerde gegen ein Gesetz, das »irgendwann einmal in Zukunft« in Kraft tritt. Eine gegenwärtige Beschwer liegt aber vor, »wenn ein Gesetz die Normadressaten bereits gegenwärtig zu später nicht mehr korrigierbaren Entscheidungen zwingt oder schon jetzt zu Dispositionen veranlaßt, die sich nach dem späteren Gesetzesvollzug nicht mehr nachholen lassen (BVerfGE 65, 1/37; 75, 78/95). Das Merkmal der gegenwärtigen Betroffenheit ist daher weit auszulegen.
Bei Urteilsverfassungsbeschwerden liegt die gegenwärtige Beschwerde schon deshalb vor, weil das Urteil den Beschwerdeführer aktuell betrifft. In besonders gelagerten Fällen kann eine bloße Grundrechtsgefährdung die Verfassungsbeschwerde bereits zulässig sein lassen, wenn diese ernstlich zu befürchten ist. Bei erledigten Hoheitsakten ist der Beschwerdeführer gegenwärtig betroffen, wenn eine Wiederholungsgefahr besteht oder die Grundrechtsbeeinträchtigung erheblich ist. Das BVerfG erörtert das Problem der »Erledigung« (d.h. der Akt entfaltet keinerlei Rechtswirkungen mehr) erst im Rahmen des Rechtsschutzbedürfnisses.

»gegenwärtig«

cc. Unmittelbare Betroffenheit:
Der Beschwerdeführer muß durch den Hoheitsakt unmittelbar betroffen sein, d.h. es darf kein weiterer Vollzugsakt für den Grundrechtseingriff erforderlich sein. Bedeutung erlangt dieser Prüfungspunkt eigentlich nur bei Gesetzen. Dabei ist zwischen zwei Arten von Gesetzen zu unterscheiden.

»unmittelbar«

»self-executing« - Normen = sich selbst vollziehende Normen	Gegen Gesetze, die ein Ge- oder Verbot selbst schon aussprechen, sog. »self-executing«-Normen, bei denen also kein weiterer Vollzugsakt erforderlich ist, kann, weil der Beschwerdeführer unmittelbar betroffen ist, Verfassungsbeschwerde erhoben werden. *Beispiel: Verbot, künftig einen bestimmten Beruf ohne Zulassung auszuüben, oder das Verbot, Kunstgegenstände ins Ausland zu veräußern.* Ermächtigt dagegen erst das Gesetz die Verwaltung zum Eingriff (z.B. ein Verbot zu erlassen), so fehlt es an einer hinreichenden Betroffenheit, solange das Verbot nicht ergangen ist. Der Beschwerdeführer muß das Verbot also zunächst abwarten und dieses dann anfechten (Anfechtungsklage, § 42 I VwGO). Nachdem er dann den Rechtsweg erfolglos bestritten hat, kann er gegen das letztinstanzliche Urteil und den Hoheitsakt mit der Verfassungsbeschwerde vorgehen. Eine Ausnahme von der »unmittelbaren Betroffenheit« ist bei den Gesetzen anerkannt, bei denen der Vollzugsakt eine Sanktion des Straf- oder Ordnungswidrigkeitenrechts darstellt. Enthält also z.B.
Ausnahmen von der »unmittelbaren Betroffenheit« bei: ● Unzumutbarkeit	eine Satzung für den Fall, daß der Bürger sich seines Mülls im Wald entledigt, einen Ordnungswidrigkeitstatbestand, so kann gegen die Satzung selbst vorgegangen werden, ohne daß es der Verhängung der Ordnungswidrigkeit bedarf. Dem Betroffenen wäre es nämlich nicht zuzumuten zunächst gegen ein für verfassungswidrig gehaltenes Gesetz zu verstoßen und sich so dem Risiko einer Strafverfolgung auszusetzen (BVerfGE 77, 84/100).
● fehlendem Entscheidungsspielraum ● Erzwingung von nicht mehr abänderbaren Entscheidungen	Weitere Ausnahmen vom Erfordernis der Unmittelbarkeit werden gemacht, wenn ein Gesetz bei der Normanwendung keinerlei Entscheidungsspielraum hinsichtlich des Vollzugsaktes zuläßt oder die Normadressaten gegenwärtig zu später nicht mehr korrigierbaren Entscheidungen zwingt oder schon jetzt zu Dispositionen veranlaßt, die sie nach dem späteren Gesetzesvollzug nicht mehr nachholen können (BVerfGE 65, 1). *Beispiele: Apotheker gegen das Ladenschlußgesetz; Unternehmer gegen das Mitbestimmungsgesetz; Rundfunkanstalt gegen Landesmediengesetz.*
§ 90 II BVerfGG	**Erschöpfung des Rechtswegs**

> (2) Ist gegen die Verletzung der Rechtsweg zulässig, so kann die Verfassungsbeschwerde erst nach Erschöpfung des Rechtswegs erhoben werden. Das Bundesverfassungsgericht kann jedoch über eine vor Erschöpfung des Rechtswegs eingelegte Verfassungsbeschwerde sofort entscheiden, wenn sie von all-

gemeiner Bedeutung ist oder wenn dem Beschwerdeführer ein schwerer und unabwendbarer Nachteil entstünde, falls er zunächst auf den Rechtsweg verwiesen würde.

5. Rechtswegerschöpfung

Nach § 90 II BVerfGG kann die Verfassungsbeschwerde erst nach Erschöpfung des Rechtswegs erhoben werden, wenn gegen die Verletzung ein Rechtsweg zulässig ist. Danach ist zu unterscheiden:

a. Bei Hoheitsakten, gegen die es keinen Rechtsweg gibt, wie bei formellen Gesetzen, ist logisch zwingend keine Rechtswegerschöpfung erforderlich.

Der Beschwerdeführer muß alle zulässigen und zumutbaren prozessualen Möglichkeiten ausschöpfen

b. Bei anderen Akten muß dagegen vor Erhebung der Verfassungsbeschwerde der Rechtsweg erschöpft werden, d.h. der Beschwerdeführer muß alle zulässigen und zumutbaren prozessualen Möglichkeiten ausschöpfen, § 90 II 1 BVerfGG. Nach dem Subsidiaritätsgrundsatz sollen zunächst die Fachgerichte entscheiden. Grundrechtsschutz ist also vorrangig Aufgabe der Gerichtsbarkeit. Unter Rechtsweg versteht man dabei den Weg, der den einzelnen mit dem Begehren, die behauptete Grundrechtsverletzung zu überprüfen, vor die deutschen staatlichen Gerichte führt.

Beispiel: A erhält einen Bescheid, in dem ihm die Gemeinde B aufgibt, seinen Müll zu einer Sammelstelle (9 km von seiner Wohnung entfernt) zu verbringen. A muß zunächst Widerspruch, §§ 68 ff. VwGO gegen den Bescheid einlegen, dann Anfechtungsklage erheben, § 42 I VwGO, und bis zum BVerwG klagen. Gegen das erstrittene letztinstanzliche Urteil kann er dann mit der Verfassungsbeschwerde vorgehen.

Zumutbar ist z.B. auch eine Wiedereinsetzung in den vorherigen Stand. Auch das Normenkontrollverfahren nach § 47 VwGO, mit dem Satzungen des BauGB und untergesetzliche Normen des Landesrechts überprüft werden können, ist als Rechtsweg i.S.d. § 90 II 1 BVerfG anzusehen.

Eine Verfassungsbeschwerde ist auch gegen letztinstanzliche Entscheidungen im Verfahren des vorläufigen Rechtsschutzes möglich, weil dieses Verfahren einen Rechtsweg darstellt. Dabei ist der Rechtsweg erschöpft, wenn letztinstanzlich über die Gewährung vorläufigen Rechtsschutzes entschieden ist, d.h. es einer weiteren Klärung des Sachverhaltes nicht bedarf, die im vorläufigen und im Hauptsacheverfahren zu entscheidenden Rechtsfragen identisch sind und deshalb nicht damit gerechnet werden kann, daß ein

Hauptsacheverfahren die Anrufung des BVerfG entbehrlich machen könnte. Nicht erforderlich ist, daß der Beschwerdeführer vor Erhebung der Verfassungsbeschwerde einen landesverfassungsrechtlichen Rechtsbehelf, z.B. Verfassungsbeschwerde zum Bayerischen Verfassungsgerichtshof, Art. 120, 66 BV i.V.m. Art. 2 Nr. 6, 51 ff. BayVerfGHG, einlegt, § 90 III BVerfGG. Zum Rechtsweg gehören auch nicht die Amtshaftungsklage, Art. 34 GG, und außerordentliche Rechtsbehelfe.

Erschöpft ist der Rechtsweg erst, wenn der Beschwerdeführer alle zulässigen und ihm zumutbaren prozessualen Möglichkeiten zur Beseitigung der Grundrechtsverletzung in Anspruch genommen hat. Nach § 90 II 2 BVerfGG ist von dem »Grundsatz der Rechtswegerschöpfung« aber eine Ausnahme zu machen, wenn die Verfassungsbeschwerde entweder von allgemeiner Bedeutung ist oder ein schwerer und unabwendbarer Nachteil entstünde, wenn der Beschwerdeführer zunächst auf den Rechtsweg verwiesen würde.

6. Antrag, Form, Frist

Schriftlicher Antrag

a. Der Antrag muß schriftlich und mit Begründung eingereicht werden, §§ 23 I, 92 BVerfGG.

b. Gegen Akte, gegen die der Rechtsweg eröffnet ist (z.B. VA) und Akte der Judikative ist binnen eines Monats der Antrag zu stellen, § 93 I BVerfGG. Gesetze und sonstige Hoheitsakte müssen binnen eines Jahres seit dem Inkrafttreten angegriffen werden, § 93 III BVerfGG.

7. Allgemeines Rechtsschutzbedürfnis

Das allgemeine Rechtsschutzbedürfnis ist im BVerfGG nicht geregelt und ist daher dem allgemeinen Prozeßrecht zu entnehmen.

Voraussetzung für die Verfassungsbeschwerde ist, daß der Beschwerdeführer ein schutzwürdiges Interesse an der gerichtlichen Feststellung hat. Dies ist zu verneinen, wenn sich der Hoheitsakt zum Zeitpunkt der Entscheidung erledigt hat, außer die Frage ist von grundsätzlicher Bedeutung, es ist ein bedeutendes Grundrecht betroffen oder es besteht Wiederholungsgefahr.

II. Begründetheit der Verfassungsbeschwerde

Die Verfassungsbeschwerde ist gemäß Art. 93 I Nr. 4a GG begründet, wenn der Beschwerdeführer durch den Hoheitsakt in einem seiner Grundrechte oder grundrechtsgleichen Rechte verletzt ist.

1. Prüfungsumfang

Auf diesen Prüfungspunkt ist nur bei Verfassungsbeschwerden gegen Urteile vertieft einzugehen. Richtet sich die Beschwerde dagegen gegen Akte der Legislative (z.B. ein Gesetz) oder nur der Exekutive, so kann man ihn entweder kurz ansprechen oder ganz weglassen. Eine Verfassungsbeschwerde nur gegen einen Exekutivakt dürfte allerdings selten sein, da in der Regel vor Erhebung der Verfassungsbeschwerde der Rechtsweg zu erschöpfen ist und somit Gegenstand der Beschwerde das letztinstanzliche Urteil oder, nach Wahl des Beschwerdeführers, zusätzlich die Entscheidung der Vorinstanzen bzw. der vorangegangene Exekutivakt ist. Ein Beispiel für einen Hoheitsakt der Exekutive, der allein Gegenstand der Verfassungsbeschwerde ist, sind Maßnahmen der Sitzungspolizei, § 176 GVG, gegen die kein Rechtsweg eröffnet ist, vgl. § 238 II StPO.

Das BVerfG ist keine »Superrevisionsinstanz«

Das BVerfG hat den angegriffenen Akt in zweierlei Hinsicht zu überprüfen. Zum einen muß der Hoheitsakt mit den Grundrechten vereinbar sein und zum anderen darf er nicht gegen sonstiges Verfassungsrecht (z.B. Bestimmtheitsgebot, Verhältnismäßigkeitsgrundsatz) verstoßen. Letzteres ist beispielsweise auch bei einem Verstoß gegen die Kompetenzvorschriften der Art. 83 ff. GG gegeben.

Bei Urteilsverfassungsbeschwerden darf das BVerfG allerdings nur prüfen, ob »spezifisches Verfassungsrecht« verletzt, da es andernfalls den Status eines »Superrevisionsgerichtes« einnehmen würde, also eines Gerichts, das die Urteile der einzelnen Fachgerichte in vollem Umfang auf ihre Rechtmäßigkeit hin überprüft. Das BVerfG kann daher beispielsweise nicht überprüfen, ob ein Verwaltungsakt wegen fehlender Anhörung rechtswidrig ist, vgl. § 28 VwVfG, sondern nur, ob er wegen Verletzung spezifischen Verfassungsrechts die Grundrechte oder grundrechtsgleichen Rechte des Beschwerdeführers verletzt. Spezifisches Verfassungsrecht ist aber nur verletzt, wenn die Fachgerichte bei der Auslegung und Anwendung einfachen Gesetzesrechts den Einfluß des Verfassungsrechts, insbesondere der Grundrechte, nicht berücksichtigt haben. Das BVerfG prüft dabei das Verfassungsrecht umso eingehender, je intensiver die Beeinträchtigung ist. Bei Urteilsverfassungsbeschwerden ist hinsichtlich des Prüfungsumfangs zwischen zivilgerichtlichen Urteilen einerseits und verwaltungs-/strafgerichtlichen Urteilen andererseits zu unterscheiden. Bei letzteren kommen die Grundrechte als Abwehrrechte des Bürgers gegen den Staat unmittelbar zur Anwendung. Im Bürgerlichen Recht gelten die

Erforderlich ist eine »spezifische Verfassungsverletzung«

Bei zivilgerichtlichen Entscheidungen prüft das Gericht nur, ob die Bedeutung der Grundrechte bei der Auslegung und Anwendung des einfachen Rechts verkannt wurde

Grundrechte dagegen nur mittelbar, insbesondere über die »Einbruchstellen« im BGB (z.B. §§ 242, 138, 826). Das BVerfG kann bei zivilrechtlichen Urteilen daher grundsätzlich nur überprüfen, ob das Zivilgericht Normen falsch ausgelegt hat, weil es die Bedeutung und Tragweite eines Grundrechts verkannt hat.

2. Verstoß gegen Grundrechte

Im folgenden sind dann alle möglicherweise in Betracht kommenden Grundrechte nach dem Schema »Schutzbereich, Eingriff, verfassungsrechtliche Rechtfertigung« zu prüfen.

»Grundrechtsprüfung«

Prüfungsschema: Verstoß gegen Grundrechte

> a. Schutzbereich des Grundrechts
> aa. Persönlicher Schutzbereich
> bb. Sachlicher Schutzbereich
> b. Eingriff in den Schutzbereich
> c. Verfassungsrechtliche Rechtfertigung des Eingriffs
> aa. Beschränkungsmöglichkeit
> bb. Vorliegen einer Schranke
> cc. Verfassungsrechtliche Grenzen der Einschränkbarkeit (Schranken-Schranke)
> (1) Formelle Verfassungsmäßigkeit der Schranke
> (2) Materielle Verfassungsmäßigkeit der Schranke
> dd. Verfassungsmäßigkeit der Einzelmaßnahme
> (1) Formelle Verfassungsmäßigkeit
> (2) Materielle Verfassungsmäßigkeit

Fall »Schokoladenosterhasen«: Der Bundestag hat ein Gesetz beschlossen, wonach Lebensmittel, die mit Schokolade verwechselbar sind, nicht mehr verkauft werden dürfen. M ist Eigentümer einer Fabrik, die Puffreisosterhasen herstellt, bei denen der Überzug aus Schokolade besteht, während die Hasen im übrigen aus gepufften Reiskörnern bestehen. Aufgrund des Gesetzes kann M die Hasen nicht mehr verkaufen. Er will daher Verfassungsbeschwerde zum BVerfG erheben. Mit Erfolg?

A. Zulässigkeit
I. M ist als natürliche Person antragsberechtigt.
II. Beschwerdegegenstand ist das Gesetz selbst, als Maßnahme der öffentlichen Gewalt (= Legislative).
III. Problematisch ist, ob M behaupten kann, selbst, gegenwärtig und unmittelbar in einem Grundrecht verletzt zu sein. Hier ist M unmittelbar betroffen, da das Gesetz selbst das Verkaufsverbot ausspricht (sog. »self-executing«-Norm).
IV. Eine Rechtswegerschöpfung durch M kommt nicht in Betracht, da dem M weder der Verwaltungs- noch der Zivilrechtsweg offenstehen.
Ergebnis: Der Antrag ist zulässig.

B. Begründetheit
Das Gesetz könnte den M in seinen Grundrechten aus Art. 14 I GG und Art. 12 I GG verletzen.
I. Da M die Hasen nicht mehr verkaufen darf, liegt ein verfassungsrechtlich nicht gerechtfertigter Eingriff in den Schutzbereich des Art. 14 I GG (Eigentum) vor.
II. Auch ist M in seiner Berufsfreiheit aus Art. 12 I GG verletzt, da das Gesetz eine Berufsausübungsregelung darstellt, die gegen das Übermaßverbot verstößt.
Ergebnis: Die Verfassungsbeschwerde ist auch begründet.

2.2. Kommunalverfassungsbeschwerde

Der soeben dargestellten (Individual-) Verfassungsbeschwerde ist die Kommunalverfassungsbeschwerde nach Art. 93 I Nr. 4b GG nachgebildet, mit der Gemeinden und Gemeindeverbände die Verletzung des Selbstverwaltungsrechts durch ein Gesetz geltend machen können. Da Beschwerdegegenstand nur ein Gesetz sein kann, wird sie zum Teil als Sonderform des Normenkontrollverfahrens gesehen.

Kommunalverfassungsbeschwerde nach Art. 93 I Nr. 4b GG, §§ 13 Nr. 8a, 91 ff. BVerfGG

Die Kommunalverfassungsbeschwerde sichert das durch das Grundgesetz in Art. 28 II garantierte Selbstverwaltungsrecht.

Durchsetzung des Selbstverwaltungsrechts nach Art 28 II GG

I. Zulässigkeit der Kommunalverfassungsbeschwerde

1. Antragsberechtigung, § 91 BVerfGG

Antragsberechtigt sind gemäß § 91 BVerfGG zum einen die Gemeinden und zum anderen die Gemeindeverbände. Zu letzteren zählen die Landkreise und Bezirke, nicht aber die kommunalen Zweckverbände, da diese bloß einen beschränkten Wirkungskreis haben. Eine Gemeinde, die durch ein Gesetz aufgelöst wurde, ist im Streit über die Auflösung noch antragsberechtigt.

2. Beschwerdegegenstand

Beschwerdegegenstand kann nur ein Gesetz sein

Gegenstand der Kommunalverfassungsbeschwerde kann gemäß § 91 BVerfGG ein Bundes- oder Landesgesetz sein. Dazu gehören auch Rechtsverordnungen, nicht dagegen Urteile wie bei der Individualverfassungsbeschwerde.

3. Beschwerdebefugnis

Substantiierte Rüge:
- *selbst*
- *gegenwärtig*
- *unmittelbar*

Gemäß § 91 S. 1 BVerfGG muß der Beschwerdeführer behaupten, in seinem Recht auf Selbstverwaltung nach Art. 28 II 1 GG oder in sonstigen, das verfassungsrechtliche Bild der Selbstverwaltung bestimmenden Normen des GG verletzt zu sein. Beispiele für die zuletzt genannte Normengruppe sind Art. 3 I, 70 ff., 20 I, 106 V, 120 GG. Die Ausführungen zur Verfassungsbeschwerde gelten hier entsprechend.

4. Subsidiarität

Gemäß § 91 S. 2 BVerfGG ist die Kommunalverfassungsbeschwerde ausgeschlossen, wenn eine Beschwerde beim Landesverfassungsgericht erhoben werden kann, um gerade die Verletzung des Selbstverwaltungsrechts zu rügen. Beispielsweise kann bayerisches Landesrecht nicht Gegenstand einer Kommunalverfassungsbeschwerde sein, da hier eine Popularklage nach Art. 98 S. 4 BV zum Bayerischen Verfassungsgerichtshof möglich ist.

5. Frist

Die Kommunalverfassungsbeschwerde ist gemäß § 93 III BVerfGG innerhalb eines Jahres seit Inkrafttreten des Gesetzes zu erheben.

6. Form, Begründung

Der Antrag muß schriftlich mit Begründung eingereicht werden, §§ 23 I, 92 BVerfGG.

II. Begründetheit der Kommunalverfassungsbeschwerde

Die Kommunalverfassungsbeschwerde ist begründet, wenn das Gesetz den Beschwerdeführer in seinem Selbstverwaltungsrecht aus Art. 28 II 1 GG oder in sonstigen, das verfassungsrechtliche Bild der Selbstverwaltung bestimmenden Normen des GG verletzt, d.h. ein Eingriff in den Schutzbereich des Art. 28 II 1 GG bzw. der zuletzt genannten Normen vorliegt, der verfassungsrechtlich nicht gerechtfertigt ist.

Bundesgarantie der Landesverfassungen — Art. 28 GG

(1) Die verfassungsmäßige Ordnung in den Ländern muß den Grundsätzen des republikanischen, demokratischen und sozialen Rechtsstaates im Sinne dieses Grundgesetzes entsprechen. In den Ländern, Kreisen und Gemeinden muß das Volk eine Vertretung haben, die aus allgemeinen, unmittelbaren, freien, gleichen und geheimen Wahlen hervorgegangen ist. Bei Wahlen in Kreisen und Gemeinden sind auch Personen, die die Staatsangehörigkeit eines Mitgliedstaates der Europäischen Gemeinschaft besitzen, nach Maßgabe von Recht der Europäischen Gemeinschaft wahlberechtigt und wählbar. In Gemeinden kann an die Stelle einer gewählten Körperschaft die Gemeindeversammlung treten. — *Verfassungsmäßige Ordnung in den Ländern und Gemeinden (Homogenitätsgebot)*

(2) Den Gemeinden muß das Recht gewährleistet sein, alle Angelegenheiten der örtlichen Gemeinschaft im Rahmen der Gesetze in eigener Verantwortung zu regeln. Auch die Gemeindeverbände haben im Rahmen ihres gesetzlichen Aufgabenbereiches nach Maßgabe der Gesetze das Recht der Selbstverwaltung. — *Kommunale Selbstverwaltungsgarantie*

(3) Der Bund gewährleistet, daß die verfassungsmäßige Ordnung der Länder den Grundrechten und den Bestimmungen der Absätze 1 und 2 entspricht.

1. Schutzbereich des Art. 28 II 1 GG

Der Schutzbereich der kommunalen Selbstverwaltungsgarantie muß betroffen sein. Nach Art. 28 II 1 GG muß den Gemeinden das Recht gewährleistet sein, alle Angelegenheiten der örtlichen Gemeinschaft im Rahmen der Gesetze in eigener Verantwortung zu regeln. Art. 28 II 1 GG bezweckt den Schutz von im wesentlichen zwei Aspekten.

a. Institutsgarantie der Gemeinden

Institutsgarantie der Gemeinden

Geschützt wird die Gemeinde als »Einrichtung«. Dieser Aspekt wird relevant, wenn die Gemeinde aufgelöst oder eingemeindet werden soll. Die Frage, ob eine Auflösung zulässig ist, ist dann in einem zweiten Schritt zu prüfen, nämlich ob der Eingriff in den Schutzbereich verfassungsrechtlich gerechtfertigt ist.

b. Allzuständigkeit

Die Selbstverwaltungsgarantie umfaßt nach Art. 28 II 1 GG das Recht, alle Angelegenheiten der örtlichen Gemeinschaft zu regeln. Es stellt sich daher die Frage, welche Aufgaben Angelegenheiten der örtlichen Gemeinschaft sind. Nach dem BVerfG sind Angelegenheiten der örtlichen Gemeinschaft solche, die in den örtlichen Gemeinschaften wurzeln oder auf die örtliche Gemeinschaft einen spezifischen Bezug haben und von dieser örtlichen Gemeinschaft eigenverantwortlich und selbständig bewältigt werden können (BVerfGE 8, 122/134).

Allzuständigkeit der Gemeinde: Wasser, Strom, Gas usw.

Örtliche Angelegenheiten sind beispielsweise die Versorgung der Bevölkerung mit Wasser, Licht, Gas und elektrischer Kraft, Feuerschutz, Volksschulwesen und öffentlichen Bädern. Nicht zu den Angelegenheiten der örtlichen Gemeinschaft gehört z.B. eine Stellungnahme zur Frage der Abrüstung der Bundeswehr.

c. Eigenverantwortlichkeit

Den Gemeinden ist das Recht zu »eigenverantwortlicher« Regelung ihrer Angelegenheiten gewährleistet, Art. 28 II 1 GG. Die Selbstverwaltungsgarantie zeigt sich als Folge dieses Grundsatzes in folgenden Teilbereichen:

Teilbereiche des Selbstverwaltungsrechts

- Rechtssetzungshoheit
- Planungshoheit
- Personalhoheit
- Finanzhoheit
- Organisationshoheit
- Verwaltungshoheit

aa. Rechtssetzungshoheit/Satzungshoheit: Die Gemeinde kann im Rahmen ihres Aufgabenkreises Rechtsnormen zur Regelung dieser Aufgaben erlassen, z.B. eine Theatersatzung oder einen Bebauungsplan, § 10 BauGB.

bb. Planungshoheit: Die Gemeinde hat das Recht zur eigenverantwortlichen Ordnung und der Gestaltung des Gemeindegebiets. Die Planungshoheit wird insbesondere bei der Bauleitplanung relevant, § 1 BauGB.

cc. Personalhoheit: Die Gemeinden haben das Recht, ihr Personal auszuwählen, einzustellen und zu entlassen.

dd. Finanzhoheit: Die Gemeinden haben das Recht, Einnahmen und Ausgaben eigenverantwortlich zu regeln sowie das Recht auf eine aufgabenadäquate Finanzausstattung, Art. 28 II 3 GG.

ee. Organisationshoheit: Die Gemeinden haben das Recht, ihre Verwaltung selbst zu organisieren und einzurichten.
ff. Verwaltungshoheit: Die Gemeinden haben die Befugnis, Verwaltungsakte zu erlassen und zu vollziehen. Dabei müssen sie z.B. den Vorbehalt des Gesetzes beachten.

2. Eingriff in den Schutzbereich des Art. 28 II 1 GG
Das staatliche Handeln muß weiter einen Eingriff in den Schutzbereich des Art. 28 II 1 GG darstellen.

3. Verfassungsrechtliche Rechtfertigung des Eingriffs
Nach Art. 28 II 1 GG ist das Selbstverwaltungsrecht der Gemeinden nur im »Rahmen der Gesetze« gewährleistet.

a. Art der Schranke
Bei der Schranke des Selbstverwaltungsrechts handelt es sich um einen einfachen Gesetzesvorbehalt (BVerfGE 56, 298). In das Selbstverwaltungsrecht darf danach nur durch oder aufgrund (z.B. durch Rechtsverordnung) eines Gesetzes eingegriffen werden.

Grenzen des Selbstverwaltungsrechts

b. Schranken-Schranken
Aber auch das einschränkende Gesetz unterliegt Schranken, den sog. »Schranken-Schranken«.

aa. Die gesetzliche Beschränkung muß den Kernbereich des Selbstverwaltungsrechts unangetastet lassen. Eine völlige Beseitigung des Selbstverwaltungsrechts ist daher ausgeschlossen. Geschützt ist aber nicht die einzelne Aufgabe als solche, sondern nur von jeder Aufgabe ein gewisser Mindestbestand.
bb. Im übrigen, d.h. bei Eingriffen außerhalb des Kernbereiches, ist der Verhältnismäßigkeitsgrundsatz zu beachten. Das Gesetz muß also ein verfassungslegitimes Ziel verfolgen, insbesondere der Erhaltung von funktionsfähigen Verwaltungseinheiten dienen. Es muß geeignet und erforderlich sein, dieses Ziel zu erreichen. Weiter ist auch die Verhältnismäßigkeit i.e.S. zu beachten, d.h. der Schaden darf nicht völlig außer Verhältnis zum verfolgten Zweck stehen. Erforderlich ist somit eine Abwägung zwischen Schaden und Nutzen.

Kein Eingriff in den Kern des Selbstverwaltungsrechts

3. Organstreitverfahren

Organstreitverfahren, Art. 93 I Nr. 1 GG, §§ 13 Nr. 5, 63 ff. BVerfGG

Gemäß Art. 93 I Nr. 1 GG entscheidet das BVerfG über die Auslegung des GG aus Anlaß von Streitigkeiten über den Umfang der Rechte und Pflichten eines obersten Bundesorgans oder anderer Beteiligter, die durch das GG oder in der Geschäftsordnung eines obersten Bundesorgans mit Rechten ausgestattet sind. Anders als bei den Verfassungsbeschwerden handelt es sich beim Organstreitverfahren um ein sog. »kontradiktorisches« Verfahren, d.h. es stehen sich zwei Streitpartner gegenüber, der Antragsteller und der Antragsgegner.

Erfolgsaussichten eines Organstreitverfahrens

Zulässigkeit des Organstreitverfahrens
- Parteifähigkeit der Beteiligten
- Streitgegenstand
- Antragsbefugnis
- Form, Frist
- Rechtsschutzbedürfnis

Begründetheit des Organstreitverfahrens

I. Zulässigkeit des Antrags

1. Parteifähigkeit der Beteiligten

Die Parteifähigkeit von Antragsteller (= Antragsberechtigung) und Antragsgegner ergibt sich aus Art. 93 I Nr. 1 GG, § 63 BVerfGG.

Bundesorgane können Beteiligte eines Organstreitverfahrens sein

a. Parteifähig sind danach zunächst die obersten Bundesorgane, also Bundespräsident, Bundestag, Bundesrat, Bundesregierung, Bundesversammlung (Art. 54 GG) und Gemeinsamer Ausschuß (Art. 53a GG).

b. Weiter parteifähig sind andere Beteiligte, die durch das Grundgesetz oder in einer Geschäftsordnung eines obersten Bundesorgans mit eigenen Rechten ausgestattet sind, also z.B. Bundeskanzler (Art. 65 S. 1 GG), Bundesminister (Art. 65 S. 2 GG), Bundestagsabgeordnete (Art. 38 GG), Wehrbeauftragter (Art. 45b GG), Bundestagsminderheiten (Art. 39 III 2, 42 I, 44 I GG), Bundestagsfraktionen (§§ 10 ff. GeschO BT), Bundestagsausschüsse

(Art. 44 ff. GG) und politische Parteien, soweit sie um Rechte streiten, die sich aus ihrer besonderen Funktion als Verfassungsorgane ergeben (Art. 21 I GG).

2. Streitgegenstand

Nach § 64 I BVerfGG muß der Antragsteller geltend machen, daß er durch eine Maßnahme oder Unterlassung des Antragsgegners in seinen ihm durch das Grundgesetz übertragenen Rechten oder Pflichten verletzt oder unmittelbar gefährdet ist. Streitgegenstand ist also ein bestimmtes rechtserhebliches Verhalten des Antragsgegners. In Betracht kommt beispielsweise der Ausschluß eines Abgeordneten aus einer Sitzung des Bundestags durch den Bundestagspräsidenten oder die Unterlassung der Ausfertigung eines Gesetzes durch den Bundespräsidenten.

Streitgegenstand ist eine Maßnahme des Antragsgegners

3. Antragsbefugnis

Der Antragsteller muß nach § 64 I BVerfGG geltend machen, daß er mit dem Antragsgegner in einem verfassungsrechtlichen Rechtsverhältnis steht und daß er oder das Organ, dem er angehört, durch die Maßnahme oder Unterlassung des Antragsgegners in seinen ihm durch das Grundgesetz übertragenen Rechten oder Pflichten verletzt ist. Die Verletzung oder Gefährdung muß als möglich erscheinen, sie darf nicht von vornherein ausgeschlossen sein.

Antragsteller muß Rechtsverletzung geltend machen

Es können vom Antragsteller nur solche Rechte geltend gemacht werden, die aus der Verfassung ableitbar sind. Im Unterschied zur Verfassungsbeschwerde ist beim Organstreitverfahren eine Prozeßstandschaft möglich, d.h. ein Organteil kann beispielsweise die Rechte des Organs selbst für dieses geltendmachen, also z.B. eine Fraktion kann im eigenen Namen Rechte des Bundestags zur Durchsetzung verhelfen (vgl. BVerfGE 68, 1/69).

4. Form, Frist

Gemäß § 23 I BVerfGG ist der Antrag innerhalb einer Frist von sechs Monaten schriftlich einzureichen, nachdem die beanstandete Maßnahme oder Unterlassung dem Antragsteller bekannt geworden ist, § 64 III BVerfGG. Der Antragsteller muß die Bestimmung des Grundgesetzes bezeichnen, gegen die durch die beanstandete Maßnahme oder Unterlassung des Antragsgegners verstoßen wird, § 64 II BVerfGG.

Schriftlicher Antrag

5. Rechtsschutzbedürfnis

Das Rechtsschutzbedürfnis ist in der Regel gegeben. Ausnahmsweise fehlt es, wenn der Antragsteller die dargelegte Verletzung durch eigenes politisches Handeln hätte vermeiden können.

II. Begründetheit des Antrags

Der Antrag ist begründet, wenn das Verhalten des Antragsgegners verfassungsrechtliche Rechte oder Pflichten des Antragstellers oder des Organs, dem dieser angehört, verletzt oder unmittelbar gefährdet. Das BVerfG stellt im Falle einer Verletzung fest, daß das beanstandete Verhalten gegen eine Bestimmung des Grundgesetzes verstößt, hebt die verfassungswidrige Handlung jedoch nicht auf.

Fall: Der Bundespräsident weigert sich ein Gesetz auszufertigen, weil er es für verfassungswidrig hält. Die Mitglieder der C-Fraktion wenden sich an das BVerfG.

In Betracht kommt nur ein Organstreitverfahren nach Art. 93 I Nr. 1 GG, §§ 13 Nr. 5, 63 ff. BVerfGG. Der Antrag ist erfolgreich, wenn er zulässig und begründet ist.

I. Zulässigkeit

1. Parteifähigkeit: Antragsteller sind die Mitglieder einer Fraktion. Wie aus Art. 38 GG, §§ 13 ff. GeschO BT ersichtlich, sind sie mit eigenen Rechten ausgestattet und daher parteifähig, Art. 93 I Nr. 1 GG, § 63 BVerfGG. Antragsgegner ist der Bundespräsident, der auch parteifähig ist.

2. Streitgegenstand: Die Unterlassung der Gesetzesausfertigung zu der der Bundespräsident verpflichtet ist (Art. 82 I 1 GG), ist zulässiger Streitgegenstand, § 64 I BVerfGG.

3. Antragsbefugnis: Die Antragsbefugnis ergibt sich aus einer möglichen Verletzung der Abgeordneten (Art. 38 GG) oder des Bundestages - bei Prozeßstandschaft - aus dem Gesetzgebungsverfahren (Art. 77 I 1 GG).

4. Form, Frist: Der Antrag ist form- und fristgerecht einzureichen, §§ 23, 64 II, III BVerfGG.

II. Begründetheit des Antrags
Der Antrag ist begründet, wenn das Verhalten des Bundespräsidenten Rechte oder Pflichten der Fraktion oder des Bundestages verletzt oder unmittelbar gefährdet.

Die Unterlassung der Ausfertigung müßte gegen die den Bundespräsidenten treffende Pflicht aus Art. 82 I 1 GG verstoßen und die Abgeordneten der Fraktionen dadurch in ihrem Recht aus Art. 38 GG, bzw. den Bundestag in seinem Recht aus Art. 77 I GG, verletzen. Zunächst wäre jetzt die Verfassungsmäßigkeit des Gesetzes zu untersuchen und im weiteren, falls das Gesetz verfassungswidrig ist, ob dem Bundespräsidenten überhaupt ein Prüfungsrecht diesbezüglich zusteht.

4. Normenkontrollverfahren

Bei der konkreten Normenkontrolle liegt ein konkreter Anwendungsfall vor, anders aber bei der abstrakten Normenkontrolle

Das Grundgesetz steht an der Spitze der Normenhierarchie. Alle rangniederen Gesetze, formelle (z.B. das BVerfGG) und materielle (z.B. die StVO), müssen mit dem ranghöheren GG vereinbar sein. Eine Möglichkeit, diesen Vorrang des GG zu gewährleisten, bietet die abstrakte Normenkontrolle, Art. 93 I Nr. 2 GG. Da Bundesrecht Vorrang hat, Art. 31 GG, kann das BVerfG auf Antrag feststellen, ob Landesrecht mit Bundesrecht vereinbar ist. Neben diese abstrakte Normenkontrolle tritt die konkrete Normenkontrolle, Art. 100 I GG. Beide Verfahren unterscheiden sich dadurch, daß bei der konkreten Normenkontrolle ein anhängiges Verfahren ausgesetzt wird, während bei der abstrakten Normenkontrolle kein konkreter Anwendungsfall vorliegt.

4.1. Abstrakte Normenkontrolle

Abstrakte Normenkontrolle, Art 93 I Nr. 2 GG, §§ 13 Nr. 6, 76 ff BVerfGG

Das BVerfGG entscheidet nach Art. 93 I Nr. 2 GG bei Meinungsverschiedenheiten oder Zweifel über die förmliche und sachliche Vereinbarkeit von Bundes- oder Landesrecht mit dem Grundgesetz und über die Vereinbarkeit von Landesrecht mit sonstigem Bundesrecht. Die Normenkontrolle wird als »abstrakte« bezeichnet, weil eine konkrete Verletzung von Rechten des einzelnen nicht erforderlich ist, um das Verfahren einzuleiten. Ein konkreter Anwendungsfall muß nicht bevorstehen.

Verfahren zur Feststellung der Verfassungsmäßigkeit einer Norm

Die abstrakte Normenkontrolle ist kein kontradiktorisches Verfahren, sondern ein objektives Verfahren zur Kontrolle und Feststellung der Verfassungsmäßigkeit einer Norm, das keinen Antragsgegner kennt. Das BVerfG kann daher auch dann in der Sache entscheiden, wenn der Antrag zurückgenommen wurde.

Erfolgsaussichten einer abstrakten Normenkontrolle

Zulässigkeit einer abstrakten Normenkontrolle
- Antragsberechtigung
- Prüfungsgegenstand
- Statthaftigkeit des Antrags
- Klarstellungsinteresse
- Form, Frist

Begründetheit einer abstrakten Normenkontrolle
• Prüfungsmaßstab
• Verfassungsmäßigkeit der Norm

I. Zulässigkeit des Antrags

1. Antragsberechtigung
Gemäß Art. 93 I Nr. 2 GG, § 76 I BVerfGG ist antragsberechtigt die Bundesregierung, eine Landesregierung oder ein Drittel der Mitglieder des Bundestages. Dem Antrag einer Bundes- oder Landesregierung muß ein wirksamer Kabinettsbeschluß zugrundeliegen.

2. Prüfungsgegenstand
Prüfungsgegenstand ist Bundes- oder Landesrecht, also Gesetze, Rechtsverordnungen und Satzungen, wie z.B. das Bundesausbildungsförderungsgesetz (BAföG), Bundessozialhilfegesetz (BSHG), die StVO, eine Benutzungssatzung. Kein zulässiger Prüfungsgegenstand sind Verwaltungsvorschriften.

Gegenstand der abstrakten Normenkontrolle:
• Gesetze
• Rechtsverordnungen
• Satzungen

Die Norm muß grundsätzlich bereits verkündet sein. Eine vorbeugende (präventive) Normenkontrolle ist daher unzulässig. Eine Ausnahme hiervon bilden Zustimmungsgesetze zu völkerrechtlichen Verträgen, Art. 59 II GG. Diese können dem BVerfG schon vor Ausfertigung und Verkündung vorgelegt werden, vorausgesetzt, sie wurde bereits verabschiedet. Als Recht gilt sowohl vor- als auch nachkonstitutionelles Recht.

3. Statthaftigkeit des Antrags
(Von einer Antragsbefugnis kann hier nicht gesprochen werden, da es eine solche im objektiven Beanstandungsverfahren der abstrakten Normenkontrolle nicht gibt.)

Antragsteller muß die Norm für nichtig halten

Nach Art. 93 I Nr. 2 GG müssen Meinungsverschiedenheiten oder Zweifel über Vereinbarkeit von Bundes- oder Landesrecht mit dem GG oder von Landesrecht mit Bundesrecht bestehen. § 76 Nr. 1 BVerfGG engt den Art. 93 I Nr. 2 GG insoweit ein, als er verlangt, daß ein Antragsberechtigter die Norm für nichtig halten muß, bloße Zweifel genügen nicht. § 76 Nr. 1 BVerfGG ist insoweit teilweise verfassungswidrig, der »weite« Art. 93 I Nr. 2 GG hat Vorrang (verfassungskonforme Auslegung). Die Zweifel über die Vereinbarkeit müssen auch nicht notwendig beim Antragsteller vorliegen, es genügt, daß diese Voraussetzungen überhaupt irgendwo gegeben sind, sofern ein konkreter Anlaß für das Verfahren besteht.

Auch § 76 Nr. 2 BVerfGG (Normbestätigungsverfahren) fordert andere Voraussetzungen für die Einleitung des Normenkontrollverfahrens als Art. 93 I Nr. 2 GG. Auch insoweit hat Art. 93 I Nr. 2 GG, der geringere Anforderungen stellt, Vorrang, da sich der einfache Gesetzgeber nicht über den klaren Wortlaut der Norm hinwegsetzen kann.

4. Klarstellungsinteresse

Erforderlich ist ein objektives Klarstellungsinteresse. Dieses ist in der Regel durch die Antragstellung indiziert. Eine Landesregierung kann sogar das Landesrecht eines anderen Bundeslandes im Wege des abstrakten Normenkontrollverfahrens dem BVerfG vorlegen. Ganz ausnahmsweise fehlt das Klarstellungsinteresse, wenn offensichtlich nicht eine Klarstellung bezweckt ist, sondern rein politische Ziele verfolgt werden.

5. Form, Frist

Gemäß § 23 I 1 BVerfGG ist der Antrag schriftlich einzureichen, Fristen gilt es nicht zu wahren.

II. Begründetheit des Antrags

Die Begründetheit des Antrags ergibt sich aus Art. 93 I Nr. 2 GG.

1. Prüfungsmaßstab

Hinsichtlich des Prüfungsmaßstabes ist zwischen der Überprüfung von Bundesrecht und Landesrecht zu unterscheiden.

a. Prüfungsmaßstab für Bundesrecht ist grundsätzlich das GG. Hinzu kommt noch sonstiges Bundesrecht, wenn Rechtsnormen der Exekutive (Rechtsverordnung und Satzung) in Frage stehen, weil sich beispielsweise eine Rechtsverordnung im Rahmen einer bundesgesetzlichen Ermächtigungsgrundlage halten muß.

Prüfung der Verfassungsmäßigkeit eines Gesetzes

b. Prüfungsmaßstab für Landesrecht ist das GG und das gesamte Bundesrecht der untergesetzlichen Rechtsetzung des Bundes (Rechtsverordnung und Satzung).

2. Der Antrag ist begründet, wenn der Prüfungsgegenstand gegen den Prüfungsmaßstab verstößt.

Hier ist also zu prüfen, ob ein Gesetz verfassungsgemäß ist (formelle oder materielle Verfassungsmäßigkeit) oder eine Rechtsverordnung formell und materiell rechtmäßig, also wirksam ist.

Die Prüfung der Verfassungsmäßigkeit eines Gesetzes wurde bereits oben bei der Gesetzgebung erläutert. Dagegen unterscheidet man bei Rechtsverordnungen und Satzungen (also Rechtsnormen der Exekutive) formelle und materielle Rechtmäßigkeit. Beide Normen müssen auf einer wirksamen Ermächtigungsgrundlage beruhen.

a. Vorliegen einer wirksamen Ermächtigungsgrundlage. Die Ermächtigungsgrundlage selbst muß formell und materiell verfassungsgemäß sein.

b. Formelle Rechtmäßigkeit der Norm (Satzung oder Rechtsverordnung). Die erlassende Körperschaft (z.B. Gemeinde beim Erlaß eines Bebauungsplans, § 10 BauGB) muß zuständig sein. Ebenso wie beim Gesetz muß ein ordnungsgemäßes Erlaßverfahren eingehalten worden sein (z.B. Beschluß im Gemeinderat).

c. Materielle Rechtmäßigkeit der Norm. Die Satzung oder Rechtsverordnung muß von der Rechtsgrundlage gedeckt sein und darf selbst nicht gegen höherrangiges Recht verstoßen.

Fall »Schwierige Geburt«
Der Bundestag erläßt ein Gesetz zur Änderung des § 218 StGB (Schwangerschaftsabbruch). 300 Abgeordnete halten das Gesetz für verfassungswidrig. Was können sie tun?

Die Abgeordneten könnten eine abstrakte Normenkontrolle beim BVerfG beantragen.

A. Zulässigkeit
I. Die 300 Abgeordneten sind antragsberechtigt, da es sich hierbei um mehr als ein Drittel der Mitglieder des Bundestages handelt.
II. Das den § 218 StGB ändernde Gesetz ist als Bundesgesetz tauglicher Prüfungsgegenstand.
III. Der Antrag ist statthaft, da die Abgeordneten das Gesetz für verfassungswidrig halten.
IV. Das Klarstellungsinteresse ist auch gegeben.
V. Der Antrag ist schriftlich einzureichen.

B. Begründetheit
Der Antrag ist begründet, wenn das Gesetz verfassungswidrig ist. Dabei ist die formelle (hier unproblematisch) und materielle Verfassungsmäßigkeit zu prüfen.

4.2. Konkrete Normenkontrolle

Konkrete Normenkontrolle, Art. 100 I GG, §§ 13 Nr. 11, 80 ff. BVerfGG.

Neben der abstrakten Normenkontrolle gibt es noch die konkrete Normenkontrolle. Sie kommt zum Zuge, wenn in einem gerichtlichen Verfahren das Gericht zur Überzeugung kommt, daß eine anzuwendende Norm verfassungswidrig ist. Das entscheidende Gericht muß das laufende Verfahren aussetzen und die Norm dem BVerfG zur Überprüfung vorlegen.

»Cannabisentscheidung« des BVerfG

Das BVerfG entscheidet dann über die Verfassungsmäßigkeit der Norm. Beispielsweise war das LG Lübeck der Auffassung, daß § 29 I Nr. 1 BtMG verfassungswidrig ist. Es setzte das laufende Verfahren aus und legte die Norm dem BVerfG vor. Nach der Überprüfung der Norm durch das BVerfG konnte das Strafverfahren wegen Verstoßes gegen das BtMG (»Cannabis«) fortgesetzt werden (BVerfG 90, 145).

Die konkrete Normenkontrolle kommt in einer Klausur typischerweise in Betracht, wenn der Sachverhalt ergibt, daß das Gericht wegen verfassungsrechtlicher Bedenken eine Norm nicht anwenden will und deshalb das BVerfG anruft. Von diesem Verwerfungsmonopol des BVerfG ist die Inzidenzverwerfungskompetenz der Gerichte zu unterscheiden.

Beispiel: A erhält einen Abgabenbescheid, der seine Rechtsgrundlage in einer Satzung hat. Nach erfolglos durchgeführtem Widerspruchsverfahren erhebt A eine Anfechtungsklage, § 42 I VwGO. Das entscheidende Gericht muß nun, wenn es die Rechtmäßigkeit des VA feststellen will, überprüfen, ob die Satzung, auf der der VA beruht, wirksam, d.h. rechtmäßig ist. Hält das Gericht die Satzung für rechtswidrig, so wendet es die Satzung nicht an. Eine Aussetzung des Verfahrens wegen einer konkreten Normenkontrolle ist nicht möglich, da die Satzung nicht zulässiger Prüfungsgegenstand der Normenkontrolle ist (siehe unten). Das Gericht verfährt also so, als ob die Rechtsgrundlage (Satzung) nicht vorhanden ist. Daher fehlt dem VA eine Rechtsgrundlage. Er ist nach dem Vorbehalt des Gesetzes rechtswidrig, das Gericht hebt ihn auf, § 113 I 1 VwGO.

Wie aus dem Beispiel ersichtlich, können Rechtsnormen der Exekutive (Satzungen und Rechtsverordnungen) vom Gericht inzident verworfen werden, außer acht gelassen werden. Dagegen muß ein Gericht ein formelles Gesetz vor das BVerfG bringen, wenn es dieses aufgrund der Verfassungswidrigkeit nicht anwenden will, Art. 100 I GG.

I. Zulässigkeit der Vorlage

1. Vorlageberechtigung

Zur Vorlage berechtigt sind gemäß Art. 100 I GG, § 80 I BVerfGG nur die Gerichte. Dabei kann der Einzelrichter am Amtsgericht genauso eine konkrete Normenkontrolle einleiten wie der BGH.

Nur die Gerichte können das Verfahren einleiten

2. Prüfungsgegenstand

Eine konkrete Normenkontrolle ist nur bei formellen Gesetzen möglich, also denjenigen Rechtsnormen, die von den verfassungsrechtlich vorgesehenen Gesetzgebungsorganen (Bundestag und Landtag) in dem verfassungsrechtlich vorgeschriebenen Gesetzgebungsverfahren erlassen worden sind.

Nicht Prüfungsgegenstand können daher die Rechtsnormen der Exekutive (Satzungen und Rechtsverordnungen) sein, ebensowenig vorkonstitutionelles Recht, d.h. vor dem 23.05.1949 erlassenes Recht, es sei denn, der Gesetzgeber hat es in seinem Willen durch Neuverkündung oder teilweise Änderung unter Übernahme der übrigen Normen aufgenommen (z.B. BGB, StGB). Obwohl auch Haushaltsgesetze formelle Gesetze sind, können diese trotzdem nicht Gegenstand der konkreten Normenkontrolle sein, da ihnen die Außenwirkung fehlt. Zustimmungsgesetze zu völkerrechtlichen Verträgen einschließlich der Europäischen Gemeinschaftsverträge sind vorlagefähig.

Gegenstand kann nur ein formelles Gesetz sein

Nicht vorlagefähig ist dagegen sekundäres Gemeinschaftsrecht, also das abgeleitete Recht der Europäischen Gemeinschaft, das auf der Grundlage des EG-Vertrages erlassen wurde.

3. Vorlagegrund

Gemäß Art. 100 I GG, § 80 II BVerfGG muß es bei der Entscheidung im Ausgangsverfahren auf die Gültigkeit der Norm ankommen, sog. »Entscheidungserheblichkeit«. Die Entscheidungserheblichkeit ist gegeben, wenn das vorlegende Gericht bei Gültigkeit des Gesetzes anders entscheiden würde als bei ihrer Ungültigkeit. An der Entscheidungserheblichkeit fehlt es daher beispielsweise, wenn der Kläger im Ausgangsverfahren seine Klage zurücknimmt. Entscheidung i.S.d. Art. 100 I GG meint dabei jede gerichtliche Maßnahme, also Urteile, Beschlüsse, nicht dagegen die nur eine endgültige Entscheidung vorbereitenden Beschlüsse, wie z.B. Beweisbeschlüsse.

Auf das Gesetz muß es im ausgesetzten Verfahren ankommem

Auch im Verfahren des einstweiligen Rechtsschutzes ist die Entscheidungserheblichkeit einer Norm denkbar, in der Regel aber zu verneinen, weil es an der Dringlichkeit fehlt. Maßgeblich für das Vorliegen der Entscheidungserheblichkeit ist grundsätzlich die Rechtsauffassung des Fachgerichts, sofern diese nicht offensichtlich unhaltbar ist.

4. Überzeugung des Gerichts von der Nichtigkeit des Gesetzes

Das aussetzende Gericht muß das Gesetz für nichtig halten

Gemäß Art. 100 I GG muß das vorlegende Gericht das Gesetz für nichtig halten, d.h. von der Verfassungswidrigkeit überzeugt sein, bloße Zweifel genügen, anders als bei der abstrakten Normenkontrolle nach Art. 93 I Nr. 2 GG, nicht. Maßgeblich ist wiederum ausschließlich die Überzeugung des vorlegenden Gerichts.

Kommt das vorlegende Gericht also zur Überzeugung, daß auch eine verfassungskonforme Auslegung der Norm möglich ist, so scheidet die konkrete Normenkontrolle aus.

5. Vorlagebegründung

Gemäß § 80 II BVerfGG muß das vorlegende Gericht seine Vorlage hinreichend begründen, es muß seine Überzeugung von der Nichtigkeit der Norm darlegen und deutlich machen, mit welcher übergeordneten Norm das vorgelegte Gesetz unvereinbar sein soll.

II. Begründetheit der Vorlage

1. Prüfungsmaßstab

Der Prüfungsmaßstab hängt davon ab, ob ein Bundes- oder Landesgesetz vorgelegt wird. Prüfungsmaßstab bei Bundesgesetzen ist das GG, Art. 100 I 1 Alt. 2 GG, bei Landesgesetzen, die dem BVerfG vorgelegt werden, auch das sonstige Bundesrecht, Art. 100 I 1 Alt. 2, S. 2 GG.

2. Die Vorlage ist begründet, wenn der Prüfungsgegenstand verfassungswidrig ist. Hier ist wieder die Verfassungsmäßigkeit des Gesetzes zu prüfen.

5. Föderative Streitigkeiten

Die Zuständigkeit des Bundesverfassungsgerichts ist auch in den sog. »föderativen Streitigkeiten«, Art. 93 I Nr. 3 und 4 GG begründet. Föderative Streitigkeiten sind Streitigkeiten zwischen den Bundesländern untereinander oder zwischen den Ländern und dem Bund. Beispielsweise kann Sachsen gegen Bayern Klage erheben.

5.1. Bund-Länder-Streitigkeiten

Das Bundesverfassungsgericht entscheidet nach Art. 93 I Nr. 3 GG bei Meinungsverschiedenheiten über Rechte und Pflichten des Bundes und der Länder, insbesondere bei der Ausführung von Bundesrecht durch die Länder und bei der Ausübung der Bundesaufsicht. Beim Bund-Länder-Streit handelt es sich, anders als z.B. bei der Verfassungsbeschwerde, um ein kontradiktorisches Verfahren, es gibt also Antragsteller und Antragsgegner.

Bund-Länder-Streitigkeiten, Art. 93 I Nr. 3 GG, §§ 13 Nr. 7, 68 ff. BVerfGG

I. Zulässigkeit des Antrags

1. Partei- und Prozeßfähigkeit der Beteiligten
Gemäß § 68 BVerfGG können Antragsteller und Antragsgegner für den Bund nur die Bundesregierung und für die Länder nur die Landesregierungen sein.

2. Streitgegenstand
Hinsichtlich des Streitgegenstandes spricht Art. 93 I Nr. 3 GG nur von Meinungsverschiedenheiten, während nach §§ 69, 64 I BVerfGG ein Streit um eine konkrete, rechtserhebliche Maßnahme oder Unterlassung des Antragsgegners erforderlich ist. Die im BVerfGG vorgenommene Einengung des Streitgegenstandes wird von der h.M. als zulässige Konkretisierung durch den Gesetzgeber angesehen. Beispiel für ein Unterlassen: Ein Bundesland weigert sich rechtsaufsichtlich gegen eine Gemeinde vorzugehen. Dabei muß es sich um eine Verletzung verfassungsrechtlicher Rechte und Pflichten handeln, z.B. Verletzung der Bundestreue.
Streitgegenstand kann auch der Erlaß eines Gesetzes durch ein Bundesland sein.

Streitgegenstand: Rechtserhebliche Maßnahme des Antragsgegners

3. Antragsbefugnis

Der Antragsteller (Bundes- oder Landesregierung) muß nach §§ 69, 64 I BVerfGG geltend machen, daß er mit dem Antragsgegner in einem verfassungsrechtlichen Rechtsverhältnis steht und daß er durch die Maßnahme oder Unterlassung des Antragsgegners in eigenen, ihm durch das Grundgesetz übertragenen Rechten verletzt oder gefährdet ist. Danach muß es sich um die Verletzung eigener Rechte handeln, so daß eine Prozeßstandschaft ausgeschlossen ist. Sachsen kann also nicht Rechte Bayerns wahrnehmen.

Geltendmachung einer Rechtsverletzung durch den Antragsgegner

4. Vorverfahren

Ausnahmsweise ist beim Bund-Länder-Streit ein Vorverfahren erforderlich, nämlich dann, wenn die Länder die von der Bundesregierung festgestellten Mängel bei der Ausführung der Bundesgesetze nicht beseitigen, Art. 84 IV GG.

Die Bundesregierung oder das Land muß beim Bundesrat einen Antrag stellen, ob das Land das gerügte Recht verletzt hat. Gegen den Beschluß des Bundesrates kann dann das Bundesverfassungsgericht angerufen werden, Art. 84 IV 2 GG.

5. Form, Frist

Gemäß § 23 I BVerfGG muß der Antrag schriftlich erfolgen, innerhalb einer Frist von sechs Monaten, §§ 69, 64 III BVerfGG, nachdem die beanstandete Maßnahme oder Unterlassung dem Antragsteller bekannt geworden ist. Soll ein Beschluß des Bundesrates gem. Art. 84 IV GG angefochten werden, so gilt die Monatsfrist des § 70 BVerfGG.

Schriftlicher Antrag

II. Begründetheit des Antrags

Der Antrag ist begründet, wenn die Maßnahme oder Unterlassung des Antragsgegners die Rechte des Antragstellers verletzt oder unmittelbar gefährdet.

1. Prüfungsmaßstab sind vor allem verfahrungsrechtliche Vorschriften des GG und der Grundsatz der Bundestreue.

2. Verstoß des Antragsgegners

5.2. Zwischenländerstreitigkeiten

Nach Art. 93 I Nr. 4 Alt. 2 GG entscheidet das Bundesverfassungsgericht in öffentlich-rechtlichen Streitigkeiten zwischen verschiedenen Ländern, soweit nicht ein anderer Rechtsweg gegeben ist. Da bei verwaltungsrechtlichen Streitigkeiten in der Regel der Verwaltungsrechtsweg nach § 40 I 1 VwGO eröffnet sein dürfte, kommt Art. 93 I Nr. 4 Alt. 2 GG fast nur bei verfassungsrechtlichen Streitigkeiten zur Anwendung.

Zwischenländerstreitigkeiten, Art. 93 I Nr. 4 Alt. 2 GG, §§ 13 Nr. 8, 71, 72 BVerfGG

I. Zulässigkeit des Antrags

1. Partei- und Prozeßfähigkeit der Beteiligten

Antragsteller und Antragsgegner können nur die Länder, vertreten durch ihre Landesregierungen, sein, § 71 I Nr. 2 BVerfGG.

Länder können Verfahren einleiten

2. Streitgegenstand

Der Streitgegenstand muß öffentlich-rechtlichen Charakter haben und zwar verfassungsrechtlichen. Bei Staatsverträgen zwischen zwei Bundesländern ist daher die Rechtsnatur des Vertrages zu untersuchen. Ist dieser ein verwaltungsrechtlicher Vertrag, so ist in der Regel die Zuständigkeit des BVerwG und nicht die des BVerfG begründet. So lag es beispielsweise bei dem Staatsvertrag der Länder über die Vergabe von Studienplätzen. Daher war in diesem Fall nicht das BVerfG zuständig. Um einen verfassungsrechtlichen Vertrag handelt es sich dagegen beim Staatsvertrag zwischen dem früheren Freistaat Coburg und dem Freistaat Bayern über die Eingliederung des Freistaates Coburg.

3. Antragsbefugnis

Der Antragsteller muß geltend machen, daß möglicherweise seine eigenen Rechte und Pflichten durch den Antragsgegner verletzt wurden.

Mögliche Rechtsverletzung durch den Antragsgegner

Beispiel: Die sächsische Staatsregierung rügt, daß die Bayerische Staatsregierung dadurch, daß sie es unterlassen hat, aufsichtliche Maßnahmen gegen Rundfunksendungen vorzunehmen, die im GG festgelegten Rechte Sachsens verletzt. Sachsen kann hier geltend machen, möglicherweise im Gebot des bundesfreundlichen Verhaltens verletzt zu sein.

4. Form, Frist

Der Antrag ist gemäß § 23 I BVerfGG schriftlich einzureichen, innerhalb einer Frist von sechs Monaten, §§ 71 II, 64 III BVerfGG.

II. Begründetheit des Antrags

Die Begründetheit des Antrags beurteilt sich nach dem Begehren des Antragstellers. Begehrt der Antragsteller z.B. ein aufsichtliches Einschreiten des Antragsgegners, so ist zu untersuchen, ob der Antragsteller einen Anspruch auf das Handeln des Antragsgegners hat.

5.3. Binnenländerstreitigkeit

Binnenländerstreitigkeit, Art. 93 I Nr. 4 Alt. 3 GG, §§ 13 Nr. 8, 71, 72 BVerfGG

Nach Art. 93 I Nr. 4 Alt. 3 GG entscheidet das BVerfG auch in öffentlich-rechtlichen Streitigkeiten innerhalb eines Landes, soweit nicht ein anderer Rechtsweg (z.B. Art. 99 GG) gegeben ist.

I. Zulässigkeit des Antrags

1. Parteifähigkeit der Beteiligten

Oberste Landesorgane können Verfahren einleiten

Gemäß § 71 I Nr. 3 BVerfGG können Antragsteller und Antragsgegner nur die obersten Organe des Landes und die in der Landesverfassung oder in der Geschäftsordnung eines obersten Organs des Landes mit eigenen Rechten ausgestatteten Teile dieser Organe sein. Es handelt sich, ähnlich wie bei Art. 93 I Nr. 1 GG, um ein reines Organstreitverfahren.

Danach ist beispielsweise die Bayerische Staatsregierung (als Landesregierung von Bayern) und der Bayerische Landtag parteifähig. Ebenso parteifähig sind auch einzelne Abgeordnete, soweit sie die Geschäftsordnung mit eigenen Rechten ausstattet.

2. Streitgegenstand

Der Streitgegenstand muß öffentlich-rechtlicher Natur sein und es darf kein anderer Rechtsweg eröffnet sein. Das Bundesverfassungsgericht ist daher nicht zuständig, soweit für die Streitigkeit die Zuständigkeit eines Landesverfassungsgerichts begründet ist.

Macht z.B. der Landesverband der Grünen in Baden-Württemberg die Verletzung des Art. 21 GG durch die Exekutive geltend, so ist hierfür der Staatsgerichtshof nach Art. 68 I Nr. 1 bwLVerf, §§ 44 ff. StGHG zuständig (Organstreitverfahren) und nicht das Bundesverfassungsgericht.

3. Antragsbefugnis

Gemäß § 73 I Nr. 3 BVerfGG muß der Antragsteller geltend machen, durch den Streitgegenstand in seinen Rechten oder Zuständigkeiten unmittelbar berührt zu sein. Dabei können sich für den Antragsteller Rechte nur aus dem Landesverfassungsrecht ergeben.

4. Form, Frist

Der Antrag ist gemäß § 23 I BVerfGG schriftlich einzureichen, innerhalb einer Frist von sechs Monaten, §§ 71 II, 64 III BVerfGG.

II. Begründetheit des Antrags

Der Antrag ist gemäß § 72 II 1 BVerfGG begründet, wenn die beanstandete Maßnahme oder Unterlassung des Antragsgegners gegen eine Bestimmung der Landesverfassung verstößt.

6. Anklageverfahren

In einer weiteren Gruppe werden die sog. »Anklageverfahren« zusammengefaßt: das Grundrechtsverwirkungsverfahren, das Parteiverbotsverfahren, die Präsidentenanklage und die Richteranklage.

6.1. Verwirkung von Grundrechten

Im Grundrechtsverwirkungsverfahren wird dem Antragsgegner der Schutz der Grundrechte abgesprochen. Gemäß Art. 18 S. 2 GG entscheidet das BVerfG über die Verwirkung von Grundrechten. Dabei handelt es sich um ein kontradiktorisches Verfahren.

Beispiel: Dieses Verfahren kommt bei Anhängern rechtsradikaler Parteien zum Zuge

<small>Verwirkung von Grundrechten, Art. 18 S. 2, 93 I Nr. 5 GG, §§ 13 Nr. 1, 36 ff. BVerfGG</small>

I. Zulässigkeit des Antrags

1. Antragsberechtigung

Gemäß § 36 BVerfGG kann der Antrag auf die Grundrechtsverwirkung nur vom Bundestag, der Bundesregierung oder einer Landesregierung gestellt werden.

2. Ordnungsgemäße Durchführung eines Vorverfahrens

Gemäß § 37 BVerfGG führt das BVerfG vor den Verhandlungen ein Vorverfahren durch, in dem dem Antragsgegner Gelegenheit zur Äußerung gegeben wird. Das Vorverfahren endet mit einer Entscheidung des BVerfG, ob es den Antrag als unzulässig oder als nicht hinreichend begründet zurückweist oder eine Verhandlung durchführt.

3. Voruntersuchung

Wenn das BVerfG nach Durchführung des Vorverfahrens entschieden hat, eine Verhandlung durchzuführen, so kann es gemäß § 38 II 1 BVerfGG zur Vorbereitung der mündlichen Verhandlung eine Voruntersuchung anordnen.

II. Begründetheit

Mißbrauch der Grundrechte durch den Antragsgegner

Der Antrag ist begründet, wenn der Antragsgegner eines der in Art. 18 S. 1 GG genannten Grundrechte zum Kampfe gegen die freiheitlich-demokratische Grundordnung mißbraucht. Der betroffene Grundrechtsträger verliert damit nicht sein Grundrecht als solches, sondern dessen verfassungsrechtliche Gewährleistung, d.h. er kann z.B. keine Verfassungsbeschwerde mehr auf die verwirkten Grundrechte stützen.

6.2. Parteiverbotsverfahren

Parteiverbotsverfahren, Art. 21 II 2, 93 I Nr. 5 GG, §§ 13 Nr. 2, 43 ff. BVerfGG

Gemäß Art. 21 II 2 GG entscheidet das Bundesverfassungsgericht über die Verfassungsmäßigkeit einer politischen Partei. Darüber hinaus spricht das BVerfG zugleich die Auflösung der Partei und das Verbot, eine Ersatzorganisation zu schaffen, aus, § 46 BVerfGG.

I. Zulässigkeit des Antrags

1. Antragsberechtigung

Antragsberechtigt ist gemäß § 43 BVerfGG der Bundestag, der Bundesrat, die Bundesregierung und eine Landesregierung hinsichtlich der Parteien, deren Organisation auf das Gebiet ihres Landes beschränkt ist.

2. Vorverfahren

Vor der Verhandlung gibt das BVerfG gemäß § 45 BVerfGG dem Vertretungsberechtigten Gelegenheit zur Äußerung. Erst danach beschließt das Gericht, ob der Antrag als unzulässig oder als nicht hinreichend begründet zurückzuweisen oder ob die Verhandlung durchzuführen ist.

II. Begründetheit des Antrags

Der Antrag ist begründet, wenn die Partei nach ihren Zielen oder dem Verhalten ihrer Anhänger darauf ausgerichtet ist, die freiheitlich-demokratische Grundordnung zu beeinträchtigen oder zu beseitigen oder den Bestand der Bundesrepublik Deutschland zu gefährden. Das BVerfG stellt gemäß § 46 BVerfGG fest, daß die politische Partei verfassungswidrig ist und daß sie aufgelöst wird.

6.3. Präsidentenanklage

Gemäß Art. 61 I 1 GG können der Bundestag oder der Bundesrat den Bundespräsidenten wegen vorsätzlicher Verletzung des Grundgesetzes oder eines anderen Bundesgesetzes vor dem Bundesverfassungsgericht anklagen.

<small>Präsidentenanklage, Art. 61, 93 I Nr. 5 GG, §§ 13 Nr. 4, 49 ff. BVerfGG</small>

I. Zulässigkeit der Anklage

1. Anklageberechtigung

Die Anklage kann gemäß Art. 61 I 1 GG nur vom Bundestag oder Bundesrat erhoben werden. Der Antrag muß dabei von mindestens einem Viertel der Mitglieder des jeweiligen Organs gestellt sein. Der Beschluß, überhaupt Anklage gegen den Bundespräsidenten zu erheben, bedarf allerdings der Zustimmung von zwei Dritteln der Mitglieder, Art. 61 I 3 GG.

<small>Bundespräsident kann aufgrund der Präsidentenanklage vor dem BVerfG angeklagt werden</small>

2. Form

Die Anklageschrift muß gemäß § 49 III BVerfGG die Handlung oder Unterlassung, wegen der die Anklage erhoben wird, die Beweismittel und die Bestimmung des GG, die verletzt sein soll, bezeichnen. Sie muß auch die Feststellung enthalten, daß der Beschluß auf Erhebung der Anklage mit der Mehrheit von zwei Dritteln der gesetzlichen Mitgliederzahl des Bundestages oder Bundesrates gefaßt worden ist, § 49 III 2 BVerfGG.

3. Frist

Die Anklage muß gemäß § 50 BVerfGG binnen einer Frist von drei Monaten, nachdem der ihr zugrundeliegende Sachverhalt bekannt worden ist, erhoben werden.

II. Begründetheit der Anklage

Die Anklage ist begründet, wenn der Bundespräsident das Grundgesetz oder ein Bundesgesetz vorsätzlich verletzt hat.

6.4. Richteranklage

Richteranklage, Art. 98 II, 93 I Nr. 5 GG, §§ 13 Nr. 9, 58 ff. BVerfGG

Gemäß Art. 98 II GG entscheidet das BVerfG auf Antrag des Bundestages, wenn ein Bundesrichter im Amt oder außerhalb des Amtes gegen die Grundsätze des GG oder gegen die verfassungsmäßige Ordnung eines Landes verstößt, ob dieser in ein anderes Amt oder den Ruhestand zu versetzen ist.

Dieses Verfahren wurde praktisch noch nicht relevant.

Ein Beispiel zeigt allerdings, daß es durchaus nicht völlig ohne Bedeutung ist. Es wurde nämlich erwogen gegen den Mannheimer Richter Reiner Orlet eine Richteranklage einzuleiten (vgl. NJW 94, 2397). Allerdings ging der Richter Orlet freiwillig in Rente und kam so einer möglichen Suspendierung zuvor.

I. Zulässigkeit des Antrages

1. Antragsberechtigung

Antragsberechtigt nach Art. 98 II 1 GG ist nur der Bundestag, wobei eine Zweidrittelmehrheit erforderlich ist.

2. Form

Gemäß § 58 I, 49 III 1 BVerfGG muß die Anklageschrift die Handlung oder Unterlassung des Bundesrichters, wegen der die Anklage erhoben wird, die Beweismittel und die Bestimmung des GG, die verletzt sein soll, enthalten.

3. Frist

Eine Frist ist mit Umkehrschluß zu § 58 I BVerfGG nicht einzuhalten.

II. Begründetheit des Antrags

Der Antrag ist begründet, wenn der Bundesrichter im Amt oder außerhalb des Amts gegen die Grundsätze des Grundgesetzes oder die verfassungsmäßige Ordnung eines Landes verstößt.

7. Normenqualifizierungsverfahren

Dem Bundesverfassungsgericht kommt weiter die Aufgabe zu, die Rechtsnatur von Normen festzulegen (Art. 100 II GG) und darüber zu entscheiden, ob Bundesrecht weitergilt (Art. 126 GG).

Es geht um die Einordnung von Normen

7.1. Nachprüfung von Völkerrecht

Nach Art. 100 II GG entscheidet das BVerfG, wenn in einem Rechtsstreit zweifelhaft ist, ob eine Regel des Völkerrechts Bestandteil des Bundesrecht ist und ob sie unmittelbar Rechte und Pflichten für den einzelnen erzeugt. Die Vorlage reicht wie bei der konkreten Normenkontrolle, Art. 100 I GG, nicht der Bürger, sondern das Gericht ein.

Normenqualifikation bei allgemeinen Regeln des Völkerrechts, Art. 100 II, 93 I Nr. 5 GG, §§ 13 Nr. 12, 83 ff. BVerfGG

I. Zulässigkeit der Vorlage

1. Vorlageberechtigung
Vorlageberechtigt sind, wie bei Art. 100 I GG, nur die Gerichte. Zudem muß ein Rechtsstreit anhängig sein.

2. Vorlagegegenstand
Das Gericht muß die Vorlage einreichen, wenn in einem Rechtsstreit Zweifel über Existenz, Rechtscharakter, Tragweite und Bindungswirkung einer Völkerrechtsregel vorliegen (BVerfGE 15, 25/31 ff.).

Regel des Völkerrechts ist Gegenstand des Verfahrens

3. Zweifel
Ausreichend für das Verfahren nach Art. 100 II GG ist, wenn das Gericht ernstzunehmende Zweifel hat.

4. Entscheidungserheblichkeit
Die Zweifel müssen entscheidungserheblich sein. Zwar läßt sich dies nicht unmittelbar dem Art. 100 II GG entnehmen, vielmehr schließt man das Merkmal aus der systematischen Stellung hinter Art. 100 I GG.

II. Begründetheit der Vorlage

Bei der Vorlage nach Art. 100 II GG kann im eigentlichen Sinne von einer »Begründetheit« nicht gesprochen werden, da das vorlegende Gericht nur Zweifel hegt und nicht wie bei der konkreten Normenkontrolle nach Art. 100 I GG ein (formelles) Gesetz für nichtig hält. Im Rahmen der »Begründetheit« ist daher zu untersuchen, ob die Regel des Völkerrechts Bestandteil des Bundesrechts ist und ob sie unmittelbar Rechte und Pflichten für den einzelnen erzeugt.

7.2. Fortgeltung von Recht als Bundesrecht

Normenqualifikation bei vorkonstitutionellem Recht, Art. 126, 93 I Nr. 5 GG, §§ 13 Nr. 14, 86 ff. BVerfGG

Nach Art. 126 GG entscheidet das Bundesverfassungsgericht bei Meinungsverschiedenheiten über das Fortgelten von Recht als Bundesrecht. Unter »Bundesrecht« ist dabei Recht zu verstehen, das bis zum 07.09.1949 gültig war. Das BVerfG stellt also fest, ob das vorkonstitutionelle Recht fortbesteht und Gültigkeit besitzt.

I. Zulässigkeit des Antrags

1. Antragsberechtigung

Gemäß § 86 I BVerfGG sind antragsberechtigt der Bundestag, die Bundesregierung und die Landesregierungen.

2. Entscheidungserheblichkeit

Gemäß § 87 I BVerfGG ist der Antrag nur zulässig, wenn von der Entscheidung die Zulässigkeit einer bereits vollzogenen oder unmittelbar bevorstehenden Maßnahme eines Bundesorgans, einer Bundesbehörde oder des Organs der Behörde eines Landes abhängig ist.

3. Form

Gemäß § 23 I BVerfGG ist der Antrag schriftlich einzureichen. Aus der Begründung des Antrags muß sich die Entscheidungserheblichkeit i.S.v. § 87 I BVerfGG ergeben, vgl. § 87 II BVerfGG.

II. Begründetheit des Antrags

Das BVerfG spricht gemäß § 89 BVerfGG aus, ob das Gesetz als Bundesrecht fortgilt.

8. Sonstige Verfahren

Neben den bisher erläuterten Verfahren gibt es noch die Landesverfassungsstreitigkeiten, die Divergenzvorlage und das Wahlprüfungsverfahren, die die Zuständigkeit des BVerfG begründen.

8.1. Landesverfassungsstreitigkeiten

Nach Art. 99 GG kann dem BVerfG durch Landesgesetz die Entscheidung von Verfassungsstreitigkeiten innerhalb eines Landes zugewiesen werden. Von dieser Möglichkeit hat bisher nur Schleswig-Holstein Gebrauch gemacht.

Landesverfassungsstreitigkeiten, Art. 99, 93 I Nr. 5 GG, §§ 13 Nr. 10, 73 ff. BVerfGG

8.2. Divergenzvorlage

Gemäß Art. 100 III GG entscheidet das BVerfG, wenn ein Landesverfassungsgericht bei der Auslegung des Grundgesetzes von einer Entscheidung des BVerfG oder des Verfassungsgerichts eines anderen Landes abweichen will.

Divergenzvorlage, Art. 100 III, 93 I Nr. 5 GG, §§ 13 Nr. 13, 85 BVerfGG

I. Zulässigkeit der Vorlage

1. Vorlageberechtigung
Vorlageberechtigt sind nicht nur die Landesverfassungsgerichte, Art. 100 III GG, sondern auch die Oberverwaltungsgerichte, denen die Entscheidung in verfassungsrechtlichen Streitigkeiten zugewiesen wurde, § 193 VwGO.

2. Vorlagegegenstand
Das Landesverfassungsgericht muß seine Rechtsauffassung, die von einer Entscheidung des BVerfG oder eines anderen Landesverfassungsgerichts abweicht, vorlegen.

3. Entscheidungserheblichkeit
Die abweichende Rechtsauffassung muß im laufenden Verfahren des vorlegenden Gerichts entscheidungserheblich sein.

II. Begründetheit der Vorlage

Gemäß § 85 III BVerfGG entscheidet das BVerfG über die Rechtsfrage

8.3. Wahlprüfungsverfahren

Wahlprüfungsverfahren, Art. 41 II, 93 I Nr. 5 GG, §§ 13 Nr. 3, 48 BVerfGG

Alle vier Jahre finden Wahlen zum Deutschen Bundestag statt, Art. 39 I GG. Über die Gültigkeit der Wahl entscheidet der Bundestag auf Einspruch eines Wahlberechtigten, einer Gruppe von Wahlberechtigten, eines Landeswahlleiters, des Bundeswahlleiters oder des Bundestagspräsidenten, §§ 1, 2 WahlprüfG. Nach der Durchführung des Wahlprüfungsverfahrens kann gegen die Entscheidung des Bundestages Beschwerde beim BVerfG eingelegt werden, Art. 41 II GG.

I. Zulässigkeit der Beschwerde

1. Antragsberechtigung (Beschwerdeerhebungsberechtigung)

Abgeordneter kann Wahlprüfungsverfahren einleiten

Das Recht zur Antragstellung ist in § 48 BVerfGG näher ausgestaltet. Danach kann ein Abgeordneter, dessen Mitgliedschaft bestritten ist, Beschwerde gegen den Beschluß des Bundestages über die Gültigkeit einer Wahl oder den Verlust der Mitgliedschaft im Bundestag beim Bundesverfassungsgericht erheben.

Weiter kann auch ein Wahlberechtigter, dessen Einspruch vom Bundestag verworfen worden ist, Beschwerde zum Bundesverfassungsgericht erheben, wenn ihm mindestens einhundert Wahlberechtigte beitreten. § 48 I BVerfGG nennt als weitere Antragsberechtigte die Fraktion oder eine Minderheit des Bundestages, die wenigstens ein Zehntel der gesetzlichen Mitgliederzahl umfaßt. Nicht antragsberechtigt sind dagegen politische Parteien.

2. Beschwerdegegenstand

Gegenstand der Beschwerde ist eine Entscheidung des Bundestages

Gegenstand der Beschwerde ist die Entscheidung des Bundestages im Wahlprüfungsverfahren. In diesem, dem Beschwerdeverfahren nach Art. 41 II GG vorgelagerten Verfahren, entscheidet der Bundestag über die Gültigkeit der Wahlen zum Deutschen Bundestag bzw. darüber, ob ein Abgeordneter des Bundestages die Mitgliedschaft verloren hat.

3. Antragsbefugnis

Das Wahlprüfungsverfahren ist im Gegensatz zur Verfassungsbeschwerde ein objektives Verfahren, so daß sich die Antragsbefugnis bereits aus der Antragsberechtigung ergibt, die an den Antragsteller bestimmte Voraussetzungen knüpft (z.B. Zurückweisung des Einspruchs).

4. Form

Gemäß § 23 BVerfGG ist der Antrag schriftlich einzureichen und zu begründen, vgl. auch § 48 I aE BVerfGG.

Schriftlicher Antrag

5. Frist

Der Antrag ist binnen einer Frist von zwei Monaten seit der Beschlußfassung des Bundestages einzureichen, § 48 I BVerfGG.

6. Durchführung des Wahlprüfungsverfahrens

Echte Zulässigkeitsvoraussetzung für die Beschwerde ist die vorherige Durchführung des Wahlprüfungsverfahrens gemäß Art. 41 I GG.

II. Begründetheit der Beschwerde

Die Begründetheit der Beschwerde hängt von der Entscheidung des Bundestages im Wahlprüfungsverfahren ab.

Entscheidung des Bundestages bestimmt die Begründetheit

1. Hat der Bundestag entschieden, daß die Wahl gültig ist, so ist die Beschwerde begründet, wenn die Wahl ungültig ist.

2. Ist der Bundestag dagegen zur Auffassung gelangt, daß die Wahl ungültig ist, so ist die Beschwerde begründet, wenn die Wahl ungültig ist.

3. Entsprechendes gilt bei der Entscheidung des Bundestages bezüglich des Verlusts der Mitgliedschaft eines Abgeordneten. Die Beschwerde ist im übrigen aber nur dann begründet, wenn durch die geltend gemachte Rechtsverletzung die Zusammensetzung des Bundestages beeinflußt ist, d.h. die Verletzung von wahlrechtlichen Normen muß kausal für die Zusammensetzung des Bundestages sein.

Ob die Wahl gültig ist, beurteilt sich nach den gesetzlichen Wahlregeln, d.h. dem Bundeswahlgesetz und der Bundeswahlordnung.

Beispiel: Die Partei P fühlt sich durch die Überhangmandate der mächtigen C-Partei beeinträchtigt. Sie kann daher ein Wahlprüfungsverfahren einleiten.

Wahlprüfungsverfahren z.B. wegen Überhangmandaten

9. Wiederholungsfragen

1. Nennen Sie die Zulässigkeitsvoraussetzungen der Verfassungsbeschwerde! Lösung S. 248

2. Unter welchen Voraussetzungen kann gegen ein Gesetz Verfassungsbeschwerde erhoben werden? Lösung S. 252

3. In welchem Umfang kann das BVerfG zivilrechtliche Entscheidungen überprüfen? Lösung S. 256

4. Wann ist bei der Verfassungsbeschwerde eine Rechtswegerschöpfung entbehrlich? Lösung S. 253

5. Wie unterscheiden sich die Kommunalverfassungsbeschwerde und die Individualverfassungsbeschwerde hinsichtlich des Beschwerdegegenstands? Lösung S. 249, 258

6. In welche Teilbereiche kann das Selbstverwaltungsrecht nach Art. 28 II GG aufgegliedert werden? Lösung S. 260

7. Wer kann Beteiligter eines Organstreitverfahrens nach Art. 93 I Nr. 1 GG sein? Lösung S. 262, 263

8. Was muß der Antragsteller im Organstreitverfahren hinsichtlich der Antragsbefugnis vorbringen, damit die Klage zulässig ist? Lösung S. 263

9. Was ist der Unterschied zwischen abstrakter und konkreter Normenkontrolle? Wo sind die beiden geregelt? Lösung S. 266

10. Was kann Prüfungsgegenstand der abstrakten Normenkontrolle sein? Lösung S. 267

11. Welche Möglichkeiten gibt es, den Bundespräsidenten vor dem BVerfG anzuklagen? Lösung S. 279

12. Fiktiver Sachverhalt: Die Partei P fühlt sich durch die Überhangmandate benachteiligt. Prüfen Sie die Erfolgsaussichten eines statthaften Rechtsbehelfs! Lösung S. 285

13. Der Rechtsradikale R will mit aller Gewalt den Staat »umkrempeln« und eine Diktatur errichten. Was kann der Bundestag tun? Lösung S. 277

Klausurfall

1. Tips für Klausuren und Hausarbeiten 288
2. Fall: »Karton oder Flasche« 294

1. Tips für Klausuren und Hausarbeiten

Für eine gute Klausur oder Hausarbeit ist neben dem Lehrbuchwissen vor allem die Fähigkeit erforderlich, dieses Wissen umzusetzen. Selbst noch so viel Wissen nützt nichts, wenn man nicht weiß, wie man dieses in der Arbeit an richtiger Stelle anbringen kann. Der Klausurbearbeiter sollte immer seinen »imaginären Gegner« - den Korrektor - im Auge haben. Allein für diesen wird die Klausur geschrieben, weil nur dieser die Punkte vergibt. Bei allen »technischen« Fragen in der Klausur sollte man sich überlegen, ob der Korrektor dies honorieren könnte.

A. Formalien

Der Einhaltung der Formalien wird ein meist zu geringer Rang eingeräumt. Man muß sich dabei vor Augen halten, daß der Korrektor sei es an der Universität ein Referendar oder bei Examens- klausuren ein Professor, bis zu 200 Arbeiten zu korrigieren hat.

I. Schrift

Um dem Korrektor sein Leben zu erleichtern, sollte sich der Klausurbearbeiter zunächst um eine gut lesbare Schrift bemühen. Stellen Sie sich dabei einfach einen Korrektor um Mitternacht vor, der unbedingt noch Klausuren korrigieren muß. Er hat sicherlich kein Interesse daran, mühselig einen Buchstaben nach dem anderen zu entziffern. Es gilt die ungeschriebene Regel, daß das, was der Korrektor nicht oder nur sehr schlecht lesen kann, als falsch bewertet wird. Daher sollte man schon weit vor dem Examen auf eine saubere Schrift achten. Auch wildes Durchstreichen macht einen schlechten Eindruck. Viele schreiben auch im Examen mit einem Kugelschreiber. Dies mag Gewohnheit sein, hat jedoch zur Folge, daß sich das Papier regelmäßig einrollt. Daher ist unbedingt ein Füller anzuraten. Der optische Eindruck einer Klausur wird auch dadurch geschmälert, daß über den Rand hinausgeschrieben oder oft etwas »eingeflickt« wird. Aus der Sicht des Korrektors ist das unschön.

II. Schriftgröße

Bei Hausarbeiten, die auf einem PC geschrieben werden sollten, wird, sofern der Aufgabensteller nicht ein anderes angibt, Schriftgröße 12 und Proportionalschrift (z. B. Times New Roman) erwartet. Manche Professoren geben aber auch exakt die Schriftart und Schriftgröße an. Diese Anforderungen müssen unbedingt beachtet werden. Ansonsten muß sich der Verfasser den Vorwurf gefallen lassen, er habe den Bearbeitervermerk nicht gelesen.

III. Rand

In der Regel ist bei allen Hausarbeiten und Klausuren ein Rand von einem Drittel einzuhalten. Um mit der Heftung der Arbeit nicht in Konflikt zu geraten, legt man den 7 cm breiten (bei DIN A4) Rand am besten auf die linke Seite. Selbst dem Korrektor einer Hausarbeit ist damit gedient, denn er nimmt in aller Regel dieselbe aus der Heftung heraus. Falls der Korrekturrand auf die rechte Seite plaziert wird, sollte wegen der Lochung links ein Rand von 2 cm und rechts ein Rand von 5 cm gelassen werden. Keinesfalls darf dem Korrektor ein schmalerer Rand verbleiben, da sonst eine Korrektur nur sehr eingeschränkt möglich ist.

IV. Seitenbegrenzung

Die meisten Hausarbeiten enthalten eine Seitenbegrenzung. Dabei heißt es oft »die Lösung darf 25 Schreibmaschinenseiten nicht überschreiten«. Diese Anweisung ist sehr ernst zu nehmen. Manche Korrektoren berücksichtigen bei der Bewertung der Arbeit die zu viel geschriebenen Seiten gar nicht mehr oder setzen die Punktzahl je überschrittener Seitenzahl um je einen Punkt herunter.
Außerdem ist zu bedenken, daß die Arbeit durch einen größeren Umfang i.d.R. nicht besser wird. Die Seitenzahlüberschreitung zeigt oft nur, daß sich der Verfasser der Arbeit nicht auf das Wesentliche konzentriert hat und sich seinen Platz nicht einteilen konnte.

B. Schrittweises Vorgehen beim Anfertigen einer Arbeit

I. Lesen des Sachverhalts

Wichtigste Regel einer jeden Klausur ist das genaue Lesen des Sachverhalts. In öffentlich-rechtlichen Klausuren ist es empfehlenswert, aufgrund evtl. zu beachtender Fristen, eine Skizze über den zeitlichen Ablauf anzufertigen.

II. Bearbeitervermerk

Der Bearbeitervermerk ist zwingend zu befolgen. Keinesfalls dürfen andere als die gestellten Fragen beantwortet werden. Wirft der Aufgabensteller mehrere Fragen auf, so sind diese unbedingt in der vorgegebenen Reihenfolge zu beantworten. Es darf also niemals Frage 3 vor Frage 1 beantwortet werden.

III. Benennung von Personen

Die meisten Sachverhalte im öffentlichen Recht verwenden für die beteiligten Personen Vor- und Zunamen. Bei der Lösung ist es nicht erforderlich, daß bei jeder Nennung der Person (z.B. Angelika Amstädter) der Name ausgeschrieben wird. Ausreichend ist die Bezeichnung mit nur einem Buchstaben (z.B. A ist als Autofahrerin mit Wohnsitz in Niederbayern selbst und gegenwärtig betroffen). Sind die Anfangsbuchstaben von Vor- und Zunamen nicht identisch, so muß man sich auf einen Buchstaben festlegen (bei Christian Mayer z.B. auf »C«).

IV. Erstellen der Gliederung

Nach dem Lesen des Sachverhalts muß die Lösung in Form einer Gliederung erstellt werden. Das Gliedern stellt die eigentliche Arbeit einer Klausur oder Hausarbeit dar. Das anschließende Ausformulieren kann nur so gut sein wie die vorausgehende Gliederung.

Im Strafrecht ist der Sachverhalt in Tatkomplexe zu zerlegen. Innerhalb der Tatkomplexe ist i.d.R. nach Personen, deren Strafbarkeit untersucht werden soll, zu unterteilen. Dann sind bei der Strafbarkeit jeder Person die jeweils in Betracht kommenden Straftatbestände nach Tatbestand, Rechtswidrigkeit und Schuld zu untersuchen.

Eine solche generelle Regel gibt es im öffentlichen Recht nicht. Der Bearbeiter muß sich vielmehr für die vom Aufgabensteller gestellte Frage eine sinnvolle Gliederung erarbeiten. Fast jedes relevante Problem läßt sich auch gliederungsmäßig erfassen.

Die Gliederung kann gar nicht ausführlich genug sein. Sie sollte aber noch keine ausformulierten Sätze enthalten. Für die Zeiteinteilung gilt die Regel, daß die Gliederung nicht mehr als ein Drittel der Arbeitszeit in Anspruch nehmen sollte. Dies gilt natürlich nur bei Klausuren. Bei Hausarbeiten muß der Bearbeiter solange gliedern, bis die Lösung komplett steht.

Bei juristischen Arbeiten ist eine Gliederung in der Form »1.1 oder dann 6.1.2.2« unüblich. Man gliedert am besten wie folgt:

1. Teil...
   A. ....
      I. ....
         1. ....
            a) ....
               aa) ....
                  (1) ....
                     (a) ....
                        (aa) ....
                           (aaa) ....

Eine noch weitere Untergliederung würde die Lesbarkeit erheblich beeinträchtigen. In der »Arbeitsgliederung« sollte - wie dargestellt - eingerückt werden. Bei der späteren Ausarbeitung dagegen ist das Einrücken zu unterlassen, da andernfalls für die Lösung kein Platz mehr bleibt.

V. Erstellen der Lösung

Nach etwa einem Drittel der in einer Klausur zur Verfügung stehenden Arbeitszeit beginnt das eigentliche Schreiben der Arbeit. Auch hier sollte man sich immer wieder einen gestreßten Korrektor vor Augen halten. Die Reinschrift sollte die komplette Gliederung mitübernehmen, d.h. die Punkte, die in der Gliederung erscheinen, sollten auch in der Ausarbeitung erscheinen. Dies dient insbesondere der Übersichtlichkeit und Lesbarkeit der Arbeit. Zwischen den einzelnen Prüfungspunkten sind Absätze zu machen. Erdrückend wirken Gutachten, die »en bloc« erstellt werden. Manche Korrektoren, vor allem im universitären Bereich, müssen in sehr kurzer Zeit sehr viele Arbeiten bewerten. Schreibt nun der Verfasser die Klausur ohne Absätze, so erschwert er damit dem Korrektor die Arbeit erheblich. Man sollte sich also hinsichtlich der äußeren Form ständig in die Lage der Korrektors versetzen und sich fragen, wie man selbst als Korrektor mit der Arbeit zurechtkommen würde. Eine ausführliche Gliederung läßt darüber hinaus auch auf ein tiefgreifendes Verständnis des Bearbeiters schließen.

VI. Gutachtenstil

Bei fast allen Klausuren bis zum Referendarexamen (1. Staatsexamen) ist ein Gutachten zu erstellen, d.h. das Ergebnis ist nicht vorweg festzustellen, sondern soll systematisch entwickelt werden.

Beispiele für den Gutachtenstil:

A. Zulässigkeit der Verfassungsbeschwerde

I. Antragsberechtigung
Die K-GmbH müßte antragsberechtigt sein.
§ 90 I B VerfGG sieht die Verfassungsbeschwerde für »jedermann« als statthaft an, der behauptet, möglicherweise in seinen in Art. 93 I Nr.4a GG genannten Rechten verletzt zu sein. Zu prüfen ist daher, ob die K-GmbH Träger des Grundrechts sein kann, dessen Verletzung sie behauptet...

II. Beschwerdegegenstand
Beschwerdegegenstand der Verfassungsbeschwerde ist jeder Akt der grundrechtsgebundenen öffentlichen Gewalt.
Fraglich ist daher, ob...

Eine gute Klausur zeichnet sich gerade dadurch aus, daß Unproblematisches nicht zu ausführlich dargestellt wird. Der Bearbeiter sollte sich bemühen Schwerpunkte zu setzen und nur zu den wirklich problematischen Punkten Stellung nehmen. Ist beispielsweise in einer Klausur nach den Erfolgsaussichten der Klage (Zulässigkeit und Begründetheit einer Klage) gefragt, so darf zur örtlichen Zuständigkeit des Gerichts kein Satz geschrieben werden, wenn der Sachverhalt nur angibt, daß die Klage »bei Gericht« eingereicht wurde.

C. Besondere Hinweise zu Hausarbeiten

I. Keine handschriftliche Ausarbeitung

Bei Hausarbeiten ist eine handschriftliche Ausarbeitung unbedingt zu vermeiden. Daß dem Verfasser eine Schreibmaschine oder ein Computer zur Verfügung steht, wird als selbstverständlich vorausgesetzt. Sollte dies nicht der Fall sein, so sollte man sich überlegen, ob man nicht das Geld bei einem der zahlreichen Schreibbüros gut anlegt, da eine handschriftliche Hausarbeit beim Korrektor den Anschein erweckt, der Verfasser habe es nicht mehr rechtzeitig geschafft die Arbeit einzutippen.

II. Deckblatt, Gliederung, Literaturverzeichnis, Gutachten

Im Unterschied zur Klausur muß jede Hausarbeit eine Gliederung und ein Literaturverzeichnis enthalten. Der Sachverhalt ist der Hausarbeit nur dann beizufügen, wenn der jeweilige Dozent dies ausdrücklich wünscht.

1. Deckblatt

Die erste Seite der Hausarbeit ist das Deckblatt. Es enthält den Namen und Vornamen des Verfassers und seine Anschrift. Anschließend folgt das Semester, die Bezeichnung der Übung, der Name des Dozenten usw. Das Deckblatt wird nicht mit einer Seitenzahl versehen.

2. Gliederung

Dem Deckblatt folgt die Gliederung. Sie wird mit »II« am Seitenanfang versehen. Die Gliederung sollte nicht mehr als drei Seiten lang sein und keinesfalls ausformulierte Sätze enthalten, sondern nur Überschriften. Am rechten Rand sind die Seitenzahlen anzugeben.

3. Literaturverzeichnis

Als drittes Blatt bzw., falls die Gliederung über zwei Seiten geht, als viertes Blatt folgt das Literaturverzeichnis.
Am Seitenanfang wird es mit »III« oder »IV« versehen.
Im Literaturverzeichnis dürfen nur die Bücher aufgeführt werden, die auch in den Fußnoten erscheinen. Jeder Korrektor wird eine mögliche Divergenz bemängeln.

4. Gutachten

Dem »Vorspann« folgt dann das eigentliche Gutachten. In der Hausarbeit sind die dargestellten Auffassungen mit Fußnoten zu versehen.

2. Fall »Karton oder Flasche«

Sachverhalt

Der Bundesumweltminister T. will das Umweltbewußtsein der Bevölkerung durch eine Anzeigen- und Plakatkampagne verstärken.

Daher werden überall in Deutschland von einer beauftragten Werbeagentur Plakate angebracht, aus denen hervorgeht, daß Getränketüten der Umwelt nur Schaden bringen und Pfandflaschen die Lösung seien. Auf den Plakaten werden alte verknitterte Getränketüten für Milch und Orangensaft abgebildet. Weiter wird in der Anzeige darauf hingewiesen, daß Pfandflaschen 50 mal benutzt werden können.

Die K-GmbH stellt in Augsburg Getränketüten her. Sie befürchtet enorme wirtschaftliche Einbußen durch die Plakataktion und beschreitet daher den Rechtsweg. Dabei hat K allerdings in allen Instanzen keinen Erfolg.

Da der Umsatz immer mehr zurückzugehen droht, erhebt die Geschäftsführung form- und fristgerecht Verfassungsbeschwerde beim Bundesverfassungsgericht. Sie trägt vor, daß die Verbraucher immer mehr »zur Flasche« greifen würden und nicht zum Karton. Dadurch würde die K-GmbH immer höhere Verluste erleiden. Sie fühle sich in ihrer Gewerbefreiheit, die durch Art. 12 I und 14 I GG verfassungsrechtlich geschützt werde, erheblich verletzt.

Dem informellen Verwaltungshandeln fehle auch jegliche rechtliche Grundlage, der Bundesumweltminister sei überdies gar nicht zuständig. Zwar seien die Pfandflaschen, die mehrmals genutzt werden können, den Flaschen überlegen, die als sog. »Einweg-Glasverpackungen« bezeichnet werden, dies heiße aber nicht, daß dies auch im Vergleich zu Getränketüten gelten müsse.

Bearbeitungsvermerk: Wie sind die Erfolgsaussichten der eingelegten Verfassungsbeschwerde?

Gliederungsvorschlag

A. Zulässigkeit der Verfassungsbeschwerde
I. Antragsberechtigung
II. Beschwerdegegenstand
III. Beschwerdebefugnis
1. Substantiierte Rüge einer möglichen Grundrechtsverletzung
2. Ausreichende Betroffenheit
a) selbst
b) gegenwärtig
c) unmittelbar
IV. Rechtswegerschöpfung
V. Form und Frist
B. Begründetheit der Verfassungsbeschwerde
I. Verstoß gegen Art. 12 I GG (Berufsfreiheit)
1. Schutzbereich des Art. 12 I GG
a) Persönlicher Schutzbereich
b) Sachlicher Schutzbereich
2. Eingriff in den Schutzbereich
a) Verwaltungsrechtliche Einordnung
b) Eingriff durch schlicht-hoheitliches Verwaltungshandeln
3. Verfassungsrechtliche Rechtfertigung
a) Beschränkungsmöglichkeiten
aa) Gesetzesvorbehalt
bb) Bestehen einer geeigneten Ermächtigungsgrundlage
(1) Einfachgesetzliche Ermächtigungsgrundlage
(2) Verfassungsimmanente Grundrechtsschranken
b) Verfassungsmäßigkeit
aa) Formelle Verfassungsmäßigkeit
bb) Materielle Verfassungsmäßigkeit
(1) Inhaltliche Anforderungen
(2) Verhältnismäßigkeitsgrundsatz
II. Verstoß gegen Art. 14 I GG (Eigentum)
1. Persönlicher Schutzbereich
2. Sachlicher Schutzbereich
III. Verstoß gegen Art. 2 I GG

Lösungsvorschlag

Die Verfassungsbeschwerde ist erfolgreich, wenn sie zulässig und begründet ist.

A. Zulässigkeit der Verfassungsbeschwerde

I. Antragsberechtigung

Die K-GmbH müßte antragsberechtigt sein.
§ 90 I BVerfGG sieht die Verfassungsbeschwerde für »jedermann« als statthaft an, der behauptet, in »seinen« Grundrechten verletzt zu sein. Dies muß daher auch für juristische Personen, wie eine GmbH, gelten, wenn diese Träger des Gundrechts sind, dessen Verletzung sie behaupten. Zu prüfen ist daher, ob die K-GmbH Träger der Berufsfreiheit aus Art. 12 I GG, der Eigentumsfreiheit aus Art. 14 I GG bzw. Träger der allgemeinen Handlungsfreiheit, in ihrer Ausgestaltung als wirtschaftliche Betätigungsfreiheit, aus Art. 2 I GG ist.
Art. 19 III GG gewährt eine Geltung von Grundrechten für inländische juristische Personen, soweit sie ihrem Wesen nach auf diese anwendbar sind. Ob die GmbH eine inländische juristische Person ist, bestimmt sich nach ihrem »tatsächlichen Verwaltungsmittelpunkt«, der im Geltungsbereich des Grundgesetzes liegen muß. Im vorliegenden Fall ist der Sitz der Firma in Augsburg, zur Vermutung eines anderen »Verwaltungsmittelpunkts« gibt der Sachverhalt keinen Anlaß. Die K-GmbH kann damit als inländische juristische Person gelten. Die Frage der wesensmäßigen Anwendbarkeit von Grundrechten auf inländische juristische Personen setzt mehreres voraus: Zunächst muß das in Betracht kommende Grundrecht einen Schutzbereich haben, in den das Verhalten der juristischen Person überhaupt fallen kann und wirklich fällt. Dies ist im vorliegenden Fall gegeben, prinzipiell kann eine juristische Person einen Beruf »ausüben« und Eigentum haben, und tatsächlich ist dies bei der K-GmbH auch der Fall. Umstritten ist ein weiteres Kriterium der wesensmäßigen Anwendbarkeit von Grundrechten, das das BVerfG aufgestellt hat: das personale Substrat. Demgemäß ist ein Grundrecht nur dann auf eine juristische Person anwendbar, wenn deren Betätigung »Ausdruck der freien Entfaltung der natürlichen Person« wäre. Gefordert wird hier eine »grundrechtstypische Gefährdungslage« der juristischen Person, d.h. deren Lage muß der Lage einer natürlichen Person, die den Schutz

der Grundrechte genießt, vergleichbar sein. Dies ist im Fall der K-GmbH zu bejahen, an ihrer Stelle könnte als Betroffener ebenso eine natürliche Person stehen.

Damit sind die Grundrechte aus Art. 12 I, 14 I GG und aus Art. 2 I GG wesensmäßig auf die K-GmbH anwendbar. Demnach ist die K-GmbH Träger dieser Grundrechte und hat als solche die Beschwerdebefugnis entsprechend § 90 I BVerfGG.

II. Beschwerdegegenstand

Beschwerdegegenstand der Verfassungsbeschwerde ist jeder Akt der grundrechtsgebundenen öffentlichen Gewalt.

Fraglich ist allerdings, ob ein solcher Akt im Fall der Beeinträchtigung der Grundrechte der K-GmbH durch die Anzeigen- und Plakataktion vorliegt. Zunächst hat der Staat die gerügten Großanzeigen nicht selbst entworfen und an den Plakatwänden angebracht, sondern damit eine Werbeagentur beauftragt. Diese ist jedoch nur Verrichtungsgehilfe ihres Auftraggebers nach § 831 BGB. Ursächlich für diese Aktion war dagegen die Initiative des Bundesumweltministers, und dieser ist auch als eigentlich Handelnder in Bezug auf die Absicht, den Inhalt und die Wirkung der Aktion anzusehen. Zu fragen ist jedoch, ob dieses Handeln des Bundesumweltministers überhaupt als ein Akt der öffentlichen Gewalt angesehen werden kann, ob der Bundesumweltminister mit seiner Aktion also nicht vielleicht nur privatrechtlich tätig geworden ist. Dies wird jedoch in Rechtsprechung und Literatur fast einstimmig abgelehnt, vergleichbare Aktionen wurden meist als »schlicht-hoheitliches Verwaltungshandeln« eingestuft und damit klar dem Gebiet des öffentlichen Rechts zugewiesen. Doch selbst eine Einordnung der fraglichen Tätigkeit des Bundesumweltministers in die Kategorie des Verwaltungsprivatrechts brächte für den hier zu prüfenden Beschwerdegegenstand kein anderes Ergebnis. Denn unbestritten ist selbst der in dieser »zivilen« Form tätige Staat grundrechtsgebunden; es gilt der Grundsatz: »keine Flucht ins Privatrecht«.

Somit stellt das Handeln des Bundesumweltministers im vorliegenden Beispiel in jedem Fall einen Akt der grundrechtsgebundenen öffentlichen Gewalt dar, den die K-GmbH als Beschwerdegegenstand neben dem letztinstantiellen Gerichtsurteil vor dem BVerfG geltend machen kann.

III. Beschwerdebefugnis

Die erforderliche Beschwerdebefugnis setzt zunächst die Möglichkeit einer Grundrechtsverletzung voraus.

1. Substantiierte Rüge einer möglichen Grundrechtsverletzung

Dies bedeutet, über den Wortlaut des § 90 I BVerfGG hinaus, daß eine Grundrechtsverletzung vorgetragen werden muß und im zu prüfenden Fall nicht von vorneherein ausgeschlossen sein darf. Im Fall der K-GmbH ist diese Voraussetzung gegeben.

2. Ausreichende Betroffenheit

Die für die Zulässigkeit der Verfassungsbeschwerde erforderliche ausreichende Betroffenheit hat drei Gesichtspunkte: Derjenige, der möglicherweise in seinen Grundrechten verletzt ist, muß selbst, gegenwärtig und unmittelbar betroffen sein.

a) selbst

Im vorliegenden Fall macht die Geschäftsführung der K-GmbH die Rechte der GmbH geltend. Nach § 35 GmbHG wird eine GmbH durch ihre Geschäftsführer gerichtlich und außergerichtlich vertreten. Geltend gemacht werden dabei durch die Geschäftsführer nicht deren eigene Rechte, sondern die der Gesellschaft, so daß das Kriterium der Selbstbetroffenheit damit erfüllt ist.

b) gegenwärtig

Die Voraussetzungen der gegenwärtigen Betroffenheit verlangt, daß die Grundrechtsbeeinträchtigung schon eingetreten ist und noch immer anhält. Dies ist im vorliegenden Fall gegeben.

c) unmittelbar

Für eine unmittelbare Betroffenheit ist erforderlich, daß keine staatlichen Vollzugsakte mehr erfolgen müssen, um den Zustand der Betroffenheit zu erreichen.

Im Fall der K-GmbH ist der beklagte Zustand allein schon durch die Werbeaktion des Bundesumweltministers eingetreten, das Kriterium der unmittelbaren Betroffenheit ist damit erfüllt.

Die K-GmbH ist beschwerdebefugt.

IV. Rechtswegerschöpfung

Nach den Sachverhaltsangaben ist die Voraussetzung der Rechtswegerschöpfung durch die K-GmbH erfüllt.

V. Form und Frist

Auch die ordnungsgemäße Form der Beschwerde und die Einhaltung der Frist sind nach den Angaben im Sachverhalt gegeben. Die Verfassungsbeschwerde ist damit zulässig.

B. Begründetheit der Verfassungsbeschwerde

Die Verfassungsbeschwerde ist begründet, wenn die K-GmbH durch durch die Plakataktion in einem ihrer Rechte oder grundrechtsgleichen Rechte verletzt ist. Möglicherweise liegt hier eine Verletzung von Art. 12 I, 14 I oder 2 I GG vor.

I. Verstoß gegen Art. 12 I GG (Berufsfreiheit)

Die K-GmbH behauptet, der Bundesumweltminister habe durch seine Plakataktion in ihre Grundrechte auf Gewerbefreiheit aus Art. 12 I und 14 I GG eingegriffen. Ein solcher möglicher Eingriff setzt zunächst voraus, daß der Schutzbereich der erwähnten Grundrechte betroffen ist.

1. Schutzbereich des Art. 12 I GG

a) Persönlicher Schutzbereich

Daß die K-GmbH eine inländische juristische Person und als solche Träger des Grundrechts aus Art. 12 I GG ist, wurde bereits dargelegt. Der persönliche Schutzbereich des Art. 12 I GG ist damit für die K-GmbH eröffnet.

b) Sachlicher Schutzbereich

Der sachliche Schutzbereich von Art. 12 I GG scheint zunächst in mehrere Einzelschutzbereiche untergliedert zu sein, an die unterschiedliche rechtsstaatliche Maßstäbe angelegt werden. Seit dem »Apothekenurteil« des BVerfG wird der Schutzbereich des Art. 12 I GG einheitlich gelesen. Art. 12 I GG stellt sich damit als ein einheitliches Grundrecht dar, das die Wahl des Berufes, des Arbeitsplatzes und der Ausbildungsstätte sowie die Berufsausübung gewährleistet. Als Beruf im Sinne des Art. 12 I GG wird dabei jede auf eine gewisse Dauer angelegte, erlaubte Tätigkeit verstanden, die der Schaffung und Erhaltung einer Lebensgrundlage dient. Demgemäß wird auch die Erwerbszwecken dienende, freie unternehmerische Betätigung durch Art. 12 I GG geschützt. Die so gewährleistete Gewerbefreiheit entspricht der im vorliegenden Fall durch die K-GmbH geltend gemachten Gewerbefreiheit, sie stellt also einen Teilaspekt des Schutzbereichs von Art. 12 I GG dar, auf den sich die K-GmbH berufen kann.

2. Eingriff in den Schutzbereich

Der klassische Eingriffsbegriff hat vier Voraussetzungen. Er verlangt, daß der Eingriff zum einen final und nicht bloß als unbeabsichtigte Folge eines Staatshandelns erfolgt, zum zweiten, daß dieser die unmittelbare und nicht bloß mittelbare Folge eines Staatshandelns darstellt. Zudem muß er durch Befehl und Zwang durchgesetzt werden und darf als Rechtsakt nicht nur tatsächliche Wirkung haben. Wendet man diese Kriterien jedoch auf den vorliegenden Fall an, so läßt sich feststellen, daß sie in praktisch keinem ihrer Aspekte durch das belastende Staatshandeln des Bundesumweltministers erfüllt werden. Die Anzeigen- und Plakataktion des Bundesumweltministers scheint vielmehr einer Handlungsform zuzuordnen zu sein, die dem klassischen Eingriffsbegriff genau entgegensteht. Daher ist zunächst zu prüfen, welcher möglichen Kategorie des Staatshandelns diese Handlungsform angehört.

a) Verwaltungsrechtliche Einordnung der Anzeigen- und Plakataktion des Bundesumweltministers

Durch die Anzeigen- und Plakataktion des Bundesumweltministers werden im vorliegenden Fall nicht, wie bei den üblichen Rechtshandlungen der Verwaltung, Rechtsfolgen gesetzt, d.h. Rechte und Pflichten begründet, geändert, aufgehoben oder festgestellt. Der Bundesumweltminister setzt vielmehr mit seiner Initiative gerade nicht auf die Wirkung staatlicher Regelungsinstrumente, sondern lediglich auf die Überzeugungskraft seiner Aussagen, auf die freiwillige Befolgung seiner Empfehlung durch den Verbraucher, er begnügt sich also mit sogenannten Realakten. Solche durch den Verzicht auf staatliche Regelung gekennzeichnete Handlungen der Verwaltung finden sich in jüngster Zeit vor allem auf dem Gebiet der Produktwarnung, -empfehlung oder -information, insbesondere im Bereich der Gesundheitsfürsorge und des Umweltschutzes. Ob es sich im vorliegenden Fall um Warnung, Empfehlung oder Information handelt, läßt sich letztlich nicht einwandfrei festlegen, am ehesten hinterläßt der Anzeigentext wohl den Eindruck einer nachdrücklichen Empfehlung. Die Warnung, Empfehlung oder Information zu solchen Produkten wird oft in der Verwaltungsrechtswissenschaft, wie auch in den Sachverhaltsangaben zum vorliegenden Fall, in die Kategorie des »informellen Verwaltungshandelns« eingeordnet.

Informelles Verwaltungshandeln ist dem öffentlichen Recht zuzuordnen, wenn mit dem Verwaltungshandeln hoheitliche Aufgaben wahrgenommen werden. Diese Voraussetzung ist im vorliegenden Fall eindeutig gegeben, so daß die Zuordnung des staatlichen Informationshandelns zum öffentlichen Recht außer Frage steht; daß der Bundesumweltminister mit seiner Anzeigen- und Plakataktion grundrechtsgebunden ist, wurde festgestellt.

b) Eingriff durch das schlicht-hoheitliche Verwaltungshandeln
Fraglich ist nach dieser Charakterisierung weiterhin, ob das schlicht-hoheitliche Verwaltungshandeln des Bundesumweltministers im vorliegenden Fall in das Grundrecht der K-GmbH aus Art. 12 I GG eingreift.

Daß nach den klassischen Eingriffskriterien ein solcher Eingriff nicht vorliegt, wurde bereits dargelegt. Literatur und Rechtsprechung sind sich aber weitgehend einig, daß ein Eingriff nicht vom Vorliegen der klassischen Eingriffskriterien abhängen darf. Die Grundrechte schützen gegen Einwirkung jedweder staatlichen Gewalt, gleichgültig in welcher Erscheinungsform sie auftritt. Entscheidend bleibt allerdings, so das BVerfG, daß die beeinträchtigende Wirkung von einem »ursächlichen und zurechenbaren Verhalten der öffentlichen Gewalt« ausgehen muß.

Die Anzeigen- und Plakataktion, die dem Bundesumweltministers zuzurechnen ist, war für den Umsatzrückgang kausal.

Denkbar wäre, hierin einen Eingriff in die Freiheit der Berufsausübung zu sehen, denn durch das schlicht-hoheitliche Handeln des Bundesumweltministers wurden keine staatlichen Rechtsfolgen gesetzt, d.h. keine staatlich regelnden Zulassungsbeschränkungen aufgestellt. Auch faktisch nimmt sich die Einwirkung der Aktion des Bundesumweltministers nicht wie eine Zulassungsbeschränkung aus. Die K-GmbH kann weiterhin »beruflich tätig« sein, nur die Modalitäten und Bedingungen ihrer Tätigkeit haben sich geändert. Wäre allerdings die Fortführung des Betriebes der K-GmbH bedroht, könnte die Berufsausübungsregelung möglicherweise in eine objektive Zulassungsvoraussetzung umschlagen, da die K-GmbH dann ihre spezifische »berufliche Tätigkeit« aufgeben müßte, ohne daß sie selbst diesen Prozeß beeinflussen könnte. Da eine drohende Schließung des Betriebes nach Sachverhaltsangaben *jedoch nicht zu befürchten ist, läßt sich im vorliegenden Fall die Aktion des Bundesumweltministers als Eingriff in die Freiheit der Berufsausübung klassifizieren.*

3. Verfassungsrechtliche Rechtfertigung
Dieser Eingriff müßte sich als Verletzung darstellen. Das Grundrecht ist dann verletzt, wenn der Eingriff rechtswidrig war. Dies wäre dann der Fall, wenn der Eingriff nicht durch eine Schranke gedeckt wäre. Deshalb ist zunhächst nach der Einschränkbarkeit des Grundrechts aus Art. 12 I GG zu fragen.

a) Beschränkungsmöglichkeiten

aa) Gesetzesvorbehalt
Die Einschränkbarkeit setzt zunächst grundsätzlich voraus, daß das Grundrecht selbst einen Gesetzesvorbehalt aufweisen kann. In Art. 12 I GG könnte der Satz: »Die Berufsausübung kann durch Gesetz oder auf Grund eines Gesetzes geregelt werden« einen solchen Gesetzesvorbehalt darstellen. Dies ist mit dem »Apothekenurteil« des BVerfG zu bejahen, der Begriff des »Regelns« im Gesetzestext ist nahezu dem »Eingriff« im üblichen Sinn gleichzustellen. Der Ansicht, dieser Gesetzesvorbehalt gelte, entsprechend dem Wortlaut des Art. 12 I GG, nur für den Aspekt der Berufsausübung, nicht jedoch für die Wahl des Berufes, des Arbeitsplatzes und der Ausbildungsstätte, wird vom BVerfG in seiner genannten Entscheidung ebenfalls entgegengetreten. Art. 12 I GG ist somit vielmehr, entsprechend der Auffassung des Gerichts, ein einheitliches Grundrecht, auf das auch im ganzen der Gesetzesvorbehalt anzuwenden ist. Da in Art. 12 I GG an diesen Gesetzesvorbehalt keine besonderen Anforderungen gestellt sind, handelt es sich hierbei um einen einfachen Gesetzesvorbehalt.

bb) Bestehen einer geeigneten Ermächtigungsgrundlage
Fraglich jedoch bleibt das Bestehen der diesen Eingriff rechtfertigenden Ermächtigungsgrundlage. Art. 12 I GG legt ausdrücklich fest, daß die Berufsausübung bzw., wie soeben dargelegt, die ganze durch Art. 12 I GG gewährte Freiheit nur »durch Gesetz oder auf Grund eines Gesetzes« geregelt werden darf.
Grundsätzlich kommen dabei zunächst, entsprechend dieser Formulierung, nur einfachgesetzliche Grundlagen in Betracht.

(1) Einfachgesetzliche Ermächtigungsgrundlage
Solche einfachgesetzlichen Ermächtigungsgrundlagen sind jedoch aus einschlägigen Gesetzen nicht zu ersehen.

(2) Verfassungsimmanente Grundrechtsschranken
Die Lehre von den verfassungsimmanenten Grundrechtsschranken geht unter Berufung auf die »Einheit der Verfassung« davon aus, daß die »Grundrechte systematisch so miteinander verschränkt (sind), daß die vorbehaltlosen Grundrechte, wenn ihr Gebrauch mit anderen Grundrechten oder Verfassungsgütern kollidiert, ihre Schranken in diesem kollidierenden Verfassungsrecht finden«. Festzustellen ist allerdings, daß es sich im Fall des Art. 12 I GG eben nicht um ein vorbehaltloses, sondern um ein Grundrecht mit einfachem Gesetzesvorbehalt handelt. Ob die Lehre vom kollidierenden Verfassungsrecht auch auf diese Grundrechte angewendet werden können ist strittig, wird jedoch für die folgende Untersuchung vorausgesetzt.

(a) Meinungsfreiheit gemäß Art. 5 I 1 Alt. 1 GG
Kollidierendes Verfassungsrecht könnte in der Meinungsfreiheit des Bundesumweltministers aus Art. 5 I 1 Alt. 1 GG liegen.
Zwar fällt in den Schutzbereich dieses Grundrechts grundsätzlich auch Werbung im geschäftlichen Bereich ebenso wie kritische Äußerungen zu gewerblichen Leistungen und Produkten, jedoch kann sich der Bundesumweltminister auf diese Äußerungsfreiheit nicht berufen. Da Grundrechte gerade den Freiheitsbereich der Bürger gegen Zugriffe des Staates schützen sollen, wäre die Inanspruchnahme dieser Freiheiten als Handlungsermächtigung des Staates selbstverständlich verfassungswidrig.
Art. 5 I 1 Alt. 1 GG scheidet damit als verfassungsimmanente Legitimation des Eingriffs des Bundesumweltministers in Art. 12 I GG aus.

(b) Umweltschutz als Gemeinschaftsinteresse mit Verfassungsrang
Dankbar wäre es, den Umweltschutz als sogenanntes »Gemeinschaftsinteresse mit Verfassungsrang« anzuerkennen und somit als immanente Grundrechtsschranke »zuzulassen«. Diese Rechtsfigur des Gemeinschaftsinteresses mit Verfassungsrang wurde vom BVerfG in mehreren Entscheidungen geprägt; mit Rücksicht auf die »Einheit der Verfassung« wurde dementsprechend z.B. »die Einrichtung und Funktionsfähigkeit der Bundeswehr« als Rechtswert mit »verfassungsrechtlichem Rang« eingestuft und dem Grundrecht auf Kriegsdienstverweigerung aus Art. 4 III GG gegenübergestellt. Prinzipiell wäre nicht einzusehen, warum das, was für »die Einrichtung und Funktion der Bundeswehr« gilt, nicht auch für

das doch wohl anerkannterweise existentiellere und schützenswertere Gut des Umweltschutzes gelten soll. Dies wird insbesondere durch die Neuregelung des Art. 20a GG bekräftigt, die den Umweltschutz als Staatszielbestimmung mit Verfassungsrang ausstattet. Die Frage der verfassungsrechtlichen Rechtfertigung des Eingriffs in Art. 12 I GG durch das nun mit Verfassungsrang (Art. 20a GG) ausgestaltete Gemeinschaftsinteresse des Umweltschutzes kann aber offenbleiben, wenn sich aus dem Äußerungsrecht der Bundesregierung eine verfassungsimmanente Schranke ergibt.

(c) Äußerungsrecht der Bundesregierung
Vor allem in der Rechtsprechung des BVerfG und BVerwG wurde in entsprechenden Fällen von Grundrechtseingriffen durch öffentliche Äußerungen der Bundesregierung auf deren, durch die Verfassung geschütztes Äußerungsrecht abgestellt. »Die Bundesregierung ist«, so das BVerwG im sogenannten Osho-Jugendsektenfall, »aufgrund ihrer verfassungsrechtlichen Befugnis zur Öffentlichkeitsarbeit nicht nur zur Unterrichtung der Allgemeinheit über ihre Tätigkeit, sondern auch zu appellativen Äußerungen (...) berechtigt, in die Grundrechte einzelner einzugreifen.« Die Eingriffsberechtigung ergibt sich, so das Gericht, namentlich in Fällen, bei denen »bestimmte gesellschaftliche Erscheinungen in der Öffentlichkeit lebhaft diskutiert und mit Sorge verfolgt werden«. Die prinzipielle, aus der Verfassung ableitbare Äußerungsbefugnis der Bundesregierung reicht damit für einen Eingriff in die Grundrechte einzelner aus, soweit sich dieser sonst verfassungsrechtlich rechtfertigen läßt. Eine spezielle Ermächtigungsgrundlage ist demgemäß bei staatlichem Informationshandeln generell und somit auch im vorliegenden Fall nicht erforderlich.

Zu prüfen ist im folgenden, ob dieser Grundrechtseingriff des Bundesumweltministers in Art. 12 I GG der K-GmbH gegen höheres Recht verstößt. Da ein möglicher Verstoß des schlicht-hoheitlichen Verwaltungshandelns gegen einfaches Gesetzesrecht nicht ersichtlich ist, richtet sich folgende Prüfung allein auf eventuelle Verfassungsverstöße.

b) Verfassungsmäßigkeit

aa) Formelle Verfassungsmäßigkeit
Die Prüfung der formellen Verfassungsmäßigkeit eines zumindest von formellen Kriterien her dem Bereich des informellen Verwaltungshandelns zuzuordnenden Akts kann nicht sehr ergiebig sein.

Sie beschränkt sich daher im vorliegenden Fall auf die Feststellung der dem informellen Akt zugrundeliegenden Kompetenz.
Aus den Sachverhaltsangaben ist ersichtlich, daß die K-GmbH die Kompetenz des Bundes zur Durchführung der Anzeigen- und Plakataktion, also deren Verbandskompetenz anzweifelt.
Die Kompetenz der Bundesregierung zur Öffentlichkeitsarbeit darf nicht weiter gehen als die Summe der ihr im Zusammenhang der Gesetzgebung, Verwaltung und Finanzwesen zugewiesenen Zuständigkeiten. Gemäß Art. 74 Nr. 11, 11a, 17, 19, 19a, 20, 24 (konkurrierende Gesetzgebung) und Art. 75 I Nr. 3 u. 4 (Rahmengesetzgebung) hat aber der Bund im Bereich des Umwelt- und Gesundheitsschutzes weitgehende Gesetzgebungskompetenz. Der Bundesumweltminister hat somit in den sein Ressort betreffenden Fragen eine ausreichende Äußerungsbefugnis, eine Überschreitung der Verbandskompetenz liegt im vorliegenden Fall nicht vor.

bb) Materielle Verfassungsmäßigkeit
Fraglich ist im weiteren die materielle Verfassungsmäßigkeit der zu prüfenden Informationstätigkeit des Bundesumweltministers.
Zunächst ist dabei auf die inhaltlichen Anforderungen einzugehen, die an ein solches Tätigwerden gestellt werden können.

(1) Inhaltliche Anforderungen
Diese Anforderungen ergeben sich nicht aus den klassischen Schranken-Schranken, die für einen »normalen« Grundrechtseingriff maßgeblich sind. Sie werden vielmehr als zusätzliche Bedingungen für ein verfassungsgemäßes, staatliches Informationshandeln angesehen.
Die an die Aktion des Bundesumweltministers letztlich zu richtenden sachlichen Anforderungen, sind die für staatliche Wertungen aufgestellten Prämissen: Solche müssen sachlich vertretbar sein. Sie dürfen ihre Begründung nicht jenseits von Sachinformationen finden und dürfen nicht von partikulären Interessen abhängen. Sie müssen der Form nach angemessen und dürfen nicht aggressiv, verletzend und unfair formuliert sein. Zwar sind diese Anforderungen nicht besonders präzise und insoweit auslegbar; die Anzeigen- und Plakataktion des Bundesumweltministers genügen ihnen jedoch. Weder wurde der Bundesumweltminister zu seiner Kampagne ersichtlich von anderen Motiven als der Förderung des Umweltschutzes geleitet noch wurde die Branche der Kartonhersteller in dessen Aktion besonders verunglimpft oder gar einzelne

Kartonhersteller namentlich genannt und als Umweltsünder herausgestellt. Auch begründet die Kampagne keine unkontrollierbare und unvernünftige Überreaktion der Verbraucher oder wirkt allgemein besonders beunruhigend oder beängstigend.
Die an die Anzeigen- und Plakataktion des Bundesumweltministers im vorliegenden Fall zu stellenden inhaltlichen Anforderungen sind erfüllt.

(2) Verhältnismäßigkeitsgrundsatz
Des weiteren gilt es im folgenden, die Befolgung des Verhältnismäßigkeitsgrundsatz zu prüfen. Der Verhältnismäßigkeitsgrundsatz als klassische Schranken-Schranke ist bei seiner Anwendung auf Art. 12 I GG durch die im »Apothekenurteil« des BVerfG aufgestellte Dreistufentheorie modifiziert.
Diese Dreistufentheorie unterscheidet drei verschiedene Stufen von Eingriffen in Art. 12 I GG. Die erste Stufe betrifft die Regelung der Berufsausübung. Als Berufsausübungsregelung gilt dabei ein Eingriff in »die Bedingungen, unter denen, und die Modalitäten, in denen sich die berufliche Tätigkeit vollzieht«, also quasi in die Art und Weise, »wie« der Beruf ausgeübt wird. Die zweite und dritte Stufe der Eingriffe in die durch Art. 12 I GG geschützte Berufsfreiheit gilt der Berufswahl, also sozusagen der Frage, »ob« überhaupt ein Beruf ausgeübt wird. Dabei wird auf der zweiten und dritten Stufe zwischen objektiven und subjektiven Zulassungsvoraussetzungen der Berufswahl unterschieden. Während die subjektiven Zulassungsvoraussetzungen die Möglichkeit der Ausübung eines Berufes von persönlichen Erfordernissen des einzelnen abhängig machen, wird bei den objektiven Zulassungsvoraussetzungen auf Kriterien abgestellt, die von der Person des Betroffenen unabhängig sind, wie z.B. bei staatlichen Bedürfnisklauseln für bestimmte Berufe.
Wie bereits oben erläutert, stellt die Anzeigen- und Plakataktion des Bundesministers eine Berufsausübungsregelung, also einen Eingriff auf der ersten Stufe dar.

(a) Verfolgung eines verfassungslegitimen Zweckes
Zu prüfen ist nun zunächst, ob der Zweck des Eingriffs im vorliegenden Fall verfassungsgemäß ist. Hier ist als Zweck der Aktion des Bundesumweltministers der Schutz der Umwelt im Bereich von Getränkeverpackungen, und nicht, wie vielleicht anzunehmen, der

Umsatzrückgang bei kartonverpackungsherstellenden Betrieben zu sehen. Dieses Ziel ist verfassungslegitim (Art. 20a GG).

(b) Geeignetheit des Mittels
Fraglich bleibt die Geeignetheit der Aktion des Bundesumweltministers zur Erreichung des gesetzten Ziels. Im vorliegenden Fall ist zur Feststellung der Geeignetheit zu fragen, ob der gemäß den Sachverhaltsangaben tatsächlich erfolgte Umsatzrückgang bei Kartonverpackungen zum Schutz der Umwelt beigetragen hat. Das bedeutet, stark vereinfacht, ob Mehrwegglasflaschen tatsächlich, wie der Bundesumweltminister behauptet, umweltfreundlicher sind als Kartonverpackungen. Diese Frage läßt sich mit so eindeutiger Sicherheit jedoch nicht beantworten. Es wird aber gemäß der vorangegangenen Erörterung, von einer Befugnis des Bundesumweltministers ausgegangen, auch ohne vollkommen gesicherte Erkenntnisse in diesem Bereich tätig zu werden.
Eine Geeignetheit der Anzeigen- und Plakataktion des Bundesumweltministers zur Förderung des Umweltschutzes ist gegeben.

(c) Erforderlichkeit
Des weiteren gilt es, im Rahmen der Prüfung des Verhältnismäßigkeitsgrundsatzes die Erforderlichkeit der Maßnahme des Bundesumweltministers festzustellen. Nach der Dreistufentheorie des BVerfG bedeutet dies zunächst, daß der mit dem Eingriff verfolgte Zweck nicht auch mit einer Beeinträchtigung auf einer niedrigeren Stufe hätte erreicht werden können. Da im vorliegenden Fall aber ohnehin nur auf der ersten Stufe, also im Bereich der Berufsausübung eingegriffen wurde, ist entsprechend der Dreistufentheorie ein geringerer Eingriff nicht möglich, es sei denn, er betrifft ebenfalls nur den Bereich der Berufsausübung und ist zudem noch weniger belastend als der erfolgte Eingriff. Ein solcher ist im vorliegenden Fall jedoch nicht denkbar. Indem sich der Bundesumweltminister zur Erreichung seines Ziels ohnehin nur des Instruments der staatlichen Produktäußerung bedient und jegliche rechtlich verbindliche, staatlich regelnde Tätigkeit vermeidet, begibt er sich, um mit der Dreistufentheorie zu sprechen, auf die niedrigstmögliche Stufe staatlichen Handelns auf diesem Gebiet. Freiwillige Beschränkungen der Kartonverpackungshersteller in Absprache mit dem Bundesumweltminister, auf die in diesem Zusammenhang möglicherweise hingewiesen werden könnte und die eine noch geringere Regelungsintensität aufweisen würden, sind

zur Erreichung desselben vom Bundesumweltminister angestrebten Ziels, als völlig ungeignet anzusehen.

Eine weniger belastende Maßnahme des Bundesumweltministers zur beabsichtigten Förderung des Umweltschutzes im Bereich von Getränkeverpackungen ist damit ersichtlich nicht möglich. Die Maßnahme des Bundesumweltministers ist folglich erforderlich.

(d) Verhältnismäßigkeit i.e.S.

Zu prüfen ist zuletzt die Verhältnismäßigkeit i.e.S. des erfolgten Eingriffs. Als verhältnismäßig kann, entsprechend diesem Prinzip, ein Eingriff gelten, bei dem der angestrebte Zweck und die dadurch erfolgte Beeinträchtigung des einzelnen zueinander in ausgewogener Relation stehen.

Das BVerfG hat dementsprechend in seiner Dreistufentheorie jeder der aufgestellten drei Eingriffsstufen bestimmte sogenannte »gemeinwohlspezifische Stufenanforderungen« zugeteilt. Ein Eingriff auf der jeweiligen Stufe darf nach dieser Theorie nur dann erfolgen, wenn die entsprechenden Gemeinwohlanforderungen erfüllt sind. Diese sind jedoch im Fall der hier relevanten Berufsausübungsregelung äußerst gering, verlangt werden lediglich »Gesichtspunkte der Zweckmäßigkeit«, die einen Eingriff erforderlich scheinen lassen. Der Umweltschutz selbst, als Zweck der Aktion, genügt diesen Anforderungen.

Ein Verstoß gegen den Verhältnismäßigkeitsgrundsatz liegt hier nicht vor.

Der Eingriff in den Schutzbereich des Grundrechts der K-GmbH aus Art. 12 I GG ist damit materiell wie formell verfassungsgemäß. Da das Fehlen einer Ermächtigungsgrundlage zudem im vorliegenden Fall ausnahmsweise keine Relevanz hat, liegt hier keine Verletzung des Grundrechts der K-GmbH vor.

II. Verstoß gegen Art. 14 I GG (Eigentumsfreiheit)

1. Persönlicher Schutzbereich

Daß die K-GmbH (Art. 19 III GG) Träger dieses Grundrechts ist, wurde schon in Punkt A. I. dargelegt. Sie wird damit vom persönlichen Schutzbereich des Art. 14 I GG umfaßt.

2. Sachlicher Schutzbereich

Problematisch ist im vorliegenden Fall der sachliche Schutzbereich des Art. 14 I GG.

Das insoweit betroffene, von Art. 14 I 1 GG geschützte Rechtsgut, könnte das »Recht am eingerichteten und ausgeübten Gewerbebetrieb« sein. Ein solches Recht ist inzwischen von der h.M. in der Literatur und einem Teil der Rechtsprechung anerkannt. Demnach gehören zum Gewerbebetrieb jedenfalls die Unternehmenssubstanz an sich (sachliche Betriebsmittel), nicht jedoch bloße Erwerbsaussichten, Lagevorteile sowie sog. »Ausstrahlungen« des Betriebes (Geschäftsbeziehungen, Kundenstamm etc.). Das BVerfG hat zum Recht am Gewerbebetrieb noch keine abschließende Stellung bezogen. »Eigentumsrechtlich gesehen ist das Unternehmen«, so das BVerfG, »die tatsächliche - nicht aber die rechtliche - Zusammenfassung der zu seinem Vermögen gehörenden Sachen und Rechte«. Konkrete Eigentumspositionen werden durch die Anzeigen- und Plakataktion des Bundesumweltministers ersichtlich nicht entzogen oder geschmälert, so daß auf die zu erwartenden indirekteren Folgen abgestellt werden muß. So ist anzunehmen, daß sich durch die Aktion wahrscheinlich der Ruf der K-GmbH, wie aller kartonherstellenden Firmen drastisch verschlechtern wird. Dieser wird allerdings ohnehin nicht durch Art. 14 I GG, sondern durch Art. 2 I GG geschützt. Entsprechend dürfte sich auch die Martkstellung der K-GmbH verschlechtern, der Kundenstamm verkleinern und ihre Erwerbschancen zurückgehen. Weitere und andersartige Konsequenzen der Anzeigen- und Plakataktion sind indes kaum vorauszusehen und auch vom Bundesumweltminister wohl nicht beabsichtigt; o.g. Konsequenzen können ohnehin in der Härte ihrer Auswirkungen beträchtlich sein.

Es bleibt jedoch ungeachtet der Intensität der Auswirkungen der Anzeigen- und Plakataktion des Bundesumweltministers festzuhalten, daß keine der soeben erwähnten, möglicherweise durch die Aktion beschränkten Rechtspositionen der K-GmbH in den Schutzbereich des Art. 14 I GG fällt.

Der Schutzbereich des Art. 14 I GG ist demnach nicht betroffen.

III. Verstoß gegen Art. 2 I GG

Art. 2 I GG tritt als Auffangnorm, im Rahmen der Subsidiarität, hinter Art. 12 I GG zurück.

Die Verfassungsbeschwerde ist zulässig aber unbegründet. Sie hat keine Aussicht auf Erfolg.

Register

A

Abgeordneter
Die Abgeordneten sind die Mitglieder des Bundestages ⇨ 209

Abstammung
Nach Art. 3 III GG darf niemand wegen seiner Abstammung benachteiligt oder bevorzugt werden ⇨ 101, 104

Abstimmung im Bundestag
Die Abstimmung im Bundestag erfolgt nach Art. 42 GG, in festgelegten Regeln ⇨ 203

Abstimmungs- und Beratungsrecht
Zu den wesentlichen Rechten des Abgeordneten zählt das Abstimmungs- und Beratungsrecht ⇨ 209

Abstrakte Normenkontrolle
Die abstrakte Normenkontrolle dient der Überprüfung von Normen durch das BVerfG ⇨ 266

Abwehrrechte
Die Grundrechte sind in erster Linie eigene Abwehrrechte des Bürgers gegen den Staat ⇨ 29

Administrativenteignung
Die Administrativenteignung ist eine Enteignung durch Verwaltungsakt ⇨ 154, 162

Akt öffentlicher Gewalt
Akte der öffentlichen Gewalt sind solche der Legislative (Gesetzgebung), der Exekutive (Vollziehende Gewalt) sowie der Judikative (Richterliche Gewalt, Rechtsprechung) ⇨ 249, 250

Aktivlegitimation
Unter dem Begriff der Aktivlegitimation versteht man das Recht des einzelnen, einen Anspruch als Berechtigter geltend zu machen ⇨ 249

Allgemeine Grundrechtsdogmatik
Zur allgemeinen Grundrechtsdogmatik zählt vor allem die Prüfung eines Eingriffs in ein Grundrecht sowie dessen verfassungsrechtliche Rechtfertigung ⇨ 23

Allgemeine Handlungsfreiheit
Die allgemeine Handlungsfreiheit, Art. 2 I GG, gibt jedem das Recht, das zu tun, was er will ⇨ 90

Allgemeiner Gleichheitssatz
Nach dem allgemeinen Gleichheitssatz sind alle Menschen vor dem Gesetz gleich ⇨ 107

Allgemeines Persönlichkeitsrecht
Das allgemeine Persönlichkeitsrecht enthält eine Vielzahl von Einzelausprägungen. Es folgt aus Art. 2 I i.V.m. 1 I GG ⇨ 92

Allgemeines Rechtsschutzbedürfnis
Bei allen Verfahren zum BVerfG muß im Rahmen der Zulässigkeit das allgemeine Rechtsschutzbedürfnis gegeben sein. Die Verfahrenseinleitung darf nicht rechtsmißbräuchlich sein ⇨ 254

Allzuständigkeit
Die Gemeinde ist für alle Aufgaben der örtlichen Gemeinschaft zuständig ⇨ 260

Ältestenrat
Ein Unterorgan des Bundestages ist der Ältestenrat ⇨ 205

Amtsdauer
Die Amtszeit der Bundesregierung dauert grundsätzlich vier Jahre (eine Legislaturperiode) ⇨ 217

Anfechtungsklage
Will ein Bürger gegen einen ihn belastenden Verwaltungsakt vorgehen, so muß er eine Anfechtungsklage erheben ⇨ 252

Anklageverfahren
Unter die Anklageverfahren fallen das Grundrechtsverwirkungsverfahren, das Parteiverbotsverfahren, die Präsidentenanklage und die Richteranklage ⇨ 277

Anliegergebrauch
Der Anliegergebrauch ist ein Teil des von Art. 14 I 1 GG geschützten Bereichs ⇨ 38, 152

Anliegerrecht
Durch das Anliegerrecht wird der Kontakt nach außen geschützt, d.h. vor allem der Zugang von und zum Grundstück ⇨ 152

Annexkompetenz
Die Annexkompetenz, ist gegeben bei einer Ausweitung einer ausdrücklichen Gesetzgebungskompetenz des Bundes auf Fragen, die bei der Vorbereitung und Durchführung der Sachmaterie entstehen ⇨ 229

Anspruch auf rechtliches Gehör
Nach Art. 103 I GG hat der Angeklagte das Recht sich in tatsächlicher und rechtlicher Hinsicht zu äußern, das Recht auf erkennbare Berücksichtigung des Vorbringens durch das Gericht sowie das Recht auf Information über das Vorbringen der Gegenseite ⇨ 166

Antragsberechtigung
Antragsberechtigt bei der Verfassungsbeschwerde ist gemäß Art. 93 I Nr. 4a GG jedermann. Gleichbedeutende Bezeichnungen sind die Begriffe Beschwerdefähigkeit und Parteifähigkeit ⇨ 249

Apothekenurteil
Im Apothekenurteil hat das BVerfG die Dreistufentheorie, mit der der Verhältnismäßigkeitsgrundsatz bei Art. 12 I GG geprüft wird, entwickelt ⇨ 135

Arbeitsplatz
Art. 12 I GG gewährleistet die freie Wahl des Arbeitsplatzes ⇨ 134, 135

Arbeitszwang
Nach Art. 12 II GG darf niemand zu einer bestimmten Arbeit gezwungen werden ⇨ 133

Arten der Grundrechtsschranken
Bei den Grundrechtsschranken unterscheidet man zwischen Gesetzesvorbehalten und kollidierendem Verfassungsrecht als Schranke ⇨ 72

Auffanggrundrecht
Art. 2 I GG stellt ein sog. Auffanggrundrecht dar, welches alle Handlungen erfaßt, die nicht von speziellen Freiheitsgrundrechten geregelt werden ⇨ 95

Auflösung des Bundestages
Es gibt zwei Möglichkeiten der Bundestagsauflösung: zum einen die ordentliche Beendigung mit Ablauf der Legislaturperiode und zum anderen die außerordentliche Beendigung durch den Bundespräsidenten nach Art. 63 IV oder 68 I GG ⇨ 201

Ausbildung
Von Art. 12 I GG wird auch die freie Wahl der Ausbildung geschützt ⇨ 134, 135

Ausbildungsförderung
Ein Anspruch auf Ausbildungsförderung kann sich, im Hinblick auf Art. 3 I GG, als Anspruch auf gleiche Teilhabe unter Umständen auch aus Grundrechten ergeben ⇨ 33

Ausbildungsstätte
Die Berufsfreiheit gewährleistet in einem Teilbereich die freie Wahl der Ausbildungsstätte ⇨ 134, 135

Ausfertigung
Gesetze müssen, um wirksam zu werden ausgefertigt und verkündet werden ⇨ 231

Ausgleichspflicht
Bestimmte Inhalts- und Schrankenbestimmungen müssen, um als Gesetz nicht gegen den Verhältnismäßigkeitsgrundsatz zu verstoßen, einen finanziellen Ausgleich für den Betroffenen festsetzen ⇨ 160

Ausschließliche Zuständigkeit des Bundes
Für gewisse Sachmaterien, wie zum Beispiel das Münzwesen, steht dem Bund die ausschließliche Zuständigkeit zu, d.h. nur der Bundestag kann ein Gesetz beschließen ⇨ 227

Ausschüsse des Bundestages
Ausschüsse sind parlamentarische Hilfsorgane des Bundestages ⇨ 206

Autonomie des Bundesrates
Art. 52 GG beschreibt die Autonomie des Bundestages ⇨ 214

Baufreiheit
Die Baufreiheit ist letztlich Ausfluß des von Art. 14 I 1 GG geschützten Eigentums ⇨ 153

Begnadigungsrecht
Gemäß Art. 60 II GG steht dem Bundespräsidenten ein Begnadigungsrecht zu ⇨ 224

Behördenaufbau
Art. 87 III GG regelt den Behördenaufbau ⇨ 238

Belästigung
Vom Grundrechtseingriff ist die bloße Belästigung zu unterscheiden ⇨ 62

Beratungs- und Abstimmungsrecht
Eines der elementaren Rechte des Abgeordneten ist das Beratungs- und Abstimmungsrecht ⇨ 209

Beratungsverfahren
Gesetze werden grundsätzlich in drei Lesungen beraten, sog. Beratungsverfahren ⇨ 230

Berufsausübungsregelungen
Ein Teil der Dreistufentheorie ist die Unterscheidung zwischen Berufsausübungs- und Berufswahlregelungen ⇨ 139, 140

Berufsfreiheit
Art. 12 I GG schützt die Berufsfreiheit in einem umfassenden Sinne ⇨ 135

Berufsregelnde Tendenz
Beim Eingriff in die Berufsfreiheit ist zu beachten, daß dieser, wenn er nicht auf Berufsregelung zielt, jedenfalls berufsregelnde Tendenz aufweisen muß ⇨ 137

Beschwerdeerhebungsberechtigung
Statt dem Begriff Aktivlegitimation wird bei der Verfassungsbeschwerde auch der Begriff der Beschwerdeerhebungsberechtigung gebraucht ⇨ 249

Beschwerdefähigkeit
Wiederum synonym zum vorgenannten Begriff der Beschwerdeerhebungsberechtigung ist der Begriff der Beschwerdefähigkeit ⇨ 249

Bestimmtheitsgebot
Ein Ausfluß des Rechtsstaatsprinzips ist das Bestimmtheitsgebot ⇨ 79, 176

Bestimmtheitsgrundsatz
Gleichbedeutend für den Begriff des Bestimmtheitsgrundsatz wird das Wort Bestimmtheitsgebot benützt ⇨ 79, 176

Beteiligtenfähigkeit
Statt Aktivlegitimation wird auch der Begriff Beteiligtenfähigkeit gebraucht ⇨ 249

Betroffenheit
Bei der Verfassungsbeschwerde muß der Beschwerdeführer dartun, daß er hinreichend betroffen ist ⇨ 251

Binnenländerstreitigkeiten
Bei Binnenländerstreitigkeiten handelt es sich um Streitigkeiten innerhalb eines deutschen Bundeslandes ⇨ 276

Briefgeheimnis
Art. 10 GG schützt das Briefgeheimnis ⇨ 131

Brockdorf
Die Brockdorf-Entscheidung spielt eine wichtige Rolle im Rahmen des Art. 8 GG ⇨ 122

Budgetrecht des Bundestages
Gemäß Art. 110 II GG hat der Bundestag eine Budgethoheit ⇨ 204

Bund-Länder-Streitigkeiten
Bund-Länder-Streitigkeiten sind Streitigkeiten auf verfassungsprozessualer Ebene zwischen dem Bund und den Ländern, z.B. im Rundfunkrecht ⇨ 273

Bundesauftragsverwaltung
Bei der Bundesauftragsverwaltung führen die Länder die Gesetze im Auftrag des Bundes aus ⇨ 235

Bundesbehörden
Bundesbehörden sind zum Beispiel das Kraftfahrtbundesamt in Flensburg ⇨ 238

Bundeseigene Verwaltung
Bundeseigene Verwaltung bedeutet, daß nicht die Länder, sondern der Bund selbst die Verwaltungsaufgaben wahrnimmt, wie zum Beispiel bei der Bundeswehr ⇨ 237

Bundeskanzler
Der Bundeskanzler ist eines unserer Bundesorgane. Er wird letztlich durch Wahl des Bundestages bestimmt ⇨ 215, 216

Bundesminister
Alle Bundesminister zusammen bilden die Regierung, das sog. Kabinett ⇨ 216, 217

Bundespräsident
Der Bundespräsident ist das höchste Staatsorgan in der Bundesrepublik Deutschland ⇨ 221

Bundesrat
Der Bundesrat ist die Vertretung der Länder ⇨ 211

Bundesregierung
Die Bundesregierung setzt sich aus den Bundesministern und dem Bundeskanzler zusammen ⇨ 214, 215

Bundesstaatsprinzip
Das Bundesstaatsprinzip betrifft die Gliederung des Staatsaufbaus der Bundesrepublik Deutschland ⇨ 188, 189

Bundestag
Der Bundestag hat in erster Linie die Funktion Gesetze zu erlassen (Legislative) ⇨ 199

Bundesunmittelbare Verwaltung
Unter die bundesunmittelbare Verwaltung fällt beispielsweise die Bundeswehrverwaltung ⇨ 237, 238

Bundesverfassungsgericht
Das Bundesverfassungsgericht entscheidet über die Vereinbarkeit von Akten der hoheitlichen Gewalt mit dem Grundgesetz ⇨ 225

Bundesversammlung
Die Bundesversammlung wählt den Bundespräsidenten ⇨ 221

Bundeswahlgesetz
Das Bundeswahlgesetz betrifft die Wahl zum Deutschen Bundestag ⇨ 199

Chancengleichheit der Parteien
Die Chancengleichheit der Parteien wird richtigerweise aus Art. 3 I i.V.m. 21 I GG hergeleitet ⇨ 105

Cannabis
Die Cannabisentscheidung ist ein Musterbeispiel für eine konkrete Normenkontrolle ⇨ 270

Delegationsverbot
Der Gesetzgeber darf grundrechtswesentliche Fragen nicht an die Exekutive delegieren ⇨ 176, 177

Demokratieprinzip
Das Demokratieprinzip ist eines der Staatsfundamentalprinzipien ⇨ 172

Demonstrationsfreiheit
Die Demonstrationsfreiheit ist in Art. 8 GG normiert ⇨ 121

Derivative Teilhaberechte
Es wird darüber gestritten, ob sich aus Grundrechten auch derivative (=abgeleitete) Teilhaberechte ergeben. Für Parteien ergibt sich zum Beispiel kein Recht aus Art. 5 I 1 GG (Meinungsfreiheit) auf Vergabe von Sendezeiten für Wahlwerbesendungen gegenüber einer öffentlich-rechtlichen Rundfunkanstalt, wie dem Bayerischen Rundfunk ⇨ 33

Deutschengrundrechte
Deutschengrundrechte sind solche, die nur deutschen Bürgerinnen und Bürgern zustehen, wie Art. 12 I GG. Ausländer können sich im Falle der Berufsfreiheit zwar nicht auf Art. 12 I GG berufen, wohl aber auf Art. 2 I GG als Auffanggrundrecht ⇨ 27

Divergenzvorlage
Gemäß Art. 100 III GG entscheidet das Bundesverfassungsgericht, wenn ein Landesverfassungsgericht bei der Auslegung der Grundgesetzes von einer Entscheidung des Bundesverfassungsgerichts oder des Verfassungsgerichts eines anderen Landes abweichen will ⇨ 283

Dreistufentheorie
Die Dreistufentheorie wurde vom BVerfG im Apothekenurteil zur Prüfung der Verhältnismäßigkeit im Rahmen des Art. 12 I GG (Berufsfreiheit) entwickelt ⇨ 141

Drittwirkung der Grundrechte
Unter bestimmten Umständen gelten Grundrechte nicht nur zwischen Bürger und Staat, sondern auch zwischen den Bürgern. Diese Wirkung bezeichnet man als Drittwirkung der Grundrechte. In erster Linie sind Grundrechte eigene Abwehrrechte gegen den Staat ⇨ 52

Doppelgrundrechte
Die Doppelgrundrechte schützen sowohl die individuelle als auch die kollektive Freiheit, wie zum Beispiel bei der Vereinigungs- bzw. Koalitionsfreiheit ⇨ 126

Echte Grundrechtskonkurrenz
Echte Grundrechtskonkurrenz bedeutet, daß beide Grundrechte nebeneinander anwendbar sind, so zum Beispiel unter Umständen bei Eigentum und Berufsfreiheit, wenn ein Unternehmer die von ihm hergestellten Waren wegen eines Verfügungsverbots nicht mehr verkaufen darf ⇨ 58

Echte Leistungsgrundrechte
Echte Leistungsgrundrechte sind solche, die einen Anspruch auf eine staatliche Leistung gewähren, zum Beispiel Art. 6 IV GG (Anspruch der Mutter auf Schutz und Fürsorge) ⇨ 31

EG-Richtlinie
EG-Richtlinie können nicht Beschwerdegegenstand einer Verfassungsbeschwerde sein, da sie keine Akte der deutschen hoheitlichen Gewalt darstellen, ebenso bei Maßnahmen der NATO ⇨ 249

Eigentum
Das Eigentum wird von Art. 14 I 1 GG umfassend geschützt ⇨ 150

Eigenverantwortlichkeit
Durch Art. 28 II 1 GG wird den Gemeinden das Recht zu »eigenverantwortlicher« Regelung ihrer Angelegenheiten gewährleistet ⇨ 259

Eilversammlung
Auch Eilversammlungen werden unter bestimmten Voraussetzungen von Art. 8 GG geschützt ⇨ 125

Einbruchstellen im BGB
Die Grundrechte gelten zwischen Privaten jedenfalls nicht direkt. Sie wirken aber auf die Auslegung und Anwendung des einfachen Rechts, z.B. BGB ein. Dies erfolgt über die sog. Einbruchstellen im BGB. Daher ist beispielsweise der Begriff der Sittenwidrigkeit i.S.d. § 138 I BGB unter Heranziehung der Grundrechte als objektiver Wertmaßstab zu ermitteln ⇨ 53, 256

Einfacher Gesetzesvorbehalt
Von einem einfachen Gesetzesvorbehalt spricht man, wenn das grundrechtseingreifende Gesetz keine bestimmte Qualität aufweisen muß ⇨ 67

Eingriff in den Schutzbereich
Die Grundrechtsprüfung erfolgt in drei Schritten: zunächst muß der Schutzbereich betroffen sein, in diesen Schutzbereich muß eingegriffen worden sein (Eingriff in den Schutzbereich) und schließlich muß der Eingriff verfassungsrechtlich gerechtfertigt sein ⇨ 61

Eingriffsvorbehalte
Der Begriff des Gesetzesvorbehalts umfaßt sog. Eingriffsvorbehalte, Schrankenvorbehalte und Regelungsvorbehalte ⇨ 66, 67

Einrichtungsgarantien
Bei den Einrichtungsgarantien geht es um den verfassungsrechtlichen Schutz bestimmter Einrichtungen des staatlichen oder privaten Lebens, im Sinne einer objektiven Garantie ⇨ 39

Einspruchsgesetze
Einspruchsgesetze sind solche, bei denen der Bundesrat zwar Einspruch erheben kann, dieser aber vom Bundestag wieder übertimmt werden kann, so daß letztendlich eine Zustimmung des Bundesrates für das Gesetz nicht erforderlich ist ⇨ 212, 231

Elfes
Das Elfes-Urteil ist eines der wichtigsten Urteile im Bereich der allgemeinen Handlungsfreiheit, Art. 2 I GG ⇨ 90, 95

Enteignung
Die Enteignung ist teilweise oder vollständige Entziehung des Eigentums iSd Art. 14 I 1 GG ⇨ 154, 155

Erfolgsaussichten eines Rechtsbehelfs
Bei der Frage nach den Erfolgsaussichten eines Rechtsbehelfs ist die Zulässigkeit und Begründetheit eines Rechtsbehelfs zu untersuchen, z.B. bei der Verfassungsbeschwerde ⇨ 242

Ermessen
Ermessen bedeutet, daß der Gesetzgeber oder die Verwaltung zwischen verschiedenen Möglichkeiten wählen kann. Zum Beispiel kann die Polizei zwischen verschiedenen Möglichkeiten wählen, wie sie die von einem umgefallenen Tanklastzug ausgehende Gefahr beseitigt ⇨ 20

Erwerbswirtschaftliche Betätigung
Bei der erwerbswirtschaftlichen Betätigung der Verwaltung tritt diese als Unternehmer im Wirtschaftsverkehr in Erscheinung, indem sie entweder ein Unternehmen führt (z.B. Hofbräuhaus) oder maßgeblich an einer privaten Handelsgesellschaft beteiligt ist (z.B. Lusthansa) ⇨ 51

EuGH
EuGH ist die Abkürzung für Europäischer Gerichtshof ⇨ 12, 249

Europarecht
Europarecht ist das in West- und Zentraleuropa geltende internationale und supranationale Recht mit teilweise erheblichen innerstaatlichen Wirkungen ⇨ 12

Evidenzkontrolle
Der Bundespräsident, der die vom Parlament erlassenen Gesetze auszufertigen hat, Art. 82 GG, hat nach h.M. ein materielles Prüfungsrecht, allerdings beschränkt auf eine Evidenzkontrolle, d.h. der Bundespräsident kann prüfen, ob das Gesetz ganz offensichtlich mit dem materiellen Recht nicht übereinstimmt, z.B. gegen Grundrechte verstößt (Gesetz, das die Folter und Todesstrafe einführt) ⇨ 224

Ewigkeitsgarantie
Art. 79 III GG begründet die sog. Ewigkeitsgarantie, d.h. die in Art. 1 und 20 GG enthaltenen Grundsätze können nicht geändert werden ⇨ 5, 170

Exekutive
Unter Exekutive versteht man die Verwaltung ⇨ 18

Facharzturteil
Das Facharzturteil betrifft Fragen des Art. 12 I GG ⇨ 140

Fernmeldegeheimnis
Das Fernmeldegeheimnis wird von Art. 10 GG geschützt ⇨ 131

Filmfreiheit
Die Filmfreiheit wird von Art. 5 I 2 Alt. 3 GG erfaßt ⇨ 113

Finaler Rettungsschuß
Der sog. finale Rettungsschuß wirft Probleme im Rahmen der verfassungsrechtlichen Rechtfertigung bei Art. 2 II 1 GG auf ⇨ 97, 98

Finanzhoheit
Ein Teilbereich des Selbstverwaltungsrechts der Gemeinden, Art. 28 II 1 GG, ist die Finanzhoheit ⇨ 260

Fiskalgeltung der Grundrechte
Es ist strittig, ob bei fiskalischen Hilfsgeschäften und der erwerbswirtschaftlichen Betätigung des Staates die Grundrechte gelten, Problem der sog. Fiskalgeltung der Grundrechte. Nach h.M. gelten die Grundrechte nicht unmittelbar, sondern nur über die mittelbare Drittwirkung der Grundrechte ⇨ 51, 52

Fiskalische Hilfsgeschäfte
Fiskalische Hilfsgeschäfte der Verwaltung sind solche bei denen diese mittelbar Verwaltungsaufgaben wahrnimmt, indem sie privatrechtliche Verträge abschließt, wie zum Beispiel beim Kauf eines Radiergummis für die Gemeindeverwaltung ⇨ 51

Föderative Streitigkeiten
Unter den Begriff der föderativen Streitigkeiten fallen die Bund-Länder-Streitigkeiten, die Zwischenländerstreitigkeiten und die Binnenländerstreitigkeiten ⇨ 273

Formaler/strenger Gleichheitssatz
Bei der verfassungsrechtlichen Rechtfertigung von Ungleichbehandlungen in Bezug auf die Chancengleichheit der Parteien gilt der strenge/formale Gleichheitssatz, d.h. Differenzierungen bedürfen eines besonderen, zwingenden Grundes ⇨ 106

Formelle Gesetze
Formelle Gesetze sind diejenigen Rechtsnormen, die von den verfassungsrechtlich vorgesehenen Gesetzgebungsorganen in dem verfassungsrechtlich vorgeschriebenen Gesetzgebungsverfahren erlassen worden sind ⇨ 8

Freie Entfaltung der Persönlichkeit
Art. 2 I GG schützt die freie Entfaltung der Persönlichkeit ⇨ 89

Freiheitsentziehung
Art. 2 II 2 GG gewährleistet die Freiheit der Person vor Freiheitsentziehungen ⇨ 99

Freiheitsgrundrechte
Freiheitsgrundrechte sind neben den Gleichheitsgrundrechten die zweite Form der Grundrechte ⇨ 27, 28

Funktionelle Gewaltenteilung
Das in Art. 20 II GG verankerte Gewaltenteilungsprinzip unterscheidet drei Funktionsbereiche der Staatsgewalt, die Gesetzgebung, die vollziehende Gewalt und die Rechtsprechung. Diese Gewaltenteilung bezeichnet man als funktionelle Gewaltenteilung ⇨ 183

Geheime Wahl
Die geheime Wahl dient dem Schutz der freien Wahl. Ausschließlich der Wähler selbst weiß wie er gestimmt hat ⇨ 175

Geltungsbereich der Grundrechte
Der Geltungsbereich beleuchtet spiegelbildlich zur Grundrechtsberechtigung die Frage, wer an die Grundrechte gebunden ist bzw. durch sie verpflichtet wird ⇨ 50

Gemeingebrauch
Art. 14 I 1 GG schützt auch den Gemeingebrauch ⇨ 38, 153

Generalklauseln des Privatrechts
Generalklauseln des Privatrechts sind die §§ 242, 138, 826 BGB ⇨ 53, 256

Geschlecht
Nach Art. 3 III GG darf niemand wegen seines Geschlechts benachteiligt oder bevorzugt werden ⇨ 102, 104

Gesetz im nur formellen Sinn
Gesetze im nur formellen Sinn sind formelle Gesetze, denen keine Außenwirkung zukommt, wie zum Beispiel das Haushaltsgesetz oder ein Zustimmungsgesetz zu einem völkerrechtlichen Vertrag ⇨ 8

Gesetz im nur materiellen Sinn
Gesetze im nur materiellen Sinn sind solche, die eine allgemein-verbindliche, abstrakt-generelle Regelung gegenüber Bürgern entfalten ⇨ 8

Gesetzesakzessorische Verwaltung
Gesetzesakzessorische Verwaltung bedeutet der Vollzug von Gesetzen durch die Verwaltung ⇨ 234

Gesetzesausführung
Grundsätzlich führen gemäß Art. 83 GG die Länder die Gesetze aus ⇨ 233

Gesetzesinitiative
Nach Art. 76 I GG werden Gesetzesvorlagen beim Bundestag durch die Bundesregierung, aus der Mitte des Bundestages oder durch den Bundesrat eingebracht. Diese sind also initiativberechtigt ⇨ 230

Gesetzesvorbehalt
Der Begriff des Gesetzesvorbehalts besagt, daß in ein Grundrecht nur durch oder aufgrund eines Gesetzes eingegriffen werden darf ⇨ 66

Gesetzesvorlage
Gesetzesvorlage sind die ausformulierten Gesetzesentwürfe, die in den Bundestag eingebracht werden ⇨ 230

Gesetzgebungsfunktion des Bundestages
Eine der wesentlichen Funktionen des Bundestages ist Gesetze zu erlassen, sog. Gesetzgebungsfunktion des Bundestages ⇨ 204

Gesetzgebungskompetenzen
Die Gesetzgebungskompetenzen betreffen die Frage wer für den Erlaß eines bestimmten Gesetzes zuständig ist, der Bund, d.h. der Bundestag oder das Land, d.h. ein Parlament eines Bundeslandes (z.B. der Bayerische Landtag) ⇨ 227

Gesetzgebungsverfahren
Ein Gesetz muß, um verfassungsgemäß zu sein, ein bestimmtes Verfahren durchlaufen. Das Gesetzgebungsverfahren beginnt mit der Gesetzesinitiative und endet mit der Ausfertigung durch den Bundespräsidenten ⇨ 229

Gesetzgebungszuständigkeit
Gesetzgebungszuständigkeit ist ein gleichbedeutender Begriff für Gesetzgebungskompetenz ⇨ 227

Gesetzmäßigkeit der Verwaltung
Gesetzmäßigkeit der Verwaltung bedeutet, daß die Verwaltung an Gesetz und Recht gebunden ist ⇨ 186

Gewaltenteilungsprinzip
Eines der tragenden Staatsprinzipien ist das Gewaltenteilungsprinzip, wonach die Staatsgewalt in drei Teilbereiche aufgeteilt ist, die Exekutive, die Judikative und die Legislative ⇨ 183

Gewerbefreiheit
Art. 12 I GG schützt auch die Gewerbefreiheit ⇨ 136

Glaubens- und Gewissensfreiheit
Art. 4 I GG schützt die Glaubens- und Gewissensfreiheit ⇨ 110

Gleichheit von Mann und Frau
Art. 3 II GG besagt, daß Mann und Frau gleichberechtigt sind ⇨ 102

Gleichheitsgrundrechte
Gleichheitsgrundrechte werden im Unterschied zu Freiheitsgrundrechten zweistufig geprüft, nämlich zuerst die Feststellung einer Ungleichbehandlung und dann die verfassungsrechtliche Rechtfertigung dieser Ungleichbehandlung ⇨ 27, 101

Gleichheitsgrundsatz
Art. 3 GG normiert den Gleichheitsgrundsatz ⇨ 101

Grundrechte
Grundrechte sind in erster Linie eigene Abwehrrechte der Bürgers gegen den Staat. Hinzu kommt eine leistungsrechtliche Funktion der Grundrechte ⇨ 24

Grundrechte als objektive Wertordnung
Grundrechte vermitteln neben Abwehrrechte auch eine objektive Wertordnung, an die der Gesetzgeber und die Verwaltung gebunden sind ⇨ 36

Grundrechte des Angeklagten
Der Angeklagte hat verschiedenste grundrechtsähnliche Rechte, nämlich einen Anspruch auf rechtliches Gehör, ein Recht nicht wegen derselben Sache zweimal bestraft zu werden und ein Recht darauf nicht bestraft zu werden, wenn die Strafbarkeit zu Zeit der Begehung nicht gesetzlich festgelegt war ⇨ 166

Grundrechtsberechtigung
Die Grundrechtsberechtigung betrifft die Frage, wer als Subjekt des Grundrechtsschutzes in Betracht kommt ⇨ 42

Grundrechtsbindung der öffentlichen Gewalt
Gemäß Art. 1 III GG ist die öffentliche Gewalt an die Grundrechte gebunden ⇨ 50

Grundrechtsbindung Privater
Grundsätzlich sind Private nicht unmittelbar an die Grundrechte gebunden ⇨ 52

Grundrechtseingriffe
Ein Freiheitsgrundrecht wird dreistufig geprüft: Zunächst muß der Schutzbereich betroffen sein, dann muß ein Grundrechtseingriff erfolgt sein und dieser Eingriff muß dann auf seine verfassungsrechtliche Rechtfertigung hin überprüft werden ⇨ 61

Grundrechtsgleiche Rechte
Das GG verbürgt außerhalb des Grundrechtskatalogs individuelle Rechte, die gemäß Art. 93 I Nr. 4a GG im Wege der Verfassungsbeschwerde durchgesetzt werden können. Diese in Art. 93 I Nr. 4a GG angeführten Rechte werden als grundrechtsgleiche Rechte bezeichnet, d.h. sie entfalten Schutzwirkung wie die Grundrechte ⇨ 24

Grundrechtskonkurrenzen
Die Grundrechtskonkurrenzen betreffen das Problem, inwieweit Grundrechte nebeneinander anwendbar sind ⇨ 58

Grundrechtsprüfung
Die Grundrechtsprüfung erfolgt dreistufig ⇨ 82, 83

Grundrechtsverpflichteter
Grundrechtsverpflichteter ist grundsätzlich nur der Staat ⇨ 50

Grundrechtsverwirkung
Nach Art. 18 S.2 GG entscheidet das BVerfG über die Verwirkung von Grundrechten. Das bedeutet, daß der einzelne sich nicht mehr auf seine Grundrechte berufen kann, also zum Beispiel keine Verfassungsbeschwerde mehr erheben kann ⇨ 277

Grundrechtsverzicht
Der einzelne kann auf den Schutz seiner Grundrechte grundsätzlich verzichten ⇨ 64

Grundsatz des bundesfreundlichen Verhaltens
Der Grundsatz des bundesfreundlichen Verhaltens dient der Wahrung der gesamtstaatlichen Ordnung, indem er den Bund und die Länder zur gegenseitigen Rücksichtnahme verpflichtet ⇨ 191

Grundsatz vom Vorbehalt des Gesetzes
Der Grundsatz vom Vorbehalt des Gesetzes besagt, daß die Verwaltung nur tätig werden darf, wenn sie durch ein Gesetz zu einem bestimmten Handeln ermächtigt wird ⇨ 186

Grundsatz vom Vorrang des Gesetzes
Der Grundsatz vom Vorrang des Gesetzes besagt, daß die Verwaltung nicht gegen geltendes Recht verstoßen darf ⇨ 186

Homogenitätsgebot
Das Homogenitätsgebot konkretisiert das Bundesstaatsprinzip ⇨ 9, 171, 259

Individualverfassungsbeschwerde
Bei Verfassungsbeschwerden wird zwischen der Individualverfassungsbeschwerde und der Kommunalverfassungsbeschwerde unterschieden ⇨ 248, 257

Informationsfreiheit
Die Informationsfreiheit wird durch Art. 5 I 1 Hs. 2 GG garantiert ⇨ 113

Inhalts- und Schrankenbestimmung
Eine Form des Eingriffs in das Eigentum ist die Inhalts- und Schrankenbestimmung ⇨ 154

Institutsgarantie der Gemeinden
Art. 28 II 1 GG garantiert die Institutsgarantie der Gemeinden ⇨ 260

Intimsphäre
Das allgemeine Persönlichkeitsrecht umfaßt auch die Intimsphäre ⇨ 93, 94

Judikative
Unter der Judikative versteht man die Rechtsprechung ⇨ 18, 183

Juristische Personen
Juristische Personen sind neben den natürlichen Personen die andere Form eines Träger von Rechten und Pflichten ⇨ 45

Kabinett
Mit dem Begriff Kabinett bezeichnet man die Bundesregierung (Kanzler und Bundesminister) ⇨ 215

Kanzlerprinzip
Das Kanzlerprinzip besagt, daß dieser die Richtlinien der Politik bestimmen kann, Art. 65 S. 1 GG ⇨ 218

Keine Flucht ins Privatrecht
Die Grundrechte kommen jedenfalls im Bereich des Verwaltungsprivatsrechts unmittelbar zur Anwendung, um eine Flucht ins Privatrecht auszuschließen. Die Verwaltung soll, wenn sie materiell öffentliche Aufgaben erfüllt, nicht ihrer Bindung gemäß Art. 1 III GG entgehen können, indem sie privatrechtliche Handlungsformen wählt ⇨ 51

Klagebefugnis
Bei der verwaltungsgerichtlichen Anfechtungs- und Verpflichtungsklage ist im Rahmen der Zulässigkeit die Klagebefugnis nach § 42 II VwGO zu prüfen, d.h. der Kläger muß geltend machen, durch den Verwaltungsakt möglicherweise in eigenen subjektiv-öffentlichen Rechten verletzt zu sein ⇨ 250

Klassische Eingriffe
Voraussetzung nach dem klassischen Eingriffsbegriff ist, daß ein Eingriff gezielt, unmittelbar und mit Zwang erfolgt ⇨ 61

Koalitionsfreiheit
Von Art. 9 GG wird die Koalitionsfreiheit geschützt ⇨ 126, 127

Kollektive Vereinigungsfreiheit
Art. 9 GG schützt auch die kollektive Vereinigungsfreiheit ⇨ 126, 127

Kollidierendes Verfassungsrecht
Eine sehr wichtige Grundrechtsschranken ist das kollidierende Verfassungsrecht. Sowohl Grundrechte mit Gesetzesvorbehalt als auch schrankenlose Grundrechte können dadurch eingeschränkt werden ⇨ 68

Kommunalverfassungsbeschwerde
Die Kommunalverfassungsbeschwerde ist eine Form der Verfassungsbeschwerde mit der sich Gemeinden gegen Gesetze zur Wehr setzen können ⇨ 257

Kompetenzen des Bundestages
Der Bundestag hat im wesentlichen vier Kompetenzen: die Repräsentationsfunktion, die Gesetzgebungsfunktion, die Kontrollfunktion und die Kreationsfunktion ⇨ 204

Komplementärfunktion der Grundrechte
Neben die subjektive Abwehrfunktion tritt der Charakter der Grundrechte als objektive Wertordnung zur Verstärkung der Geltungskraft der Grundrechte hinzu (Komplementärfunktion) ⇨ 36

Konfiskatorische Besteuerung
Konfiskatorische Besteuerung bedeutet eine erdrosselnde Besteuerung, d.h. über das erträgliche Maß hinaus ⇨ 91, 151

Konfusionsargument
Das Konfusionsargument besagt, daß Grundrechtsberechtiger und Grundrechtsverpflichteter zusammenfallen würden, wenn sich einzelne Teile des Staats auf Grundrechte berufen könnten, wie zum Beispiel Gemeinden hinsichtlich ihres Eigentums ⇨ 47

Konkrete Normenkontrolle
Eine Form, Rechtsnormen vom BVerfG überprüfen zu lassen, ist die konkrete Normenkontrolle. Ein Beispiel ist das Cannabisurteil des BVerfG ⇨ 270

Konkurrierende Gesetzgebung
Die konkurrierende Gesetzgebung besagt, daß die Länder die Gesetzgebungszuständigkeit innehaben, wenn der Bund von seinem Gesetzgebungsrecht keinen Gebrauch macht, Art. 72-74 GG ⇨ 228

Kunstfreiheit
Die Kunstfreiheit wird in Art. 5 III GG geschützt ⇨ 113, 118

Länderexekutive
Grundsätzlich führen gemäß Art. 83 GG die Länder die Bundesgesetze als eigene Angelegenheit aus ⇨ 233

Landesgrundrechte
Auch die jeweiligen Landesverfassungen enthalten Grundrechte ⇨ 26

Landesverfassungsstreitigkeiten
Nach Art. 99 GG kann dem BVerfG durch Landesgesetz die Entscheidung von Verfassungsstreitigkeiten innerhalb eines Landes zugewiesen werden ⇨ 283

Legalenteignung
Legalenteignung ist eine Enteignung durch Gesetz ⇨ 154, 164

Legislative
Legislative ist die gesetzgebende Gewalt, also das Parlament ⇨ 183

Leistungsrechtliche Dimension der Grundrechte
Die Grundrechte haben neben ihrer Abwehrfunktion gegen den Staat auch eine leistungsrechtliche Funktion ⇨ 30

Lüth
Das Lüth-Urteil ist das bedeutenste Urteil im Rahmen des Art. 5 I GG ⇨ 115

Medienfreiheit
Die Medienfreiheit wird durch Art. 5 I GG geschützt ⇨ 113

Meinungsfreiheit
Die Meinungsfreiheit wird durch Art. 5 I 1 Hs. 1 GG gewährleistet ⇨ 113

Menschenwürde
Art. 1 I GG schützt die Menschenwürde ⇨ 86

Mephisto
Die Mephistoentscheidung betrifft den Schutz der persönlichen Ehre, Art. 2 I i.V.m. 1 I GG ⇨ 45, 92

Mißtrauensvotum
Das Mißtrauensvotum ist in Art. 67 I GG geregelt ⇨ 217

Mittelbare Drittwirkung von Grundrechten
Die Grundrechte besitzen zwischen Privaten zwar keine unmittelbare, aber doch eine mittelbare Wirkung ⇨ 52, 53

Monarchie
Eines der grundlegenden Prinzipien ist die Abschaffung der Monarchie in Deutschland ⇨ 171

Nachprüfung von Völkerrecht
Nach Art. 100 II GG entscheidet das BVerfG, wenn in einem Rechtsstreit zweifelhaft ist, ob eine Regel des Völkerrechts Bestandteil des Bundesrechts ist und ob sie unmittelbar Rechte und Pflichten für den einzelnen erzeugt ⇨ 281

Naßauskiesung
Der Naßauskiesungsbeschluß hat die Diskussion im Rahmen des Enteignungsbegriffs wesentlich geprägt ⇨ 155

Natürliche Personen
Natürliche Personen sind Menschen ⇨ 42

Ne bis in idem
Ne bis in idem bedeutet, daß niemand wegen derselben Tat erneut bestraft werden darf ⇨ 167

Normenkontrollverfahren
Unter den Begriff der Normenkontrollverfahren fallen die abstrakte und konkrete Normenkontrolle ⇨ 266

Normenqualifizierungsverfahren
Normenqualifizierungsverfahren sind die Nachprüfung von Völkerrecht und die Feststellung, ob Bundesrecht fortgilt ⇨ 281

Nulla poena sine lege
Nulla poena sine lege bedeutet, daß eine Straftat nur bestraft werden kann, wenn die Strafbarkeit bei Begehung der Tat gesetzlich bestimmt war ⇨ 167

Objektive Funktion der Grundrechte
Neben ihrer Abwehrfunktion haben die Grundrechte auch eine objektiv-rechtliche Funktion ⇨ 36

Organisationshoheit
Ein Teilbereich des Selbstverwaltungsrechts ist die Organisationshoheit der Gemeinden ⇨ 261

Organstreitverfahen
Die Zuständigkeit des BVerfG ist auch bei den Organstreitigkeiten begründet, d.h. wenn um die Rechte und Pflichten eines obersten Bundesorgans gestritten wird ⇨ 262

Originäre Leistungsrechte
Grundrechte können unter Umständen originäre Leistungsrechte begründen ⇨ 32

Parlamentsgesetz
Parlamentsgesetze sind die vom Bundestag erlassenen Gesetze ⇨ 73

Parteienbegriff
Der Begriff der Partei ist in § 2 ParteiG definiert ⇨ 180

Parteienprivileg
Gemäß Art. 21 II 1 GG hat das BVerfG die ausschließliche Kompetenz, ein Parteienverbot auszusprechen ⇨ 180

Parteifähigkeit
Der Begriff der Parteifähigkeit ist bei der Verfassungsbeschwerde gleichbedeutend mit dem Begriff der Aktivlegitimation ⇨ 249

Parteiverbotsverfahren
Art. 21 II 1 GG regelt das Parteiverbotsverfahren ⇨ 278

Personalhoheit
Ein Teilbereich des Selbstverwaltungsrechts der Gemeinden ist die Personalhoheit ⇨ 260

Persönlicher Schutzbereich
Im Rahmen der Prüfung des Schutzbereichs eines Freiheitsgrundrechts ist zwischen persönlichem und sachlichem Schutzbereich zu unterscheiden ⇨ 55, 56

Pflichtexemplar
Das BVerfG hat in der Pflichtexemplarentscheidung zur ausgleichspflichtigen Inhalts- und Schrankenbestimmung Stellung genommen ⇨ 160

Planungshoheit
Ein Teilbereich des Selbstverwaltungsrechts der Gemeinden ist die Planungshoheit der Gemeinden ⇨ 260

Politische Parteien
Der verfassungsrechtliche Status der Parteien ist in Art. 21 GG geregelt ⇨ 179

Postgeheimnis
Das Postgeheimnis wird durch Art. 10 GG geschützt ⇨ 131

Präsidentenanklage
Gemäß Art. 61 I 1 GG können der Bundestag und der Bundesrat den Bundespräsidenten, wegen vorsätzlicher Verletzung des GG, vor dem BVerfG anklagen ⇨ 279

Pressefreiheit
Die Pressefreiheit wird in Art. 5 I 2 Alt. 2 GG geschützt ⇨ 113

Prinzip der Gewaltenteilung
Das Prinzip der Gewaltenteilung besagt, daß die öffentliche Gewalt auf die Rechtsprechung, die vollziehende Gewalt und die gesetzgebende Gewalt verteilt ist ⇨ 182

Privatschulen
Art. 7 IV GG gewährleistet die Errichtung von Privatschulen ⇨ 33

Prozeßfähigkeit
Unter Prozeßfähigkeit versteht man die Fähigkeit Prozeßhandlungen selbst oder durch selbstbestimmte Vertreter wahrzunehmen ⇨ 249

Prüfung eines Freiheitsgrundrechts
Die Prüfung eines Freiheitsgrundrechts erfolgt dreistufig: 1. Schutzbereich, 2. Eingriff in den Schutzbereich, 3. Verfassungsrechtliche Rechtfertigung ⇨ 82, 83

Prüfungskompetenz des Bundespräsidenten
Nach h.M. hat der Bundespräsident bei von ihm auszufertigenden Gesetzen ein materielles Prüfungsrecht ⇨ 223

Prüfungsumfang bei Verfassungsbeschwerden
Bei der Verfassungsbeschwerde prüft das Bundesverfassungsgeicht nur, ob spezifisches Verfassungrecht verletzt ist ⇨ 255

Qualifizierter Gesetzesvorbehalt
Beim qualifizierten Gesetzesvorbehalt sind an das eingreifende Gesetz erhöhte Anforderungen zu stellen ⇨ 67, 68

Rahmengesetzgebung
Bei der Rahmengesetzgebung darf der Bundesgesetzgeber nur Rahmenvorschriften erlassen, wie zum Beispiel das Beamtenrechtsrahmengesetz. Die Länder können dann diesen Rahmen ausfüllen, dies ist z.B. im Bayerischen Beamtengesetz erfolgst ⇨ 228

Realakte
Realakte sind bloße Tathandlungen wie z.B. eine Warnung ⇨ 62

Recht am eingerichteten und ausgeübten Gewerbebetrieb
Der Schutz des Eigentums im Rahmen des Art. 14 I 1 GG umfaßt auch das Recht am eingerichteten und ausgeübten Gewerbebetrieb ⇨ 151

Recht auf informationelle Selbst-bestimmung
Das Recht auf informationelle Selbstbestimmung ergibt sich aus dem allgemeinen Persönlichkeitsrecht, Art. 2 I GG i.V.m. 1 I GG ⇨ 92, 93

Recht auf Leben und körperliche Unversehrtheit
Art. 2 II 1 GG schützt das Recht auf Leben und körperliche Unversehrtheit ⇨ 97

Rechtsbehelf
Ein Rechtsbehelf ist ein Mittel zur Durchsetzung von Rechten, wie beispielsweise der Widerspruch nach §§ 68 ff. VwGO, die Anfechtungsklage nach § 42 I VwGO, die Dienstaufsichtsbeschwerde oder die Verfassungsbeschwerde ⇨ 242

Rechtsprechung
Die Rechtsprechung ist eine der drei Staatsgewalten ⇨ 239

Rechtssetzungshoheit
Die Gemeinden haben aufgrund ihres Selbstverwaltungsrechts in gewissem Rahmen Rechtsetzungshoheit, sie können z.B. Theatersatzungen oder Bebauungspläne, die auch Satzungen sind (§ 10 BauGB) erlassen ⇨ 260

Rechtsstaatsprinzip
Eines der grundlegensten Prinzipien des deutschen Staatsrechts ist das Rechtsstaatsprinzip ⇨ 182

Rechtsverordnungen
Rechtsverordnungen stellen eine untergesetzliche Rechtsetzung der Exekutive dar. Sie sind Rechtsnormen, die von Organen der Exekutive erlassen werden, d.h. abstrakt-generelle Rechtsnormen ⇨ 9

Rechtswegerschöpfung
Vor Erhebung der Verfassungsbeschwerde muß zunächst der Rechtsweg erschöpft werden, so zum Beispiel muß der Beschwerdeführer gegen einen ihn belastenden Einberufungsbescheid erst Anfechtungsklage vor dem Verwaltungsgericht erheben ⇨ 252, 253

Rechtsweggarantie
Art. 19 IV GG garantiert den Rechtsweg ⇨ 165

Religionsgemeinschaften
Religionsgemeinschaften können sich auf Art. 4 I GG stützen ⇨ 48, 110

Richteranklage
Gemäß Art. 98 II 2 GG entscheidet das BVerfG auf Antrag, wenn ein Bundesrichter gegen die Grundsätze des GG verstößt ⇨ 280

Richtlinienkompetenz
Der Begriff der Richtlinienkompetenz ist gleichbedeutend mit dem Kanzlerprinzip ⇨ 218

Rundfunkfreiheit
Die Rundfunkfreiheit wird durch Art. 5 I 2 GG geschützt ⇨ 113, 118

Sachlicher Schutzbereich
Der Schutzbereich eines Grundrechts umfaßt einen persönlichen und sachlichen Schutzbereich ⇨ 56

Salavatorische Entschädigungsklauseln
Salavatorische Entschädigungsklauseln werden im Rahmen der verfassungsrechtlichen Rechtfertigung von Eingriffen in den Schutzbereich des Art. 14 I 1 GG erörtert ⇨ 160, 161

Satzungen
Satzungen sind Rechtsnormen der Exekutive, die von einer juristischen Person des öffentlichen Rechts zur Regelung ihrer Angelegenheiten erlassen werden ⇨ 9, 10

Satzungshoheit
Die Gemeinden haben in gewissem Umfang Satzungshoheit z.B. beim Erlaß von Bauleitplänen ⇨ 260

Schlicht-hoheitliches Handeln
Schlicht-hoheitliches Handeln ist ein tatsächliches Verwaltungshandeln ⇨ 61

Schranken-Schranken
Innerhalb der verfassungsrechtlichen Rechtfertigung eines Freiheitsgrundrechts ist zunächst die Art der Schranke festzustellen, z.B. das Vorliegen eines einfachen Gesetzesvorbehalts. Dann in einem zweiten Schritt sind die Schranken-Schranken zu prüfen, d.h. ob das eingreifende Gesetz selbst verfassungsgemäß ist. Dabei sind formelle und materielle Verfassungsmäßigkeit zu unterscheiden ⇨ 72

Schutzbereich der Grundrechte
Bei der Prüfung eines Freiheitsgrundrechts ist in einem ersten Schritt zu prüfen, ob der Schutzbereich des Grundrechts betroffen ist ⇨ 55

Schutzfunktion der Grundrechte
Neben der klassischen Abwehrfunktion haben die Grundrechte Schutzfunktion. Dies wird insbesondere relevant bei staatlichen Warnungen, die unter anderem durch diese Schutzfuntion legitimiert sind ⇨ 34

Selbstverwaltungsrecht
Das Selbstverwaltungsrecht der Gemeinden ist in Art. 28 II 1 GG statuiert ⇨ 259

Self-executing-Normen
»Self-executing«-Normen sind Normen, bei denen kein weiterer Vollzugsakt erforderlich ist ⇨ 252

Sonderopfertheorie
Die Sonderopfertheorie wird zur Abgrenzung der Inhalts- und Schrankenbestimmung von der Enteignung im Rahmen der Eingriffsprüfung von Art. 14 I 1 GG herangezogen ⇨ 155

Sonderrechtslehre
Die Sonderrechtslehre beschreibt die inhaltliche Qualität eines die Meinungsfreiheit einschränkenden Gesetzes und ist im Rahmen der verfassungsrechtlichen Rechtfertigung des Eingriffs in den Schutzbereich des Art. 5 I GG zu prüfen ⇨ 115

Sozialhilfe
Der Anspruch auf Sozialhilfe beruht letztlich auf dem Grundrecht der Menschenwürde, Art. 1 I GG ⇨ 33

Sozialstaatsprinzip
Zu den Staatsfundamentalprinzipien zählt unter anderen auch das Sozialstaatsprinzip ⇨ 193

Sozialversicherungsrechtliche Ansprüche
Sozialversicherungsrechtliche Ansprüche werden vom Schutzbereich des Art. 14 I 1 GG (Eigentum) erfaßt ⇨ 151

Spezifische Verfassungsverletzung
Im Rahmen der Begründetheit der Verfassungsbeschwerde ist zu untersuchen, ob eine spezifische Verfassungsverletzung vorliegt, d.h. es muß ein Verstoß gerade gegen Verfassungsrecht und nicht nur gegen einfaches Recht vorliegen ⇨ 255

Staatsorgane
Die obersten Staatsorgane sind der Bundestag, der Bundesrat, der Vermittlungsausschuß, der gemeinsame Ausschuß, der Bundespräsident, die Bundesversammlung, die Bundesregierung und das Bundesverfassungsgericht ⇨ 198

Staatsorganisationsrecht
Das Staatsorganisationsrecht beschäftigt sich mit den Staatsfundamentalprinzipien, den Staatsorganen und den Kompetenzen der Staatsgewalt ⇨ 170

Strenger/formaler Gleichheitssatz
Bei der verfassungsrechtlichen Rechtfertigung von Ungleichbehandlungen in Bezug auf die Chancengleichheit der Parteien gilt der strenge/formale Gleichheitssatz, d.h. Differenzierungen bedürfen eines besonderen, zwingenden Grundes ⇨ 106

Subjektive Berufszulassungsvoraussetzungen
Bei Eingriffen in die Berufsfreiheit wird zwischen Berufsausübungsregelungen und objektiven und subjektiven Berufszulassungsregelungen unterschieden ⇨ 139

Subjektive Dimension der Grundrechte
Unter der subjektiven Dimension der Grundrechte versteht man die dem einzelnen ein subjektives Recht statuierende Funktion ⇨ 29

Substaniierte Rüge
Innerhalb der Zulässigkeit der Verfassungsbeschwerde muß ein geeigneter Beschwerdeführer geltend machen, durch den Akt der öffentlichen Gewalt hinreichend betroffen zu sein, sog. substaniierte Rüge ⇨ 250

Superrevisionsgericht
Das Bundesverfassungsgericht ist kein Superrevisionsgericht, d.h. kein Gericht, das als höhere Instanz über den sonstigen Gerichten steht. Vielmehr liegt die Bedeutung des BVerfG darin, Verstöße gegen das Grundgesetz zu überprüfen ⇨ 255

Tathandlungen
Tathandlungen sind die sog. Realakte wie z.B. eine Auskunftserteilung ⇨ 61

Tatsachenbehauptungen
Nur mit Werturteilen verbundene Tatsachenbehauptungen genießen den Schutz des Art. 5 I GG ⇨ 114

Teilhaberechte
Die Grundrechte können unter bestimmten Voraussetzungen dem Bürger ein Teilhaberecht geben ⇨ 33

Überhangmandate
Im Rahmen eines Wahlprüfungsverfahrens kann die Verfassungsmäßigkeit von Überhangmandaten überprüft werden ⇨ 105, 106, 200

Übermaßverbot
Das Übermaßverbot ist eine gleichbedeutende Bezeichnung für den Verhältnismäßigkeitsgrundsatz ⇨ 74

Ungleichbehandlung
Bei Gleichheitsgrundrechten ist auf der ersten Stufe der Prüfung eine Ungleichbehandlung festzustellen ⇨ 103

Untergesetzliche Rechtsetzung der Exekutive
Untergesetzliche Rechtsetzung der Exekutive ist der Erlaß von Satzungen und Rechtsverordnungen ⇨ 9, 10

Unverletzlichkeit der Wohnung
Die Unverletzlichkeit der Wohnung wird in Art. 13 GG gewährleistet ⇨ 144

Urteilsverfassungsbeschwerde
Die Urteilsverfassungsbeschwerde ist eine Verfassungsbeschwerde gegen Akte der Judikative, also Gerichtsurteile ⇨ 249, 253

Vereinigungsfreiheit
Die Vereinigungsfreiheit wird in Art. 9 GG geschützt ⇨ 126

Verfassungsbeschwerde
Die Verfassungsbeschwerde ist der zentrale Rechtsbehelf im Verfassungsprozeßrecht ⇨ 248

Verfassungslegitimes Ziel
Bei der Prüfung der Verhältnismäßigkeit ist als erstes zu untersuchen, ob der Gesetzgeber ein verfassungslegitimes Ziel verfolgt ⇨ 74

Verfassungsmäßigkeit eines Gesetzes
Bei der Verfassungsmäßigkeit eines Gesetzes ist zwischen der formellen und der materiellen Verfassungsmäßigkeit zu unterscheiden ⇨ 227, 232

Verfassungsrechtliche Rechtfertigung von Eingriffen
Die verfassungsrechtliche Rechtfertigung von Eingriffen ist die dritte Prüfungsebene bei einem Freiheitsgrundrecht ⇨ 66, 73, 80

Verhältnismäßigkeitsgrundsatz
Der Verhältnismäßigkeitsgrundsatz ist der entscheidende Knackpunkt aller Klausuren und Hausarbeiten. In der Regel wird entschieden, ob ein Gesetz verfassungsgemäß ist oder ein Eingriff in ein Grundrecht gerechtfertigt ist ⇨ 74

Verkündung
Die Verkündung stellt den letzten Akt bei der Gesetzgebung dar ⇨ 231

Vermittlungsausschuß
Der Vermittlungsausschuß ist eines der Staatsorgane ⇨ 198

Versammlungsfreiheit
Die Versammlungsfreiheit wird in Art. 8 GG gewährleistet ⇨ 121

Vertragsfreiheit
Die Vertragsfreiheit des BGB ergibt sich aus der Privatautonomie, die sich aus der allgemeinen Handlungsfreiheit, Art. 2 I GG, ergibt ⇨ 91, 136

Verwaltungshoheit
Die Verwaltungshoheit ist ein Teilbereich der Selbstverwaltungsgarantie der Gemeinden, Art. 28 II 1 GG ⇨ 261

Verwirkung von Grundrechten
Gemäß Art. 18 S. 1 GG kann das BVerfG einem Bürger, der die Grundrechte zum Kampf gegen die freiheitlich-demokratische Grundordnung benutzt, die verfassungsrechtliche Gewährleistung der Grundrechte entziehen ⇨ 277

Wahlperiode
Gemäß Art. 39 GG wird der Bundestag auf vier Jahre gewählt ⇨ 200

Wahlprüfungsverfahren
Im Verfahren nach Art. 41 II GG wird vom BVerfG über die Gültigkeit des Wahlprüfungsverfahrens entschieden ⇨ 284

Wechselwirkungslehre
Die Wechselwirkungslehre hat Bedeutung im Rahmen der Verhältnismäßigkeit i.e.S. bei Eingriffen in den Art. 5 I GG ⇨ 76, 116

Willkürverbot
Das Willkürverbot ist bei der verfassungsrechtlichen Rechtfertigung von Gleichheitsgrundrechten zu prüfen und besagt, daß die Ungleichbehandlung nicht willkürlich erfolgen darf ⇨ 108

Wohnung
Die Unverletzlichkeit der Wohnung wird in Art. 13 GG geschützt ⇨ 144

Zitiergebot
Gemäß Art. 19 I 2 GG muß das einschränkende Gesetz den berührten GG-Artikel angeben ⇨ 77

Zuständigkeit des Bundesverfassungsgerichts
Die Zuständigkeit des Bundesverfassungsgerichts ergibt sich im wesentlichen aus § 13 BVerfGG ⇨ 225, 242

IHR LERNPAKET
RECHT
SCHNELL ERFASST

▶ *übersichtlich*
▶ *anschaulich*
▶ *prägnant*
▶ *preiswert*

P. Katko

Bürgerliches Recht
Schnell erfaßt

3. überarb. u. aktualisierte Aufl.
1999. VIII, 309 S. Brosch.
ISBN 3-540-65865-3

K. Kreutzer, U. Teschke-Bährle

Arbeitsrecht
Schnell erfaßt

3., aktualisierte Aufl. 2000. VIII,
211 S. Brosch.
ISBN 3-540-66928-0

R. Leuschel

Handelsrecht
Schnell erfaßt

3., neubearb. u. aktualisierte Aufl.
2000. VIII, 242 S. Brosch.
ISBN 3-540-66821-7

F. Weller

Strafrecht
Schnell erfaßt

1995. VIII, 238 S. Brosch.
ISBN 3-540-58632-6

Je Band
DM 29,90;
sFr 27,-;
ab 1.1.2002:
€ 14,95

R. Koitz

Informatikrecht
Schnell erfaßt

2001. Etwa 300 S. Brosch.
ISBN 3-540-65290-6

H. Fenger

Zivilprozeßrecht
Schnell erfaßt

2001. Etwa 250 S. Brosch.
ISBN 3-540-41808-3

NEU im Lernpaket

Springer · Kundenservice
Haberstr. 7 · 69126 Heidelberg
Tel.: (0 62 21) 345 - 217/-218 · Fax: (0 62 21) 345 - 229
e-mail: orders@springer.de

Die €-Preise für Bücher sind gültig in Deutschland und enthalten 7% MwSt.
Preisänderungen und Irrtümer vorbehalten. d&p · BA 41309/1

Druck- und Bindearbeiten: Legoprint, Italien

MIX
Papier aus verantwortungsvollen Quellen
Paper from responsible sources
FSC® C105338

If you have any concerns about our products,
you can contact us on
ProductSafety@springernature.com

In case Publisher is established outside the EU,
the EU authorized representative is:
**Springer Nature Customer Service Center GmbH
Europaplatz 3, 69115 Heidelberg, Germany**

Printed by Libri Plureos GmbH
in Hamburg, Germany